现代经济与管理类规划教材

质量管理

丁　宁　主　编

宋莺歌　吴　崑　李春青　副主编

清华大学出版社

北京交通大学出版社

·北京·

内容简介

本书对质量管理的基本理论进行了系统阐述，具体介绍了质量管理的基本概念、世界三大质量奖的含义和质量管理体系基础及要求，以及质量的审核与认证、全面质量管理、质量成本与质量控制、质量检验、质量改进、服务质量管理、顾客满意等方面的理论与知识。本书的最大特点不仅体现在其清晰的脉络上，即基本概念→基本理论→基本实践；更重要的是，通过大量的资料收集与整理而形成的大小案例随处可见，始终贯穿于全书的主线，使本书通俗易懂，且颇具启发性。

本书可以作为管理类院、校、系的专科生和本科生及其他相关各层次学生的教材，也可以作为质量管理课程的参考教材，还可以供广大企业管理人员及其他对质量管理知识感兴趣的人员学习和参考。

图书在版编目（CIP）数据

质量管理／丁宁主编．—北京：北京交通大学出版社：清华大学出版社，2013.5（2018.1重印）
现代经济与管理类规划教材
ISBN 978－7－5121－1468－5

Ⅰ．①质…　Ⅱ．①丁…　Ⅲ．①质量管理－高等学校－教材　Ⅳ．①F273.2

中国版本图书馆CIP数据核字（2013）第099669号

责任编辑：吴嫦娥　　特邀编辑：林　欣
出版发行：清华大学出版社　　邮编：100084　　电话：010－62776969　　http://www.tup.com.cn
　　　　　北京交通大学出版社　　邮编：100044　　电话：010－51686414　　http://www.bjtup.com.cn
印 刷 者：北京时代华都印刷有限公司
经　　销：全国新华书店
开　　本：185×260　　印张：20.5　　字数：512千字
版　　次：2013年6月第1版　　2018年1月第2次印刷
书　　号：ISBN 978－7－5121－1468－5/F·1181
印　　数：3 001～4 500册　　定价：35.00元

本书如有质量问题，请向北京交通大学出版社质监组反映。对您的意见和批评，我们表示欢迎和感谢。
投诉电话：010－51686043，51686008；传真：010－62225406；E-mail：press@bjtu.edu.cn。

前言

质量管理学是一门新兴的学科，是管理科学的重要组成部分。这门学科是随着科学技术、生产力的发展而逐步形成和发展起来的，它吸收了当代科学技术成果和先进的管理经验，并首先在一些工业发达国家中形成和发展起来。由于质量与技术和管理都有关系，质量管理必须是技术与管理的结合。如果只有技术没有管理，技术很难充分发挥作用；反之，如果只有管理没有技术，管理只能成为无米之炊。所以，质量管理学也是一门自然科学与社会科学相结合的边缘学科，涉及管理学、经济学、统计学、工程技术等多个学科的内容。

质量管理学是研究和提示质量形成与实现过程的客观规律的科学。质量管理学的研究范围包括微观质量管理和宏观质量管理。微观质量管理着重从企业、服务机构的角度，研究组织如何保证和提高产品质量与服务质量；宏观质量管理则着重从国民经济和全社会的角度，研究政府和社会如何对工厂、企业、服务机构的产品质量与服务质量进行有效的统筹管理及监督控制。时至今日，质量管理学的研究重点已经由单纯的产品检验把关、生产过程的控制发展到产品形成全过程的质量控制与质量协调。特别是近几年来，质量管理理论研究更是取得了长足的进展，但其学科研究的本质并未改变。世界上任何一门科学都是人类的共同财富，是人们经过长期的实践不断总结形成的，将它们“拿来”为人们所用是符合科学原则的。学习与借鉴外国的先进科学技术历来是世界各国赖以发展的重要手段，因此学习借鉴国外已经成熟的质量管理学，像对待先进技术那样及时地引进与吸收，是实现我国经济腾飞的一项十分必要与迫切的任务。

正因为如此，越来越多的人认识到质量管理学在指导管理者处理企业经营管理各方面的事务与业务的重要作用，这一点可以从它被广泛地指定为专科生、本科生、研究生和专业人员的教学课程，并被吸收为各种短期教程和咨询培训中体现出来。与此同时，人们也广泛认同的一点是，尽管质量管理问题对企业各层管理的细节要求是不同的，但质量管理问题的一般原则和各种知识已不仅仅是企业有关管理者必须掌握和具备的知识，而且对各个层次及各不同职能管理部门的管理者都十分重要。本书就是为迎合不同层次与不同职能部门管理者对质量管理知识学习的需要而组织人员撰写的。本书从研究质量管理的基本概念、世界三大质量奖的含义、质量管理体系基础及要求开始，到深入了解质量的审核与认证、全面质量管理、质量成本与质量控制、质量检验、质量改进、服务质量管理、顾客满意，并运用于企业管理的各个具体工作中，以确保组织的运行顺利进行，到企业管理者如何综合应用其相应的质量管理知识于不同管理环境的实际工作中，以更有效地发挥质量管理在企业管理中的作用等方面进行了全面系统的介绍。

全书共分10章，主要讲述质量管理的基本概念、世界三大质量奖的含义和质量管理体系基础及要求，以及质量的审核与认证、全面质量管理、质量成本与质量控制、质量检验、质量改进、服务质量管理、顾客满意等方面的理论与知识。本书的特点是简明易懂、深入浅出，并强调系统性和综合性。

全书由丁宁总策划，具体编写人员及分工为：丁宁、许焕刚、吴崑（第1、2章）；丁宁、张一进、宋莺歌（第3、4章）；丁宁、张一进、吴崑（第5、6章）；丁宁、宋婧、李春青（第7、8、9、10章）。初稿完成后，由丁宁统稿并担任主编。

在完成本书的过程中，许多同人为本书提出了许多建设性的意见和想法，特别是为本书案例研究直接提供帮助的同人们。同时，在本书的编写过程中也参考了一些书籍，在本书的参考文献中已经列出。最后，本书的出版得到了北京交通大学出版社及吴嫦娥编辑的鼎力支持，在此一并表示衷心的感谢。

由于时间紧迫，加之水平所限，书中错误遗漏之处敬请广大读者批评指正。如果本书的出版能对广大读者有所裨益，我们则不胜欣慰。

编　者

2013年5月于大连

目录

第1章　绪论 ………………………………………………………… (1)
1.1　质量概论 ………………………………………………………… (2)
1.1.1　质量的重要性 ………………………………………………… (3)
1.1.2　质量的定义 …………………………………………………… (4)
1.1.3　质量的特性 …………………………………………………… (5)
1.1.4　质量的相关概念 ……………………………………………… (7)
1.2　质量管理及其发展 ……………………………………………… (9)
1.2.1　质量管理的概念 ……………………………………………… (9)
1.2.2　质量管理的原则 ……………………………………………… (9)
1.2.3　质量管理的基本内容 ………………………………………… (12)
1.2.4　质量管理的发展过程 ………………………………………… (14)
1.3　我国质量管理及其发展 ………………………………………… (20)
1.3.1　我国质量管理的发展 ………………………………………… (20)
1.3.2　我国质量管理发展过程中存在的问题 ……………………… (23)
1.3.3　解决我国质量管理问题的相关对策 ………………………… (23)
1.4　质量管理大师的质量观 ………………………………………… (25)
1.4.1　戴明及其质量理念 …………………………………………… (25)
1.4.2　朱兰及其质量理念 …………………………………………… (26)
1.4.3　克劳士比及其质量理念 ……………………………………… (28)
1.4.4　费根堡姆及其质量理念 ……………………………………… (29)
1.4.5　田口玄一及其质量理念 ……………………………………… (31)
1.4.6　石川馨及其质量理念 ………………………………………… (31)
本章习题 ……………………………………………………………… (31)
本章案例分析 ………………………………………………………… (32)
第2章　世界三大质量奖 ……………………………………………… (34)
2.1　美国马可姆·波多里奇国家质量奖 ……………………………… (36)
2.1.1　波多里奇国家质量奖产生的背景 …………………………… (36)
2.1.2　波多里奇国家质量奖概述 …………………………………… (37)
2.1.3　波多里奇国家质量奖的类别 ………………………………… (38)
2.1.4　波多里奇国家质量奖的评审标准和核心价值 ……………… (38)
2.1.5　波多里奇国家质量奖的评审过程 …………………………… (40)

2.1.6 波多里奇国家质量奖的作用 …………………………………………………… (41)
2.2 日本戴明质量奖 ………………………………………………………………… (44)
2.2.1 戴明质量奖概述 ……………………………………………………………… (44)
2.2.2 戴明质量奖的类型 …………………………………………………………… (44)
2.2.3 戴明质量奖的评审标准 ……………………………………………………… (45)
2.2.4 戴明质量奖的意义 …………………………………………………………… (46)
2.3 欧洲质量奖 ……………………………………………………………………… (48)
2.3.1 欧洲质量奖的起源 …………………………………………………………… (48)
2.3.2 欧洲质量奖的类别 …………………………………………………………… (49)
2.3.3 欧洲质量奖的评审标准 ……………………………………………………… (49)
2.3.4 欧洲质量奖的评审过程 ……………………………………………………… (50)
2.4 中国的全国质量奖 ……………………………………………………………… (52)
2.4.1 全国质量奖简介 ……………………………………………………………… (52)
2.4.2 全国质量奖评审机构 ………………………………………………………… (52)
2.4.3 全国质量奖的评审标准 ……………………………………………………… (52)
2.4.4 全国质量奖的评审过程 ……………………………………………………… (53)
本章习题 …………………………………………………………………………… (56)
本章案例分析 ……………………………………………………………………… (56)
第3章 质量管理体系基础及要求 ………………………………………………… (59)
3.1 ISO 9000 质量管理标准简介 …………………………………………………… (60)
3.1.1 ISO 9000 系列标准概述 ……………………………………………………… (60)
3.1.2 ISO 9000 质量管理系列标准的产生与发展 ………………………………… (60)
3.1.3 ISO 9000：2000 系列标准的特点和原则 …………………………………… (64)
3.1.4 ISO 9001：2000 标准的构成与实施要点 …………………………………… (70)
3.2 质量管理体系的要求 …………………………………………………………… (72)
3.2.1 质量管理体系文件 …………………………………………………………… (72)
3.2.2 管理职责 ……………………………………………………………………… (72)
3.2.3 资源管理 ……………………………………………………………………… (73)
3.2.4 产品实现 ……………………………………………………………………… (74)
3.3 质量管理体系的建立和运行 …………………………………………………… (77)
3.3.1 质量管理体系的建立过程 …………………………………………………… (77)
3.3.2 质量管理体系的运行 ………………………………………………………… (80)
本章习题 …………………………………………………………………………… (82)
本章案例分析 ……………………………………………………………………… (83)
第4章 质量的审核与认证 ………………………………………………………… (86)
4.1 质量审核概述 …………………………………………………………………… (88)
4.1.1 质量审核的概念 ……………………………………………………………… (88)
4.1.2 质量审核的分类 ……………………………………………………………… (88)
4.1.3 质量审核的内容 ……………………………………………………………… (90)

4.1.4　质量审核的意义和作用 …………………………………………………… (90)
4.1.5　质量审核的权限 …………………………………………………………… (91)
4.2　质量管理体系审核的程序和内容 …………………………………………… (91)
4.2.1　内部质量体系审核的含义 ……………………………………………… (91)
4.2.2　内部质量体系审核的依据和目的 ……………………………………… (92)
4.2.3　内部质量体系审核的范围 ……………………………………………… (92)
4.2.4　内部质量体系审核的实施 ……………………………………………… (93)
4.2.5　提高审核工作有效性的途径 …………………………………………… (95)
4.3　质量认证概述 ………………………………………………………………… (96)
4.3.1　认证制度的产生与发展 ………………………………………………… (96)
4.3.2　质量认证的概念 ………………………………………………………… (97)
4.3.3　获得质量认证的条件和准备工作 ……………………………………… (98)
4.3.4　质量认证的意义 ………………………………………………………… (99)
4.4　产品质量认证 ……………………………………………………………… (101)
4.4.1　产品质量认证概述 ……………………………………………………… (101)
4.4.2　企业申请产品质量认证的条件 ………………………………………… (102)
4.4.3　企业申请产品质量认证的程序 ………………………………………… (103)
4.4.4　产品质量认证证书和认证标志 ………………………………………… (104)
4.4.5　产品质量合格认证 ……………………………………………………… (105)
4.4.6　著名的产品质量安全认证 ……………………………………………… (105)
4.5　质量管理体系认证 ………………………………………………………… (111)
4.5.1　质量管理体系认证概述 ………………………………………………… (111)
4.5.2　质量管理体系认证的意义 ……………………………………………… (112)
4.5.3　质量管理体系认证的程序 ……………………………………………… (113)
4.5.4　产品质量认证和质量管理体系认证的选择 …………………………… (115)
4.5.5　产品认证和质量管理体系认证的比较 ………………………………… (116)
本章习题 ……………………………………………………………………………… (117)
本章案例分析 ………………………………………………………………………… (118)
第 5 章　全面质量管理 …………………………………………………………… (121)
5.1　全面质量管理的概念与特点 ……………………………………………… (122)
5.1.1　全面质量管理的概念 …………………………………………………… (122)
5.1.2　全面质量管理的特点 …………………………………………………… (122)
5.2　全面质量管理的指导思想 ………………………………………………… (126)
5.3　全面质量管理的基本内容 ………………………………………………… (128)
5.4　全面质量管理基本程序——PDCA 循环 ………………………………… (132)
5.4.1　PDCA 循环 ……………………………………………………………… (132)
5.4.2　PDCA 循环的特点 ……………………………………………………… (134)
5.5　常用的全面质量管理方法与技术 ………………………………………… (135)
5.5.1　流程图 …………………………………………………………………… (136)

5.5.2 检查表 …… (137)
5.5.3 直方图 …… (139)
5.5.4 排列图 …… (144)
5.5.5 散点图 …… (147)
5.5.6 趋势图 …… (149)
5.5.7 因果图 …… (151)
5.5.8 分层法 …… (153)
本章习题 …… (154)
本章案例分析 …… (156)
第6章 质量成本与质量控制 …… (158)
6.1 质量成本的概念 …… (159)
6.1.1 质量成本的含义 …… (159)
6.1.2 质量成本的构成 …… (159)
6.1.3 质量成本的设置 …… (162)
6.1.4 质量成本管理的意义 …… (164)
6.2 质量控制的目的 …… (165)
6.2.1 质量控制的概念 …… (165)
6.2.2 质量控制的程序 …… (165)
6.2.3 质量控制的目的 …… (166)
6.3 质量控制方法——控制图 …… (166)
6.3.1 控制图概述 …… (166)
6.3.2 控制图的原理与作用 …… (169)
6.3.3 控制图的运用 …… (172)
6.3.4 计量值控制图绘制步骤与应用 …… (177)
6.3.5 计数值控制图的绘制步骤和应用——以不合格品率控制图（P 控制图）为例 …… (180)
6.4 工序能力测量 …… (184)
6.4.1 工序能力的本质 …… (184)
6.4.2 工序能力的计算 …… (184)
本章习题 …… (185)
本章案例分析 …… (186)
本章附录 …… (189)
第7章 质量检验 …… (193)
7.1 质量检验概述 …… (194)
7.1.1 质量检验 …… (194)
7.1.2 质量检验活动 …… (197)
7.2 抽样检验 …… (198)
7.2.1 抽样检验概述 …… (198)
7.2.2 抽样检验的基本原理 …… (200)

7.2.3 抽样检验方案设计 …………………………………………………………… (202)
7.3 质量检验的组织与实施 …………………………………………………………… (203)
7.3.1 质量检验的组织与管理 …………………………………………………… (203)
7.3.2 质量检验制度 ……………………………………………………………… (215)
7.3.3 质量检验计划 ……………………………………………………………… (221)
7.3.4 质量检验的主要文件 ……………………………………………………… (223)
本章习题 ………………………………………………………………………………… (228)
本章案例分析 …………………………………………………………………………… (229)
第8章 质量改进 ……………………………………………………………………… (231)
8.1 质量改进概述 …………………………………………………………………… (232)
8.1.1 质量改进的概念 …………………………………………………………… (232)
8.1.2 质量改进的意义与作用 …………………………………………………… (233)
8.2 质量改进的工作方法与步骤 …………………………………………………… (233)
8.2.1 质量改进的基本工作方法——PDCA 循环 ……………………………… (233)
8.2.2 质量改进的具体步骤、内容及注意事项 ………………………………… (236)
8.3 质量改进的支持性工具 ………………………………………………………… (241)
8.3.1 常用的质量改进工具和技术 ……………………………………………… (241)
8.3.2 现场质量改进中两图一表的联合应用 …………………………………… (242)
8.3.3 直方图与正态概率纸的应用 ……………………………………………… (245)
8.4 六西格玛方法 …………………………………………………………………… (245)
8.4.1 六西格玛的概念及意义 …………………………………………………… (245)
8.4.2 六西格玛管理法的含义 …………………………………………………… (246)
8.5 质量改进的策划与实施 ………………………………………………………… (250)
8.5.1 持续质量改进的策划 ……………………………………………………… (250)
8.5.2 质量改进的实施 …………………………………………………………… (254)
本章习题 ………………………………………………………………………………… (255)
本章案例分析 …………………………………………………………………………… (256)
第9章 服务质量管理 ………………………………………………………………… (257)
9.1 服务质量概述 …………………………………………………………………… (258)
9.1.1 服务质量的重要性 ………………………………………………………… (258)
9.1.2 服务质量研究概况 ………………………………………………………… (258)
9.1.3 服务质量的定义 …………………………………………………………… (259)
9.1.4 服务质量构成 ……………………………………………………………… (260)
9.1.5 服务质量的5个维度 ……………………………………………………… (261)
9.2 服务质量差距模型 ……………………………………………………………… (263)
9.2.1 服务质量与顾客满意的关系 ……………………………………………… (263)
9.2.2 服务质量差距模型 ………………………………………………………… (263)
9.3 服务质量测量 …………………………………………………………………… (266)
9.3.1 服务质量测量的困难性 …………………………………………………… (267)

9.3.2 SERVQUAL 评价法 ……………………………………………… (267)
9.3.3 SERVQUAL 方法对服务质量测量范围的界定 ………………………… (269)
9.4 服务质量的设计与改进 ………………………………………………… (271)
9.4.1 服务质量的设计 ………………………………………………… (271)
9.4.2 服务质量的改进 ………………………………………………… (276)
本章习题 ……………………………………………………………… (282)
本章案例分析 …………………………………………………………… (283)
第 10 章 顾客满意 …………………………………………………… (285)
10.1 顾客满意与顾客满意度 ……………………………………………… (285)
10.1.1 顾客满意的意义 ……………………………………………… (285)
10.1.2 顾客满意 …………………………………………………… (289)
10.1.3 顾客满意度 ………………………………………………… (291)
10.2 顾客满意度测量 …………………………………………………… (293)
10.2.1 顾客满意度测评对企业的意义 …………………………………… (293)
10.2.2 顾客满意度的影响因素 ………………………………………… (293)
10.2.3 顾客满意度测评的分类及原则 …………………………………… (294)
10.2.4 顾客满意度测评的步骤 ………………………………………… (295)
10.3 提高顾客满意度的策略 ……………………………………………… (296)
10.3.1 顾客群体和竞争者的特点 ……………………………………… (297)
10.3.2 如何提高顾客的满意度 ………………………………………… (297)
10.4 服务企业提高顾客满意度的策略——服务补救 ……………………… (300)
10.4.1 服务补救的归因和结果 ………………………………………… (300)
10.4.2 顾客对服务失误后的反应与行为 ………………………………… (302)
10.4.3 顾客抱怨的原因及期望 ………………………………………… (304)
10.4.4 服务补救方式 ……………………………………………… (306)
10.4.5 服务补救的方法 …………………………………………… (308)
本章习题 ……………………………………………………………… (308)
本章案例分析 …………………………………………………………… (309)
附录 A 部分习题参考答案 …………………………………………… (312)
参考文献 …………………………………………………………… (314)

第1章

绪　论

学习目标

1. 理解什么是质量和质量管理。
2. 了解质量管理的发展史。
3. 了解我国质量管理及其发展史。
4. 认识质量管理大师的质量观。

导入案例

四川达兴能源公司强化质量管理提升效益纪实

近年来，四川达兴能源公司不断强化产品质量管理，由成立之初年产 24 万吨焦炭的生产能力逐渐发展到现在拥有年产 210 万吨焦炭的焦炉、50 万吨的甲醇装置、20 万吨甲醚生产线、15 万吨焦油加工和 5 万吨炭黑生产线的规模。同时，为了打造西南煤化工和新型天然气能源化工企业，该公司还确立了“依靠科技创新，发展新型能源产业，提高实物质量，拓宽产品销售市场”的长远目标，为提高企业的经济效益和社会效益奠定了坚实基础。

1. 质量第一，用户至上

2012 年以来，达兴能源公司对来厂的精煤质量进行严格把关，要求精煤接收工作按照“公平、公正、公开”的原则，切实维护企业利益，并对精煤质量监督、精煤计量等岗位进行轮岗，确保精煤质量能满足生产高质量焦炭的要求，为炼焦生产做好源头控制。

同时，该公司还加强对生产过程的控制管理，有效地推动了过程质量管理工作，为最终抓好产品质量创造了条件。第一，加强煤场管理工作，狠抓配煤准确度、水分和细度指标，加强炉温控制和准点出炉，为提高焦炭质量采取有力措施。第二，加强工艺管理，确保产品质量达标。该公司一方面重新修订《工艺管理制度》、《技术资料管理制度》、《工艺技术检查安排意见》、《近期工艺考核办法》等一系列制度，使工艺管理制度化、指标考核标准化；另一方面不断优化工艺参数，突破焦饼中心温度和炉顶空间温度传统控制经验的束缚，将其原标准焦饼中心温度和炉顶空间温度分别进行调整，实施精细调控。在焦炭质量稳步提升的同时，产品收益率也显著提高。第三，加大化验工作力度，正确指导生产。在用户不断提高对焦炭质量要求的情况下，该公司坚持每天进行焦炭质量冷热强度的化验工作，并将结果及时通报生产单位，对异常情况及时组织进行分析，找出补救措施，这对提高焦炭质量起到了积极作用。

用户就是上帝，市场竞争的实质就是争夺用户。为此，该公司本着“用户至上”的原则，不断增强员工特别是企业管理者的质量意识、竞争意识和风险意识，让员工主动面向市场，接受用户的监督。同时，该公司还全面推行质量管理，以“服务客户、满足用户需要”为中心，牢固树立“产品质量是公司的第一生命”的质量意识。

2. 优化配煤，效益显著

近年来，用户对焦炭质量不断提出更高的要求。但是，达兴能源公司所产焦炭只用于500立方米以下高炉的生产，从未冶炼高冷热强度焦炭，缺乏对炼焦煤种、冶炼技术的深入研究，从而造成为提高焦炭质量而大量配入优质主焦煤的现象，致使配煤结构出现不合理的情况，导致机焦成本攀升，影响经济效益。

面对这种情况，该公司组织技术、生产、管理等各方面精干力量认真分析煤种质量，不断优化配煤方案，全年调整配比达90余次，使配煤质量得到明显改善。经过对配煤方案的不断调整，该公司逐步降低主焦煤配量，增加本地35号煤配量比值，焦炭质量基本满足大高炉生产要求（捣固焦CSR稳定在56%以上），而且配煤成本也得到有效控制。

该公司通过各种措施，千方百计地提高焦炭质量，不仅及时有效地保证了焦炭用户的正常生产运行，而且创造了较好的经济效益（其中捣固焦炭2011年实现销售利润4 320万元）。2012年以来，随着干熄焦项目逐渐正常运行，焦炉配煤方案进一步优化和过程控制进一步加强，使焦炭质量指标得到改善，尤其是反应后强度（CSR）指标逐渐稳定在58%以上，受到用户的广泛好评。

资料来源：唐春，彭荣．质量好才是真的好！——四川达兴能源公司强化质量管理提升效益纪实，中国冶金报，2012.

1.1 质量概论

小资料

人类社会的安全与质量有着密切的关系。人们的日常安全和健康依赖于所制造出来的产品质量，如药物、食品、飞机、汽车、桥梁、隧道等的质量。工业部门生产各种产品的能力又在很大程度上依赖于自动化加工系统的质量和可靠性，而这些自动化加工系统的能力又在很大程度上取决于电力、通讯、交通、计算机等系统的质量和可靠性。美国的质量管理专家朱兰博士很早以前就说过：“人们在质量大堤的保护下生活。”这一思想源于荷兰的海防大堤。荷兰有大约1/3的国土低于海平面，这块土地赋予人们很大的恩惠，但也很危险，要利用好这块土地，就需要建造和维护巨大的海防大堤。朱兰的这句名言说明质量就像海防大堤一样，可以给人们带来利益和幸福，而一旦质量的大堤出现问题，也同样会给社会带来危害甚至灾难。

1.1.1 质量的重要性

1. 人类生活需要质量大堤的保护

人类的生活需要质量大堤的保护，一旦质量大堤崩溃，劣质产品和服务的洪水猛涨就将危害人们的生活，危及人们的生命，衣被难以御寒、食物不能充饥、住所危及安全、车辆可能倾覆，以及飞机失事、煤矿爆炸……这种质量低劣造成的伤害甚至危及人类生命的事件，打开每天的报纸总能见到，它让人们深思“质量”对于生活的重要意义。

人类的生活只有依托质量才能得以提升，我国已经提出了全面建设小康社会的宏伟目标，在实现这一目标的进程中，可持续发展能力不断增强，生态环境得到全面持续改善，资源利用效率显著提高，人与自然进一步和谐协调，整个社会走上生产发展、生活富裕、生态良好的文明发展道路。要想达到这一目标，如果没有质量大提的保护是完全不可想象的。只有质量理念全面更新，质量水平显著提高，质量文化不断普及，才能推进质量工作的全面加强和质量成果的极大涌现。于是，人们可以在冠以“质量城市”、“质量社区”、“质量农村”称号的质量环境中，享受现代质量文明带来的生活乐趣，这样人们的生活质量才可以大幅度提高。

2. 企业发展需要质量工作的支撑

在企业发展过程中，离不开产品和服务项目的开发与生产。一个企业没有产品和服务，就如无源之水、无本之木，一切经营活动必将停止。因此，产品策略一直是一个企业营销策略中最为核心、最为基础、最为根本的策略。然而，产品策略的核心又在于“产品”的质量，这种质量体现在产品能极大地满足消费者的物质需求和心理需求。更确切地说，这种产品和服务的质量应能超越竞争者而更好地满足消费者的物质需求和精神需求。这种物质需求的满足，离不开产品的附加性质量、适用性质量的综合和统一。人们常说，一个产品能拯救一个企业，能促使一个企业的发展，而一个产品策略的失误又可以使一个企业陷于困境甚至消亡。从更严格的意义上说，只有一个富有竞争质量的产品才能引导一个企业驶向成功的彼岸。

小资料

在企业发展过程中，人们常常提到品牌战略的问题。于是一个误区产生了，认为只要对产品加以形象设计、华丽包装，就能提升产品乃至企业的品牌形象，为企业发展提供强大的品牌支撑。但是，人们必须清醒地认识到，品牌的根基还在于质量，试问一个质量低劣的产品，再加包装、再加修饰，一旦人们接触了其实物的品质，一旦自身的物质需求和心理需求不能得到相应的满足，甚至产生上当受骗的感觉，那么再精心的包装，也很难在消费者中树立起良好的品质形象。

企业发展，离不开质量工作的支撑，工作质量是产品质量的保证，于是质量管理的强化、质量文化的营造、质量队伍的培育、质量制度的建设都将成为企业质量工作的一个重要组成部分。世界500强企业的成功经验已经揭示了这样一个基本事实。在世界500强大企业中，平均寿命不足50年，每10年就有1/3被淘汰，能够保持在世界500强的正是刻意创新的企业，而质量工作的创新是最富有生命活力的，并且是对企业具有最关键作用的创新。

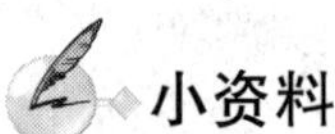

小资料

目前6σ管理正风靡全球，而6σ管理正是由摩托罗拉公司提出的一种创新的质量改进模式。这是比传统质量管理方法更具号召力的质量改进方法，质量目标设定为百万分之三点四不合格，这是远远超越原有3σ管理设定的质量水平的一种更富创新精神的质量理念，实际上就是一种“零缺陷”、“一开始就把任何一件事做好”的理念。6σ管理正在企业发展中发挥着巨大的推动作用，产生了巨大的成果。这一事实充分证明质量工作在企业发展中的重要作用。质量工作创新促进企业发展，企业发展呼唤质量工作创新，创新—发展—创新正成为企业发展的一种基本模式。

3. 综合国力和竞争力以质量为核心要素

当前，世界多极化和经济全球化成为两大主流趋势，世界各国正面临着新的挑战，而综合国力和竞争力则是挑战的焦点。因此，提升综合国力和竞争力已经成为当今时代发展的主旋律。在经济全球化进程日益加快的时代背景下，综合国力和竞争力集中体现为“国际竞争力”，即“全球竞争力”。“国际竞争力”在国际上有两个最具权威的评价机构：瑞士洛桑国际管理发展系统（IMD）和世界经济论坛（WEF）。

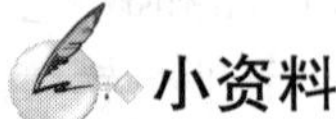

小资料

IMD的国际竞争力评价体系由8个竞争力要素、41个竞争方面，共224项构成。WEF的评价体系由国际竞争力、经济竞争力、市场化增长三大指数组成。无论是哪一种评价体系，都把“企业管理”作为其要素。在IMD评价体系中，“企业管理”又分为“生产率、劳动成本、公司经营、管理效率”。在WEF评价体系中，“企业管理”又分为“企业组织、企业家、企业创新、风险经营”，等等。显而易见，管理成为基础性评价指标，而管理的“核心”则是“质量”，包括产品质量、服务质量、生活质量、经济运行质量等。

1.1.2 质量的定义

什么是质量，不同学者与组织赋予质量以不同的定义。

1. ISO 9008（2008版）标准对质量的定义

ISO 9000（2008版）标准对质量的定义为：一组固有特性满足要求的程度。该定义中，固有特性是指满足顾客和其他相关要求的特性，并由其满足要求的程度加以表征。

2. 美国质量管理专家朱兰给质量下的定义

美国质量管理专家朱兰给质量下的定义非常简单：质量就是适用性。朱兰认为，组织应该更多地站在顾客或用户的立场思考问题，“任何组织的基本任务就是提供满足顾客要求的产品，包括服务。”

3. 费根堡姆（Feigenbaum）的质量定义

著名学者费根堡姆（Feigenbaum）的质量定义为：产品和服务的营销、工程、制造和维护的总复合特征，通过这些特征，使用中的产品或服务将满足顾客的期望。不难看出，费根堡姆的质量定义的顾客属性更为明显，客户对产品的预期使用影响了产品的质量。

4. 美国学者戴维·嘉文（David Garvin）给质量的定义

美国学者戴维·嘉文（David Garvin）则更具体地提出了质量含义的8个方面。

（1）性能。性能是指产品工作的基本特征。例如，电视机的性能意味着声音、图像清晰度、颜色，以及收到信号的能力；服务行业的性能通常是指快捷的服务。

（2）特色。特色是指为让顾客使用产品更加便利的附加功能，它是产品性能的次要方面。例如，飞机上的免费饮料、电视机的遥控器。

（3）可靠性。可靠性是指产品在特定的一段时间内不会出现问题的概率。通常以产品出现问题的平均时间来测定。

（4）一致性。一致性是指产品或服务与其说明书的一致程度。例如，加工零件的公差、饮料中的维生素含量是否达标。

（5）持久性。持久性是对产品使用生命周期的衡量。通常是指产品已不能再修理而必须进行更换之前的持续时间。

（6）服务性。服务性是指速度、熟练性和修理的难易，指产品出现问题时修理的准备情况和难易程度。

（7）美感。美感用来衡量产品外观、感觉、声音、味道和气味。这显然是个人的判断，因人而异。

（8）可感觉的质量。客户并不总有产品或服务的完全信息，如产品的持久性就很难觉察。它必须对产品的有形和无形方面加以推断。客户对质量的印象实质上就是可感觉的质量。

从以上质量的定义可以看出，现代质量管理特别强调从满足客户需求的角度来评价产品或服务的质量，但是客户需求是动态的、广泛的，因而质量概念的内涵还具有广泛性、时效性、相对性和经济性的特征。① 广泛性。质量不仅是指产品质量，还包括过程、体系的质量。② 时效性。顾客及利益相关方的需求因时间、地点而变化，质量要求必须不断作出调整。③ 相对性。由于客户及利益相关方的需求日趋多元化、个性化，即使是对同一产品的同一功能也可能提出不同的需求。只要满足需求，就应该是质量好的。没有绝对的评价标准。④ 经济性。“物美价廉”和“性价比”都反映出质量的经济性，质量及价格是产品在市场中的两个参数。

1.1.3 质量的特性

质量的特性是指“产品、过程或体系与要求有关的固有属性”。质量概念的关键是“满足要求”。这些“要求”必须转化为有指标的特性，作为评价、检验和考核的依据。由于顾客的需求是多种多样的，因此反映出质量的特性也应该是多种多样的。另外，不同类别的产品，质量特性的具体形式也不尽相同。

1. 硬件产品的质量特性

（1）性能。性能通常是指产品在功能上满足顾客要求的能力，包括使用性能和外观性能。

（2）寿命。寿命是指产品能够正常使用的年限，包括使用寿命和储存寿命两种。使用寿命是指产品在规定的使用条件下完成规定功能的工作总时间。一般不同的产品对使用寿命有不同的要求。储存寿命是指在规定储存条件下，产品从开始储存到规定失效的时间。

（3）可信性。可信性是用于表述可用性及其影响因素（可靠性、维修性和保障性）的集合术语。产品在规定的条件下，在规定的时间内，完成规定的功能的能力称为可靠性。对机电产品、压力容器、飞机和那些发生质量事故会造成巨大损失或危及人身、社会安全的产品，可靠性是使用过程中主要的质量指标。维修性是指产品在规定的条件、时间、程序和方法等方面进行的维修、保持或恢复到规定状态的能力。维修保障性是指按规定的要求和时间，提供维修所必需的资源的能力。显然，具备上述“三性”时，必然是个可用，而且是个好用的产品。

（4）安全性。安全性是指产品在制造、流通和使用过程中保证人身安全与环境免遭危害的程度。目前，世界各国对产品安全性给予了最大的关注。

（5）经济性。经济性是指产品寿命周期的总费用，包括生产、销售过程的费用和使用过程的费用。经济性是保证组织在竞争中得以生存的关键特性之一，是用户日益关心的一个质量指标。

2. 软件产品的质量特性

（1）功能性。软件所实现的功能，即满足用户要求的程度，包括用户陈述的或隐含的需求程度，是软件产品的首选质量特性。

（2）可靠性。可靠性是软件产品最重要的质量特性，反映软件在稳定状态下，维持正常工作的能力。

（3）易用性。易用性反映软件与用户之间的友善性，即用户在使用软件时的方便程度。

（4）效率。效率是在规定的条件下，软件实现某种功能耗费物理资源的有效程度。

（5）可维护性。可维护性是软件在环境改变或发生错误时，进行修改的难易程度。易于维护的软件也是一个易理解、易测试和易修改的产品，是软件的又一个重要特性。

（6）可移植性。可移植性是软件能够方便地移植到不同运行环境的程度。

上述软件产品的各种质量特性之间的关系，如表 1－1 所示。

表 1－1 软件产品质量特性之间的关系

	功能性	可靠性	易用性	效率	可维护性	可移植性
功能性		▲			▲	
可靠性				▼		▲
易用性				▼	▲	▲
效率		▼				▼
可维护性		▲		▼		▼
可移植性		▼		▼		

注：▲表示有利影响；▼表示不利影响。

3. 流程性材料的质量特性

（1）物理性能：如密度、黏度、粒度、电传导性能等。

（2）化学性能：耐腐蚀性、抗氧化性、稳定性等。

（3）力学性能：强度、硬度、韧性等。

（4）外观：几何形状、色泽等。

4. 服务质量的特性

1）服务产品的特征

服务产品具有无形性、不可储存性、同步性和异质性等特征。

(1) 无形性。无形性是服务的抽象性和不可触知性。即服务作为无形的活动，不像实体产品那样展示在顾客的面前，看不见、摸不着，不易在头脑中成形，从而对服务质量的评价往往凭人们消费后所获得的满意程度得出，主观随意性较大。

(2) 不可储存性。服务是：一个行动，一次表演，一项努力。它只存在于被产出的那个时点，“生产”一结束，服务作为产品也就不存在了。即一旦在限定的时间内丧失服务的机会，便一去不再复返。

(3) 同步性。服务的生产和消费过程在时间与空间上同时并存，具有不可分割性。顾客是参与其中的，必须在服务的过程中消费服务。因此，服务质量是顾客对服务过程和服务结果的总评价。

(4) 异质性。异质性即可变性或波动性。即使是同一种类型的服务也会因服务人员、顾客及环境的不同而不同，难以始终如一地提供稳定、标准化的服务。由于不稳定的服务会给顾客带来不公平的感觉，因此提高服务的稳定性是服务组织提高质量的重点，也是难点。

2) 服务产品的质量特性

服务产品的质量特性是服务产品所具有的内在特性。有些服务质量特性是顾客可以直接观察或感觉到的，如服务等待时间的长短、服务设施的完好程度、火车的正误点、服务用语的文明程度、服务中噪声的大小等。还有一些反映服务业绩的特性，如酒店财务的差错率、报警器的正常工作率等。

一般来说，服务特性可以分为 5 种类型：可靠性，准确地履行服务承诺的能力；响应性，帮助顾客并迅速提供服务的愿望；保证性，员工具有的知识、礼节，以及表达出自信与可信的能力；移情性，设身处地地为顾客着想和对顾客给予特别的关注；有形性，有形的设备、设施、人员和沟通材料的外表。不同的服务对各种特性要求的侧重点会有所不同。

1.1.4 质量的相关概念

1. 产品质量

产品质量是“产品满足明确和隐含需要的能力的特性之总和”。产品可以包括服务、硬件、软件、流程性材料或是它们的组合；可以有形也可以无形；可以是预期的，也可以是非预期的。

小资料

哈佛商学院的戴维·嘉文（David Garvin）发现质量的定义虽然很多，但可以归为以下 5 种。

难以形容的（Transcendent）——质量是一种直接的感知，只可意会，不可言传，如同美丽与爱。

基于产品的（Product-Based）——质量存在于产品的零部件及特性之中。

基于用户的（User-Based）——顾客满意的产品具有好的质量。

基于制造的（Manufacturing-Based）——符合设计规格的产品具有好的质量。

基于价值的（Value-Based）——物超所值的产品具有好的质量。

由此他提出了 8 个质量纬度：性能、特征、可靠性、符合性、耐久性、可服务性、美感、感知质量。他认为，可以用这些纬度描述产品的质量。

2. 服务质量

服务质量是指服务要求得到满足的程度。“服务”是一种无形产品，不仅包括服务性行业提供的服务，还包括工业产品等的售前、售中和售后服务，以及企业内部上道工序对下道工序的服务。在供方提供的、顾客接受的“产品”中，有形产品往往和无形产品相伴相随。有形产品的生产、流通、消费过程中伴随着大量的服务，而服务提供过程又往往以有形产品为载体，离开载体，服务则无法独立存在。

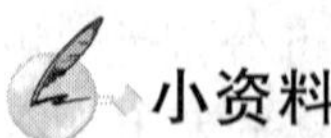

小资料

虽然服务质量纬度比产品质量更难定义，德克萨斯州 A&M 大学的市场营销教授帕拉苏拉曼（Parasuraman）、泽沙姆尔（Zeithaml）和波利（Berry）提出了著名的服务质量纬度，即有形性、服务可靠性、响应性、保证性、易情性、可用性、专业性、实时性、完整性、愉悦性，这些纬度被许多服务公司用来测量质量性能。

3. 过程质量

国际标准 ISO 9000：2008 将过程定义为：“一组将输入转化为输出的相互关联或相互作用的活动。”据此，过程质量可理解为过程满足要求的程度。产品和服务质量最终由过程来保证。

质量形成有一个过程，而过程又分为若干个阶段。过程质量不仅存在于质量形成的全过程，还存在于过程的每一个阶段。每一个阶段的质量控制是全过程控制的必要前提。从质量形成全过程考虑，过程质量可分为开发设计过程质量、制造过程质量、使用过程质量和服务过程质量。

（1）开发设计过程质量。这是指从市场调研、产品构思到完成产品设计的过程质量。开发设计过程是形成产品固有质量的先行性和决定性因素。

（2）制造过程质量。这是指产品符合设计质量要求的程度。制造过程是产品固有质量具体形成的阶段。这一阶段的过程质量一方面取决于开发设计过程质量；另一方面又取决于制造过程中一系列工序的质量。

（3）使用过程质量。这是指产品在使用过程中，其实用价值得以充分发挥的程度。使用过程质量取决于使用环境与使用条件是否合理、使用规范的符合程度、使用者的操作水平，以及日常维护保养的有效性。

（4）服务过程质量。这是指产品进入使用过程后，用户对供方提供的技术服务的满意程度。提高服务过程质量是产品固有质量得到有效发挥的重要环节，也是供方维护信誉、塑造形象、收集信息的重要手段。服务过程质量主要取决于提供技术服务的方式、手段，以及技术服务人员的服务技能和态度等。

4. 工作质量

工作质量一般是指企业生产经营中各项工作对产品和服务质量的保证程度。工作质量涉及企业的各工作部门、各类人员。工作质量主要取决于人的素质，包括质量意识、责任心和业务水平等。其中，最高管理者的工作质量起主导作用，一般管理层和执行层的工作质量起保证与落实的作用。

工作质量能反映企业的组织、管理和技术等各项工作的水平，体现在生产技术和经营活动中，并通过工作效率和成果，最终体现在产品质量和经济效益上。

产品质量可用产品质量特性值定量地表现出来，而工作质量一般通过产品和服务质量、工作效率、报废率等指标间接地反映出来。对于服务类和管理类工作岗位，其工作质量可以通过综合评分的方式来量化度量。

1.2 质量管理及其发展

小资料

在第二次世界大战之后，日本从美国引进了质量管理，坚决持续地进行质量改进，创立了日本式的全面质量控制（Total Quality Control，TQC），一举使“日本制造”成为世界高级产品的象征，日本因此成为世界经济强国。美国质量管理专家朱兰（J. M. Juran）在考察了日本经济之后曾说：“日本的经济复兴，是一次成功的质量革命。”无疑，质量问题已经成为世界性的主题，这一切缘于质量因素的复杂性、质量问题的严重性和质量地位的重要性。

1.2.1 质量管理的概念

1. 质量管理的定义

国际组织 ISO 9000：2008 将质量管理定义为：“在质量方面指挥和控制组织的协调活动。”在质量方面的指挥与控制活动主要包括制定质量方针和质量目标，以及实施质量策划、质量控制、质量保证和质量改进。

2. 对质量管理定义的解释

（1）质量管理是一个组织全部管理活动的重要组成部分，其职能是负责质量方针的制定和实施。

（2）质量管理的职责应由组织的最高管理者承担，不能推卸给其他的领导者，也不能由质量职能部门负责。

（3）质量与组织内的每一个成员有关，他们的工作都直接或间接地影响着产品或服务质量。因此，为获得较高的质量水平，必须要求组织内所有成员都参加并承担相应的义务和责任。

（4）质量管理涉及面很广。从横向来说，质量管理包括战略规划、资源分配和其他相关活动，如质量计划、质量保证、质量控制和质量改进等活动；从纵向来说，质量管理应当包括质量方针和质量目标的制定，以及实现质量方针和目标的质量体系的建立与维持。

（5）在质量管理中必须考虑经济因素，即要考虑质量系统的经济效益。

1.2.2 质量管理的原则

1. ISO 9000 质量管理体系标准中的质量管理原则

早在 1995 年，ISO/TC176 在策划 2000 版 ISO 9000 族标准时，就准备编制一套有关质量管理的文件，其中重要的就是质量管理原则。在 ISO 9000：2000 标准的制定过程中，ISO 9000/TC176 的 SC2 下的一个工作组（WG15），在征集世界上一些著名质量管理专家的意见，总结世界各国质量管理实践经验的基础上，用高度概括的语言表述质量管理最基本、最通用的一般规律，提出了8项管理原则，编写了ISO/CD19004－8《质量管理原则及其应用指南》。这8项原则反映了质量管理的基本思想。在ISO 9000：2005和ISO 9000：2008标准中，仍然使用着这8项质量管理原则。

准确理解8项管理原则是把握ISO 9000：2000标准精髓的前提，是建立健全质量管理体系的基本保证。任何一家企业，只有牢牢树立顾客导向的理念，将顾客满意贯穿于质量管理活动之中，其质量管理才具有灵魂，才能够得到真正实施，企业的质量目标、经营目标才能够实现。这8项管理原则如下。

（1）以顾客为关注焦点。组织依存于他们的顾客，因而组织应理解顾客当前和未来的需求，满足顾客需求并争取超过顾客的期望。

（2）领导者的作用。领导者建立组织相互统一的宗旨、方向和内部环境，所创造的环境能使员工充分参与实现组织目标的活动。

（3）全员参与。各级人员都是组织的根本，只有各级人员的充分参与才能使他们的才干为组织带来收益。

（4）过程方法。将相关的资源和活动作为过程来进行管理，可以更高效地达到预期的目的。

（5）管理的系统方法。针对制定的目标，识别、理解并管理一个由相互联系的过程所组成的体系，有助于提高组织的有效性和效率。

（6）持续改进。持续改进是一个组织永恒的目标。

（7）基于事实的决策方法。有效的决策建立在对数据和信息进行合乎逻辑与直观的分析基础上。

（8）互利的供方关系。组织和供方之间保持互利关系，可增进两个组织创造价值的能力。

2. 企业质量管理的一般原则

1）以人为本的原则

在影响产品或服务质量的诸因素中，人的因素是首要因素。提高质量的根本途径在于不断提高企业全体员工的素质，充分调动和发挥人的积极性和创造性。全面质量管理倡导树立企业质量精神，创建质量文化，增强企业凝聚力，通过方针目标管理、质量管理小组活动、合理化建议活动等形式，使人人都了解企业的质量方针与质量目标，参与质量经营。ISO 9000标准指出："任何组织中最重要的资源是组织中的每一个人，因为每个人的行为和绩效都直接影响产品的质量。"该标准还就人员的选择、培训、激励等方面作出了具体规定。由此可见，全面质量管理同传统质量管理只注重发挥少数专家的作用和片面强调对人的活动加以严格限制的做法有着本质区别。

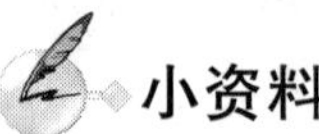
小资料

现代质量管理的观念认为，提高质量的关键是人不是物，因为"物"是靠人去创造发明、靠人去使用的，人是处于主动的和积极的地位。戴明博士反复强调，振兴经济靠计算机能行吗？靠自动化能行吗？靠机器人能行吗？统统不行！只有靠企业的员工，包括普通员工、工程技术人员和工人。当然，管理人员中最主要的人是高层领导人员，即经营者。戴明认为，企业必须从过去"见物不见人"转变为充分发挥人的主观能动性、积极性和创造性。

2）质量效益原则

质量效益原则是企业质量管理的根本宗旨和指导思想。提高质量能带来企业和全社会的经济效益。在企业中推行质量管理，能够减少整个生产过程及各个工序的无效劳动和资源消耗，降低生产成本，生产出顾客满意的产品，增强企业竞争力，实现优质、高产、低耗、盈利，促进企业持续发展。从宏观的角度，这又可以节约资源，减少浪费，增加社会财富，为全社会带来效益。

小资料

现代质量管理强调，讲质量不能脱离成本，要考虑质量的经济性。一方面，不能脱离社会实际需要，不计成本盲目追求过剩的质量；另一方面，要在保证顾客所需要的质量功能的前提下，努力降低成本，使顾客和企业都能从中获益。人们必须正确认识质量和成本之间的关系，通过系统分析顾客的需求，采用科学的工作方法，在不断满足顾客需求和市场需要的情况下，获得企业的持续发展。

3）顾客满意的原则

ISO 9000－2 在论述质量体系的关键因素时指出，“顾客是质量体系的焦点。”作为企业就是要全心全意为顾客服务，坚持“顾客至上”的思想。它要求企业处处从顾客的利益出发，想顾客所想、急顾客所急、帮顾客所需，认真听取顾客意见，提供使顾客满意的产品和服务。顾客满意是全面质量管理的基本出发点和落脚点，如果顾客不满意，质量管理便失去了意义。

小案例

银行的“新”客户

有一个客户到花旗银行的一个营业网点，要求兑换崭新的 100 美元钞票，说是要为他的公司作奖品用。当时该网店恰好找不到新钞票。于是，银行的一位服务人员立即打电话到其他网点联系，整整花了 15 分钟的时间，终于从别的地方调来一张新钞票。这位服务人员特意十分郑重地把这张钞票放进一只盒子并附上名片，上面写着：“谢谢您想到我们银行。”这位本来是偶然来这家银行网点换钞的客户，回来就开了个账户，并存上了 25 万美元。

4）预防为主的原则

ISO 9000 标准明确指出，“质量体系应强调预防性活动，以避免问题的发生，而不要错过发现和纠正可能发生故障的机会。”现代质量管理强调“预防为主”，是和传统质量管理的重要区别。现代质量管理坚持“预防为主”，就是要预先分析影响质量的各种因素，找出主导性因素，采取措施加以控制，变“事后把关”为主为“事前预防”为主，将质量问题消灭在质量形成过程中，做到防患未然，尽一切可能把不良产品消灭在发生以前，减少企业和社会的损失。

5）技术与管理并重的原则

技术与管理并重的原则是充分发挥技术和管理的共同作用，使两者相辅相成，以达到提

高产品/服务质量和最佳质量效益的目的。

6）从管理结果为主变为管理原因为主的原则

企业的产品质量称之为结果质量，因为它是受许多因素综合影响的结果。这些影响因素可以分为两类：一类为工程质量（或工序质量）；另一类为工作质量。工程质量是指人员、机器、设备、材料、方法、工作环境（简称4M1E）5个方面的综合质量。工作质量是指企业每个员工在完成本职工作中符合要求的程度。当然，有些工作的工作质量可能直接影响工程质量，但工作质量与工程质量不能等同起来。由于工程质量与工作质量是影响产品质量的原因，所以称之为原因质量。传统的质量管理往往是就事论事，一说要抓质量，就单纯地认为要加强检查，而不是首先找原因、抓工作质量和工程质量，所以常常是事倍功半，或者抓而无效。因此，可以说抓结果转为首先抓原因，是现代质量管理思想的一个重要转变，也是搞好质量管理的一条好的经验。

7）从事后把关为主变为过程控制为主的原则

事后把关是一种传统的质量管理方式，尽管这种方式是企业管理中不可缺少的必要手段，但从管理的指导思想看，并不有利于质量的提高。事后检验与在每道工序加强质量控制，效果不大一样。如果总装以前的各道工序严格控制，预防缺陷的产生，并把不合格品剔除，就可以减少后道工序的损失，避免浪费，这是很大的节约。从产品的价值形成来看，越到后面的工序，工序控制应越严格，及时把已经产生的不合格品检查出来，如果到了后续工序才发现，其损失就会更大，特别是有些产品的加工，尽管在前面工序中只是有微小的缺陷，但是到后续工序中却可能报废，所以前道工序的质量控制就显得十分重要，就应该更加严格。

8）协作的原则

“协作”是高级生产组织水平上的一项重要管理工作，是专业化生产发展的必然要求。生产和管理工作专业分工越细，对协作的要求就越高。一个企业的管理工作搞得好不好，“协作”既是一个条件，又是一个标志。日本的管理经验说明，日本企业管理成功的重要原因之一就是企业全体人员懂得和保持了良好的协作。在企业质量管理工作中，如果没有相互良好的、主动的协作，质量问题就无法解决。所以，强调协作是现代质量管理的一条重要原则。

小资料

开展现代质量管理，必须进行组织协调、综合治理。首先，必须明确各部门的质量职能，并建立健全严格的质量责任制。质量管理不是哪个部门的事情，也不是哪几个人的事情，而是同产品质量有关的各个工作环节的质量管理的总和。同时，这个总和也不是各个环节活动的简单相加，而是一个围绕着共同目标协调作用的统一体。因此，为了使顾客对产品质量满意，就必须明确各有关部门在质量管理方面的职能并规定其职责，以及围绕一定的质量目标所承担的具体工作任务。如果各部门各自承担的质量职责没有得到明确的规定，质量管理的各项工作就不可能得到有效的执行。

1.2.3 质量管理的基本内容

1. 质量方针

质量方针是由组织的最高管理者正式发布的该组织总的质量宗旨的方向。通常质量方针

与组织的总方针一致，并为制定质量目标提供框架。

2. 质量管理体系

质量管理体系是指实施质量管理的组织结构、职责、程序、过程和资源。质量管理体系是质量管理的组织管理。

3. 质量策划

质量策划致力于制定质量目标，并规定必要的运行过程和相关资源，以实现质量目标。质量策划通常包括产品策划，过程、产品实现、资源提供和测量分析改进等诸多环节的策划。

4. 质量控制

质量控制致力于满足质量要求。质量控制的目标是确保产品、体系、过程的固有特征达到规定要求的核心步骤。

5. 质量保证

所谓质量保证，是指为使人们确信某实体能满足质量要求，在质量体系内所开展的并按需要进行正式的有计划和系统的全部活动。质量保证的核心思想是强调对用户负责，其核心问题是使人们相信某一组织有能力满足规定的质量要求，给用户、第三方和本企业最高管理层提供信任感。

质量保证分为内部质量保证和外部质量保证。内部质量保证是质量管理职能的一个有机组成部分，是为了企业各层管理者确信本企业具有满足质量要求的能力所进行的活动。外部质量保证是为了使用户和第三方确信供方具备满足质量要求的能力所进行的活动。

6. 质量改进

质量改进是质量管理的一部分，致力于增强满足质量要求的能力，是一个企业持续改进和提高的过程。

7. 质量成本

质量成本是为了保证满意的质量而发生的费用，以及没有达到满意的质量而造成的损失，它是总成本的一个组成部分。质量成本主要包括运行质量成本和外部保证成本两个部分。质量成本的构成如表 1－2 所示。

表 1－2 质量成本的构成

类别		定 义	内 容
运行质量成本	预防成本	最小化失败和检测的费用	质量计划工作费用、新产品审查评定费用、培训费用、工序控制费用、收集和分析质量数据费用、质量报告费用
	检验成本	测定质量是否符合标准的费用	进货检验费、零件检验与试验费、成品检验与试验费、测试手段维护保养费、检验材料的消耗或劳务费、检测设备的保管费、质量审计
	内部故障损失	在顾客接收到产品或服务之前的故障所引起的费用	废品损失、返工损失、复检费用、停工损失、降低产量损失、处理费用/失败分析、重新检验费用
	外部故障损失	在顾客接收到产品或服务之后的故障所引起的费用	处理用户申诉费、以旧换新、退货损失、保修费用、折价损失、违反法律的责任损失、形象损失

续表

类别	定义	内容
外部保证成本	在合同环境条件下，根据用户提出的要求，为提供使人们确信某实体能满足质量要求的客观证据所支付的费用	为提供附加的质量保证措施、程序、数据等所支付的费用；产品的验证实验和评定的费用，如经认可的独立实验机构对特殊的安全性能进行检测实验所发生的费用；为满足用户要求，进行质量体系认证所发生的费用等

1.2.4 质量管理的发展过程

社会生产力的发展和社会进步是质量管理产生与发展的强大动力。质量管理的产生和发展经历了一个漫长的过程，大致可以划分为3个时期：工业时代以前的质量管理、工业时代的质量管理和21世纪的质量管理。

1. 工业时代以前的质量管理

虽然在人类历史的长河中，已很难寻觅原始的质量管理方式，但可以确信人类自古以来一直就面临着各种质量问题。古代的食物采集者必须了解哪些果类是可以食用的，哪些是有毒的；古代猎人必须了解哪些是制造弓箭最好的木材。这样，人们在实践中获得的质量知识一代一代地流传了下去。

小资料

公元1073年的北宋时期，为了加强对兵器的控制，设立了军器监。北宋军器监总管沈括的《梦溪笔谈》中谈到了兵器生产的质量管理情况。据古书记载，当时兵器生产批量剧增，质量标准也更具体。例如，对弓的质量标准有：① 弓体轻巧而强度高；② 开弓容易且弹力大；③ 多次使用，弓力不减弱；④ 天气变化，无论冷热，弓力保持一致；⑤ 射箭时弦声清脆、坚实；⑥ 开弓时，弓体正，不偏扭。很明显，这些质量标准是实践经验的总结，产品质量主要依靠工匠的实际操作技术，靠感官估量和监督的度量衡量而定，靠师傅传授技术经验来达到标准。

人类社会的核心从家庭发展为村庄、部落，产生了分工，出现了集市。在集市上，人们相互交换产品（主要是天然产品或天然材料的制成品），产品制造者直接面对顾客，产品的质量由人的感官来确定。随着社会的发展，新的行业——商业出现了。买卖双方不再直接接触了，于是就产生了质量担保，从口头形式的质量担保逐渐演变为质量担保书。随着商业的发展，彼此距离遥远的连锁性厂商和经销商之间有效沟通的需求也在增加，于是新的发明又产生了，这就是质量管理规范即产品规格。这样，无论距离多么遥远，产品结构多么复杂，有关质量的信息都能够在买卖双方之间直接沟通。紧接着，简易的质量检验方法和测量手段也相继产生，这就是在手工业时期的原始质量管理。由于这一时期的质量主要靠手工操作者依据自己的手艺和经验来把关，因而又被称为“操作工的质量管理”。

18世纪中叶，欧洲爆发了工业革命，其产物就是“工厂”。由于工厂具有手工业者和小作坊无可比拟的优势，从而导致手工业作坊的解体和工厂体制的形成。在工厂进行的大批量生产也带来了许多的技术问题，如部件的互换性、标准化、工装和测量的精度等，这些问题的提出和解决催促着质量管理科学的诞生。因此，质量管理作为一门科学就诞生在工业时代。

2. 工业时代的质量管理

质量管理的发展与科学技术、生产力水平，以及管理科学化和现代化的发展密不可分。从工业发达国家解决产品质量问题所涉及的方法与手段来看，质量管理的发展大体经历了3个阶段，如图1－1所示。

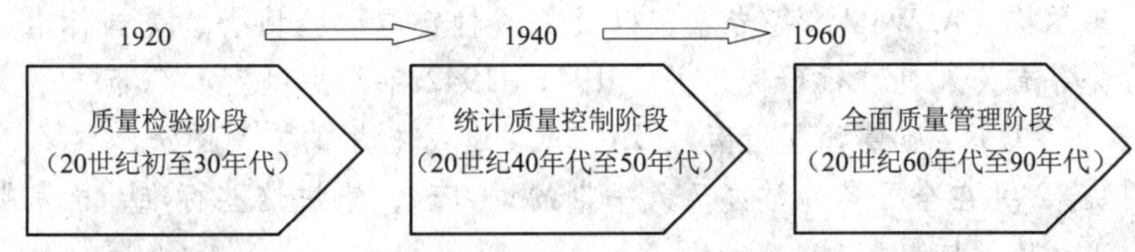

图1－1 质量管理发展的3个阶段

1）质量检验阶段

20世纪初，美国工程师泰勒（F. W. Taylor）根据18世纪末工业革命以来大工业所产生的管理经验与实践，提出了“科学管理”理论，创立了“泰勒制度”。泰勒的主张之一就是计划与执行必须分开，因而需要有“专职检验”这一环节，以判明执行情况是否偏离计划，是否符合标准。与此同时，随着资本主义大公司的发展、生产规模的扩大，对零件的互换性、标准化的要求也越来越高。因此，大多数企业都设置了专职检验人员和部门，并直属经理（或厂长）领导，负责全厂各生产部门的产品（零部件）质量的检验工作和管理工作。那时，人们对质量管理的理解还只限于质量的检验，即依靠检验手段挑出不合格品，并对不合格品进行统计，管理的作用非常薄弱。这种“检验的质量管理”有以下缺点：① 解决质量问题缺乏系统的观念；② 只注重结果，缺乏预防，一旦发现废品，一般很难补救；③ 要求对成品进行100%的检验，这在大批量生产的情况下是不经济的，在一定条件下也是不允许的。直到20世纪40年代初期，国外绝大多数的企业仍处于“检验的质量管理”阶段。1977年以前，我国绝大多数工业企业的质量管理也都处于这个发展阶段。

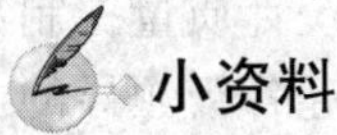

小资料

20世纪初，美国出现了流水作业等先进的生产方式，提高了对质量检验的要求，随之在企业管理中出现了专门的质量检验人员，成立了专职的质量监督部门。

2）统计质量控制（SQC）阶段

1924年，美国贝尔研究所的休哈特（W. A. Shewhart）运用数理统计的原理提出了经济控制生产过程中产品质量的6σ法，即后来发展完善的“质量控制图”和“预防缺陷”的理论。其目的是预防生产过程中不合格品的产生。1931年，休哈特出版了《工业产品质量的经济控制》专著。1929年，贝尔研究所的道奇（H. F. Dodge）和罗米格（H. G. Romig）发表了《挑选型抽样检查法》论文，目的是解决在破坏性检验的情况下如何保证产品质量，并使检验费用较少的问题。他们是最早把数理统计方法引入质量管理领域的3位学者。但是，由于在20世纪30年代世界资本主义经济危机频发，这些科学的方法未能在质量管理中发挥其应有的作用。据统计，直到1937年，在质量管理中应用控制图和抽样验收的美国大公司尚不足10家。

小资料

第二次世界大战初期，美国大批生产民用品的公司转为生产各种军需品。当时面临的一个严重问题是，由于事先无法控制不合格品而不能满足交货期的要求。这是因为，军需品大多属于破坏性检验，不允许事后全检。美国国防部为了解决这一难题，特邀请休哈特、道奇、罗米格、华尔特（A. Wald）等专家，以及美国材料与试验协会、美国标准协会、美国机械工程师协会等有关人员进行研究，并于1941—1942年先后制定和公布了《美国战时质量管理标准》，即Z1.1《质量管理指南》、Z1.2《数据分析用的控制图法》和Z1.3《质量管理用的控制图法》，并在全国各地举办7天一期的讲习班，宣讲这些标准，强制要求生产军需品的各企业实行统计质量控制。

实践证明，统计质量控制方法是在制造过程中保证产品质量、预防不合格品的一种有效工具。由于统计质量控制方法的使用给公司带来巨额利润，所以在战后那些生产军需品的公司转入民用品生产时，仍然乐意运用这一方法。其他公司看到有利可图，也纷纷采用，于是统计质量管理控制方法的使用风靡一时。20世纪50年代初期，统计质量管理控制的使用达到高峰。据报道，在联合国教科文组织的赞助下，通过国际统计学会等一些国际性组织的努力，战后很多国家积极开展统计质量控制活动，并取得了成效。

由于这一阶段利用了数理统计原理来预防废品产生，因此质量职能在方式上由专职检验人员转移给了专业的质量控制工程技术人员承担。这标志着将事后检验的观念改变为预防质量事故发生的预防观念。但是，这一阶段由于过分强调质量控制的数理统计方法，又不注意数理统计方法的通俗化和普及化工作，使得人们误认为“质量管理就是数理统计方法”、“数理统计方法理论深奥”、“质量管理工作是数学家的事情”，因而对质量管理产生了一种高不可攀的感觉，影响了管理作用的发挥和数理统计方法在质量管理中的普及与运用。

20世纪50年代末和60年代初，中国第一机械工业部和中国科学院“质量控制”研究小组共同举办了我国第一个统计质量控制学习班，并在部分机械工业企业进行统计质量控制的试点工作，取得了一定的效果。但是，由于宣传普及工作做得不够，未能引起各级领导的重视。

小资料

美国贝尔实验室工程师休哈特（W. A. Shewhart）提出统计过程控制（SPC）对生产过程进行监控，以减少对检验的依赖。这种新方法解决了事后把关的不足。1930年，贝尔实验室的另两名成员道奇（H. F. Dodge）和罗米格（H. G. Romig）又提出了统计抽样方法，并设计了实际使用的“抽验检验表”，解决了全数检验和破坏性检验在应用中的困难。

20世纪50年代，美国著名质量管理专家戴明（W. Edwards Deming）提出质量改进的观点，在休哈特之后系统和科学地提出用统计学的方法进行持续改进；强调大多数质量问题是生产和经营系统的问题；强调最高管理层对质量管理的责任。此后，戴明不断完善他的理论，最终形成了对质量管理产生重大影响的“戴明十四法”。

3）全面质量管理（TQM）阶段

20世纪50年代以来，随着社会生产力的迅速发展，科学技术和社会经济与文化的不断进步，出现了许多新情况。

（1）人们对产品质量的要求更高了。过去，对产品的要求一般只注重其性能；现在，又增加了耐用性、可靠性、安全性、经济性和可销性等要求。

（2）在生产技术和企业管理中广泛应用系统分析的概念，把质量管理看做处于较大系统中的一个子系统。

（3）管理理论有了新发展，其中突出的一点是所谓“重视人的因素”、“参与管理”，强调依靠员工搞好管理。

（4）“保护消费者利益”运动的兴起。20世纪60年代初，广大消费者及中小企业主在大公司垄断、控制市场的情况下，为了保护自己的利益，纷纷组织起来同垄断组织抗争。

（5）随着市场竞争，尤其是国际市场竞争的加剧，各国企业都更加重视产品责任和质量保证问题。

由于上述情况的出现，显然仅仅依赖质量检验和运用统计方法很难保证与提高产品质量。同时，把质量职能完全交给专业的质量控制工程技术人员承担是不妥的。因此，在20世纪50年代，许多企业就有了全面质量管理的实践。

最早提出全面质量管理概念的是美国通用电气公司的质量管理总经理费根堡姆(A. V. Feigenbaum)。1961年，他出版了《全面质量管理》一书。该书强调质量职能应由公司人员来承担，解决质量问题不能仅限于产品制造过程，质量管理应贯穿于产品质量产生、形成和实现的全过程，且解决质量问题的方法是多种多样的，不能仅限于检验和数理统计方法。他指出，全面质量管理是为了能够在最经济的水平上并考虑到充分满足用户要求的条件下进行市场研究、设计、生产和服务，把企业各部门的研究质量、维持质量和提高质量的活动构成为一个有效的体系。

小资料

全面质量管理理论和方法的提出，影响着世界各国质量管理的深入发展。第二次世界大战后，日本从美国引进了科学的质量管理理论和方法，20世纪60年代又学习了美国的全面质量管理，并结合自己的国情，实行了全公司质量管理（CWQC）。日本人的一些做法及其在产品质量方面取得的成就，引起了世界各国的注意。20世纪60年代以来，全面质量管理的概念已逐步被世界各国所接受。20世纪80年代以后，科学技术水平又有了新发展，人们认识到仅用“全面质量管理”来概括质量管理学的内容已远远不够，于是又出现了各种概念，如美国的“质量管理”（QM），欧洲一些国家提出的“全面质量保证”（TQA）等。

我国工业企业自1978年开始推行全面质量管理活动，经过十几年的实践，已经取得了初步效果，涌现出一批好的典型，得到了原国家经济贸易委员会和中国质量管理协会的表彰。但是，要形成具有中国特色的质量管理理论，还有待于进一步总结，并借鉴和学习国外质量管理的先进经验。

4）质量管理理论的演变和发展

质量管理理论的演变和发展，如图1-2所示。

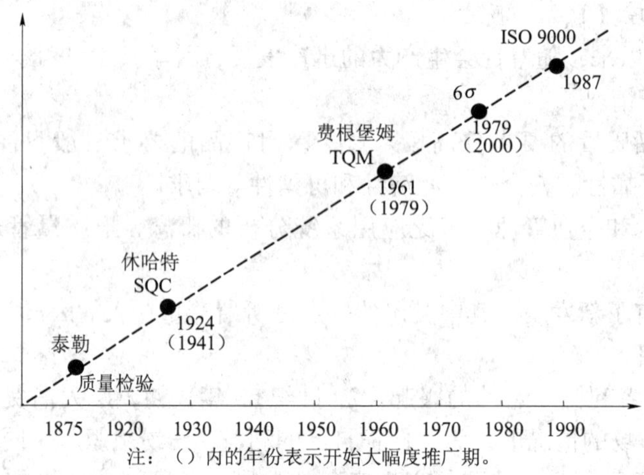

注：（）内的年份表示开始大幅度推广期。

图 1－2　质量管理理论的演变和发展

从图 1－2 中可以清楚地看出，人们为了解决质量问题所运用的理论与方法是不断发展和完善的，而这一过程又同科学技术进步和社会生产力水平的不断提高密切相关。可以预见，随着新技术革命的兴起，科学技术的日新月异，人们解决质量问题的思想、手段和方法必然会更加科学、完善和丰富，从而使质量管理的发展迈向一个更新的阶段。

3. 21 世纪的质量管理

美国著名质量管理专家朱兰指出，20 世纪是生产力的世纪，21 世纪是质量的世纪。这意味着 21 世纪将是高质量（经营的高质量，产品和服务的高质量）的世纪，质量管理科学将有更蓬勃的发展。在 21 世纪，不仅质量管理的规模会更大，更重要的是，质量将被作为政治、经济、科技、文化、自然环境等社会要素中一个尤为重要的因素来发展。新技术革命的兴起和知识经济的到来，以及由此而提出的挑战，必定会将 21 世纪的质量管理推向更高的阶段。预计 21 世纪的质量管理科学将经历以下几个阶段。

1）质量管理的国际化阶段

以信息技术和交通技术为纽带的世界一体化的潮流正在迅速发展，各国经济的依存度日益加强。国际贸易壁垒表现出许多新特点，如关税壁垒日趋减弱，而非关税壁垒呈现，特别是技术壁垒尤为突出，其表现形式有技术法规、标准、合格评定程序等。

小资料

为了减弱和消除技术法规、标准、合格评定程序等技术性因素所形成的贸易技术壁垒对国际贸易的影响，经过 8 轮的多边贸易谈判，1994 年 3 月签订了《世界贸易组织贸易技术壁垒协议》（以下简称《协议》）（WTO/TBT）。《协议》中提出了成员国应遵守的原则包括“透明度原则”、“协调原则”、“采用国际标准和国际准则的原则”、“等效相互承认原则”等。

生产过程和资本流通的国际化，是企业组织形态国际化的前提。技术法规、标准及合格评定程序等，是质量管理的基础性内容。采用国际通用的标准和准则，传统的质量管理必然跨越企业和国家的范围而走向国际化。全球出现的 ISO 9000 热，以及种类繁多、内容广泛的质量认证制度得到市场的普遍认同，也从一个侧面展现了质量管理的国际化。

在市场经济条件下，自由产生了效率，同时也带来了混乱。随着消费的个性化趋势增强，生产的随意性及社会利益之间的冲突也日益显现，法律、法规的作用也随之得以强化。此外，随着技术法规、标准及合格评定程序等的国际化，质量管理对企业乃至政府行业的制约和引导功能将会越来越明显。

2）质量战略管理阶段

20 世纪工业化社会的生产方式最主要的特征就是大量生产，以及与其相关联的比较稳定的市场环境。显然，在相对稳定的环境下，企业只要能够保证控制某部门市场，就能够使企业保持持久的竞争力。传统中的质量管理都是在这样的环境下实施的。但是，在 21 世纪信息化时代，信息将“穿透”所有的领域，特别是在经济全球化的现实中，产品实际寿命缩短，企业及其所依附的市场环境不稳定，“当今世界，唯一不变的就是‘变’”。质量因素的复杂性、质量问题的严重性和质量地位的重要性，在多变的环境中显得尤为突出。

小资料

在稳定的市场环境中，未来往往是过去的线性延续。例如，质量管理中被人们用熟了的“戴明环”，即 PDCA 循环，实质是基于当前的反馈过程。但是，当多变代替稳定，这一原则必须通过对未来的预测加以补充。

质量战略管理强调将质量管理纳入企业战略管理，根据社会发展、科技进步和市场变化的情况制定质量战略。其中，包括制定质量方针、质量目标和质量规划；制订技术进步和质量改进方案，特别是产品创新计划、产品改进计划、产品标准和标准水平的提高措施；制定产品品牌战略，尽量争取获得名牌产品、免检产品、质量认证等标志，进行积极的产品策划，培育质量文化等。同时，质量战略管理还强调建立和实施质量管理体系；应用现代科学管理方法和先进技术手段，加强质量法规建设，完善质量责任制度；提高企业管理人员和所有员工的质量意识和综合素质等。不仅如此，选择优秀的供方参与质量的开发，形成“共生共荣”的命运共同体，进而形成“供方—企业—顾客”质量链，也是企业质量战略的重要选择。

3）生态质量管理阶段

生态质量管理是指致力于持续提高正产出的质量，同时减少负产出，以提高综合质量，努力实现社会、经济、生态协调持续发展的管理活动。生态质量是综合考虑正产出、负产出的质量，是一种生产过程与环境互动的质量，一种包括产品生命周期全过程的质量，一种可持续发展的质量，一种以人为本的质量。

随着科学技术的飞速发展和人口的不断膨胀，经济的发展开始遭遇资源“瓶颈”和环境容量的严重制约，人们将越来越意识到可持续发展和生态质量的重要性，人们迫切需要从有效利用资源、维护生态平衡的角度与深度来全面审视产品的质量和企业的质量管理。如果从可持续发展观和生态学理论来审视目前企业的质量管理，可以发现其并不“全面”。无论是朱兰的“质量螺旋模型”，还是 ISO 9000 质量管理体系所界定的产品寿命周期的 12 个阶段，都是依照资源—产品—消费—处置这一个循环模式进行的。全面质量管理仅仅以满足人们日益增长的多方面需求为宗旨，而往往忽略了这种需求的满足是以生态失衡、损失环境质量为代价的客观现实，没有考虑自然生态再生的过程，是一种不可持续的理论。因此，在大力倡导循环经济的今天，从生态学的角度对企业的管理现状进行科学、准确、公正的综合评价，并用生态质量管理来对以前的质量管理理论进行补充是十分必要的。

生态质量管理的实施关键是使企业成为控制生态质量的主体。由于生态质量涉及的因素复杂，并且往往是“企业花钱，社会受益”，因此必须从生态系统的角度来综合考虑生态质量管理。使企业成为生态质量管理的主体，还必须解决与企业相关联，但企业又难以解决的诸如管理体制、环境政策、市场等方面的问题。在未来，生态质量管理必将成为社会化乃至国际化的质量管理。

1.3 我国质量管理及其发展

1.3.1 我国质量管理的发展

1. 我国质量管理的起步阶段

新中国成立前，我国工业发展落后，基本上是修配式的手工作业。管理更落后，根本谈不上现代化专业性的质量管理，当时仅在一些国家兵工厂中，设有专职的检验人员和专业性的质量检验机构。新中国成立后，引进了原苏联和东欧国家的整套管理模式，但主要还是停留在质量检验方面。从宏观上，中央、地方、工厂三级检验管理体制已初步形成，企业从原材料进厂、车间生产过程，直到产品的包装、出厂，都有专门检验机构和制度，由检验人员严格进行层层把关，较好地保证了产品质量，从而促进了国民经济的发展。例如，当时机械等工业生产产品质量水平不断提高，有些产品的质量已经达到了国际水平。在质量水平提高的同时，企业的计量管理、标准化工作都开始建立和逐步完善。特别是我国的全民所有制大中型企业发展很快，并且从维修、修配转变到了仿造、设计和独立制造，企业生产管理秩序开始走上正轨。而且，在一些机械、纺织企业中还开展了统计质量管理活动。但后来由于历史的原因，在“左”的思想影响下，长期重数量、轻质量，使质量管理受到了很大冲击和破坏。采用数理统计方法进行质量管理，被认为是唯心主义，得不到应用。质量检验被看成是管、卡、压。质量管理不被认为是符合客观规律的一门管理科学。因此，在不少企业，检验机构被撤销，检验人员失职，检验文件被遗弃，质量职能似乎不存在了，使企业管理工作大倒退。严重的后果是造成“一年生产、三年返修”的被动局面，这是十分深刻的历史教训。后来，又经过了“整顿、调整、充实、提高”的一个痛苦过程，质量管理工作才慢慢得到了恢复。

2. 我国质量管理的稳步发展阶段

在1978—1988年的10年间，我国企业的质量管理得到了较快的发展。首先，1978年在北京内燃机厂开始试点从日本引进的全面质量管理，以后迅速向全国各企业传播，到1985年，全面质量管理得到了普遍推广。原国家经济委员会颁布了《工业企业全面质量管理办法》。

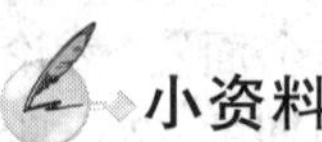

小资料

在1978—1988年的10年间，全国有8 200多个大中型企业推行了全面质量管理，在提高产品质量方面取得了明显的成效。但在计划经济体制下，重产值、轻质量的思想在我国企业和管理人员头脑中根深蒂固，质量很少有正确的指导和严格的考核评价，企业大多偏重追求盈利，企业行为短期化的现象比较严重。

1984—1985 年，是国民经济快速增长的时期，固定资产投资规模增长很快，但产品质量却有所下降，开始出现假冒伪劣产品，有些地区甚至很严重。对此，中央很快采取了措施，在 1986 年 7 月国务院发布的《工业企业若干问题的决定》中明确指出，“要把产品质量与职工的政治荣誉和物质利益结合起来，使质量指标在职工工资、奖金分配上具有否定权。”这里提到的所谓否定权，是指产品质量在对企业职工的劳动成果评价和利益分配上有最终的决定作用。随后于 1987 年 12 月，原国家经济委员会发出了《关于在工业企业中推行“质量否决权”的通知》，这就使我国的“质量否决权”从少数行业、企业的探索和实践转向在全国有组织、有要求、有指导地开展起来，并在提高质量、降低消耗、增加收益等方面取得了一定的效果。但是，产品质量问题并未因实行“质量否决权”而根本解决。因为，影响产品质量的因素很多，受到企业经营体制，职工的技术、思想素质、管理水平，以及产、供、销等改革配套措施和社会上要回扣等不正之风的综合影响。作为“质量否定权”本身来说，还存在着企业领导认识上的偏差、中层干部的畏难和生产工人的抵触情绪，执行方法上的不足、质检人员的压抑心态等诸方面的阻力，有待进一步改进和完善。

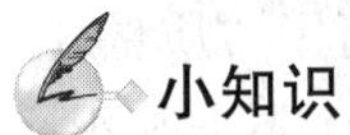小知识

质量否决权

质量否决权是全面质量管理的重要内容之一，是贯彻“质量第一”方针的一项经济政策。1983 年，全国第六次“质量月”活动以后，我国的质量管理工作进入了一个新的阶段，取得了明显的成效。为进一步推动我国的质量管理工作，1985 年，原国家经济委员会发出通知，要求所有国营工业企业在“七五”期间都要推行全面质量管理，并且提出其中列入计划的 8 200 个大中型企业都要实行质量否决权。1986 年和 1987 年，原国家经济委员会分别召开了第一、二次“质量否决权专题研讨会”。近年来，质量否决权在我国已经由点到面地开展起来，并且在一些企业取得了较大的成效。

3. 我国质量管理的快速发展阶段

党的十四确立了在中国建立社会主义市场经济体制，为促进企业重视质量、提高质量创造了有利条件。因为，市场经济的最大特点是竞争，竞争的焦点是质量，而保证质量的前提是加强质量管理，这是符合客观规律的事情。但有部分经营管理者和企业职工却错误地认为，只要一实行市场经济，质量就自然而然地会好起来，所以反而放松了管理，宏观管理上也曾一度失控，导致某些商品供应紧张。而市场需求带来的抢购风，一段时间导致企业的高额利润，致使许多企业盲目追求产量。由于某些商品供不应求，自然形成卖方市场，甚至那些因质量问题而廉价出售或出口转内销的残次品，也成为市场俏货和招引顾客的有效广告。然而，物极必反，随之而来的是严重的市场疲软，商品积压，甚至优质产品的销售也呈下降趋势，于是就出现了“有奖销售”、“销售回扣”等不正当竞争，使产品质量再次被错误导向。与此同时，我国有的地区有 1/3 的企业竟把质量管理机构撤销了，还有 1/3 的企业把质量机构兼并了，假冒伪劣产品大量冲击市场。国家在这段时期采取了许多措施，1990 年总

结、宣传、推广了武钢的“质量效益型”企业管理经验，强调效益来自质量的辩证关系；1991年被确定为“质量、品种、效益年”；1992年开展了“中国质量万里行”活动，实际上是揭开了“打假工作的序幕”。一些企业生产的假冒伪劣产品在报纸、电台、电视台被频频曝光，产品质量问题一时成为全国舆论的热点，一些企业被停产整顿或关停并转，生产的假冒伪劣产品被焚之于火，彻底销毁，有的厂长甚至受到法律的制裁。与此同时，对重视质量、产品质量好的企业则予以表扬，这一空前巨大的声势引起了“轰动”效应。国务院在1989年和1990年两年里，共颁发了5个通知，要求严厉惩处制造和销售伪劣产品的违法行为。

与此同时，我国还建立了一些有效的制度和标准。例如，1988年8月开始等效采用了国际标准ISO 9000系列（即GB/T 10300），后来鉴于大力发展外向型经济的需要，1992年5月决定于1993年1月开始由等效采用改为等同采用这个标准（即GB/T 19000—ISO 9000），推行质量认证制度，并相继建立了一系列质量法律和法规，其中最主要的有《中华人民共和国产品质量法》、《中华人民共和国消费者权益保护法》和《中华人民共和国反不正当竞争法》等，使我国产品质量走上了法制的轨道，加强了产品质量的监督管理，加强了宏观调控，加大了“打假”力度。

此外，我国企业为了大力提高产品质量，还做了大量其他基础工作。例如，推广质量成本管理，结合班组建设推行QC小组。仅在1991年7月—1993年5月这段时间里，全国累计注册的QC小组就有230万个，创造可计算价值约为277亿元；我国还推行了“质量月”活动；广泛持续地加强质量教育和质量培训工作，促进了全民质量意识的提高；在企业中广泛推行了由天津地区首创的提高“一次投入产出合格率”的方法，在此基础上，普遍开展了减损活动，并取得了较好的效益。

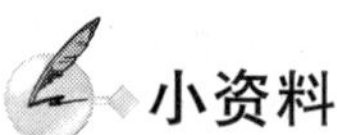

小资料

全面质量管理在我国的推广应用，有着特别重要的意义，它标志着我国企业的质量管理工作进入了一个深入提高的阶段。企业管理活动中很少有一项工作像全面质量管理那样普及，可以说是家喻户晓、深入人心。尽管在推行中还存在这样或那样的问题，但它在提高产品质量、增强职工质量意识、应用科学的质量管理方法、提高企业素质和经济效益等方面都取得了很大的发展，而且正是由于有了较长时间推行全面质量管理的经验和成果作为基础，才使我国能较快地适应质量管理新的发展变化，较好地等同采用ISO 9000《质量管理和质量保证》系列国际标准，跟上质量国际化的大趋势。

4. 我国质量管理的国际化管理阶段

我国通过这几十年在质量管理方面的不断探索与实践，无论是产品实物质量水平，还是质量管理水平都有了很大的提高。例如，我国家用电器、机电设备、航天技术等不少产品的质量，已达到了国际先进水平。但就整体而言，总体质量水平与经济发达国家相比仍有较大差距。我国产品档次低、品种少、质量差的状况还没有得到根本的改变，某些产品的质量甚至存在严重的问题。据中国消费者协会有关调查资料统计，全国每年受理的消费者投诉信中，对产品质量问题的投诉占投诉总量的大部分，成为危害消费者权益的主要原因。产品质量直接关系到消费者的权益，质量低劣不仅给消费者带来经济上的损失和精神上的烦恼，有时还会威胁消费者的健康和安全。因此，如何保证和提高产品质量，满足广大消费者日益增长和多样化的需要，已是当前保障消费者合法权益的紧迫问题。

随着经济活动国际化趋势的增强，国际市场对各国经济发展的促进作用和重要性明显提高。不参加国际竞争就有可能被排斥在世界经济体系之外，这导致各国市场日益对外开放。而世界经济的发展也正经历着由数量型增长向质量型增长的转变，市场竞争已由价格竞争为主转向以质量竞争为主，质量代表了一个国家的科学技术水平、管理水平和文化水平。一个国家的经济增长，在很大程度上取决于其产品在国际市场上的占有量，我国必须提高产品质量，才能在国际市场的竞争中处于主动地位，才能最终保持经济增长的速度和水平。因此，质量战略已成为我国经济发展的一种必然选择。

可以肯定，21 世纪将是质量的世纪，质量是人类社会发展的永恒主题。同样，质量也将是我国经济建设中的永恒主题。

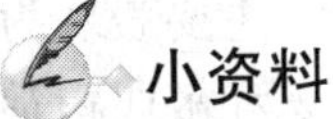

小资料

当今，科学技术和生产力的不断发展，特别是少数经济大国的崛起，使得国际市场的竞争日益激烈。质量管理界已流行"世界级质量"之说。所谓"世界级质量"，就是世界最高水准的质量。任何国家的产品，如果达不到世界级质量的水准，就难以在国际市场的竞争中取胜。中国在加入世界贸易组织后有了更多的发展机遇，也面临前所未有的挑战。参加世界贸易组织的国家，在无法采用关税壁垒等保护方式的情况下，甚至难以在国内站稳脚跟。正如美国质量管理专家哈林顿（H. J. Harrington）所说，这不是一场使用枪炮的战争，而是一场商业战争，战争中的主要武器就是产品质量。可以想象，21 世纪的质量战争将更加残酷。

1.3.2 我国质量管理发展过程中存在的问题

虽然我国在质量管理发展进程中取得了一定的成绩，但还是存在一定的问题，在今后的实践方面还有很长的路要走。目前，我国众多企业的产品质量、服务质量是十分令人担忧的，与国外先进企业相比有着较大的差距。这主要表现在以下方面。

（1）假冒伪劣商品屡禁不止，严重扰乱了正常的市场经济秩序，影响了消费者的利益，损害了国家及企业的形象。

（2）产品及服务质量差，损失浪费严重。多数企业的质量标准低，无标生产的现象严重。目前，多数商业服务企业都没有贯彻实施 ISO 9000 系列标准，管理方法上一般凭经验，管理水平较低。顾客是上帝的理念在许多企业的实践中难以落实。

（3）企业员工的质量意识淡薄，对质量问题不重视，没有高度的责任感与危机感。

（4）贯彻 ISO 9000 系列标准不扎实，甚至流于形式。ISO 9000 系列标准要求企业建立能控制生产经营活动的管理系统——质量体系；努力通过权威认证机构的 ISO 9001 的质量体系认证。建立健全质量体系并通过认证对企业的发展有重要的影响。然而，我国目前有相当部分的企业还不了解 ISO 9000 标准，不知道什么是质量体系；有的企业建立了质量体系却不愿意认证；有的企业为了认证而认证，不注重基础工作。

上述的种种质量问题严重阻碍了我国经济的发展，是目前迫切需要解决的问题。

1.3.3 解决我国质量管理问题的相关对策

解决我国质量管理目前存在的问题，应从以下几个方面不断进行努力。

1. 实施品牌战略，创造名牌产品

品牌不是产品和服务本身，而是它留给人们的想象和感觉。在竞争日趋激烈的市场中，产品的差异越来越小，企业间技术上的差距也在不断缩小，单纯依靠产品差异已经很难形成产品竞争的资本，因此产品品牌的差异就显得尤为重要。品牌价值已经成为企业追逐的目标，品牌资产已经构成企业的核心竞争力。如何做好品牌，让价格来体现价值，就是当今企业面临的首要问题。创造名牌产品，企业需要以质量为核心，设计出质量优良的产品；以顾客为导向，为顾客提供满意的产品；坚持科技领先和科学管理，为社会提供技术含量高的产品。

2. 建设质量文化，培养质量意识

质量文化是企业文化的重要组成部分，是促进企业长期发展的环境和手段，着重提倡现代质量管理的思想和方法，以达到保证产品质量和服务质量的目的。质量管理只有上升到文化层面才会不可战胜。但是，在我国的一些企业中，质量文化依然处于低层次，主要表现为管理层盲目以利润为中心，严重缺乏对员工的教育培训，导致员工整体质量意识和敬业精神淡薄。因此，企业家在企业中要作为质量文化的创造者，积极建设质量文化，培养员工的质量战略意识、质量竞争意识和质量参与意识。

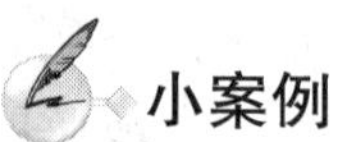

小案例

海尔集团的质量文化

海尔集团的质量文化由3个部分组成。① 大质量理论。在海尔的质量文化体系中，“质量”不仅是指实物产品的质量，也指无形产品——服务产品的质量，海尔集团重视产品的质量，更重视服务的质量，提出了“零距离服务”的理念；不仅包括狭义的质量——达到检验标准，还包括广义的质量——达到用户满意，海尔人称之为“大质量”。② OEC 管理模式。O 代表 Overall（全方位），E 代表 Everyone（每人）、Everything（每事）、Everyday（每天），C 代表 Control（控制）、Clear（清理）。OEC 的汉语意思是每天的工作每天完成、清理，并且每天都要有提高。海尔人将其提炼为“日事日毕，日清日高”8 个字，可谓简洁的语言，深刻的内涵。海尔集团的 OEC 管理模式是对全面质量管理的发展和提升，标志着海尔集团的质量管理已走在世界前列，也标志着海尔集团质量文化体系的形成。③ 6S 现场管理办法和六西格玛质量管理办法。

3. 转变观念，树立顾客满意为宗旨的质量理念

这里的顾客包括企业内部顾客与外部顾客，企业不仅要通过提供一流的产品和服务使外部顾客满意，同时在企业内部应把企业员工作为顾客，建立管理就是服务的理念。企业内部的每一个岗位，都要明确其顾客对象，并建立基于顾客满意的质量考核指标和考核方式，由此形成顾客驱动的质量管理体系。

4. 加强质量经济效益分析，提高质量管理水平

质量问题和企业的经济效益密切相关。质量问题从本质上应理解为商品产生之初到消亡的全过程对社会和消费者所造成的损失，而计量损失的大小，这是个经济的问题。因此，解决企业的质量问题无论如何不能忽视经济效益这一质量的根本特性，用经济效益去驱动质量管理的进一步发展。加强企业质量管理可以通过对质量经济效益的分析，使提高产品质量与提高企业经济效益达到最完美结合，确定出质量形成各个环节中最经济的或最适合的质量水平，并用以指导企业的生产经营活动，从而可以保证提高产品质量与提高经济效益的最佳结合。这种最佳结合既可保证产品质量符合质量标准，又可使企业和社会获得尽可能大的经济效益。

1.4 质量管理大师的质量观

1.4.1 戴明及其质量理念

1. 戴明简介

戴明，耶鲁大学物理学博士。20 世纪 20 年代，他曾在西方电气公司霍桑工厂工作，早年以统计抽样专家的身份活跃于世，与质量管理专家休哈特共事之后，才逐渐转向质量管理领域。1947 年，戴明以抽样理论专家的身份赴日，向日本工商界人士传授统计质量管理，对日本的质量管理作出了巨大的贡献。以戴明命名的“日本戴明奖”，从 1950 年至今已经成为世界著名三大质量奖项之一。

2. 戴明的 14 个质量管理要点

戴明于 1986 年在其《走出危机》（Out of the Crisis）一书中提出，为了向以顾客满意为宗旨的质量型组织转变，组织的管理者必须关注 14 个质量管理要点或必须承担 14 个方面的义务。1947 年 8 月，在美国召开的戴明国际学术研讨会上，戴明又以“迎接挑战，摆脱危机”为主题，重点阐述了其著名的 14 条质量管理要点，具体内容如下。

（1）建立改进产品和服务的坚定目标。要使产品具有竞争力并占领市场，应把改进产品和服务质量作为长期目标。

（2）提倡新的质量观念。无论是最高管理者还是组织的其他成员，都必须不断地学习，不断地更新质量观念。

（3）消除依靠大量检查来保证质量的做法。对产品质量而言，无论检验结果如何，质量好坏都是既成事实，无法挽回。因此，在改进质量活动方面，应该积极依靠科学的方法，要掌握统计控制技术，摆脱对大批量检验的依赖性。

（4）采购不应只注重价格。没有质量的低价格是没有意义的，应要求供货商提供质量管理体系的有关资料，废除传统的只凭最低价格得标的竞争体系，要综合考虑供货商的供货能力。

（5）不断地改进生产和服务系统。组织所处的环境是复杂多变的，其运作过程总是存在或出现质量不合格的问题，持续改进才能使组织体系长久地满足发展变化的要求。

（6）实行岗位职能培训。要设计与工作岗位相关的培训内容，并对员工进行有针对性的培训，目的是让员工能够正确有效地工作。无论是质量观念还是质量管理方法，都存在着发展变化。因此，需要不断地进行员工的继续教育和培训。

（7）高层管理者的工作在于领导。在组织的质量活动中，高层管理者的主要任务是创造并提供符合质量要求的、舒适的工作环境，包括使每个员工获得必要的工具和文件、能够认识和理解工作的要求、具备合适的工作能力等。

（8）排除恐惧，让每个人都能有效工作。渴望改进质量的高层管理者应该认识到，在组织中经常存在使员工恐惧的问题。例如，当员工面临问题并寻求改变之道时，反而会被认为是问题制造者或能力不足者；许多员工还会认为，对工作流程的改进是解雇员工的主要借口等。因此，要加强组织内部的信息沟通，减少对员工的束缚，消除对员工的不信任感并帮助员工建立克服困难的信心，营造一个鼓励创新的工作氛围。

（9）拆除部门间的壁垒。要发扬团队合作精神，鼓励研发、设计、销售、生产等部门协同作战，共同预测产品或服务在生产和使用过程中可能遇到的问题。

（10）不要流于形式的质量运动。高层管理者不要为了达到“零缺陷”和提高生产率而给组织员工制定过多的口号、告诫和目标，因为造成低质量和低生产率的多数原因是系统本身，超过了员工的控制范围。因此，想通过告诫来达到目标可能会适得其反。

（11）慎重看待工作标准及数量化的定额。相对于广大员工而言，如果工作标准适中，则执行能力强的员工可能会丧失持续改进的动力，因为他们已达到满意的标准。而把定额焦点放在数量而非质量上，会对产品质量产生影响。

（12）排除那些不能让工人以其工作成果为荣的障碍。工作成果应该成为员工继续努力工作的动力，要鼓励员工在各方面都能为自己的进步或成果而自豪，如技术水平的提高、目标任务的完成、发现一个不易被察觉的缺陷或解决一个质量问题等。

（13）鼓励学习和自我提高。通过学习，不断增强员工的专业知识和能力，让员工最大限度地发挥潜能。

（14）采取积极的行动推动组织的变革。最高领导者对于质量的责任是实现顾客的要求，让顾客感到满意并忠诚于组织。为此，必须不断地推动组织的变革以适应环境的发展变化，从而增强组织的竞争力和保持组织的竞争优势。

3. 戴明的其他理论

（1）提出 PDCA 循环的概念。PDCA 循环又被称为“戴明环”（Deming Cycle）。PDCA 循环是能使任何一项活动有效进行的一种合乎逻辑的工作程序，特别是在质量管理中得到了广泛的应用，是一个基本的质量工具。

（2）提出“渊博知识体系”。随着戴明对质量的不断认识，他的质量哲学也发生着变化。1989 年，戴明提出了一套所谓的渊博知识体系（Profound Knowledge System），把上述质量管理 14 点原则的潜在基础加以系统化。

1.4.2 朱兰及其质量理念

1. 朱兰简介

约瑟夫·朱兰（Joseph Juran）于 1904 年出生于罗马尼亚，1912 年来到美国。20 世纪 20 年代，他加入了西方电气公司，此时该公司正引领着统计质量控制方法的发展。在该公司他做了很长一段时间的工业工程师，1951 年，他负责了《质量控制手册》一书的绝大部分编写、修订和出版工作。这本有史以来最详尽的质量工作指南已经修订了数次，仍然是一本备受欢迎的质量管理参考书。

与戴明一样，朱兰也在 20 世纪 50 年代向日本人传授质量管理，并在日本的质量复兴中扮演了重要角色。朱兰也同意戴明的观点，即由于质量管理低劣和国外竞争所导致的巨大损失，美国工商界正面临着严重的质量危机。两个人都认为，这一危机的解决有赖于包括所有管理层级在内的对于质量的新思维。高层管理尤其需要在质量管理方面的培训和经验。

然而，与戴明不同的是，朱兰并未主张在组织中进行重大的文化变革，他更希望寻求在经理们所熟悉的系统内来提高质量。因此，他的方案尽可能设计得更适应公司现有的战略规划，以便使被拒绝的风险降至最低。他认为，组织不同层次上的员工使用着他们各自的“语言”（而戴明认为，统计学应当成为通用的语言）。朱兰说，高层管理者使用的是“钱”的语言，而员工使用的是“物”的语言，中层管理者必须能够同时使用两种语言，并应当学会充当两种语言之间的翻译。为了引起高层管理人员的关注，质量问题应当用他们能够理解的语言——“钱”来表达。因此，朱兰主张使用质量成本核算和分析来关注质量问题。在操作层次上，朱兰注重通过消除缺陷来提高对于规范的符合性，这要通过使用统计工具的分析来加以支持。因此，他的理念与现有的管理系统很匹配。

2. 朱兰的质量管理三部曲

朱兰的质量定义建议从内外两个角度来看质量。即质量涉及“① 产品性能，这导致了顾客的满意；② 没有缺陷，这避免了顾客的不满。”产品和服务的设计、制造和提供、现场的服务，这些都影响着适用性。因此，对质量的追求体现在两个层次上：① 企业作为一个整体，其使命是实现高水平的设计质量；② 企业中的各个部门的使命是实现高水平的符合性质量。与戴明一样，朱兰质量提倡开展一种永无止境的螺旋式上升的改进活动，包括市场调研、产品开发和设计、工艺设计、采购、制造过程控制、检验和试验、销售，以及随后的顾客反馈。这些职能间的相互依存，必然要求在整个公司范围内进行有效的质量管理，高层管理者必须在质量管理过程中扮演积极、热心的领导角色。

朱兰的“药方”体现在3个主要的质量过程上，称为质量三部曲（Quality Trilogy）。这三部曲包括：① 质量计划——为实现质量目标而进行准备的过程；② 质量控制——在实际运营中达到质量目标的过程；③ 质量改进——通过突破来实现前所未有的绩效水平的过程。在他提出这套体系的时代，从事正式的计划和改进活动的公司寥寥无几。因此，朱兰主张要在管理思想上进行重大的文化变革。其中对于三部曲的每一阶段可以进一步展开，如表1－3所示。

表1－3　质量管理的三部曲

质量计划	质量控制	质量改进
建立质量目标 确定顾客 发现顾客需求 开发产品特性 开发过程特性 建立过程控制、转向实施	选择控制对象 选择计量单位 设置目标值 设计检测装置 测量实际的性能 说明差异 针对差异采取措施	论证需求 确定项目 组织项目小组 诊断原因 提供修正方法，并证实有效性 应付变化阻力 控制收益的获得

小案例

管理使人生更精彩——追思朱兰博士

尽管一段时间以来，我知道“世纪质量老人”朱兰博士身体状况一直不是很好，常常挂念，并默默祈祷他平安长寿。但是2008年2月29日得知他于2月28日去世，我仍然十分震惊和深深惋惜。

朱兰博士是世纪质量老人，是举世公认的质量管理大师，也是世界质量管理界至今最负盛名的人物之一，被尊称为“质量之父”。被誉为“管理之父”的彼得·德鲁克是这样评价朱兰博士的：朱兰博士是近30至40年来美国制造业进步的缔造者。

半个多世纪以来，朱兰博士和他的“质量计划、质量控制和质量改进——质量三部曲”，以及他主编的被誉为“质量管理的圣经”的《朱兰质量手册》，对全世界的质量事业的发展作出了伟大的贡献，这让我们永远铭记。

朱兰博士在他的自传《朱兰自传——质量建筑师的美丽人生》的结尾是这样写的：“致我最深爱的家人：在我谢世的时候，请不要为我哭泣，因为我的人生很精彩。”

资料来源：唐晓芬. 质量使人生更精彩——追思朱兰博士. 上海质量，2008（4）.

3. 朱兰的其他理论

（1）提出产品质量的“适用性”概念。此概念逐渐发展成为一种质量观，即“适用性”质量观。与“适用性”质量观相对应的是“符合性”质量观。“符合性”质量观一直是我国企业的主流质量观。

（2）提出“质量螺旋”理论。朱兰认为，为获得产品的最佳使用效果，需要进行一系列相关的质量管理活动。这些活动主要包括市场调查、开发设计等13个环节。同时，这些环节又在整个过程周而复始的循环中螺旋式上升。

（3）将经济概念帕雷托原理（又称20/80原则）应用于质量问题。朱兰最早把帕托雷原理引入质量管理，提出“关键的少数，次要的多数”原理。朱兰通过大量的实际调查和统计分析认为，在发生的所有质量问题中，仅有20%是由基层操作人员的失误造成的，而另外80%的质量问题是由领导者造成的。此外，他还得出80%的质量问题是在20%的环节中产生的结论。

1.4.3 克劳士比及其质量理念

1. 克劳士比简介

质量管理大师菲利普·B·克劳士比（Philip B. Crosby）对世界有着卓越贡献和深远影响，被誉为当代“伟大的思想家”、“零缺陷之父”、“世界质量先生”，终身致力于质量管理哲学的发展和应用，推动全球质量活动由生产制造业扩大到工商企业领域。1995年，世界最大的专业组织之一“美国竞争力协会”专门设立了“克劳士比奖章”，用于奖励全球在质量与竞争力方面作出杰出贡献的企业和个人。例如，IBM、GE、可口可乐、SCI系统、朗讯科技等都曾因此而获得该奖章。

另外，克劳士比还担任国际电话电报公司（ITT）的质量副总裁一职长达14年之久，而且他最早是从生产线的检验员做起的。在离开ITT之后，他于1979年创建了菲利普·克劳士比学院，开发和提供培训课程。他撰写了好几本畅销书，他的第一本书《质量免费》售出了大约100万本，在很大程度上唤起了美国公司高层管理者对于质量的重视。

2. 克劳士比的质量观

克劳士比质量理念的精髓体现在他称为“质量管理定律”和“改进基本要素”中。他的质量管理定律包括以下要点。

（1）质量意味着符合要求，而非优美。克劳士比要求必须明确地表述质量的定义以避免出现误解。要求是沟通的手段，必须准确固定，一旦确立了要求，就可以通过测量来评价与要求的符合程度，不符合就意味着质量的不足，质量问题就成为不符合的问题，也就是反映在输出中的变异，要求的确立是管理当局的责任。克劳士比主张，一旦明确了要求，对质量的判断就相当于对要求是否达到的判断。因此，管理层必须明确地界定这些要求，而不应该将其交给一线人员。

(2) 不存在质量问题这回事，问题必须由产生问题的人员或部门来识别。因此，一个企业只可能遇到会计问题、制造问题、设计问题、前台问题，等等。换言之，质量问题的根据是各个职能部门，而非质量部门，因而解决这些问题的责任就应该由职能部门来承担，质量部门的任务是测量质量符合性，报告结果，引导以积极的态度开展质量改进。

(3) 没有质量经济学这回事，一次就把事情做好总是便宜的。克劳士比相信“质量经济学”毫无意义，质量无须付费，花钱的是所有那些没有在第一次就把事情做好的行动。戴明的“链式反应”反映了类似的看法。

(4) 测量绩效的唯一指标就是质量成本，即“不符合”的代价。克劳士比强调说，绝大多数公司在质量成本上花掉了销售额的15% ~ 20%。质量管理良好的公司能达到质量成本不足销售额2.5%的水平，主要用在预防和评价领域。克劳士比的计划要求测量并公布不良质量成本。在引起经理人员对问题的关注、选择时机采取纠正措施并跟踪质量改进的效果方面，质量成本数据是非常有用的。这些数据为质量改进和对成果的认可提供了可见的证据。朱兰也支持这种做法。

(5) 唯一的绩效标准就是“零缺陷”(ZD)。克劳士比认为，零缺陷的概念受到了极大的曲解和抵制，很多人认为它只不过是一个鼓舞士气的计划。其真正的含义是“零缺陷是一个绩效标准，它是工匠的标准，不管他是做什么的……零缺陷的中心思想是第一次就把事情做好，这意味着全神贯注于预防缺陷，而非找出缺陷来修补。人们习惯于相信差错是不可避免的，他们不但接受差错，甚至还期待差错。工作中出点差错不会让人们不安……是人就会犯错误。人们都有自己的关于工作或学业的标准——这意味着让人们感到不安的差错程度，例如，在学校，最好得A，得C也不错。然而，一到个人生活里，人们就不再坚持这些标准。否则，在付账的时候，人们就会不时发现被少找了零钱；人们会发现医院的护士总要摔掉百分之几的新生儿……作为个人，人们不会容忍这种事情。人们有双重标准，一个是关于人们自己的，另一个是关于工作的。绝大多数人为的错误都是由于缺乏注意力而非缺少知识。当人们认为差错不可避免时，就会产生缺乏注意力的情况。如果认真考虑这些事情，并决心持续认真地从一开始就把工作做好，人们就将在消除因返工、报废和修理而造成的浪费方面迈出一大步，正是这些浪费提高了成本，减少了个人的机会。”

克劳士比提出的改进基本要素包括“决心、教育和实施”。决心是高层管理者必须认真看待质量改进，每个人都应理解上述的定律，这只有通过教育才能实现。最后，管理团队的每个成员都必须理解实施的过程。

1.4.4 费根堡姆及其质量理念

费根堡姆指出，“全面质量管理是为了能够在最经济的水平上并考虑到充分满足用户要求的条件下进行市场研究、设计、生产和服务，把企业各部门的研制质量、维标质量和提高质量的活动构成一体的有效体系。”

1998 年费根堡姆（A. V. Feigenbaum）在第三届上海国际质量研讨会（SISQ - 3）上发表了“未来属于全面质量领先者”的演讲。他认为，质量是一种文化，像很多优秀的文化一样，没有交流就不会成为一种交流的文化。进入 21 世纪以后，质量文化会带动全球范围的交流，这种交流的基础是全面质量的发展。费根堡姆把全面质量管理的发展归结为 10 项全面质量准则。

（1）质量是全公司范围的过程。在激烈的市场竞争中，任何一个组织想要在市场中处于领先地位，就要考虑一个质量程序，以确定做什么、由谁做、怎样做等，并让组织中的每一位成员了解这个程序，相信这个程序，并执行这个程序。

（2）质量是由顾客来评价的。在激烈的市场竞争中，考虑到知识经济的因素，组织要知道自己提供的产品质量如何，首先要进行顾客调查。组织自己对产品质量的评价加上顾客对产品质量的评价，就成为新世纪的全面质量概念。

（3）质量和成本是相合的和统一的，而不是排斥的和矛盾的。过去有一个错误的观念，以为好的质量比差的质量所花的成本要高。实际上，一个技能低的人比一个技能高的人在加工同样产品时所花的时间要多，而且不合格的可能性也大，这也是成本的问题。从而使人们认识到，好的产品实际上比差的产品所花的成本要低。随着知识经济的发展，大家都认识到质量和成本是相合的。在进入 21 世纪以后，组织的成员要掌握全面质量管理，必须先懂得什么是成本。

（4）质量成功要求个人和团队的热情与协作精神。质量成功需要每个人和团队的热情，要对员工进行培训，让他们懂得程序和协作，并且产生不断追求质量成功的精神。

（5）质量是一种管理方法。组织的每位员工、每个部门都要对质量和组织有深刻的了解，要明白，你的部门质量做好了，其他部门的质量也能够做好，因为质量是整个组织共同努力的结果。所以，质量不仅是组织中质量部门的事情，它还是一种文化、一种语言和一种纪律，通过在组织内部的广泛交流而成为整个组织的事情。

（6）质量与创新相互依赖。创新是质量的一个“朋友”。一个组织的质量领先，可以肯定在创新上有很好的贡献和作为。一个发展良好的组织，不仅提供的产品质量好，同时在研发和设计方面也有独到之处。

（7）全面质量是一种道德规范。质量与人的观念、信念是有关联的。对于一个组织而言，可以通过其员工对质量的认识和对追求卓越的光荣感来判断其质量。

（8）质量要求不断地改进。对质量的要求是发展的，组织提供的产品质量也必须是不断改进和提高的。从这个意义上，质量的概念是更好、更好、更好！

（9）全面质量是对提高生产率最有效的贡献者。任何一个组织在全面质量的实践中都体会到，通过预防或事后纠正使得生产率得到保证和提高是最合算、投入最少的途径。

（10）质量是靠联系顾客和供方的全面体系来实现的。进入 21 世纪后，一些组织通过其全面质量的体系把自己和顾客、供方紧密地联系起来。这个体系就是“质量价值链”，是组织取得质量领先地位的关键。

费根堡姆对于这 10 项准则还讲了对应的 10 个关键词：程序、顾客、成本、团队协作、管理、创新、道德规范、改进、生产效率和体系。同时，他还借助“知识就是力量”的口号提出全面质量的有效在于“知识，在得到正确应用的时候，才有力量”。

1.4.5 田口玄一及其质量理念

田口玄一博士是著名的质量专家，他运用预防为主，正本清源的哲学方法，把数理统计和经济学应用到质量管理工程中，发展出独特的质量控制技术，如头脑风暴法、OA方法等，创立了“质量工程方法”（Quality Engineering Methods），又称“田口方法”（Taguchi Methods），从而形成了自己的质量哲学，即质量不是靠检验得来的，也不是靠控制生产过程得来的，质量就是把顾客的质量要求分解转化成设计参数，形成预期目标值，最终生产出低成本且性能稳定可靠的“物美价廉”的产品。

田口玄一博士在多年研究和实践的基础上，创造性地提出了关于质量的定义：所谓质量，是指产品上市后给社会带来的损失，但是功能本身所产生的损失除外。他的质量定义强调了质量的经济效果和设计的目的性，最有价值之处是引入了质量损失的概念，提出了以质量损失来评价质量水平的概念和减少质量损失的方法，在此基础上，引发了以减少质量波动、提高产品“健壮性”为目标的设计思想的重大变革，产生了极具创造性的以参数设计、容差设计方法为主的线外质量管理方法，以及以对质量特性、过程反馈控制和对过程诊断、调节等方法为主的线内质量管理方法。田口的线内、线外质量管理方法在欧美被称为“田口方法”，内容包括正交试验设计、商业数据分析、部门评价制度、质量工程学等，从此开始了定量研究质量的道路。日本的众多企业都是用田口的质量管理方法进行质量管理。

1.4.6 石川馨及其质量理念

石川馨1939年毕业于东京大学工程系，主修应用化学，同年获得哲学博士学位。曾任日本东京大学教授、日本武藏工业大学校长、日本质量管理学会会长、日本质量管理小组总部部长、ISO/TC69日本国内委员长。

石川馨根据日本企业的质量管理实践，将全面质量管理描述为全公司的质量控制（Company-Wide Quality Control，CWQC）。他提出，“全公司的质量管理的特点是整个公司从上层管理人员到全体职工都参加质量管理，不仅研究、设计和制造部门参加质量管理，而且销售、材料供应部门和诸如计划、会计、劳动、人事等管理部门，以及行政办事机构也参加质量管理。质量管理的概念和方法不仅用于解决生产过程、进厂原材料管理，以及新产品设计管理等问题，而且当上层管理人员决定公司方针时，也用它来进行业务分析，检查上层管理方针的实施状况，解决销售活动、人事劳动管理问题，以及解决办事机构的管理问题。”

石川馨在质量管理领域的最大贡献是发明了“因果图”（Cause-and-Effect Diagram），也被称为“鱼刺图”或“石川馨图”。他曾利用这个工具在川崎钢铁公司帮助工人追踪故障的原因，后来把应用从制造业扩展到服务业，并且传播到世界各地。他主张要培训员工能应用排列图、因果图、调查表、直方图、散布图、控制图、分层法7种工具，认为组织中95%的质量问题可以用这些工具来解决。

本章习题

一、判断题

1. 企业发展，离不开质量工作的支撑，工作质量是产品质量的保证。 （ ）

2. 质量与组织内的每一个成员有关，因此质量管理的职责应由组织的每一位成员承担。（　　）

3. 生态质量管理是指致力于持续提高正产出的质量，同时减少负产出，以提高综合质量，努力实现社会、经济、生态协调持续发展的管理活动。（　　）

4. 我国颁布的质量法律和法规主要有《中华人民共和国产品质量法》、《中华人民共和国消费者权益保护法》和《中华人民共和国反不正当竞争法》等，使我国产品质量走上了法制的轨道，加强了产品质量的监督管理，加强了宏观调控，加大了“打假”力度。（　　）

5. 朱兰认为，质量是一种文化，像很多优秀的文化一样，没有交流就不会成为一种交流的文化。（　　）

二、选择题

1. 服务质量的特性是（　　）。

A. 可靠性　　B. 异质性　　C. 移情性　　D. 可信性

2. 工业时代的质量管理发展包括 3 个阶段：（　　）。

A. 质量检验阶段　　B. 统计质量控制阶段

C. 全面质量管理阶段　　D. 质量战略管理阶段

3. 提出产品质量“适用性”概念的是哪位质量管理大师的观点（　　）。

A. 费根堡姆　　B. 朱兰　　C. 克劳士比　　D. 石川馨

4. 以下哪项并非质量问题（　　）。

A. 糖醋白菜辣味浓烈　　B. 臭豆腐气味难闻

C. 电热水器漏电伤人　　D. 某品牌售后服务不佳

三、思考题

1. 简述质量的特性。
2. 简述质量管理的发展过程。
3. 简述我国质量管理的发展过程。
4. 简述朱兰质量三部曲的内容。

本章案例分析

苏泊尔“问题锅”下架

全国知名小家电及炊具生产商苏泊尔陷入“质量门”，有关部门在检查中发现，81 个型号的苏泊尔不锈钢器皿不合格，涉及锰含量超标和镍、铬含量不达标等问题，200 元以下的产品几乎全部存在问题。记者走访上海家电市场发现，作为市场占有率较高的厨卫家电配套产品，苏泊尔产品质量事件已经影响到其在上海市场的销售。

记者也从苏宁、国美、永乐三大家电连锁企业获悉，从事发之日起，81 款苏泊尔不锈钢锅均已陆续下架。永乐电器采取了自主召回措施，在永乐电器购买了有关产品的消费者可以前往卖场退货。而国美所有门店的相关产品也已下架停售，国美方面已与相关工厂协商办理退货事宜，并对购买有关产品的顾客全额退货。据悉，下架的产品主要是蒸锅和炖锅。国家有关标准规定，不锈钢产品的铬和镍两种元素含量应该分别为18%和8%，锰元素含量过高会导致不锈钢锅具的耐腐蚀性降低，从而引发锅具的锈蚀，对人体健康不利。

光明奶加热现“塑料片”

光明乳业近期频频曝出产品质量问题，在光明“宝宝奶酪”含婴幼儿食品禁放物质全国下架没多久，光明优倍牛奶也令消费者难以放心。有位顾客张先生发现，在自己常买的光明优倍牛奶加热后，放置一会儿就出现一层薄薄的牛奶衣，但并不是常见的黏稠状牛奶，而是非常坚韧，犹如一张塑料片，这让张先生十分担心，优倍牛奶是否含有不合理的添加剂。就此事件，中国经济网联系采访光明乳业相关负责人，该负责人表示，优倍产品中是没有任何添加剂的。据张先生介绍，自己经常饮用光明优倍牛奶，此次他在上海联华超市世纪公园店购买了该产品，在牛奶加热放凉后，发现牛奶上面结了一层薄衣，而且捞出来非常有韧性，并不是像平常的牛奶衣那样粘糯，而是像塑料片一样。

据张先生回忆，自己买的优倍牛奶一直放在冰箱冷藏，并且还在保质期内。张先生对于这种现象产生的原因十分疑惑，他在个人微博上询问上海光明乳业，但并没有收到任何回复。到底是营养成分还是添加剂造成这种现象，张先生心里十分没底。

记者致电上海光明乳业客服，接线员在了解张先生反映的情况后，认为应该是加热时间过长。但记者追问到底为何会产生这种情况时，客服人员表示将由负责人做进一步的解释。

光明乳业质量问题的曝光

2012年6月15日，安徽颍上县两所小学部分学生在食用光明乳业配送的牛奶后出现呕吐等不适症状。

2012年6月26日，光明乳业产品优倍曝出问题，公司回应是生产过程中部分优倍产品确实渗入清洗液体。

2012年7月20日，广州市工商局发布二季度乳制品及含乳食品抽样检验情况，由奥儒华乳品（北京）有限公司生产的光明奶油（2012年4月23日生产）、上海光明奶酪黄油有限公司梵古易乳制品分公司2012年2月23日生产的50%减脂芝士片菌落总数超标，公司表示是长途运输加上销售环境温度不稳定引起的。

2012年9月8日，上海近千位光明乳业订户发现收到的220毫升装光明小口瓶鲜奶出现酸败，公司回应是在配送前进行移库的过程中，因车辆温度没达到标准导致其中部分产品发生酸败。

2012年9月19日，上海市政府新闻发言人杨俊表示，光明乳业擅自在其所属上海光明奶酪黄油有限公司梵古易乳制品分公司生产的“小小光明宝宝奶酪”产品中添加乳矿物盐，而且光明公司擅自更改产品配方的行为，没有向监管部门报告。

2012年10月19日，有消费者发微博投诉，购买的1.5L桶装光明纯鲜牛奶出现蓝色的固体颗粒物。光明乳业回应称为加工时摩擦出的塑料瓶盖颗粒，目前已调整完毕。

资料来源：http://www.cqn.com.cn/news/cjpd/64970/html.

问题

1. 结合上述3个案例说明加强质量管理的重要性。
2. 结合上述3个案例，你认为改善我国的质量问题应当采取哪些措施。

第2章

世界三大质量奖

学习目标

1. 了解美国马科姆·波多里奇国家质量奖、欧洲质量奖、日本质量奖这3个世界范围内具有代表性的质量奖的基本内容。

2. 了解我国全国质量奖的基本内容。

导入案例

2011年美国波多里奇国家质量奖获得者：肯考迪娅出版社

肯考迪娅出版社（Concordia Publishing House）位于密苏里州的圣路易斯市，是路德教会密苏里协会下的出版机构。肯考迪娅出版社成立于1869年，为路德教会密苏里协会的各基督会部门及教徒们提供各种活动、教育、培训等资源。如今，它提供的各种形式和语言的产品已达8 000余种。肯考迪娅出版社有员工247名，收入达3 500万美元。肯考迪娅出版社的名言是：文字是我们的工具，信仰照亮着我们135年的征途。以下是肯考迪娅出版社的成功之道。

1. “读懂客户”产生巨大成功

（1）肯考迪娅出版社总体客户满意度分数达到98%，超出普渡大学（Purdue University）关于美国客户呼叫中心研究设立的标杆学习值。

（2）肯考迪娅出版社呼叫中心在2009年、2010年和2011年被普渡大学评为“卓越中心”。该中心通过掌握多种语言的客户代表，以及借助多电话线、多产品排队技术和电子邮箱等方式，可以为客户提供当天响应。

（3）肯考迪娅出版社的“客户之声”流程将客户的抱怨、赞扬，以及有关产品的建议等都收集起来，核心产品团队分析客户数据，将所要提供的各种产品与服务进行优先级分类，进一步设计产品以满足客户需求并超出客户期望。

（4）肯考迪娅出版社运用各种先进技术支持客户关系的建立，提供高超的客户服务辅助产品开发。通过顾客维护中心，肯考迪娅出版社收集并分析来自竞争对手的客户数据，判断市场的忠诚度转向，从而对销售方式进行重新分类，将客户按其偏好分成50种类型，进行有针对性的关系管理和不同的产品销售。

(5) 新产品团队紧跟最先进的技术，提供具有创新特点的产品，如电子书、iPhone 及 iPad 的版本、教堂管理软件、客户定制的网上课程。肯考迪娅出版社的电子产品已从 2008 年的 457 种，增加到 2010 年的 1 927 种。

2. “妙笔生花”书写财务收入

(1) 在过去的 4 年间，通过对各个教堂所有教徒客户购买产品的支出统计，对比竞争对手，肯考迪娅出版社获得的收益达两倍之多。

(2) 尽管整个出版行业经历着艰难时期，但肯考迪娅出版社还是延续了它的成功，其中利息、税金、折旧及摊销前的收入与净销售之比在 2010 年增加了 5%。而相比之下，其他教会出版社则减少了 10%。

3. 战略策划提升绩效和产品

(1) 通过经常性地审核管理层和员工的参与度，肯考迪娅出版社持续地改进年度性的策划流程。

(2) 通过肯考迪娅出版社的目标保障系统，使员工的个人目标与部门和组织目标达到一致。员工表彰、与管理层交流，以及绩效管理都在目标保障系统中得以文件化；相对应地，这个系统支持出版社的员工绩效工资制度。

(3) 肯考迪娅出版社设立最低现金结余和投资准备金，以保障现有和未来产品的财务来源。这也使肯考迪娅出版社的财务资源拥有足够的灵活性进行创新和投资于新产品，并且还可以对其他产品予以财务支持。虽然这些产品不能获得收入，但也是服务于教会的重要使命。

4. 密切关注质量流程

(1) 肯考迪娅出版社的《供应商认证项目》将供应商的绩效评估分为铜牌、银牌和金牌，衡量指标体系中包括产品质量、发货时间和总体绩效。评估分数每半年与供应商交流一次，对于好的表现和存在的问题则作出及时反馈。自 2009 年以来，供应商从铜牌级晋升到银牌级的比例翻了一番，而金牌供应商的数量则达到 70%。

(2) 在肯考迪娅出版社配送中心，依赖于电子标签辅助拣选系统，订单发货的准确率达到 99.85%。

(3) 通过一些项目和活动对员工进行相应的培训，包括员工的波多里奇审核员培训和各部门持续质量改进代表的培训。在只有 247 名员工的组织中，波多里奇审核员和持续质量改进代表的数量从 2008 年的 10 名，增加到了 2011 年的 50 名。

5. 员工满意的效果

(1) 在 2009 年、2010 年和 2011 年，肯考迪娅出版社被最佳基督教工作环境研究所(the Best Christian Workplaces Institute，一个以研究为主的组织发展和人力资源公司）评为“全美国最佳基督教工作环境”。

(2) 员工对高层管理的满意度自 2007 年以来一直高于美国企业管理协会管理者协会(the American Association of Industrial Management for Employers Association，AAIM）的全美标杆学习值。

(3) 在过去的 3 次评估中，总体员工的参与度在 AAIM 的八大类指标中，有 7 个都超出了标杆学习值。

(4) 肯考迪娅出版社在4个方面关注员工工作环境的提升，包括安全、健康、保安和使命。肯考迪娅出版社的员工活动委员会每个月都会赞助员工的娱乐活动。例如，“肯考迪娅500”是模仿“戴通纳500”（Daytona 500，世界著名赛车比赛）车赛的出版社内小赛车比赛；“红衣主教日”时员工穿戴圣路易斯红衣主教的盛装秀；此外，还有各种游戏和比赛。

6. 肯考迪娅出版社使命描述

肯考迪娅出版社是路德教会密苏里协会旗下的出版机构，其设立的宗旨是辅助宣传耶稣基督福音的传播，为宗教教会提供出版服务。为此，肯考迪娅出版社开发、生产、推广和提供的产品，都是路德教会的经典著作，有效地服务于全世界的传教活动。路德教会密苏里协会的使命是：为使你们能更好地聚焦工作，其他交给我们完成。

7. 肯考迪娅出版社愿景

肯考迪娅出版社努力成为路德教会经典著作的产品、服务的首选出版社和供应商。肯考迪娅出版社的产品适用于家庭、个人，以及基督教学校、教堂的圣会，包括周末课程教材、圣经学习课本，假期圣经学校；还包括关于十几至二十岁年轻人的专用教材，以及宗教音乐、宗教教师和牧师等专业人员用书；甚至是幼儿和少年读本、期刊杂志，直至教堂软件工具、教堂做礼拜的用品，等等。

资料来源：曲扬，王为人. 2011年美国波多里奇国家质量奖获奖企业介绍（一）肯考迪娅出版社. 中国质量，2012（2）.

日趋激烈的全球竞争现在已经导致人们对质量的倍加关注，许多组织就如何推行质量活动而纷纷寻求咨询，这些组织以前主要是制造业企业。近年来，很多服务业企业如教育机构和医疗卫生机构等，也都参与到这种推行质量提高的活动中。为了适应这种经济全球化和国际贸易发展趋势的需要，帮助组织提高竞争力，更好地满足顾客的需求和期待，很多国家和地区设立了质量奖。比较著名的有美国马可姆·波多里奇国家质量奖（MBNQA）、欧洲质量奖（EQA）、英国质量奖（UKQA）、瑞典质量奖（SWQA）、新西兰国家质量奖（NZQA）、拉吉夫·甘地国家质量奖（RGNQA）、新加坡质量奖（SQA）、加拿大杰出奖（CAE）、日本戴明奖。另外，还有很多授予个人的奖项，如阿曼德·V·费根堡姆奖章、克劳士比奖章等。在这些质量奖中，最具影响力和代表性的是世界三大质量奖：美国马可姆·波多里奇国家质量奖、欧洲质量奖和日本戴明奖。

2.1 美国马可姆·波多里奇国家质量奖

2.1.1 波多里奇国家质量奖产生的背景

1980年，日本在美国NBC电视台播放纪录片，介绍日本通过全面质量控制（TQC）活动，创造出优异产品的情况，同时，第一次向美国介绍日本的爱德华·戴明质量奖及其在创造经济奇迹中发挥的作用。美国有4 000万人观看了这部纪录片，纪录片录像带的发行创美国历史最高纪录。反映了当时美国市场被日本占领，美国企业岌岌可危，美国民众的焦虑和希望美国经济复兴的愿望。TQC起源于美国，却在日本开花结果，20世纪80年代返销美国，并且为美国工业和经济复兴作出了贡献。

20 世纪 80 年代，由于日本企业与产品在全球大获成功，TQM 迅速向世界各国普及推广，全世界有几十个国家开展 TQM 活动，并且在实践中产生出新的质量管理理论和方法。美国摩托罗拉公司在总结日本 TQM 的基础上，提出了 6σ 管理方法和顾客全面满意（TCS）概念，获得巨大成功。

1982 年 10 月，美国总统里根签署的一份生产力文件认为，美国的生产力在下降，其结果是美国的产品在国际市场上价格昂贵，缺乏竞争力。美国企业界和政府领导人面对更广阔、更苛刻、更激烈的全球一体化市场竞争，他们认为，美国企业不了解 TQM，不知道如何着手提升产品质量，质量在美国企业中的重要性已迫在眉睫。1983 年 9 月，白宫生产力会议召开，美国总统、副总统、总统顾问、财政部长、商务部长都在会议上发言。会议呼吁在全国公立和私营部门开展质量意识运动（Quality Awareness Campaign）。

这样，1988 年，美国国会为了迎接日本质量的挑战，尤其是对方获得戴明奖的挑战，特别批准设立了马可姆·波多里奇质量奖。

在这一背景下，美国政府部门和企业界对于 TQM 活动呈现出与日俱增的兴趣。许多政府和企业界人士建议，设立一个类似日本戴明质量奖那样的美国国家质量奖，帮助美国企业开展 TQM 活动，提高美国的产品质量、劳动生产率和市场竞争力。美国商务部部长马可姆·波多里奇坚持认为，TQM 是美国经济繁荣和国家强大的关键因素，这导致了美国众议院科学技术委员会的一系列听证会，马可姆·波多里奇对后来以他名字命名的国家质量改进法案具有浓厚的兴趣，并帮助起草了该法案的最初草稿。

为表彰马可姆·波多里奇的贡献，1987 年 8 月 20 日，美国总统里根签署了国会通过的以他名字命名的美国 100 ～ 107 号公共法案“马可姆·波多里奇国家质量改进法”。依据该法案，波德里奇质量奖创立，用以表彰美国企业在 TQM 和提高竞争力方面作出的杰出贡献。从 1988 年开始，波多里奇质量奖基金为此项奖励提供支持。

2.1.2　波多里奇国家质量奖概述

小资料

在 20 世纪 80 年代，小到电子表、大到汽车的日本产品纷纷涌进美国，美国本土工业面临强烈的冲击。面对这种情况，美国前商务部部长马可姆·波多里奇（Malcolm Baldrige）召集了十几位经济学家、管理学家和企业家进行研究，寻找出路。在充分研究的基础上，他们向美国国会提出了设立“美国国家质量奖”的建议。该奖项每年只授予 2 ～ 3 家具有卓越成就、不同凡响的企业。为了表彰波多里奇在促进国家质量管理的改进和提高上作出的杰出贡献，美国国会通过了国家质量改进法案，创立了以他的名字命名的国家质量管理奖。

马可姆·波多里奇国家质量奖（以下简称“波多里奇国家质量奖”）的核心是定点超越，分两步进行：第一步，分析企业与历史同期相比取得了多少进步，它能够激励企业继续前进；第二步，企业要想获得巨大的进步，就要不断地把本企业的业绩与同行业最好企业的业绩进行比较，找出差距，然后迎头赶上，这就是定点超越。

波多里奇国家质量奖的设立，有助于获奖企业的成功模式得到总结和推广，有助于美国企业迅速提高产品质量，提高生存、竞争的能力。自从 1987 年美国波多里奇国家质量奖被写入美国公司法以来，它为提高美国企业的竞争力作出了重要的贡献。

2.1.3 波多里奇国家质量奖的类别

波多里奇国家质量奖是由美国总统授予的，它分为企业和组织两种奖：企业包括制造业、服务业、小规模及大规模企业；组织包括教育及医疗卫生单位。它奖励那些在质量和绩效方面取得卓著成绩的美国企业，并以提高质量和绩效卓越作为竞争要素的重要性，提高公众对质量和绩效卓越的认知。波多里奇国家质量奖并不授予某项特定的产品和服务。

波多里奇国家质量奖和其获奖单位是美国质量改进可以看得见的榜样，围绕波多里奇国家质量奖和它的标准，形成了非常广泛的全国范围内的提高质量活动。一份由私人竞争力顾问机构撰写的关于波多里奇国家质量奖的报告《21 世纪的美国质量》（AERICAN Quality for the 21st Century）中谈道："比起其他任何项目，美国波多里奇国家质量奖都更加重视把质量作为国家和民族的最高优先级，在全国范围内推广质量改进及绩效卓越的典范，传播他们的做法。"

2.1.4 波多里奇国家质量奖的评审标准和核心价值

1. 波多里奇国家质量奖的评审标准

1）评奖标准

波多里奇国家质量奖的宗旨是：促进高效管理措施，满足顾客要求，赢得卓越绩效。该奖项的评审依据建立在一系列价值观的基础上。这些价值观包括：① 前瞻性的领导；② 顾客驱动的卓越；③ 组织和个人学习；④ 重视员工和伙伴；⑤ 敏捷性；⑥ 面向未来；⑦ 创新的管理；⑧ 基于事实的管理；⑨ 社会责任；⑩ 关注结果并创造价值；⑪ 系统的观点。

波多里奇国家质量奖的评奖标准是任何组织都可以采用的一组框架，涵盖了以下七大项目。

（1）领导作用（Leadership）。检查组织高层管理的各项能力，以及组织的社会责任和组织如何承担这些责任。

（2）战略规划（Strategic Planning）。检查组织如何建立战略目标和行动计划，以及这些战略目标和行动计划的展开、实施和绩效测评。

（3）以顾客和市场为关注焦点（Customer and Market Focus）。检查组织如何定义顾客和市场的期望及需求，如何建立与顾客的关系，如何获取、满足和维持顾客。在教育类组织的评审过程中表述为关注学生和投资人及市场，关注全体教员和职员、组织绩效；在健康类组织的评审过程中表述为关注病人和其他客户及市场，关注全体职员和组织绩效。

（4）测量、分析和知识管理（Measurement，Analysis and Knowledge Management）。检查组织如何管理、有效利用、分析和改进数据与信息，以致力于支持关键的组织流程和组织绩效的管理体系。

（5）以人力资源为关注焦点（Human Resource Focus）。检查组织如何促进其成员充分拓展其潜能，并激励他们调整到与组织目标相一致的轨道上，以及组织在创造良好工作氛围方面的努力。

（6）过程管理（Process Management）。检查组织过程管理的关键方面，包括为客户和本组织创造价值的关键产品、服务好业务过程及关键的支持过程。

（7）经营成果（Business Results）。检查组织各关键业务领域的绩效和改进，包括客户满意、财务和市场表现、人力资源、供应商和合作伙伴表现、生产运作表现、公共和社会责任。此项目还检查组织如何处理与竞争对手的关系。

上述七大类评价项目构成了质量经营系统，如图2-1所示。

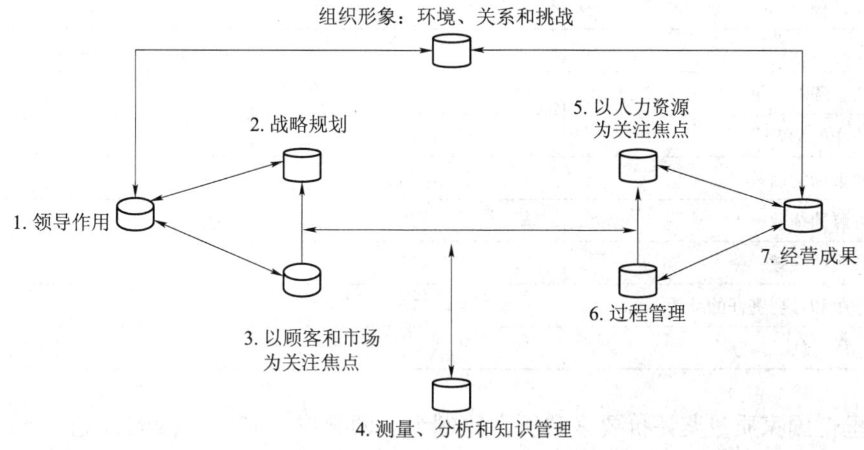

图2-1　美国波多里奇国家质量奖标准

2）评奖项目和条款

波多里奇国家质量奖的评审标准每年都会进行一些细节上的修订，表2-1显示了2005年版标准的各个项目和条款的分值设置情况。

表2-1　2005年度波多里奇国家质量奖评审项目和条款

项目和条款	条款分值	项目分值
1. 领导作用		120
1.1　高层领导	70	
1.2　治理和社会责任	50	
2. 战略规划		85
2.1　战略的制定	40	
2.2　战略的部署	45	
3. 以顾客和市场为关注焦点		85
3.1　顾客和市场的了解	40	
3.2　顾客关系和顾客满意度	45	
4. 测量、分析和知识管理		90
4.1　组织绩效的测量与分析	45	
4.2　信息和知识的管理	45	
5. 以人力资源为关注焦点		85
5.1　工作体系	35	
5.2　员工的学习和激励	25	
5.3　员工的权益和满意度	25	

续表

项目和条款	条款分值	项目分值
6. 过程管理		85
6.1 价值创造性过程	45	
6.2 支持性过程	40	
7. 经营成果		450
7.1 产品和服务的成果	100	
7.2 顾客关注的绩效	70	
7.3 财务和市场的绩效	70	
7.4 人力资源的绩效	70	
7.5 组织有效性绩效	70	
7.6 领导作用和社会责任的绩效	70	
总　分		1 000

波多里奇国家质量奖评价要素和所占比例为：领导作用12%，战略计划8.5%，以顾客和市场为中心8.5%，信息、分析与知识9%，人力资源开发8.5%，过程管理8.5%，经营结果45%。

2. 美国波多里奇国家质量奖的核心价值

波多里奇国家质量奖评价的核心价值观包括有远见的、着眼于未来的领导人，顾客驱动的卓越绩效模式，全面的视野与管理创新，企业和员工的学习，注重雇员和合作伙伴，注重成果和创造价值，对市场的敏捷反应和社会责任。

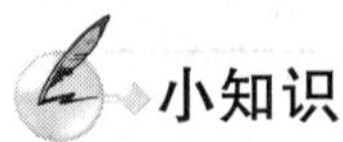

小知识

美国波多里奇国家质量奖与ISO 9000的区别

美国波多里奇国家质量奖与ISO 9000在目的、内容和焦点上都有非常大的不同。波多里奇国家质量奖的目的是提升美国的竞争优势，通过评奖项目推广质量意识，表彰质量杰出卓著的美国组织，提供一个共享成功战略的载体工具。波多里奇国家质量奖评奖标准聚焦于结果和持续改进，这些评奖标准提供了一个设计、实施、评估管理整体业务运营流程的框架结构。ISO 9000是由5个国际标准族组成的系列，最初由总部位于瑞士日内瓦的国际标准化组织（International Organization for Standardization，ISO）发表于1987年，企业可以利用这个标准来协助决定需要哪些要素去维持一个有效质量体系的需求，而为了保证它，测量和测试设备必须定期标定，恰当地记录保存，系统必须得到维护。ISO 9000的注册表明了企业已经遵循了它自己的质量体系。

从总体上看，ISO 9000的注册只是覆盖了不到波多里奇国家质量奖评奖标准的百分之十。

2.1.5 波多里奇国家质量奖的评审过程

1. 评奖的申请

申请单位必须提交按照“优秀业绩评定准则”要求填写的介绍本机构业绩的申报材料，

包括以下内容。

（1）经证明有效的认证证书。

（2）填写完整的申请表。

（3）包括机构概况和按照评定准则答卷的申请报告。

2. 奖项的评审

申报资料由波多里奇国家质量奖评审部门的专家进行审查和评定。评审分为以下 4 个阶段。

第一阶段——由评审部至少 5 位专家对申报材料进行独立的审查和评定。

第二阶段——对第一阶段出现的高评分申请单位进行一致性审查和评定。

第三阶段——对第二阶段出现的高评分申请单位进行现场考察。

第四阶段——由仲裁委员会最终评审，推荐获奖者名单。

3. 申报奖项的信息反馈

在评奖过程结束后，每一个申报单位都会收到评审部门的信息反馈报告。报告是由评审部门的美国高级专家签署的评定意见。反馈报告根据评定准则逐项列出申请者的强项和需要改进的薄弱环节。它可以指导申请者在今后改进策略规划，也是继续申请波多里奇国家质量奖的一个重要指南，它为达到奖项要求提出改进捷径。

4. 获奖

获奖单位可以通过公开发布或广告宣传这个奖项。获奖者被要求与其他国家机构分享其取得成功业绩和质量策略的经验，但是不要求分享其专利信息，即使该信息是报奖内容的一部分。分享信息的主要途径是美国一年一度的“追求卓越”（Quest for Excellence）会议。

2.1.6　波多里奇国家质量奖的作用

1. 波多里奇国家质量奖被称为“卓越绩效模式”

波多里奇国家质量奖引导企业通过连续质量改进和设定业绩的卓越标准而获得顾客满意。“质量”在波多里奇国家质量奖中有了更广泛的含义，由于这个奖是针对“管理质量”和“经营质量”而被称为“卓越绩效模式”。

波多里奇国家质量奖卓越绩效模式有着坚实的客观基础，它是 TQM 的一种实施细则，是以往美国企业 TQM 多年实践的具体化和标准化。它为企业或其他组织提供了一个沟通、诊断和评价的平台，使得企业或其他组织能够用一种语言来讨论和沟通企业的经营管理。它能够帮助企业驾驭管理复杂的系统，为企业管理提供一个系统工程管理的思路。

波多里奇国家质量奖卓越绩效模式的标准有助于企业管理实现重点突出与全面兼容的结合，有利于企业正确评价、引导、规范所属各部门和员工的行为，使得企业管理层的努力能够保持在企业成功和实现企业愿景的正确方向上，从而帮助企业获得世界级质量。国家质量奖卓越绩效模式的评价标准主要通过把企业的改进传递给顾客和进行全面的企业变革，来提升企业的竞争力。

2. 波多里奇国家质量奖有着强大的鼓舞作用

波多里奇国家质量奖评价标准在美国形成了全国范围内的质量管理活动，一项《建设波多里奇：21 世纪的美国质量和私人企业的竞争力》的调查报告指出，与其他奖项相比，波多里奇国家质量奖对于提升全美质量意识，改进产品质量实践都有更重要的作用。

小资料

1995 年，NIST 发布一份报告，对获得波多里奇国家质量奖的公司与一般公司在股票市场上的业绩进行比较，其结果具有强烈的说服力。报告从整体上，对获奖公司第四年的股票情况进行了比较研究，获奖公司与一般公司的收益存在显著差异。获得波多里奇国家质量奖的公司作为一个群体，其业绩超过标准普尔 500 指数，收益比约为 2.5：1。获得波多里奇国家质量奖的公司实现了 362% 的增长率。1998 年 12 月 30 日，美国总统克林顿签署了 100～107 号公共法案的修正案。从 1999 年开始，波多里奇国家质量奖的授奖范围和对象被正式扩大到教育与医疗卫生领域。2001 年 4 月，布什总统出席了波多里奇国家质量奖标准修订研讨会。

波多里奇国家质量奖有着强大的鼓舞作用，它激励美国企业为荣誉和成就而战，同时给予付出非凡努力的企业以应有的回报。波多里奇国家质量奖由美国总统颁发给获奖企业。获奖企业在美国非常引人注目，它已经成为美国质量的倡导者。在企业和组织中彻底传达着这样的信息，采用波多里奇国家质量奖卓越绩效模式所获得的利润和收益远远超过他们最初的预期。到目前为止，获奖企业就此发表的演讲已超过 3 万次。在政府和私人企业的共同努力下，这一奖项已获得巨大成功。目前，政府每年投入该奖项的奖金为 500 万美元，私人企业和民间组织投入的资金超过 1 亿美元。其中，私人企业赞助的捐款超过 1 000 万美元。每年都有来自美国企业、公司、大学、政府部门、咨询机构和非营利机构的专家，作为志愿者从事质量奖的评审工作，美国商务部 NIST 至今已就 TQM、过程改进和波多里奇国家质量奖的有关事项进行了上千次演讲。

3. 波多里奇国家质量奖标准成为企业自我评价的标准

现在，全美有数千个企业和组织用国家质量奖的原则与评价标准进行自我评估、培训和改进。对许多企业来说，采用国家质量奖卓越绩效模式，提高了生产率、市场占有率和顾客满意度，改善了企业和雇员的关系，最终提高了企业利润。统计数据表明，获得波多里奇国家质量奖与企业的市场表现的改进有着十分密切的联系。

2009 年波多里奇国家质量奖获得者——中途岛公司

荣获 2009 年度美国波多里奇国家质量奖小企业类的组织是位于密苏里州哥伦比亚的美国中途岛公司（Midway USA，Columbia，Mo.）。美国中途岛公司是一家网上经营零售店的家族企业，销售的产品有四大类：射击、弹药填装、枪械的制作、狩猎。公司 90% 的业务来自于批发和国际客商。美国中途岛公司销售 700 多个厂家的 9 万 5 千种不同的产品。美国中途岛公司成立于 1977 年，公司名字称为 Ely Arms（艾力武器），1988 年改名为美国中途岛公司。公司从一开始就由普特菲尔德家族管理。

1. 中途岛公司的闪光点

（1）美国中途岛公司有 1 500 份文件化的流程，每一个流程都聚集于服务客户。美国中途岛公司 2008 年的整体客户满意率为 93%，比 2007 年的 91% 又有了提高。自 2009 年至报

告日，总体客户满意率一直高于98%。整体的客户忠诚度是以“可能再次来商店购买”的指标来衡量，美国中途岛公司的水平是94%。

（2）美国中途岛公司的财务指标包括总体销售额、净收入占净销售额的比例、收入分配、库存周转率等，都超出了其所有的竞争对手。美国中途岛公司2008年的销售增长率接近30%，而其最强的竞争对手为10%。销售净收入比率从2003年的2.5%增长到2008年的近10%。

（3）美国中途岛公司客户接待中心的员工参与度和满意度指标，以及公司销售、市场、物流部门的满意度显示的水平都高于全美国的标杆学习值，分别为77%和80%。美国中途岛公司年度的调查得分从2002年的60%提高到2008年的82%。

（4）美国中途岛公司有一套完备的方法以决定人力资源的能力和公司现在所需要的能力，以及未来一年、两年、三年以后项目所需要的能力。公司使用一个精密的模型为当前及未来阶段的人力资源作出规划。美国中途岛公司还建立了一套教育、培训和发展体系规划。

（5）美国中途岛公司的战略策划流程系统化地将关键流程和公司的目标、客户关键需求和核心优势整合到一致的队列上，为了自上而下地部署公司的战略规划，高层管理者及部门经理还使用“计划、组织、员工、执行、控制”（Plan，Organize，Staff，Executive and Control）的模型，制订了行动计划和相关的指标体系。

（6）利用财务支持（10%的年利润）及其他方法（志愿者活动、参与组织活动、募捐活动、捐助和奖学金等），美国中途岛公司积极支持其5个关键伙伴——全美步枪协会、射击运动行业、环境保护组织、本地社区、密苏里州。公司还建立了美国中途岛公司基金会以对射击、狩猎、火器枪炮安全、户外运动技能等领域的教育和培训从财务上提供支持。

2. 美国中途岛公司员工守则

美国中途岛公司的所有员工，从董事会到员工，从一线员工到CEO，无论在工作内还是工作外，都要承诺：① 每时每刻保持高度的正直和诚实；② 尊重利益相关方（客户、员工、供应商、股东）；③ 严格遵守所有的法律、法规和公司政策；④ 公平交易；⑤ 对公司和工作同伴忠诚；⑥ 尊重直率；⑦ 参与团队合作；⑧ 树立信任和自信，创造价值；⑨ 以身作则，推广安全活动。

3. 美国中途岛公司的目标

美国中途岛公司的目标是客户满意、员工满意、供应商满意、股东满意和先进的管理实践。

4. 美国中途岛公司的使命

美国中途岛公司的使命是成为全美国经营最好的企业。

5. 美国中途岛公司的宗旨

美国中途岛公司的宗旨是：① 最大化股东的长期价值；② 支持美国国家步枪协会和下属组织；③ 支持射击运动行业发展；④ 作为射击活动行业的学习榜样。

6. 美国中途岛公司的主营业务

美国中途岛公司的主营业务是销售射击、狩猎、户外产品给客户。依赖于高效率的员工、先进的管理实践和尖端的科技。

7. 美国中途岛公司的价值观

美国中途岛公司的价值观是：① 高瞻远瞩的领导行为；② 以客户为驱动力的卓越；

③ 组织及个人学习；④ 提升员工和合作伙伴的价值；⑤ 敏捷；⑥ 聚集未来；⑦ 创新；⑧ 基于事实依据；⑨ 社会责任；⑩ 聚集结果，创造价值；⑪ 系统视角。

美国中途岛公司在2008年荣获密苏里州质量奖，密苏里州质量奖遵循波多里奇国家质量奖的标准：劳动力；战略策划；客户和市场聚集；测量；分析和知识管理；聚集人力资源；流程管理；结果。CEO拉瑞·普特菲尔德说："美国中途岛公司积极支持'持续改进'的精神，公司收到了质量奖审核组的反馈报告，不但肯定了公司所取得的成就，还指出了我们在质量流程中的改进方向，质量奖项目的参与使得美国中途岛公司能够更好地服务于客户。"

2.2 日本戴明质量奖

2.2.1 戴明质量奖概述

小资料

20世纪80年代，日本经济的发展和日本企业与产品的竞争力受到全世界的瞩目，尽管90年代后期，日本经济受到挫折，日本企业的竞争力受到怀疑，但资源匮乏、领土面积狭小的日本所创造的经济奇迹仍然值得学习和借鉴。日本《经济白皮书》把日本经济取得成功的原因归结为3点：① 重视人才资源和教育培训；② 吸收和消化国外的先进技术，适用于本国的国情；③ 形成了适应经济形势变化和不同发展阶段的经济系统。日本是通过吸收和消化国外的先进技术来提升产业竞争力的典范，戴明质量奖在推广普及质量管理方法、提高日本产业竞争力方面起到关键作用。

美国的爱德华·戴明博士最早把质量管理介绍到日本。1949年，日本科学技术联盟（JUSE）邀请戴明博士在日本举行为期8天的统计质量管理基础讲座；1951年，戴明博士在日本举行为期2个月的统计质量管理讲座，为当时处在幼年期的日本工业的质量控制提供了极大的推动力。

日本科技联盟把讲义印刷的版税支付给戴明，戴明没有接受这笔钱，并声称将其用于推进日本的质量管理活动。为了永久纪念戴明对日本人民的友情和贡献，日本科技联盟设立了日本爱德华·戴明质量奖，用以推动日本工业质量控制和质量管理活动的发展。随后，戴明博士的著作《样本分析》在日本出版，并且再次赠送了该书的版税。此后，戴明质量奖不断发展。至今，日本科技联盟仍然负责管理戴明质量奖的所有经费。

2.2.2 戴明质量奖的类型

戴明质量奖共分为以下3类。

（1）戴明奖。戴明奖颁发给在以下3个领域作出贡献的个人或组织：① 在全面质量管理的研究上取得杰出成绩；② 在用于全面质量管理的统计方法研究中取得杰出成绩；③ 在传播全面质量管理方面作出杰出贡献。

（2）戴明应用奖。戴明应用奖颁发给组织或领导一个独立运作机构的个人。获奖条件是在规定的年限内通过运用全面质量管理使组织获得与众不同的改进。

(3) 质量控制奖。质量控制奖颁发给组织中的一个部门，这个部门通过使用全面质量管理中的质量控制和质量管理方法，在规定的年限内获得了与众不同的改进效果。

2.2.3 戴明质量奖的评审标准

戴明质量奖包括10个考察项目的检查清单。这些检查清单中的内容又被进一步细分为数目不等的检查点，如表2－2所示。

表2－2　戴明质量奖的检查清单

项目	检　查　点
1. 方针	① 管理，质量及质量控制（管理）方针；② 形成方针的方法；③ 方针的适应性与连续性；④ 统计方法的应用；⑤ 方针的沟通与宣传；⑥ 对方针及其实现程度的检查；⑦ 方针与长期计划和短期计划的关系
2. 组织及其运作	① 权力与责任的清晰度；② 授权的合适性；③ 部门内协调；④ 委员会活动；⑤ 员工的使用；⑥ 质量控制活动的应用；⑦ 质量控制（管理）诊断
3. 培训和推行	① 培训计划与结果；② 质量意识及其管理和对质量控制（管理）的理解；③ 对统计概念和方法的培训及其普及程度；④ 对效果的理解；⑤ 对相关企业（尤其是集团公司、供应商、承包商及销售商）的培训；⑥ 质量控制循环活动；⑦ 改进建议系统及其地位
4. 信息收集、沟通及利用	① 外部信息收集；② 部门内沟通；③ 沟通速度（计算机使用）；④ 信息处理（统计）分析与信息应用
5. 分析	① 重要问题与改进主题的选择；② 分析方法的正确性；③ 统计方法的利用；④ 与产业专有技术的联系；⑤ 质量分析与过程分析；⑥ 分析结果的利用；⑦ 就改进建议所采取的行动
6. 标准化	① 标准系统；② 建立、修改和废除标准的方法；③ 建立、修改和废除标准的实际绩效；④ 标准的内容；⑤ 统计方法的运用；⑥ 技术积累；⑦ 标准的运用
7. 控制（管理）	① 质量与其他相关因素的管理系统，如成本与运输；② 控制点与控制项目；③ 统计方法与概念的运用；④ 质量控制循环的贡献；⑤ 控制/管理活动的地位；⑥ 控制中情景
8. 质量保证	① 新产品和服务的开发方法；② 产品安全与可靠性的预防性活动；③ 顾客满意的程度；④ 流程设计、流程分析、流程控制与改进；⑤ 过程能力；⑥ 设备化与检查；⑦ 设施、销售商、采购和服务的管理；⑧ 质量保证系统及其诊断；⑨ 统计方法的运用；⑩ 质量评估与审计；⑪ 质量保证的地位
9. 效果	① 效果的测评；② 诸如质量、服务、运输、成本、利润、安全与环境的有形效果；③ 无形效果；④ 实际绩效与计划的一致性
10. 远期计划	① 对当前情况的具体理解；② 解决缺陷的方法；③ 远期的推动计划；④ 远期计划与长期计划的关系

小知识

日本戴明质量奖与美国波多里奇国家质量奖和欧洲质量奖的不同之处

与美国波多里奇国家质量奖和欧洲质量奖相比，日本戴明质量奖的不同之处如下。

(1) 戴明质量奖并没有建立在任何联系概念、行动、过程和结果的内在框架之上。甚至，它也没有什么内部因果关系的设定。它只是简单提供了一份卓越质量导向的管理行动的清单。戴明质量奖实际上也具有欧洲质量奖所提出的价值观，但它是以检查清单而非内在框架的形式提出的。从其所推荐的工具、技术和实践（如质量循环、标准化、质量控制等），戴明质量奖是规范性奖项。

（2）戴明质量奖认为，最终的质量是一系列活动、要素和过程的必然结果，因此它没有采取类似于欧洲质量奖的做法去明确考核经营绩效项目。

（3）戴明质量奖更注重奖励质量管理活动中的创新，将那些具有创新型、独具特色且适于推广至其他企业的质量管理方法称为"闪光物"。

（4）戴明质量奖的授奖目的是"授奖于那些确实认为成功应用了以统计质量控制为基础的全员质量控制并可能在以后继续保持应用的公司"。因此，戴明质量奖的多数材料都强调统计技术的应用。

（5）戴明质量奖中存在"相关者考查（Reference Examination）"这一程序，即评委会与申请者的供应商、销售商和客户进行讨论，以获取与评估有关的独立信息。

（6）戴明质量奖不是竞争性奖项，凡是达到要求的企业都可以在同一年内得奖。但这并不说明戴明质量奖容易获得。事实上，戴明质量奖每年的获奖者非常少，不过申请程序中没有"失败者"。如果申请者不符合标准，评审程序会自动延长为每3年评审两次。

2.2.4 戴明质量奖的意义

迄今为止，很多企业和个人都曾获得过日本的戴明质量奖。例如，日本的松下、丰田公司等，美国的佛罗里达电力等，都曾获得戴明应用奖。现在，戴明质量奖已成为享誉世界的奖项。

企业通过申请戴明质量奖，建立和完善了企业综合管理体系，推进了企业的标准化活动，提高了企业的管理和质量改进意识，提高了全员积极参与TQC活动和质量改进的积极性，提高了产品质量、劳动生产率和企业的凝聚力，使质量改进和标准化活动成为企业的自觉行动。获得戴明质量奖成为一种挑战，获奖意味着在采用有价值的质量控制方法上获得成功。

企业通过申请戴明质量奖，把TQM作为企业参与市场竞争的武器纳入到企业经营战略中，而且使经营战略得到贯彻实施，同时建立和完善企业综合管理体系，推进企业的标准化活动，增强全员积极参与TQM活动和质量改进的积极性，提高产品质量、劳动生产率和企业的凝聚力，使质量改进和标准化活动成为企业的自觉行动。多年来，获奖企业的TQM方法被扩散到许多其他企业，有效地推动了这些企业的质量改进。日本企业以申请戴明质量奖作为动力和桥梁，积极推动TQM活动，经过几十年的努力，逐渐形成了日本企业的竞争力，取得了令人瞩目的经济奇迹。

小案例

2003年日本戴明质量奖获得者——印度M&M公司

1. 印度M&M公司背景资料

M&M集团是印度最大的工业集团，涉及汽车、农用拖拉机、信息技术、建筑、金融和其他热门行业。农用装备部是M&M集团的6个部门之一，从事25～70马力农用拖拉机的设计、生产和销售。农用装备部成立于1963年，并一直是印度拖拉机市场的领先者，并从2008年开始成为该行业的世界领先者。事实上，农用装备部已经在世界市场上体现出了强劲的势头。它的产品10%出口到美国等国家，而出口美国的份额占公司出口总量的90%。农用装备部生产的拖拉机通过其附属的马新德拉美国公司，实现美国市场销售和为美国市场服务。农用装备部的生产体系包括设在孟买和那格浦尔的两个完整的厂房，并有两个卫星装配厂。农用装备部共有4 000名员工从事新产品开发、制造、销售与客服，以及提供其他支持。农用装备部的经营体系得到了遍布印度的400多个供应商和450个经销商的支持。他们都使用TQM的方法超过10年以上，并在2003年获得了日本戴明质量奖，在此之前已通过了QS 9000，ISO 9000：2000和ISO 14001等标准的认证。

2. 印度M&M公司的戴明之路

1）戴明是M&M公司的理性选择

在M&M公司身上，似乎带着浓厚的发展中国家一步步做强做大的成长轨迹。1990年前后印度开始的经济全球化、自由化进程，使得各行业的竞争加剧，而这种竞争意味着企业开始追求产品质量，并关注顾客和节约成本。1963年，M&M公司开始正式运营，并在印度拖拉机市场上一路领先。

一个在印度做了老大、又有宏图大志的企业，自然而然地把眼光看向了国际市场，开始寻找新的课程、新的老师。从20世纪80年代起，M&M公司开始接触一些国际上的先进管理经验，最先是学习日本的质量管理方法。1990年，公司得到了朱兰教授的帮助，指导公司进行质量改进和质量策划，并建立了40多个质量改进团队，之后公司的业绩成长显著。

1996年，M&M公司制定了成为全球拖拉机市场领导者的愿景，进行了全公司总动员。为了实现领导者的愿景，公司希望着力于改善领导力、营销方法、服务技巧等方面，加快自己的管理模式。M&M公司把欧洲、美国、日本的管理方法做了精细的研究与对比，向法国标致、美国的克莱斯勒、日本的尼桑公司等一流企业取经求教。

综合分析竞争对手和理智对比各种管理方法这些外在因素，M&M公司还仔细分析了内部的种种现实力量：戴明质量奖与公司准备运用TQM模式的目标一致；在印度，由于同是亚洲国家，因而有文化上的共通性，在各种国际质量管理模式中接受戴明模式比较容易些。同时，在创奖过程中还得到了日本几位质量专家的大力支持，以帮助公司战略的制定和方法的运用。因此，迎接TQM变革、走戴明模式，变成了一种“天时地利人和”、顺理成章的选择。

印度也有自己的国家质量奖，作为一个印度的企业，M&M公司去创国外的奖项，确实让人有些意外。但是，既然要向国际市场迈进，学习日本戴明质量奖就能够很好地利用国外资源，借鉴国外的经验。正是这种短期的戴明模式的复制与国际化道路的长期目标恰到好处的吻合，让公司的领导人坚定了走戴明之路的信念。

2）戴明模式的分解动作

M&M公司对戴明质量奖的理解是在合理成本的基础上，提供高质量的产品和服务，并运用TQM进行持续改进、实现PDCA循环。公司实行TQM，分为介绍、推进和进一步发展的“三步走”。第一阶段的关注点是产品质量，同时也实施了朱兰的质量改进过程和质量策划。第二阶段的重点是战略和体系，不断清晰实现愿景的路线图。此阶段，公司新产品开发的能力得到很大提高。第三阶段的关注重点是绩效的提升，即把TQM向全公司的制造、供应、销售、服务等各方面以全方位施行。

如果说印度的M&M公司推行戴明模式的“稳健”感染了不少管理的同行，那么，最终打动戴明奖评审员的是公司对戴明模式的创造性发挥。例如，建立了公司产品开发的体系图，将400位工程师从最小的零件设计和最后组装，以及对供应商的管理都囊括其中，使得公司在制造设计的技术方面达到了世界级的水平，而管理体系中对供应商和分销商管理的做法及顾客管理，更是让评委眼前一亮。过去，公司各个部门之间存在着壁垒，而戴明模式要求全公司步调一致和沟通有效。公司通过流程图表等工具，使职责划分更加清晰，提高了销售渠道的有效利用率，对供应商和分销商提供的服务也更加到位。在过去的5年里，公司的顾客满意度大大提高。以前，维修零件等服务要去不同的店；现在，在一个店里就能享受到统一而全面的维护、保养等各种服务。这些闪光点，成为公司问鼎戴明质量奖最有效的“敲门砖”。

3. 印度M&M公司新的管理征程

学习戴明模式修成正果之后，M&M公司又开始了新的管理征程。目前，M&M公司正实行六西格玛和精益生产方式，并开始接触EFQM，试用各种新的管理方法。但新方法只是有选择地局部实行，并不动摇TQM的根本地位。用达瓦西亚先生的话来说：“我们的目标是申请日本质量奖，并在今后的3年内做好准备，坚持TQM持续进行改进。”

同时，M&M公司开始实行六西格玛和精益生产方式。人们理解的六西格玛，更多的是针对某一个项目的问题，而TQM要求公司从最高领导层到最基层员工全面参与活动。对于很多人来说，六西格玛更多的是一个专业性、技术性的工具。需要强调的是，每个公司可以根据自己的需求去寻求适合自己的质量改进方法。就像当医生，治不同的病要用不同的方法。六西格玛给了人们更迅速解决问题的技巧，但没有改变公司的TQM整体原则，不管是争创日本质量奖还是推行六西格玛，都是M&M公司为了实现全球拖拉机市场领导者的目标。

2.3 欧洲质量奖

2.3.1 欧洲质量奖的起源

1988年，欧洲14家大公司发起成立了欧洲质量管理基金会（EFQM），其中包括英国电信（BT）、飞亚特汽车公司（Fiat）、荷兰航空公司（TCLM）、飞利浦公司（Philips）、雷诺汽车（Renault）、大众汽车（Volkwagen）等欧洲大型企业。欧洲质量管理基金会是一个不以赢利为目的的成员组织，该组织成立的目的是为了推动欧洲企业的卓越化进程和促进欧洲组织在世界舞台上的竞争力。

1990年，在欧洲质量组织和欧盟委员会的支持下，欧洲质量管理基金会开始策划欧洲质量奖。1991年10月在法国巴黎召开的欧洲质量管理基金会年度论坛上，欧盟委员会副主席马丁·本格曼正式提出设立欧洲质量奖（European Quality Award，EQA）。1992年，由西班牙国王首次向获奖者颁发了欧洲质量奖。自1992年起，欧洲质量奖每年颁发一次。

欧洲质量奖是欧洲质量管理基金会卓越化模式中的最高水平，它肩负着两项使命：① 激励和帮助欧洲的企业，改进其经营活动，最终达到顾客和雇员的满意，达到社会效益和企业效益的卓越化；② 支持欧洲企业的管理人员加速实施全面质量管理这一在全球市场竞争中获得优势的决定性因素的进程。

2.3.2 欧洲质量奖的类别

欧洲质量奖的奖项分为质量奖、单项奖、入围奖和提名奖，具体如下。

（1）质量奖。欧洲质量奖授予被认定是最好的企业。获奖企业的质量各类方法和经营结果是欧洲或世界的楷模。获奖企业可以在信签、名片、广告等上面使用欧洲质量奖获奖者标志。

（2）单项奖。授予在卓越化模式的一些基本要素中表现优秀的企业。2003 年，欧洲质量奖在领导作用、顾客对产品评价、社会效益评价、人力资源效果评价和员工投入、经营结果领域内颁发了这一奖项。单项奖确认并表彰企业在某一方面的模范表现，也使得一般的管理者和媒体更容易理解。

（3）入围奖。欧洲质量奖的入围奖意味着企业在持续改进其质量管理的基本原则方面，获得了较高的水准。获入围奖的企业将在每年一度的欧洲质量奖论坛上得到认可。这一论坛每年在欧洲不同的城市举行，来自欧洲不同国家和地区的 700 多名企业管理者会出席这一会议。

（4）提名奖。即企业已经达到欧洲质量奖卓越化模式的中等水平。获欧洲质量奖的提名奖将有助于鼓励企业更好地进行质量管理，并激励企业进一步做出努力。

2.3.3 欧洲质量奖的评审标准

欧洲质量奖的评审标准有以下 9 个部分。

（1）领导。领导者如何开发和促成任务与远景目标的实现，树立长期成功所需要的价值观，并通过适当的行动和行为予以实施，领导者个人参与以确保发展和实施组织的管理系统。

（2）方针与战略。组织如何通过以受益者为中心的清晰战略，并由相关的方针、计划、目的、目标和过程支持，来实现组织的任务和远景目标。

（3）人员管理。组织如何在个人、团体和组织最高层上，管理、开发和释放员工的知识和潜能，把各种活动加以规划，来支持方针、战略和过程的有效运行。

（4）合作关系和资源管理。组织如何计划和管理外部合作关系和资源，来支持其方针、战略和过程的有效运行。

（5）过程管理。组织如何设计、管理和改进其过程，来支持方针和战略，使顾客和其他受益者完全满意并增加价值。

（6）顾客结果。就外在顾客而言，组织要取得什么成果。

（7）人员结果。就员工而言，组织要取得什么成果。

（8）社会结果。就地区、国家和国际社会而言，组织要取得什么成果。

（9）主要绩效结果。就计划的绩效而言，组织要取得什么成果。

在这 9 个部分当中，领导占 100 分，方针与战略占 80 分，人员管理占 90 分，合作伙伴和资源管理占 90 分，过程管理占 140 分，顾客结果占 200 分，人员结果占 90 分，社会结果占 60 分，主要绩效结果占 150 分，总分为 1 000 分，如图 2 – 2 所示。其中，前 5 个方框称为手段标准（有关结果如何达成的标准），后4个方框称为结果标准（有关组织取得了什么结果的标准）。箭头强调了模型的动态性，表明创新和学习能够改进手段标准，并由此改进结果。

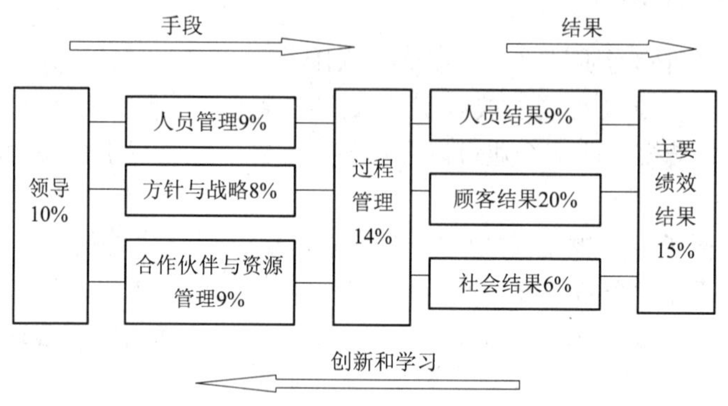

图2－2　欧洲质量奖评审标准结构图

图2－2给组织提供了一个用于自我评价和改进的框架。卓越模型两类标准之间最基本的关系是：如果手段标准强调一个过程，那么与这个过程相关的行为结果会自然在结果标准中反映出来。模型中的9个标准相互联系在一起，有些关系非常明显，如人员管理和人员结果、合作伙伴与资源管理和顾客结果。方针与战略和所有的其他手段标准有关系，也与结果标准说明有关系。方针与战略在结果标准中说明的一些“比较”有关。例如，如果战略是达成“全球领导”，那么组织就应当寻求全球比较来衡量绩效。稍弱的目标就要选择较弱的对象。取得的绩效（在结果标准中说明）与手段标准中改进活动之间有关系，这种期待合情合理。把结果与内部目标、竞争对手、类似组织和“行业最好”的组织进行比较，以此来权衡优先顺序和推动改进。在组织最高层，把组织业绩与内部目标和竞争对手相比较，会有利于一些问题的分析。例如，如何使顾客满意与忠诚，方针与战略的修改，手段标准中达到改进的计划等。

2.3.4　欧洲质量奖的评审过程

（1）申请者首先根据标准自我评估，然后以文件形式将结果提交给EFQM，一组有经验的评审员再对申请评分。

（2）欧洲质量奖评判委员会由欧洲各行业领导者，包括以前获奖的代表和欧盟委员会、欧洲质量管理基金会，以及欧洲质量管理组织的代表组成。

（3）欧洲质量奖评判委员会首先确定评审小组将对哪一家申请者进行现场访问。

（4）现场访问之后，基于评审小组的最终报告，评判委员会选择确定提名奖获得者、质量奖获得者和质量最佳奖获得者。在每一类别的质量奖中，质量最佳奖获得者均选自质量奖获得者中最好的。

（5）获奖者都将参加声望很高的欧洲质量论坛，媒体将对此进行广泛的报道，在整个欧洲都将得到认可，成为其他组织的典范。

（6）质量论坛之后的一年中，还要进行一系列会议，请获奖者与其他组织分享其经验，继续优秀的历程。

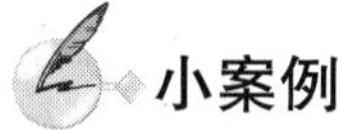

小案例

2005 年欧洲质量奖：T－Systems 多媒体解决方案

T－Systems 多媒体解决方案公司（T－Systems MMS）隶属于 T－Systems 国际股份有限公司，是德国德累斯顿市的一家公立有限责任公司。在 B2B（企业对企业）供应链结构中，T－Systems MMS 提供一对一的软件解决方案和服务，帮助那些应用公司提供的电子商务服务的企业产生价值。公司输出的产品是由软件项目小组根据顾客要求制订的电子商务解决方案（包括内容和知识的管理、网上学习、网上人力资源、网上招聘、手机移动业务等）。T－Systems MMS 大约有 530 名员工，在 2004 年创造了 4 630 万欧元的销售额。

1. T－Systems MMS 的卓越里程碑

1996 年，取得 ISO 9001：1994 认证。

1997 年，根据 BOOTSTRAP 模型（源于 ISO/IEC15504）的自我评估系统开始对软件过程质量进行评估。

1998 年，获得由 SUN 公司 JAVA 中心颁发的认证，成立测试与综合事务中心，根据 EFQM 卓越奖进行自我评估。

1999 年，通过 ISO 9001：1994 认证复审。

2000 年，荣获德国莱茵 TuV 管理服务股份有限公司最佳持续过程改进企业。

2001 年，获得德国 Baden Wurttemberg 经济大学国际最佳服务奖。

2002 年，在获得项目管理学院的认证后发展进一步的项目管理。

2003 年，测试与综合事务中心作为一个实验室获得 ISO/IEC17025 认证，在新多媒体服务领域被数字经济联邦协会评为第一名。

2004 年，获得欧洲质量奖入围奖。

2005 年，挤入德国最有创新能力的中小型企业前 100 名。

2. T－Systems MMS 的收益

从 1997 年开始，T－Systems MMS 每年进行 EFQM 卓越模式的自我评估，并参与每年的欧洲质量奖评比，这些活动给 T－Systems MMS 持续学习改进过程提供了很有价值的信息。这些信息能够使组织逐年提高自身的生产力和销售额。在 2004 年，T－Systems MMS 获得了 88.2% 的超高水平顾客满意度和高水平员工责任度。

3. T－Systems MMS 的成功法宝

（1）使用的价值管理体系。T－Systems MMS 的关注焦点是卓越的运作、内外部顾客的需求和持续改进。

（2）激发员工发挥最大的人力效能。T－Systems MMS 能够使每位员工具有主人翁的责任感和使命感，发挥自己最大的效能。

（3）持续学习。T－Systems MMS 从来没有停止学习，无论是个体还是全组织。

（4）有效的领导作用。T－Systems MMS 要求领导阶层能够使员工的作为与企业的策略达成一致。

（5）策略决定灵活的非中心式组织模式。T－Systems MMS 通过目标导向的管理模式来管理配置总部和各地的组织活动。

2.4 中国的全国质量奖

2.4.1 全国质量奖简介

全国质量奖是在借鉴美国的国家质量奖标准“波多里奇卓越绩效评价原则”的基础上设立的，其内容以企业文化、经营战略、绩效结果和社会责任等综合实力为权衡标准，是“卓越绩效模式”的框架，代表中国质量管理的最高荣誉。“卓越绩效模式”以经营结果为导向，以强化组织的顾客满意意识和创新活动为关注焦点，追求卓越的绩效管理。

全国质量奖是中国质量管理领域的最高奖项，评分体系共有 1 000 分，其中结果占 400 分。对结果的关注，会帮助企业或组织测量最重要的绩效指标，改进关键领域的绩效，如经济绩效、顾客满意和顾客忠诚的结果，以及过程的结果（过程有效性、效率、组织和个人的学习、产品的质量等）。

申报全国质量奖的企业或组织必须是中国境内合法生产与经营的单位，并具备以下基本条件。

（1）按 ISO 9000 标准建立、实施、保持质量管理体系，已获认证注册。

（2）有强制性要求的产品已获认证注册。

（3）提供的产品或服务符合相关标准的要求。

（4）已按 ISO 14000 标准建立、实施并保持环境管理体系，企业“三废”治理达标。

（5）连续 3 年无重大质量、设备、伤亡、火灾和爆炸事故（按行业规定）及重大用户投诉。

（6）近 3 年企业获得用户满意产品，并获全国实施卓越绩效模式先进企业（全国质量效益型先进企业）称号。

全国质量奖评审标准可用于大企业、小企业、服务业，以及政府和非营利组织等。每个申请企业或组织无论能否获奖，都将收到一份综合反馈报告和一份逐条反馈报告。

目前，全国质量奖设置为 3 类：制造、建筑业奖项，服务业奖项，小企业奖项。全国质量奖每年评审一次。

2.4.2 全国质量奖评审机构

全国质量奖审定委员会由政府、行业、地区主管质量工作的部门负责人，以及有权威的质量专家组成，负责研究和确定全国质量奖评审工作的方针、政策，批准全国质量奖评审管理办法及评审标准，审定获奖组织名单。

全国质量奖工作委员会由具有理论和实践经验的质量管理专家、质量工作者和评审人员组成，负责实施全国质量奖评审，并向全国质量奖审定委员会提出获奖组织推荐名单。全国质量奖工作委员会办公室设在中国质量协会，其主要工作是拟定、修改全国质量奖评审管理办法和评审标准；培训、评聘全国质量奖评审人员；组织实施全国质量奖资格审查、资料评审和现场评审；对获奖组织进行监督和帮促。

2.4.3 全国质量奖的评审标准

全国质量奖的评审标准是组织进行自我评价、评审专家对申报进行评价、给申请者出具反馈报告的基础。全国质量奖自2001年启动伊始，便由工作委员会办公室组织质量专家组，起草了全国质量奖的评审标准。为使全国质量奖的评审工作与国际接轨，经多方面征求意见，2003年对评审标准进行了修订，基本上是以美国波多里奇国家质量奖标准为主，结合我国的实际情况，对此前的评审标准作了适当的调整。

2004年9月，中国《卓越绩效评价准则》国家标准正式发布，该标准适应了经济全球化和国际竞争的需要，融合了当今国际上卓越企业成功经验（包括领导、战略、顾客与市场、资源、过程管理、测量分析与改进、经营结果等），是引导企业实现卓越绩效的经营管理模式。该标准的发布，体现了全面质量管理思想和技术的最新发展与未来趋势，也是我国在绩效管理、追求卓越和自我评定等方面取得重要进展的标志。经全国质量奖工作委员会讨论，审定委员会审议决定，2005年起全国质量奖评审标准采用GB/T 19580—2004《卓越绩效评价准则》国家标准。该标准具有以下特点。

（1）卓越绩效评价标准为组织改进提供了基础，鼓励组织实施创新和灵活的方法，与组织的整体经营需求协调一致。

（2）标准注重一般性要求，而非具体的程序、管理工具和技术。其他改进方法（ISO质量管理体系、六西格玛或合格鉴定）可以整合利用到组织的绩效管理体系中去，成为满足标准要求的一个部分。

（3）标准具有实用性，可用于大企业、小企业、服务业，以及政府和非营利组织等。其《卓越绩效评价准则》的框架，如图2-3所示。

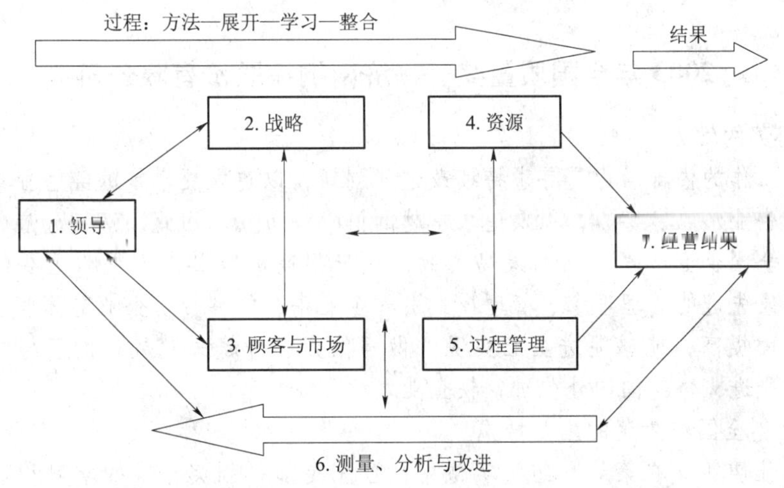

图2-3　卓越绩效评价准则框架图（GB/T 19580—2004）

中国的国家质量奖的评分体系和美国波多里奇国家质量奖相类似，总分1 000分，其中“结果”类项目占400分，但是中国在过程管理上给出了160分的较高分值，明显高于美国波多里奇国家质量奖在该项目上的分值比重，反映出中国质量管理实践中过程控制能力不足，必须在此方面重视和加强的现实要求。

2.4.4　全国质量奖的评审过程

全国质量奖的评审程序如下。

（1）递交材料。申报组织将申报表、自评报告、组织简介和相关证实性材料，交予全国质量奖工作委员会办公室。

（2）资格审查。全国质量奖工作委员会办公室对申报组织的基本条件、评价意见等材料的完整性进行审查。

（3）资料评审。全国质量奖工作委员会办公室组织评审专家对资格审查合格的组织，进行资料审查。全国质量奖工作委员会根据资料评审的结果，按照"优中选优"的原则确定现场评审组织的名单。

（4）现场评审。全国质量奖工作委员会办公室组织评审专家组，对资料评审后确定的组织进行现场评审。评审专家组给出现场评审意见并提出存在的问题，形成现场评审报告。

（5）审定。国家质量奖工作委员会对申报组织的《全国质量奖申报表》、现场评审报告等进行综合分析，择优推荐，提出获奖组织的推荐名单。审定委员会听取工作报告，审定获奖组织。

每个申请组织都将收到一份综合反馈报告和一份逐条反馈报告，这是申请者最有价值的收益，因为这份报告是由具有丰富的理论和实践经验的评审专家团队，根据组织的申请报告，以及现场（如果进入现场评审阶段）评审、分析结果，概括、总结出的组织优势和需要改进之处。

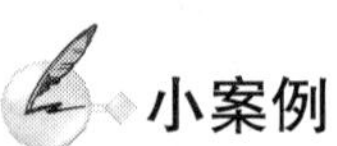

小案例

2003 年全国质量奖——济南钢铁股份有限公司

1. 济钢创奖的动力

企业创奖工作的内部动力是寻求持续改进和创新，以追求更卓越的经营业绩；外部动力则是充分展示企业形象、实力，以及追求卓越的信心和勇气。因此，济钢开展创奖工作，不仅仅因为其是全国企业管理方面的最高奖励，代表很高的荣誉，而更为重要的是，通过创奖，把世界上最先进的管理理念、管理模式引入企业中，能够带动企业整体管理水平和企业综合素质的全面提高，能够促进企业实现"做强做大、跨越式发展"的目标，真正达到国内一流、国际先进，跻身国内外先进钢铁企业之林。

2. 济钢争创全国质量奖的主要措施

（1）观念上重视。在策划和组织实施中，首先要加强创奖标准的学习和理解，注意与企业的实际和本单位管理工作的实际结合起来深化理解与把握。

（2）把握核心价值观。济钢把"可尊、可信、共赢"作为企业的核心价值观，"可尊"就是要在追求卓越中赢得社会尊重。要达到这一目的，就必须建立在可信、共赢的基础上，要在诚信经营中树立济钢良好的社会形象。共赢就是要与顾客共赢，与供应商和合作伙伴共赢，与社会共赢，与员工共赢，平衡所有相关方的利益。

（3）把卓越绩效模式济钢化。济钢按照"方法—展开—结果"和持续改进的路子进一步梳理各项工作和管理业务，从中检验企业所采取方法的先进性、科学性、系统性和有效性，检验企业各项工作展开的深度和广度，检验企业取得成果的先进性和卓越性，检验企业是否在持续改进，不断创新，不断追求卓越。

(4) 全员参与。创奖涉及方方面面、各个环节、各个岗位，必须全员发动，全员参与。各项基础性的工作，必须动员全公司的力量去做，人人都要对照创奖标准规范自己的工作和行为。全公司没有与创奖无关的单位，没有与创奖无关的岗位，没有与创奖无关的员工。无论哪一个环节、哪一名员工的疏忽或失误，都可能影响创奖工作的顺利进行。

(5) 积极做好宣传发动工作。① 内部广泛动员，加大宣传力度。② 加大对外宣传的力度，加强与社会传媒的联系。组织一批主题鲜明、内涵深刻的专题文章，集中在影响较大的报纸杂志上发表，采写编制一批电视新闻或电视专题节目在有影响的电视台播放。

(6) 加强过程管理和现场管理。企业的生产过程、管理过程，以及工序控制、工序保证都体现在过程管理中。要认真对照创奖标准的有关条款，一个环节一个环节地加强各项工作，特别是制度化、标准化的工作。现场管理，包括定置定位管理、环境卫生等方面要形成制度化，始终保持良好的秩序。

(7) 加强环境保护和环境治理整顿。结合创建高标准花园式工厂的工作，加强污染源点的管理和治理，炼钢、炼铁等几个关键工序和关键环节，要加强烟尘、粉尘的控制，工程建设的施工现场要规范管理、文明施工；加强绿化美化工作，进一步提高绿化档次，保持良好的环境面貌和环境形象。

(8) 展现济钢人的良好素质和团队精神。员工的精神面貌和团队精神也体现着企业的管理水平，应及时了解职工的思想动态，加强信息通报制度，对各种不利于团结稳定的苗头早预防、早发现、早解决。

3. 济钢获奖后的收获和体会

济钢获得2003年度全国质量管理奖殊荣，其收获主要有以下几个方面。

(1) 系统总结评价了公司文化、企业发展方向、绩效期望、企业理念、战略管理、过程管理和经营结果，形成了一份高质量的《自评报告》，从而在全国60多家申报单位中脱颖而出。

(2) 通过开展创奖工作，显著提升了企业的综合管理水平。对一些主要工作、主要业务进行了系统的梳理和总结，补充完善了相应的管理制度，理顺了管理、业务程序，形成了一套比较系统、科学的卓越绩效管理模式。

(3) 通过开展创奖工作，培养锻炼了一批优秀的管理人才。以创奖办工作人员为代表的一大批从事创奖工作的管理人员、业务骨干对《全国质量管理评审标准》，以及一些先进的管理理念、管理理论的认识不断深化，并结合济钢的实际，有效地运用到企业的管理工作中，提升了管理水平。

(4) 总结和挖掘了企业很多的优势、特色。例如，低成本战略、节能降耗，自主知识产权技术的开发，等等，这些优势具有济钢的特色，是企业十分突出的亮点，在全国的知名度也很高，这是其他许多企业所不具备的。

(5) 更进一步提高了济钢的知名度和社会影响力。企业在取得收获的同时也认识到，夺取大奖并不是企业的最终目标，济钢开展创奖工作的着眼点是引入和运行“卓越绩效”模式，提升管理水平，使济钢的整体管理水平与国际先进水平接轨。并在众多高速发展的强势企业中继续保持卓越地位，把济钢建成国内一流、国际先进的板材精品基地。

本章习题

一、判断题

1. 全面质量管理最早起源于日本。 ( )

2. 戴明质量奖只颁发给在全面质量管理的研究上取得杰出成绩和在用于全面质量管理的统计方法的研究上取得杰出成绩的组织。 ( )

3. 欧洲质量奖的评审标准有社会结果、人员结果、顾客结果、过程管理、合作关系和资源管理、人员管理、方针与战略、领导和主要绩效结果9种标准。 ( )

4. 中国的全国质量奖设置为3类：制造、建筑业奖项，服务业奖项，小企业奖项。 ( )

5. 全国质量奖的评审过程是递交材料、资格审查、资料评审、现场评审。 ( )

二、选择题

1. 世界三大质量奖是（ ）。

A. 美国质量奖　B. 欧洲质量奖　C. 日本质量奖　D. 中国全国质量奖

2. 欧洲质量奖的奖项分为（ ）。

A. 质量奖　B. 单项奖　C. 入围奖　D. 提名奖

3. 美国波多里奇国家质量奖的核心价值包括（ ）。

A. 注重质量管理中的创新

B. 顾客驱动的卓越绩效模式、全面的视野与管理创新

C. 企业和员工的学习、注重雇员和合作伙伴

D. 注重成果和创造价值、对市场的敏捷反应和社会责任

4. 卓越绩效评价标准中，评价组织的过程成熟度的要素是（ ）。

A. 方法　B. 展开　C. 学习　D. 整合

三、思考题

1. 简述世界三大质量奖的内容。

2. 简述中国全国质量奖评审标准与美国波多里奇国家质量奖评审标准的异同。

3. 举例说明中国全国质量奖对于企业的质量管理和绩效水平的作用。

本章案例分析

奥康：从优秀走向卓越

10月21日，以“践行科学方法，成就卓越之路”为主题的第十一届全国追求卓越大会在北京京西宾馆召开，会上揭晓了“2011年全国质量奖”评选结果，浙江奥康鞋业股份有限公司、贵州茅台酒股份有限公司、上海三菱电梯有限公司等12家企业荣获我国质量管理领域的最高奖——“全国质量奖”。奥康鞋业股份有限公司（以下简称奥康公司）是本次唯一获此殊荣的中国鞋企。从中国名牌产品、中国驰名商标，到中国真皮领先鞋王、中国皮鞋行业唯一标志性品牌，再到如今的全国质量奖，奥康公司在走过的23年里几乎拿下了中国鞋业界所有的荣誉。在感叹这一中国鞋业巨头发展速度迅猛的同时，有人不禁会产生疑问，

在市场竞争如此激烈的环境下，奥康公司到底是凭借什么赢得业界，以及国家权威机构如此一致的好评，奥康公司又是怎样保持持续向前的发展势头的。

1. 以诚信创牌，勇担社会责任

奥康公司创始人王振滔1988年创办永嘉奥林鞋厂（奥康前身）。从企业创办至今，始终坚持以诚为本和高度的社会责任感引领企业向前发展。

对内，奥康公司确立了以“为人类进步而服务”和“百年奥康、全球品牌”的企业使命和企业愿景，通过开展文化普及工程，组建专门团队，开展文化主题活动，使企业文化深入员工内心。另外，公司每年还组织领导层“思考周”活动，评价行业发展、企业运行状况，适时作出经营决策和改进需求，从而形成了独具特色的奥康文化品牌。而在产品品牌建设和营销方面，依据公司所确定的目标市场和顾客群，先后推出了“奥康”、“康龙”、“红火鸟”、“美丽佳人”等不同品牌的产品。并通过营销创新、公益活动等举措，大力提升品牌价值和知名度。

对外，奥康公司在经营好企业的同时，积极承担社会责任。公司从2006年10月开始代表行业上诉欧盟法院，要求撤销征收高额反倾销税决定，历经5年终获成功，使得欧盟从2011年3月31日起取消征收16.5%的反倾销税，为推动行业有序发展作出了重要的贡献。在支持公益事业领域，公司董事长王振滔2007年申请注册了中国民营企业家第一个以企业家名字命名的个人非公募慈善基金会——王振滔慈善基金会，迄今为止已经累计向社会捐款1亿多元，受到社会各界的好评。

2. 以创新促发展，确保持续领先

“创新”是奥康企业核心价值观之一。不断创新的研发、生产技术和管理系统，推动奥康公司持续领先发展。近几年，公司研发成效显著，自主开发了GPS定位鞋、纳米健康鞋、全掌透气鞋等多款功能产品，总计获得各项专利65项，并多次起草国际、国家级行业标准，连续多年在全国皮鞋设计大赛中获奖，整体研发能力处于国内领先水平。同时，围绕“优质、高效、低碳、安全”的制造理念，制订并完成多项设备、设施更新改造计划，包括新工艺设备的引进、设备性能提升专项技改、节能降耗专项技改，有效提升了设备与设施技术水平，并在节能降耗方面取得了突出的成效。

3. 以文化建和谐，永葆基业长青

“奥康公司能维持20多年高速稳健的发展，离不开稳定的大后方——忠诚的员工队伍。”王振滔如此表示。而这个稳定的大后方正是奥康公司在关爱员工方面所作出不懈努力的结果。

周末走进奥康公司生活小区，经常会看到篮球场上年轻员工的矫健身影、健身器具旁边嬉戏玩耍的员工子弟，还能闻到员工夫妻房内飘来的阵阵饭香……这正是奥康公司为了给员工营造一个安居乐业、激情创业的良好环境而投资建立的集吃、住、玩、乐为一体的高档员工生活小区。解决了吃住的问题，奥康公司还积极开展“关爱职工行动”，即“暖心工程”，通过建立员工子弟夏令营、奥康爱心基金会，组织员工外出学习和旅游等，及时了解职工的呼声和愿望，畅通意见反馈渠道，关心职工的生产与生活，使广大职工情有所系、忧有所解、困有所帮，充分体会到奥康公司大家庭的温暖。在人才培养方面，公司建立了奥康大学，设立了“领导力、市场营销、连锁专卖、生产技术”4个学院，并依据高层、中层、基层和新员工的不同培训需求设置奥康化、专业化、职业化等不同的课程，形成了一套具有奥康特色的精品课程体系。

正是因为品牌、技术、大后方等多方助推，奥康公司才得以持续不断地向前发展。获得全国质量奖体现了奥康企业的竞争优势和品牌实力。在实施卓越绩效模式过程中，奥康公司以实际行动从优秀走向了卓越。

奥康公司被授予“全国质量奖”后，王振滔表示，卓越绩效管理不是目标，而是一个完整的经营模式、一个科学的改进工具和一个系统的绩效评价方法，更是助推奥康公司走向可持续健康发展的核心力量。推行卓越绩效模式的过程，实际上就是公司学习、创新、变革再次发展的过程。奥康公司将继续引导全体员工对照卓越绩效准则，在前进中永远以更高的目标要求自己，不断鞭策自己，为振兴中国鞋业从制造走向创造而持续努力奋斗。

资料来源：喻静．奥康：从优秀走向卓越——奥康问鼎“全国质量奖”纪实．西部皮革，2011（23）．

问题

1. 简要分析奥康鞋业取得成功的法宝。

2. 通过奥康鞋业获得中国全国质量奖的成功经验，谈谈企业在质量管理中应该注意的问题。

第3章

质量管理体系基础及要求

学习目标

1. 了解 ISO 9000 质量体系标准产生的背景。
2. 能阐述 ISO 9000：2000 的主要特点。
3. 理解 ISO 9001：2000 的构成和实施要点。
4. 能够正确运用质量管理 8 项原则指导质量管理实践。
5. 明确质量管理体系文件编制的依据、要求与方法。
6. 能够根据组织的实际情况，组织编写质量管理体系文件。

导入案例

华利电子器件制造厂的质量方针与质量目标及其分解

1. 质量方针：创一流品牌，让用户满意

(1) 创一流品牌。通过贯彻 ISO 9001：2000 标准，建立质量管理体系，实施生产和服务的全员、全面、全过程的质量管理，确保本组织产品质量指标、质量效果达到同类产品的一流先进水平，力争超越。

(2) 让用户满意。通过守合同、讲信誉，向用户提供一流的产品和服务，不断满足用户明示和隐含的需求，促进质量管理体系的不断完善和发展。

2. 质量目标“9501”

(1) 全厂上下要努力奋斗，达到“9501”的目标。“95”是指顾客满意率控制在95% 以上。“0”是指出厂产品的不合格品率控制在0% 。“1”是指每年至少开发 1 项新产品或改进 1 项老产品。

(2) 主要部门的质量目标。

① 生产管理部门的质量目标。确保交货产品 100% 合格，在制品合格率 96% 以上，检验正确率 100% ，关键岗位 100% 持证上岗，无重大安全事故。

② 经营管理部门的质量目标。确保入库的采购产品和原材料 100% 符合要求，产品交货满意率 100% ，服务满意率 96% 以上，客户抱怨率 5% 以内。

③ 技术开发部门的质量目标。提高产品质量的技术保证能力，确保输出的技术文件“零”差错；发生质量问题，30 分钟内参与；关注顾客需求和期望，平均每年开发新产品、改进老产品各 1 项。

④ 设备管理部门的质量目标。确保“监视和测量装置”100% 有效，确保全年无重大设备故障（指停产 3 天以上）。

⑤ 质量管理部门的质量目标。确保统计数据正确率 95% 以上，顾客投诉处理满意率 90% 以上。保证每年按计划进行覆盖整个质量管理体系的内部质量审核和管理评审，无疏漏、无脱期。

⑥ 行政管理部门的质量目标。确保 98% 岗位人员符合规定要求，特殊工种人员（包括检验员、电工、焊工等）100% 符合规定要求，新进员工培训率 100% 。

资料来源：岑咏霆．质量管理教程：2 版．上海：复旦大学出版社，2010.

3.1 ISO 9000 质量管理标准简介

3.1.1 ISO 9000 系列标准概述

ISO 标准是由国际标准化组织（International Organization for Standardization，ISO）制定的标准。国际标准化组织（ISO）总部位于瑞士的日内瓦，其成员是设在超过 149 个国家的标准化组织机构。ISO 在美国的成员是美国国家标准协会（ANSI）。ISO 的目的是建立国际统一的质量标准。它形成了一个对供应商进行认证的体系，该体系会检查供应商是否符合国际上可以接受的质量管理标准。ISO 不是政府组织也不是联合国的机构，它是世界范围内的联合会。

20 世纪 70 年代，质量这个词在世界上不同的企业和国家代表不同的意义。1979 年，为了适应世界范围内这种对质量管理和质量保证的需求，国际标准化组织（ISO）成立了质量管理和质量保证技术委员会（TC176），负责制定质量管理和质量保证标准。1986 年，ISO 发布了 ISO 8402《质量—术语》标准，1987 年发布了 ISO 9000《质量管理和质量保证标准—选择和使用指南》、ISO 9001《质量体系—设计开发、生产、安装和服务的质量保证模式》、ISO 9002《质量体系—生产和安装的质量保证模式》、ISO 9003《质量体系—最终检验和试验的质量保证模式》、ISO 9004《质量管理和质量体系要素—指南》等 6 项标准，通称为 ISO 9000 系列标准。

3.1.2 ISO 9000 质量管理系列标准的产生与发展

小资料

质量管理和质量保证标准的产生绝不是偶然的，它是现代科学技术发展的必然结果，也是质量管理科学发展到一定阶段的产物。人们知道，任何标准都是为了适应科学、技术、社会、经济等客观因素发展变化的需要而产生的。世界上第一个有关质量管理的国际标准的产生，必然有着深刻的时代背景。

1. ISO 9000 系列标准产生的背景

1）科学技术和生产力的快速发展

在早期的商品社会中，由于商品的类别单一，并且在用户和生产者之间直接进行买卖，用户凭借自己的经验、知识或感官就能判断产品的质量。卖方对售出的产品概不负责，由买方承担全部的责任。随着生产力的发展，生产方式变成社会化的大生产，商品一般都通过流通领域进行销售，用户就很难判断商品的质量问题。生产者为了使用户相信自己的产品，对商品实施“包退包换”等对策。这就是质量管理产生的萌芽。

20 世纪后半叶，由于科学技术迅速发展，新产品不断出现，其中相当一部分是具有高安全性、高可靠性、高价值的产品。但这些产品在质量上的缺陷不仅给生产企业本身带来巨大的损失，而且也给顾客造成巨大的损失，有的后果还相当严重，不但影响顾客的利益，甚至影响到国家安全、生态环境和人类生存。例如，核电站、飞机、火车、锅炉、桥梁、隧道、汽车、火箭等产品，不但在生产上花费大量的资金、时间和人力，而且这些产品都是多环节的产物，一旦某些环节失控，就不能保证质量。如果在使用过程中发生质量事故，其影响范围之大、损失之巨是难以估计的。因此，社会和顾客都要求生产企业能建立一套质量体系，对产品质量形成全过程中每一环节的技术、管理和人员等方面的因素进行控制，长期稳定地生产满足顾客需要的产品。另外，企业为了避免质量问题造成的损失，同时也为了提高自身的信誉和竞争能力，开始自觉地加强质量管理，开展质量保证活动。这样就使质量保证的形式逐渐发展起来，为 ISO 9000 的标准的产生创造了必要的客观条件。

2）各国质量保证的成功为 ISO 9000 系列标准的产生提供了有利的环境

第二次世界大战期间，世界军事工业得到了迅猛的发展。一些国家的政府在采购军品时，不但提出了对产品特性的要求，还对供应厂商提出了质量保证的要求。1959 年，美国国防部发布了《质量大纲要求》，以后又发布了《检验系统要求》和《承包商质量大纲评定》等，从而形成了一套比较完整的质量保证标准文件。1979 年，英国发布了一套三级质量保证规范标准。此外，加拿大、法国、挪威等国家也都制定了有关质量管理和质量保证的国家标准。各国质量标准的颁布与实施为制定一套国际上公认的、科学的、统一的质量体系标准提供了有利的环境。

3）贸易的国际化

为了有效开展国际贸易，分清产品责任，减少产品质量问题引起的争端，在产品国际化的基础上人们希望质量管理国际化。这就是说，不仅要求产品质量符合统一的技术标准，而且要求生产产品企业的质量管理能够在国际间求得一定程度的统一，使各国有一个共同的语言，能对企业的技术、管理和人员能力进行评价。在这样的背景下，国际标准化组织在 1979 年成立了“质量管理和质量保证技术委员会”，开始着手制定质量管理和质量保证方面的国际标准。

4）质量管理学的发展为其提供了理论基础

20 世纪初期，企业的大规模化和内部细分化使得大多数企业将检验分为一个单独的部门，质量管理进入“检验质量管理”阶段。20 世纪 40 年代，出现了一些数理统计学家，把概率论和数理统计的原理运用于质量管理，从而创立出“控制图”和“抽样检查表”，此时质量管理进入到“统计质量管理阶段”。到了 20 世纪 50 年代，出现了一大批密集型和复杂产品，仅在制造过程实施控制已不足以保证产品质量，必须应用系统原理、行为科学等理论对产品质量形成全过程实施质量管理。到了20世纪60年代，美国的费根堡姆提出“全面质量管理”的概念，并首次提出有关质量体系的概念，这一理论很快得到了普及。随着全面质量管理理论的不断完善，质量管理学科的日趋成熟和数量众多企业的广泛实践，为各国的质量管理和质量保证标准的相继产生提供了充分的理论依据与坚实的实践基础。

2. ISO 9000 标准的制定

1）国际标准化组织——ISO

ISO 是国际标准化组织的英文简称，其全称是 International Organization for Standardization。它的前身是国家标准化协会国际联合会（ISA）和联合国标准协调委员会（UNSCC）。1945年10月，联合国标准协调委员会在纽约召开全体成员大会，提议成立一个新的、永久的国际标准化组织。1946年10月，总共有25个国家在伦敦召开会议同意成立一个国际化的标准化机构，并命名为ISO。与此同时，决定将国际电工委员会（IEC）并入ISO，承担电工领域的工作，但仍保持IEC的名称和独立性。1947年2月23日，ISO正式宣布成立，参加伦敦会议的25个国家为创始成员国。现在全世界已有149个国家的标准化机构参加了这一组织。它是世界上最大、最具权威性的标准化专门机构，是联合国经社理事会和贸发理事会的最高一级咨询组织。

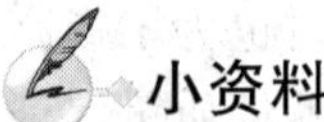小资料

国际标准化组织的宪章规定，成员国分为正式成员和通信成员。正式成员必须是本国最具有代表性的全国性标准化机构，而且每个国家只能有一个。而未建立全国性标准化机构的国家可作为通信成员参加ISO的工作。正式成员在参加工作的同时还有投票权，通信成员则不能参加技术工作，也没有投票权，只是能与ISO联系并得到情报。

ISO的宗旨是：在全世界范围内促进标准化工作的开展，以便于产品和服务的国际交往，并扩大在知识、科学、技术和经济方面的合作。其主要活动是制定国际标准，协调世界范围内标准化工作，组织各成员国和各技术委员会进行情报交流，以及与其他国际机构进行合作，共同研究标准化问题。

2）质量管理和质量保证技术委员会（ISO/TC176）

质量管理和质量保证技术委员会（TC176）是在英国标准化协会（BSI）倡议下，（ISO）中央秘书处于1979年通过决议成立的，其目的是制定世界性的有关质量管理和质量保证方面的通用的及基础性的标准，以利于在国际经济合作和贸易往来中有统一的概念与方法，并负责相应的质量技术领域中的标准化和协调工作。1987年，在挪威的会议上，正式更名为“质量管理和质量保证技术委员会”。

TC176秘书处设在加拿大，目前TC176共有美、英、法、德等209个正式成员。我国于1981年正式加入技术委员会，现今已经是正式成员。TC176下设3个技术委员会，第一分技术委员会（SC1）：概念及术语分委员会——法国；第二分技术委员会（SC2）：质量体系分委员会——英国；第三分技术委员会：支持技术分委员会——荷兰。

3）ISO 9000 标准的制定

质量管理和质量保证委员会在总结各国质量管理和质量经验的基础上，经过近10年的努力，于1987年公布了ISO 9000系列标准。其中，包括ISO 9000《质量管理和质量保证标

准—选择和使用指南》、ISO 9001《质量体系—设计开发、生产、安装和服务的质量保证模式》、ISO 9002《质量体系—生产和安装的质量保证模式》、ISO 9003《质量体系—最终检验和试验的质量保证模式》、ISO 9004《质量管理和质量体系要素—指南》等6项标准。其中，ISO 9000为该系列标准的选择和使用提供原则与指导；ISO 9001、ISO 9002、ISO 9003是3个质量保证模式；ISO 9004是指导企业建立质量体系、强化内部质量管理的指南。

小资料

2006年5月1—3日在美国质量学会总部所在地威斯康星州米尔沃基市举行了“世界质量与改进大会”（WCQI）暨“美国质量学会成立60周年庆典”。会议的主题是：重新认知质量。来自世界各国家和地区的1 800名质量专家、质量经理和企业经营管理者出席了会议。会议围绕卓越绩效模式、超越ISO 9000、知识资源共享、六西格玛、循环经济、环保质量等热点话题展开探讨。

3. ISO 9000标准的发展

ISO 9000系列标准主要是根据硬件产品质量形成的规律编写的，虽然有广泛的适用性，但在具体要求和方法上却覆盖不了全部的产品类别（如软件、流程性材料、服务等），这就导致了在ISO 9000系列标准的基础上派生出新的地区性和行业性质量体系标准，这种倾向违背了国际标准化组织的宗旨，可能会导致再次产生国际标准贸易壁垒。

1990年，ISO/TC176在第九届年会上提出了20世纪90年代国际质量标准的实施战略，国际通称为《2000年展望》，其目标是：要让全世界都接受和使用ISO 9000标准；为了提高组织的运作能力，提供有效的方法；增进国际贸易、促进全球的繁荣和发展；使任何机构和个人可以有信心从世界各地得到任何期望的产品，以及将自己的产品顺利销售到世界各地。

依据以上宗旨，以1987年版的标准为基础分两个阶段进行修订。第一个阶段保持1987年版的结构不变，对其内容进行适当的增删和调整，对某些不明确、不易理解和过时的规定进行适当修改，形成1994年版的ISO 9000系列标准。1994年版的ISO 9000族标准由于过于庞大，不便于企业掌握应用，而且没有体现出现代管理的“过程”理念，内容又过于趋向硬件制造业，仅注重维持规定的质量保证能力，没有强调持续改进、不断提高企业经营业绩。因此，ISO/TC176在完成第一阶段的工作后，随即启动第二阶段的修订工作。第二个阶段是完全摆脱1987年版的固有模式，充分考虑标准的通用性，其内容同时满足4类产品（即硬件、软件、流程性材料和服务）的使用要求，便于不同行业、不同规模的组织（特别是小企业），以及组织内各职能部门的应用，同时还要反映出最优秀的实践经验。即形成了2000年版的ISO 9000标准。

2004年，ISO各成员国确定对ISO 9001：2000标准进行修订，于2005年正式发布了ISO 9000：2005《质量管理体系 基础和术语》；于2008年正式发布了ISO 9001：2008《质量管理体系 要求》；于2009年正式发布了ISO 9004：2009《组织持续成功管理：一种质量管理方法》。与ISO 9000和ISO 9001相比，ISO 9004的修改幅度最大。

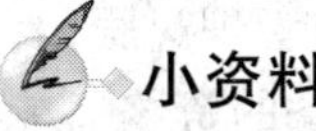
小资料

ISO 9000族标准经过不断修正与改进，至今已有十余年，并在不断应用中又积累了不少经验和新的想法。因此，ISO 9000 族标准一直面临着持续发展的问题，最明显的变化是计算机管理的应用、控制系统的出现和互联网的发展，这些给质量管理带来了崭新的研究课题，也给质量管理赋予了新的内涵和理念。

3.1.3 ISO 9000：2000 系列标准的特点和原则

通过对 ISO 9000：2000 标准的特点和原则的学习，为正确理解 ISO 9000：2005、ISO 9000：2008 及更高版本标准的内容与特点奠定了很好的基础。

1. ISO 9000：2000 系列标准的特点

（1）通用性强。将 1994 年版的 ISO 9001、ISO 9002、ISO 9003 合并成 ISO 9001，适合各行各业，适合于所有规模的组织，适合所有的产品类型。

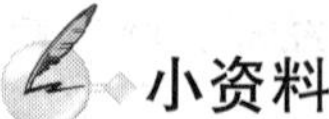

小资料

2000 年版的标准通用性更强，如将 1994 年版式的“合同评审”已改为 2000 年版的“产品要求的评审”；将质量策划中 7 条专业性强的要求修改为 2000 年版的 7.1 条款中的 4 条通用要求。将采购信息中的规范、图样、过程要求、检验规程及其他技术资料要求，改为产品、程序、过程和设备的批准要求。各类企业在使用 2000 年版标准时，可以根据本企业的实际，在不影响组织提供满足顾客和适用法律、法规要求的产品能力或责任的要求前提下进行合理的、有条件的删减。例如，机电安装企业可以删减 7.3《设计和开发》要求。

（2）提出了质量管理八大原则和基本理论。新版标准确定了以顾客为关注焦点；领导作用；全员参与；过程方法；管理的系统方法；持续改进；基于事实的决策方法；与供方互利关系这八大原则及相关性的基本原理。这对深刻领会、准确理解标准，正确执行标准有着十分重要的作用，对于建立质量管理体系、改进质量管理体系、提高管理水平和产品质量都有重大的指导作用。

（3）减少了强制性文件要求，使标准更加灵活、更能结合本企业的实际。新版标准减少了强制性文件要求，只对 6 项活动明确要有形成文件的程序，即文件控制程序、记录控制程序、内部审核控制程序、不合格品控制程序、纠正措施控制程序、预防措施控制程序。但新标准没有规定不需要其他的程序，而是在质量管理体系文件中要求组织有为确保其过程的有效策划、运行和控制所需的文件。这些文件可以编制成程序文件，也可以编制成第三层次文件。对一些条款可以采取灵活的处置方式，不再规定组织如何达到质量管理体系的具体方法，而强调应达到的结果。这样，各企业就有了很大的自主性，可以根据本企业的实际确定所需文件的形式、结构、数量等。

（4）采用过程方法，尤其注重过程间的相互作用和相互联系。① 在管理职责过程中突出强调了最高领导者的作用，明确了其具体的重大职责。最高管理者应当对以下活动作出承诺并提供客观证据：向组织传达满足顾客和法律、法规要求的重要性；制定质量方针；确保质量目标的制定；进行管理评审；确保资源的获得。最高管理者应当以顾客为关注焦点，通过质量体系的有效运行，确保顾客的要求得到满足，增强顾客满意。② 在资源管理过程中，对人力资源的要求更加明确、更加突出，要求规定各个岗位的职责，应当具备的资格、能力、考核标准，以及获得资格、能力的途径。③ 在产品实现过程中突出强调了组织应当明确和评审产品的要求，以及怎样保证在产品实现过程中达到顾客及法律、法规对产品的要求。④ 在新标准中更加突出了持续改进过程。上述4个过程之间存在着相互联系和相互作用，每个过程又可以展开为更具体化的过程，过程方法在质量管理体系中的具体应用是2000年版标准的一个鲜明特点。

（5）强调质量管理体系有效性要求。在强调满足产品要求的同时，不仅强调质量管理体系运行的符合性，更强调质量管理体系有效性要求，不重形式而重结果。

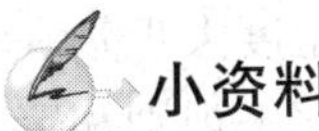

小资料

1994年版标准将与产品质量有影响的活动形成要素，按要素形成文件，再按文件检查是否实施。2000年版标准，仅要求6项活动必须形成程序文件，标准条款更多地追究实施后的效果。例如，在管理职责中增加了“内部沟通”要求，要确保对质量体系的有效性进行沟通；管理评审输入中要包括过程的业绩和产品的符合性；在管理评审输出中要求不仅包括质量体系及其过程的有效性，而且应当包括与顾客有关的产品改进，将体系有效性和增强顾客满意联系起来。突出质量管理体系有效性的要求，也是采用过程方法的必然结果。ISO 9001第8.2.3条款即是要求对质量管理体系过程进行监视和测量，检查每个过程是否达到策划结果，达到质量管理体系的持续改进。

（6）强调以预防为主，消除不合格的潜在原因，防止不合格的发生，从而降低成本。质量管理体系重点是质量问题的预防，而不是依靠事后的检查。

（7）以文件化的模式实现系统化、科学化的管理，克服人治的弊端，在最佳工作途径下达到内部法制化管理，减少管理被动引起的内耗。建立“计划—实施—评价—改进”的PDCA循环机制，实现组织的可持续发展。

（8）提高了与环境管理体系等其他管理体系标准的相容性。新版标准从现代性和科学性，是动态性，强调动态循环的管理思想；从系统性和逻辑性、从帮助和规范性，不是孤立的；强调以顾客为关注焦点，强调领导者的作用和全面质量的思想，兼顾内部、外部双方的要求。因此，是公正和独立的。

2. ISO 9000：2000系列标准的原则与应用措施

1）*以顾客为关注焦点*

“组织依存于顾客。因此，组织应当理解顾客当前和未来的需求，满足顾客要求，并争取超越顾客期望。”

小资料

一个组织在经营上取得成功的关键是生产和提供的产品能够持续地符合顾客的要求，并得到顾客的满意和信赖。这就需要通过满足顾客的需要和期望来实现。顾客的需求是多种多样的，企业应从各种途径准确地了解和掌握顾客一般及特定的要求，包括顾客当前的、未来的、发展的需要和期望。这样才能瞄准顾客全部要求，准确、完整地转化为产品规范和产品实施规范，确保产品的适用质量和符合性质量。

企业可以采取以下的行动，确保这个原则得以实现。

（1）调查并识别顾客的需求和期望。顾客的需求和期望主要表现在对产品与服务的特性方面，企业应辨别谁是企业的顾客，谁是企业的主要顾客，识别顾客的要求，企业的管理者要及时用技术规范或其他形式的企业语言表达顾客需求，并在企业内进行有效沟通，以保证顾客的要求得到实现和满足。企业与顾客之间的桥梁就是产品，只有弄清楚顾客对产品特性的需求才能有所发展。

（2）确保组织的目标与顾客的需求和期望相结合。企业在策划、实施企业的目标时，应以顾客满意为出发点，充分考虑顾客的需求和期望。这要求管理者从顾客的角度去识别和定义质量，而不是习惯上从企业自己的角度、从专家的角度，或者从技术的角度去识别和定义质量。最高管理者应针对顾客现在及未来的需求和期望，以实现顾客满意为目标，确保顾客的需求和期望得到确定，转化为要求并得到满足。

（3）确保在整个组织内沟通顾客的需求和期望。使企业的管理者和全体员工都能了解顾客需求的内容、细节及变化，并采取措施满足顾客的要求。企业的全部活动均应以满足顾客的需求为目标。因此，必须将顾客的需求在企业内部进行有效的沟通，确保企业内全体成员能够理解顾客的需求和期望，知道如何为实现这些需求和期望而运作。在关注外部顾客对产品和服务的总体要求的前提下，沟通的具体内容应当根据企业的不同部门和不同岗位而有所不同，有的侧重于外部顾客的需求，有的则侧重于内部顾客的需求。

（4）系统地管理好与顾客的关系。企业与顾客的关系是通过企业为顾客提供产品或服务为纽带而产生的，良好的顾客关系有助于保持顾客的忠诚，改进顾客满意的程度。

（5）在重点关注顾客的前提下，确保兼顾其他相关方的利益，使企业得到全面、持续的发展。

（6）对关注顾客的榜样进行鼓励和表彰。

（7）测量顾客的满意程度并根据结果采取相应的活动或措施。为了做到这一点，就必须使整个企业从精神到物质都和顾客紧密相连——每个部门的每个系统、每道工序、每项措施、每次会议、每个决策，都要和顾客息息相关。

小资料

任何工作都要从顾客的角度去考虑，哪怕是最微小项目的最细微之处，即要站在顾客（而不是企业、部门或领导）的立场去感觉它、认识它。要使为支持顾客而变革的勇士（而不是维护内部稳定的卫士）成为企业各个部门的英雄，要对关注顾客有突出贡献的员工给予大张旗鼓的表彰，要让真正关注顾客的英雄得到切实的实惠。

2）领导作用

“领导者确立组织统一的宗旨及方向。他们应当创造并保持员工能充分参与实现组织目标的内部环境。”

小资料

组织最高层的高度重视和强有力的领导是组织质量管理取得成功的关键。最高管理层是组织的决策层，决定和控制着组织发展的前程，因此对组织能否在激烈的市场竞争中处于领先地位起着至关重要的作用。在这个前提下，还必须注意各级管理者在组织的质量方针的指引下应保持认识上的一致和工作上的协调。在此基础上，最高管理层还应营造一个良好的组织内部环境，鼓励和促进组织内部所有人员共同为实现质量方针和质量目标作出应有的贡献。

企业可以采取以下的措施应用“领导作用”的原则。

(1) 考虑所有相关方的需求和期望。

(2) 做好发展规划，为企业勾画一个清晰的远景。

(3) 在组织的所有层次上建立价值共享、公平公正和道德伦理观念。

(4) 为员工提供所需的资源、培训，以及在职责范围内的自主权，并且激发鼓励员工，承认其贡献，与员工进行诚恳的交流和沟通。

3) 全员参与

“各级人员是组织之本，只有他们充分参与，才能使他们的才干为组织带来收益。”

小资料

国外著名学者罗森帕斯说过，企业滑坡，首先表现在出错率增大，这就意味着员工不愉快，接着是员工抱怨，最后才是顾客抱怨。“客户”是企业的外部顾客，“员工”是企业的内部顾客，如果员工对企业的满意度高，他们就会主动参与、努力工作，自觉提高外部服务质量，使外部顾客满意，为企业创造更多的价值，最终形成一个良性的循环。而如果员工对企业不满意，结果是跳槽，或者消极地留在企业，但是已经失去了积极工作的意愿，两者都不可能期望员工积极进行参与。所以，一个追求成功的企业应当重视提高企业员工满意度，使员工由满意逐渐变成忠诚，自愿地努力工作。只有这样，才能实现真正的全员参与。

企业可以采取以下措施运用这个原则。

(1) 对员工进行职业道德教育。

(2) 以主人翁的责任感去解决各种问题。

(3) 启发员工积极寻找机会来提高自己的能力、知识和经验。

(4) 使每位员工根据各自的目标评估其业绩状况。

(5) 在企业内部，应提倡自由地分享知识和经验，使先进的知识和经验成为共同的财富。

4) 过程方法

过程方法是ISO 9000：2000系列标准的重要内容，是质量管理体系方法的基础。所谓过程，是指一组将输入转化为输出的相互关联或互相作用的活动。应用“过程方法”原则，组织应采取以下活动。

(1) 为了取得预期的结果，识别质量管理体系所需要的过程，确定过程的顺序和相互作用。输入和活动决定输出结果。为了确保结果能满足预期的要求，必须有效地控制输入和活动。因而识别输入和活动，特别是系统地识别所有相关的输入和活动，也就是全面地考虑企业的产品实现的所有输入和活动及其相互关联，可以使企业采取有效的方法对这些输入和活动予以控制。

(2) 明确管理活动的职责和权限。

(3) 识别和管理关键过程。关键过程可以分为向顾客提供产品和服务的过程、产品或服务重要特性的形成过程两类。关键过程对输出结果起着重要作用，这些过程必须在受控状态下进行。对于向顾客提供产品和服务的过程，要根据价值链的组成识别和管理这些过程。关于这些过程的识别和分类，不同的企业有不同的标准和方法。

（4）注重能改进组织活动的各种因素，如资源、方法、材料等。当资源、方法、材料等因素不同时，组织的活动将会有不同的运行方式，因而输出的结果也不相同，或者有差异。因此，组织应当注重并管理这些会影响或改进组织活动的诸多因素。对过程的监视和测量结果进行数据分析，发现改进的机会，并采取措施，包括提供必要的资源，实现持续地改进，以提高过程的有效性和效率。

（5）识别组织职能之间与职能内部活动的接口。通常，组织会针对实现过程的不同分过程（或阶段）设置多个职能部门承担相应的工作。这些职能可能会在过程内，也可能涵盖一个或多个过程。在某种意义上，职能之间或职能内部活动的接口，可能就是过程间的接口。因此，识别这些活动的接口，会有助于过程顺利运行。

5）管理的系统方法

“识别、理解并管理作为体系的相互关联的过程，有助于组织实现其目标的效率和有效性。”

小资料

产品的质量是掌握顾客的需要、确定技术规范，以及产品实现等众多过程结果的综合反映，并且这些过程又是相互关联和相互作用的，每个过程又都会在不同的程度上影响产品的质量。如何对各个过程系统地实施控制，确保组织预定目标的实现，就需要建立质量管理体系，运用体系管理的方法，系统地实施各个过程的控制，才能有效地、高效率地使产品质量满足顾客的需要和期望。

运用“管理的系统方法”，企业可以采取以下措施。

（1）建立一个以过程方法为主体的质量管理体系。每个企业都有自己的目标，目标依赖于管理活动来实现，管理应当有系统性，这可以通过构造并运作一个体系来实现。一个良好的体系是高效地实现目标的保证。质量管理体系标准为建立这样的体系提供了系统的方法和逻辑步骤，同时也指明这样的系统用文件来表述将更加清晰。

（2）理解体系内各过程的相互依赖关系。

（3）更好地理解为实现共同的目标所必需的作用和责任，从而减少职能交叉造成的障碍。

（4）通过对质量管理体系的测量和评审，采取措施持续改进体系，提高企业的业绩。

（5）理解组织的能力，在行动前确定资源的局限性。

（6）设定目标，并确定如何运作体系中的特殊活动。

6）持续改进

持续改进是一个组织积极寻找改进的机会，努力提高有效性和效率的重要手段，确保不断增强组织的竞争力，使顾客满意。这是组织各级管理者的永恒目标，也是组织的一个永恒主题。持续改进作为一种管理理念、组织的价值观，贯穿在质量管理体系的全部活动中。若组织坚持持续改进，就能增强组织对改进机会的快速反应，提高组织的业绩，增强竞争能力。

运用“持续改进”原则，企业可以考虑采取以下的措施。

（1）在整个企业内将持续改进成为一种制度。

（2）为员工提供持续改进的方法和手段的培训。

（3）使产品、过程和体系的持续改进成为企业内每个员工的目标。

（4）建立目标以指导、测量和追踪持续改进。

（5）承认改进的结果，并对改进有功的员工进行表扬和奖励。

7）基于事实的决策方法

“有效决策是建立在数据和信息分析的基础上。”决策方案是否理想，取决于输入的信息与数据的准确性和及时性。在有效的决策过程中，最大的挑战之一就是确保输入数据的准确性和及时性，以事实为基础，结构化的思维，再加上职业道德，这是一个企业取得成功的重要保障。

运用“基于事实的决策方法”原则，企业可以考虑采取以下措施。

（1）确保数据和信息足够精确和可靠。

（2）让数据/信息需要者能得到数据/信息。

（3）使用正确的方法分析数据。

（4）基于事实分析，权衡经验与直觉，作出决策并采取措施。

8）与供方互利的关系

企业与供应商是相互依赖的，互利的关系可增强双方创造价值的能力，供应商是企业生存和发展的重要资源之一。

运用这个原则，企业可以考虑采取以下措施。

（1）识别并选择重要供应商。

（2）在对短期收益和长期收益综合平衡的基础上，确立与供方的关系。

（3）创造一个畅通和公开的沟通渠道，及时有效地解决问题。

（4）确定联合改进活动。

（5）对供方的改进和取得的成果进行评价并予以鼓励。

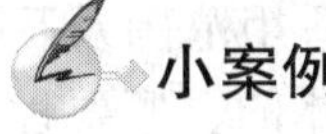

小案例

3家造纸企业的质量管理体系

（1）金页牌新闻纸是全国用户满意产品、广东省名牌产品，销量约占全国1/5～1/6的市场。优质胶印新闻纸、涂布白板纸和白卡纸的产品质量已达到国际标准，可替代进口产品。自1995年以来，广纸新闻纸产品的产量、质量、销售收入和利润总额等均列全国九大新闻纸厂榜首。

（2）金洲纸业依托雄厚的技术力量、丰富的管理经验和得天独厚的地理条件，以市场为导向，以科技为动力，高起点、严要求，迅速实现了企业规模、产品档次、经济效益、经营机制的重大突破。并按照全球经济一体化要求，建立了一套规范有效的运行机制和高效、科学的管理体系，实现了与国际惯例接轨。

（3）2005年9月1日，维达荣获“中国名牌产品”称号，在全国近万家较大型生活用纸企业中脱颖而出，所生产的维达生活用纸荣获了中国名牌产品称号，在同行业中只有3家企业获此殊荣。这一荣誉是广大消费者对维达集团的领先技术、卓越品质和优秀服务的充分肯定，也是国家及有关部门对维达企业和产品质量的最高评价。

这3家造纸企业都建立了自己独特的质量管理体系，并通过了ISO 9000标准的认证。通过认证使这3个企业拥有了更强大的实力与国际企业进行竞争。

3.1.4 ISO 9001：2000 标准的构成与实施要点

1. ISO 9001：2000 标准的构成

ISO 9001：2000 标准的总体构成，如图 3－1 所示。

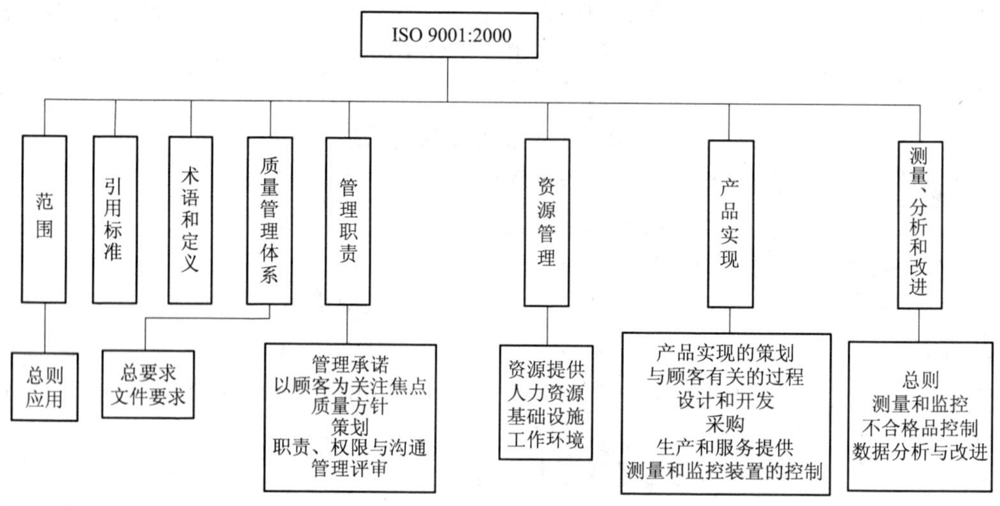

图 3－1 ISO 9001：2000 标准的总体构成

2. ISO 9001：2000 的实施要点

1）应用

ISO 9001：2000《质量管理体系 要求》共有引言和8个条款。ISO 9001标准的引言和1～3条款全面描述了标准的性质和特点，标准的管理思路和方法，标准的适用范围及目的，对术语、定义和其他标准的应用，这部分内容构成了ISO 9001标准的总体的、概要性的说明。

2）质量管理体系

质量管理体系部分涉及总要求和文件要求两部分，总要求是“过程方法”和“管理的系统方法”的质量管理原则的具体体现，是运用“PDCA”循环管理思想系统管理过程的总体思路。文件要求是质量管理体系运行的依据，可以起到沟通意图、统一行动的作用，在本条款中阐明了质量管理体系文件的范围和控制方法。

3）管理职责

管理职责的要点是对组织的最高管理者在质量管理体系中的职责提出的要求，是“领导作用”和“以顾客为关注焦点”的管理原则的具体体现，要求最高管理者要对建立、实施质量管理体系并持续改进其有效性作出承诺，要制定质量方针和质量目标，要分配职责、权限并进行有效沟通，要定期评价管理体系持续的适宜性、充分性和有效性。其内容要点如图

3－2 所示。

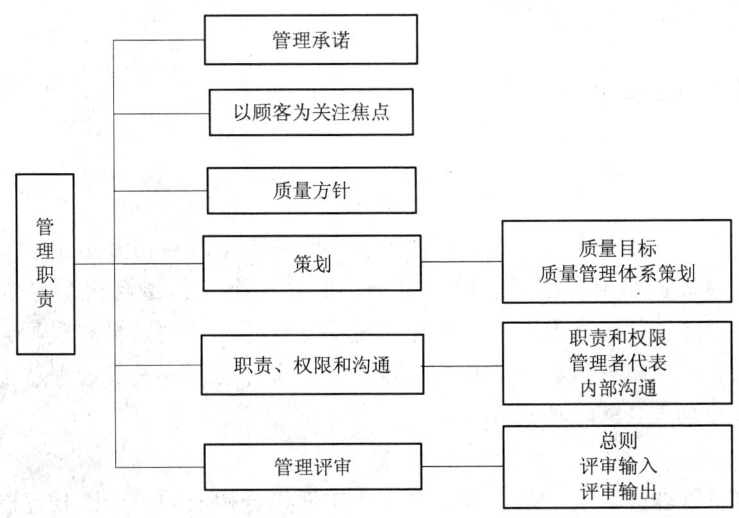

图 3－2　管理职责内容要点示意图

4）资源管理

ISO 9001 标准将人力资源、基础设施、工作环境 3 项资源作为基本要求在第 6 条款“资源管理”中提出，要求组织应根据需求确定并保证提供各项资源。

5）产品实现

产品实现是指从识别包括顾客要求在内的与产品有关的要求，到将产品交付给顾客，以及交付后活动的全部过程，是质量管理体系直接增值的过程，包括对合同评审、设计、采购、生产和服务提供、标志、顾客财产、产品防护、监测装置进行有效控制。

6）测量、分析和改进

一个组织的质量管理体系应建立有效的自我监督和自我完善机制，以便能够及时获得有关产品、过程和体系的信息，通过分析和评价，识别存在的问题并加以解决，从而确保体系有效运行和提供满足要求的产品。其内容和要点如图 3－3 所示。

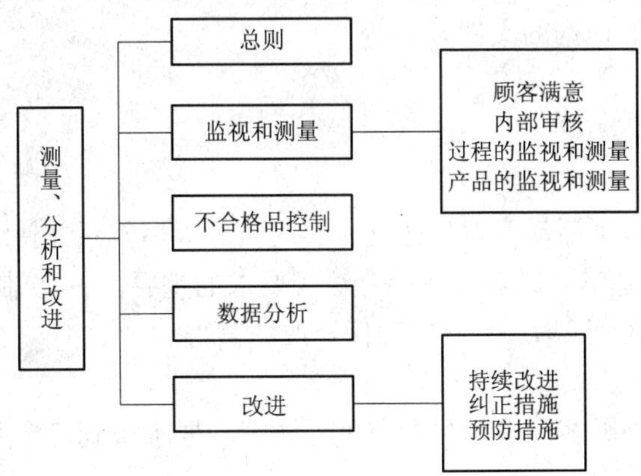

图 3－3　测量、分析和改进内容要点示意图

3.2 质量管理体系的要求

3.2.1 质量管理体系文件

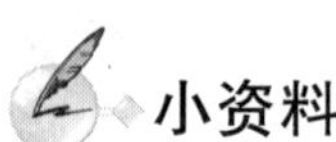小资料

ISO质量管理体系文件是评价质量管理体系的重要依据，是作为满足顾客合同要求的证实性文件，它能够给企业带来信誉、带来市场，能够为企业创造巨大的经济效益和社会效益。它是质量管理体系的信息及其承载媒体，是质量管理体系的重要构成要素，也是整个质量管理体系认证和年度审核过程中的重要评审要素，文件的形成及其管理状态将直接影响企业质量管理体系乃至质量管理的成败。

企业ISO质量管理体系文件是由多层次相关文件集合构成的一个既相互制约又相互支持的规范化、程序化、系统化的文件体系，主要包括以下方面的内容。

（1）质量手册。这是向组织内部和外部提供关于质量管理体系的总体规定的文件，它是组织有关质量活动的依据和准则，用来阐明组织的质量方针、目标，明确质量管理的职能机构和职责，纲领性描述质量管理体系的各个过程和过程间的关系、控制方法，是组织质量管理体系的高度概括，同时为体系文件提供指南及索引。

（2）质量计划。这是表述质量管理体系要求如何应用于特定的产品、项目或合同的文件，其作用是针对特定产品、项目或合同而规定专门的质量措施和活动顺序。

（3）程序文件或作业指导书。这是规定某项活动或过程的工作途径或方法的文件，每一程序文件都应明确活动的目的、范围，具体规定何时、何地、由谁来做、做什么、如何做、使用什么资源、应用何种文件，以及规定如何对活动进行控制并记录。

（4）标准。这是用于阐明各项指标要求的文件。

（5）指南。这是描述推荐或建议方法的文件。

（6）记录。这是一种为已达到的结果或完成的活动提供依据的文件，是阐明所取得的结果或提供所完成活动的证据的文件。

3.2.2 管理职责

1. 管理承诺

最高管理者应通过以下活动，对其建立、实施质量管理体系并持续改进其有效性的承诺提供证据：① 向组织传达满足顾客和法律、法规要求的重要性；② 制定质量方针；③ 确保质量目标的制定；④ 进行管理评审；⑤ 确保资源的获得。

2. 以顾客为关注焦点

最高管理者应以增强顾客满意为目的，确保顾客的要求得到确定并予以满足。

3. 质量方针

最高管理者应正式发布质量方针。质量方针是组织总的质量宗旨和方向，质量方针可以不是由最高管理者亲自制定，但必须是由最高管理者正式发布。此外，最高管理者还应确保

所发布的质量方针能在组织内得到沟通和理解，并在质量方针持续的适宜性方面得到评审。

4. 策划

（1）质量目标。最高管理者应确保建立质量目标。质量目标通常依据质量方针，在质量方针所提供的质量目标框架内制定。最高管理者应确保在组织的相关职能和层次上分别规定质量目标。

（2）质量管理体系策划。最高管理者应确保对管理体系进行策划，以满足质量目标和质量管理体系运行的总体要求。

5. 职责、权限和沟通

（1）最高管理者应明确各部门和岗位的职责与权限，还应该确保这种职责与权限能在组织内相互间得到沟通。

（2）最高管理者应在本组织管理层中指定一名成员，无论该成员在其他方面的职责如何，应使其具有以下方面的职责和权限：① 确保质量管理体系所需的过程得到建立、实施和保持；② 向最高管理者报告质量管理体系的绩效和任何改进的需求；③ 确保在整个组织内提高满足顾客要求的意识；④ 与质量管理体系有关事宜的外部联络。

（3）最高管理者应确保在组织内建立适当的沟通过程，并确保对质量管理体系的有效性进行沟通。

6. 管理评审

最高管理者应按策划的时间间隔评审质量管理体系，以确保其持续的适宜性、充分性和有效性。评审应包括评价质量管理体系改进的机会和变更的需求，包括质量方针和质量目标变更的需求。

3.2.3　资源管理

资源管理阐述质量管理体系资源需要的识别、确定、配置和保持的过程。

1. 资源的提供

组织应及时确定并提供所需的资源，应注意以下两点：① 实施和改进质量管理体系的过程；② 达到顾客满意。

2. 人力资源

（1）总则。安排承担质量管理体系规定职责的人员应是有能力的。对能力的判断应从教育、培训、技能和经历方面考虑。

（2）培训、意识和能力。组织应做到以下 4 点：① 识别从事影响质量活动的人员的能力需求；② 提供培训以满足这些需求；③ 评价所提供培训的有效性；④ 确保员工意识到所从事活动的相关性和重要性，以及如何为实现质量目标作出贡献；⑤ 保持教育、经历、培训和资格的适当记录。

3. 基础设施

组织应识别、提供和维护为实现产品的符合性所需要的设施，包括工作场所和相应的设施、设备、硬件和软件，以及支持性服务。

4. 工作环境

组织应识别和管理为实现产品的符合性所需的工作环境中人和物的因素。

3.2.4 产品实现

1. 产品实现的策划

在对产品实现进行策划时，组织应确定以下方面的适当内容。

（1）产品的质量目标和要求。

（2）针对产品确定过程、文件和资源的需求。

（3）产品所要求的验证、确认、监视、测量、检验和试验活动，以及产品接受准则。

（4）为实现过程及其产品满足要求提供证据所需的记录。

在对产品进行策划之后，策划人员应将策划的结果以组织认为合适的形式输出。常见的输出形式是书面的某种产品、项目或合同的质量计划。对简单产品的小企业而言，其输出甚至可用口头说明的方式。

2. 与顾客有关的过程

（1）顾客要求的识别。组织应确定顾客的要求：顾客规定的要求，包括对交付及交付后活动的要求；顾客未做规定，但预期或规定用途所必要的要求；与产品有关的义务，包括法律和法规要求；组织认为必要的任何附加要求。

（2）评审与产品有关的要求。为了保证组织确定已了解并能满足顾客的要求，组织应对已经识别（或掌握、了解）的顾客要求，以及组织自己确定的设计产品、服务的有关附加要求和所识别的法律、法规的要求实施评审。通过评审确保组织有能力满足产品的各项要求。

（3）顾客沟通。组织与其顾客之间良好的沟通和联络，对防止差错或消除误解是至关重要的。为此，组织应安排适当的部门与顾客沟通信息。与顾客沟通的主要内容有 3 个方面：产品信息；问询、合同或订单的处理，包括对其修改；顾客反馈，包括顾客抱怨。

3. 设计和开发

（1）设计和开发策划。组织应对产品的设计和开发进行策划与控制。组织应确定：设计和开发阶段；适合于每个设计和开发阶段的评审、验证和确认活动；设计和开发的职责与权限。组织应对参与设计和开发的不同小组之间的接口实施管理，以确保有效的沟通，并明确职责分工。另外，随着设计和开发的进展，在适当时候，策划的输出应予以更新。

（2）设计和开发输入。与产品有关的输入应保持记录，并形成文件，包括：① 功能和性能要求；② 适用时，来源于以前类似设计的信息；③ 设计和开发所必需的其他要求；④ 适用的法律、法规要求。应对这些输入的充分性和适宜性进行评审，以确保输入是充分和适宜的。

（3）设计和开发输出。设计和开发输出的方式应适合于对照设计和开发的输入进行验证，并应在放行前得到批准。应做到以下几点：① 满足设计和开发输入的要求；② 给出采购、生产和服务提供的适当信息；③ 包含或引用产品接受准则；④ 规定对产品的安全和正常适用所必需的产品特性。

（4）设计和开发评审。组织应依据对设计和开发策划的安排，在适宜的阶段对设计和开发进行系统的评审，以便评价设计和开发的结果满足要求的能力，识别任何问题并提出必要的措施。

（5）设计和开发验证。设计和开发验证应予以实施，以确保输出满足设计和开发输入的要求。验证结果及跟踪措施应予以记录。

（6）设计和开发确认。为确保产品能够满足规定的使用要求或已知的预期用途的要求，应依据所策划的安排对设计和开发进行确认。只要可行，确认应在产品交付或实施之前完成。确认结果及任何措施的记录应予以保留。

（7）设计和开发更改的控制。设计和开发的更改应予以识别，形成文件，并实施控制。这包括评价更改对交付产品及其组成部分的影响。对这些更改应进行适当的验证和确认，并在实施前得到批准。更改评审的结果及跟踪措施应形成文件。

4. 采购

（1）采购过程。采购的“产品”既包括硬件，也包括软件；既包括采购产品，也包括服务或过程；既包括产品的组成部分，也包括支持或服务于产品的部分。组织应对影响随后的产品实现或影响最终产品的那些采购产品和提供采购产品的供方进行控制，确保所采购的产品符合规定的要求，控制的类型、方法和程度则取决于影响的程度。提供采购产品的供方，其管理、过程直接影响采购产品的质量。组织应加强对供方的控制，制定选择、评价和重新评价供方的准则，根据供方按组织的要求提供产品的能力，包括管理能力、过程能力评价和选择供方。

小案例

武钢第三炼钢厂的“业绩份额分配法”

保持供方满意度测量的信息，对供方获得的成果进行评价并给予承认和奖励。在这方面，武汉钢铁（集团）公司第三炼钢厂进行了有益的探索。由于该厂对耐火材料的需求较大，各地供方通过各种手段竞争市场份额，给该厂的采购管理带来很大压力。为了既鼓励公平竞争又能与优秀的供方保持互利的关系，该厂推行了“业绩份额分配法”的控制措施，即供方提供耐火材料的份额取决于上个月其产品使用寿命的排名。第一名的供方可获得本月供货份额的50%，第二名可获得30%，第三名可获得20%，第四名以后则被淘汰。为给众多供方提供平等竞争的机会，该厂每月使用产品的业绩仍参与供货份额分配的排名，如进入前3名，仍可获得供货份额。武汉钢铁（集团）公司第三炼钢厂采取的这一措施，不仅使自己获得了最好的耐火材料，而且促使众多供方不断改进自己的产品质量，延长使用寿命。

（2）采购信息。采购文件应包括表述拟采购产品的信息，适当时包括：① 产品、程序、过程、设备、人员批准或资格鉴定的要求；② 质量管理体系要求。组织应确保在采购文件发放前，其规定要求是适宜的。

（3）采购产品的验证。采购产品的验证可采用供方现场验证、查验供方合同合格证明、进货检验等一种或多种方式。为确保采购的产品符合规定的采购要求，组织应确定并实施所需的检验和其他必要的活动。当组织或顾客拟在供方的现场实施验证时，组织应在采购信息中对拟采用的验证安排和产品放行的方法作出规定。

5. 生产和服务提供

（1）运作控制。组织应策划并在受控条件下进行生产和服务提供。适当时，受控条件应包括：① 获得表述产品特性的信息；② 必要时，获得作业指导书；③ 使用适宜的设备；

④ 获得和使用监视与测量设备；⑤ 实施监视和测量；⑥ 实施产品放行、交付和交付后活动。

（2）过程控制。当生产和服务提供过程的输出不能有后续的监视或测量加以验证，使问题在产品使用后或服务交付后才显现时，组织应对任何这样的过程实施确认。这包括确认应证实这些过程实现所策划结果的能力。组织应规定确认的安排，适当时这些安排应包括：① 过程鉴定；② 设备能力和人员资格鉴定；③ 使用规定的方法和程序；④ 记录的要求；⑤ 再确认。

（3）标志和可追溯性。适当时，组织应在产品实现的全过程中使用适宜的方法识别产品，并在产品实现全过程中，针对监视和测量要求识别产品的状态。对有可追溯性要求的场合，组织应控制产品的唯一性标志，并保持记录。组织可以使用标志牌、标志、批号（生产日期）、印章、划分区域、颜色、质量记录和条形码等来进行产品标志，也可以根据产品及生产特点自行确定。

（4）顾客财产。组织应妥善保管在组织控制下或组织使用的顾客财产。组织应对由其维护或使用或构成产品一部分的顾客财产进行认真的识别、验证、保护。如果顾客财产发生丢失、损坏或发现不适用的情况，应报告顾客并保持记录。顾客财产可包括知识产权和个人信息。

（5）产品防护。组织应在产品内部处理和交付到预定的地点期间对其提供防护，以保持符合要求。适用时，这种防护应包括标志、搬运、包装、储存和保护。防护也应适用于产品的组成部分。

6. 监视和测量设备的控制

组织应确定需实施的监视和测量，以及所需的监视和测量设备，为产品符合确定的要求提供证据。为确保监视和测量的结果有效，必要时，测量设备应：① 对照能溯源到国际或国家标准的测量标准，按照规定的时间间隔或在使用前进行校准或检定，当不存在上述标准时，应记录校准或检定的依据；② 必要时进行调整或再调整；③ 具有标志，已确定其校准状态；④ 防止可能使测量结果失效的调整；⑤ 在搬运、维护和储存期间防止损坏或失效。

此外，当发现设备不符合要求时，组织应对以往测量结果的有效性进行评价和记录。组织应对该设备和任何受影响的产品采取适当的措施。校准和验证结果的记录应予保留。

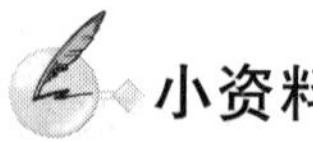

小资料

在质量管理体系中有一个法则：亨利法则。该法则认为，团队的主要特性是以指数的形式增长的；如果忽视或误解了主要特征，那么这种忽视或误解也会呈指数形式增长。如果主要特性是知识和较好的信息，那么它们也会以指数形式增长。即使公司有好的领导和乐于奉献的热心员工，但没有好的工具，也只会使人感到困惑、混乱和失去信心。蒙牛集团就是一个很好的例子。2008 年，蒙牛集团并没有彻底反思自己的不足，也没有采取足够的措施去解决问题，才造成了后来又出现质量问题，也因为当年的“三聚氰胺”事件解决得不够彻底，才导致在 2011 年更大规模的食品安全问题的暴发。

3.3 质量管理体系的建立和运行

3.3.1 质量管理体系的建立过程

1. 准备阶段

准备阶段即质量管理体系的策划和总体设计阶段，主要工作是建立涉及组织的方方面面的工作。在建立之初对组织进行统筹规划、系统分析、整体设计，并提出设计方案。

（1）领导决策，统一认识。建立和实施质量管理体系的关键是组织领导要高度重视，将其纳入领导的议事日程，在教育培训的基础上进行正确的决策，并亲自参与。

（2）组织落实，成立机构。首先，最高管理者要任命一名管理者代表，负责建立、实施和改进公司质量管理体系。然后，根据组织的规模、产品及组织结构，建立不同形式、不同层次的工作小组。

（3）确立目标，宣传教育。在贯彻工作正式开展之前，决策层应对贯彻目标和总体方案作出决定：包括目标和申请认证的范围，是否与 ISO 14001 环境管理体系的建立同步进行，以期通过一次认证审核，获取 QMS 和 EMS 两张证书；顾客要求什么认证机构的证书；本组织预期何时通过第三方认证；是否聘请咨询师指导。贯彻目标确立以后，必须通过宣传教育把决策层的贯标意图传达下去，并且在组织内形成气氛和声势，以期得到全体人员的重视和配合。宣传内容主要包括贯标是怎么一回事，它的目的和意义及对本组织的重要性等。组织培训的对象主要是组织领导层和管理层。培训内容的重点是标准的由来、质量管理原则和基本概念、标准简介，以及组织贯标的目标和初步打算等。

（4）教育培训，制订实施计划。除了对领导层的培训外，还必须对骨干人员（各职能部门领导和体系设计、体系文件编写人员）及全体员工进行分层次教育培训。

（5）质量管理体系策划。质量管理体系策划是组织的最高管理者的职责，通过策划确定质量管理体系的适宜性、充分性和完整性，以保证体系运行结果有效。质量管理体系策划的具体工作内容是识别产品、识别顾客，并确定与产品有关的要求，制定质量方针和目标；识别并确定过程；确定为确保过程有效运行和控制所需的准则与办法；确定质量管理体系范围（对标准要求的合理删减）；合理配备资源等。

2. 调查分析阶段

对组织现状进行充分的调查分析是确保建立一个具有本组织特色、有效性强和效率高的质量管理体系的重要阶段。本阶段是按 ISO 9000 系列标准对质量管理体系的初始设计阶段。

（1）应尽可能多地收集有关资料。这些资料主要有国际、政府和其他第三方机构发布的有关法律、法令、规则、规定和标准；国内外各机构和上级主管部门发布的本行业有关质量体系标准或指导性文件。

（2）清理有关规章制度。应对本组织现有的相关规章制度进行收集，调查其执行情况和适合性，以便把既符合体系标准、又适合组织操作的部分纳入质量管理体系文件。

（3）对组织质量管理现状进行调查。组织的质量管理现状是建立质量管理体系的基础和起点。组织只有了解自己现在所处的位置，才能判断自己距离目标有多远，才能作出切合实际的体系策划和安排。需要调查和分析的内容主要有产品/服务的模式、组织结构、组织的资源、体系环境、目前的问题点、组织当前制约体系有效性的主要问题等。

(4) 对产品实现过程的调查分析。产品实现过程的分析，一般应在组织的高层专业技术人员参与下，首先列出产品实现的主要工作过程和工艺流程，分析识别关键（特殊）过程和分过程。排列各过程的先后或平行顺序，以及过程与过程之间的接口关系。查明第一过程的输入和输出的实物与信息，以及各过程的目标、资源、文件、验证要求和记录。然后，再综合分析各产品实现过程的科学性、合理性、可操作性、有效性和效率。在调查分析的同时，努力去发现哪些过程具有改进的机会。

(5) 确定组织质量方针和质量目标。对组织现行的质量方针和质量目标进行重新研究，在最高管理者的主持下进行必要的修订，要发动各部门让员工参加方针、目标的修订，经汇总后供决策层参考，使所确定的方针、目标更有群众基础。

(6) 分析和确定组织结构。根据组织的规模、产品类别、行政体制的不同，其质量管理体系的组织结构也会有所不同。中小型规模、产品品种单一的企业，一般采用单一的组织结构，各主要职能成为其子系统，实行集中管理。大型和多类产品的企业往往采用多元的组织结构，实行分散管理。在分析组织结构时，还应对现有的组织机构和管理体制的合理性进行评估。组织结构的分析结果应以框图形式加以表达，报最高管理层审查批准后定稿。

(7) 质量职能分配。确定组织机构之后，应在最高管理者主持下，将 ISO 9001：2000 标准的各条款所规定的质量活动（除合理删减的条款外）逐一地分配到各管理者和职能部门。可以用矩阵图形式编制质量职能分配表，以规定各部门（岗位）承担的责任。

(8) 评审调查结果。对体系的调查分析和确定过程也就是体系的初步设计过程。为了集思广益，可对以上调查分析的结果，在文件编制之前组织一次评审。评审的主要内容是评价体系的适合性，包括体系的整体性和可行性、过程网络的完整性、过程结构的合理性和接口相容性，以及责任分配的正确性。在最高管理者的主持下，根据评审意见对体系原来的分析和策划的结果进行必要的修改。

3. 文件编制阶段

1) 质量管理体系文件编制流程

质量管理体系文件编制是建立质量管理体系过程中的一项重点工程，一定要高度重视，系统运作。其具体流程如图 3－4 所示。

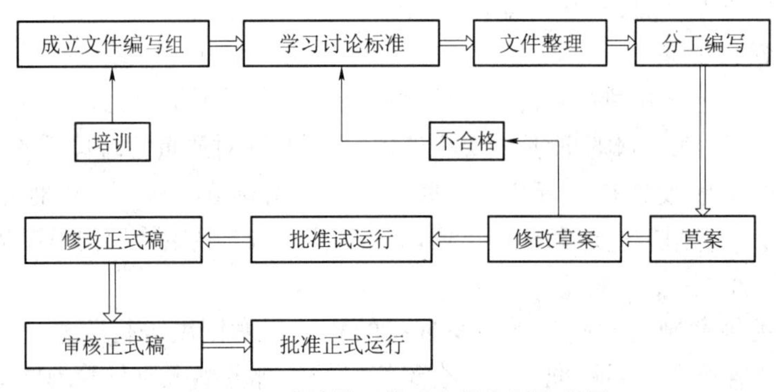

图 3－4 质量管理体系文件编制流程图

2) 编制文件的注意事项

质量管理体系文件编制的顺序，一般按文件的层次自上而下地进行，它是从整体到局部、由概略到详细的设计过程。在逐步细化的设计过程中，往往会发现上一层次文件的不足，此时要作自上而下的修改，在编写过程中出现的反复现象也是合乎情理的。当编写质量手册过程中感到由于对体系的总体概念尚不清晰无从下手时，可先写程序文件，然后采用将程序文件内容加以提炼和概括的方法编写手册。

在文件编制过程中，各相关文件的起草人员应加强相互通气，尽可能把文件与文件之间的矛盾消除在编写过程之中。管理者代表、各相关部门的领导应积极参与对编写人员的指导和协调工作。

在文件发布之前应组织一次较严密的文件评审协调工作，确保文件的适合性、系统性、协调性、可行性和可操作性。评审的方法可视文件的复杂程度采用传阅会签或会议评审方式进行。评审中应特别注意各过程之间的接口及跨部门的交接关系。应严格执行文件的校对、审核和批准程序。审核人员应由最高管理者授权。

4. 质量管理体系的建立

组织在考虑质量管理体系建立的时候，首先应该从分析顾客要求开始，通过规定相关的过程，并使过程持续受控，使组织始终提供顾客满意的产品。在ISO 9000：2000标准中给出了建立和实施质量管理体系的方法，包括以下逻辑步骤。

（1）确定顾客及其他相关方的需求和期望。

（2）建立组织的质量方针和质量目标。

（3）确定实现质量目标必需的过程和职责。

（4）确定和提供实现质量目标必需的资源。

（5）规定测量每个过程的有效性和效率的方法。

（6）应用这些测量方法确定每个过程的有效性和效率。

（7）确定防止不合格并消除产生原因的措施。

（8）建立和应用持续改进质量管理体系的过程。

以上方法也适用于保持和改进现有的质量管理体系。采用上述方法的组织能对其过程能力和产品质量树立信心，为持续改进提供基础，从而增进顾客和其他相关方满意并使组织成功。

小资料

随着图书馆事业的不断发展，图书馆界对如何提升服务管理质量、提高读者满意度，实现图书馆业务现代化、服务现代化、管理现代化这一重要课题进行了富有成效的探索。近年来，国内外一些图书馆借鉴企业及相关组织构建基于ISO 9000标准的服务质量管理体系的经验，探索既适用于图书馆管理特点又符合ISO 9000标准要求的服务质量管理体系，取得了大量的经验和成果。尤其是欧洲国家，远远走在了前面。美国图书馆的认证活动虽然没有欧洲活跃，但像OCLC、哈佛大学图书馆、哥伦比亚大学图书馆等也先后通过了ISO 9000认证。近些年，亚洲国家的图书馆也积极进行ISO 9000认证，如泰国有4家学术图书馆通过ISO 9000认证；马来西亚大学图书馆，我国的澳门大学图书馆、海南大学图书馆作为大学的一个组成部分，已经通过了ISO 9000认证；日本、新加坡的图书馆也要通过自身独特的服务，吸引越来越多的注意力。图书馆要形成自己独特的、鲜明的质量管理标准，创立自己的品牌，提升办馆效益。

3.3.2 质量管理体系的运行

1. 领导重视是企业质量管理体系有效运行的关键

ISO 9000：2000 质量管理体系标准的理论基础是 8 项原则，在这 8 项原则中领导的作用是仅次于以顾客为关注的焦点之后，它要求企业的领导者确立组织统一的宗旨及方向；领导者应当创造并保持使员工能充分参与实现组织目标的内部环境。企业领导在质量管理体系的建立和运行过程中，主要应做好以下几方面的工作：① 为企业或组织的未来，描绘清晰的远景，确定富有挑战性的目标；② 在企业和组织的所有层次上建立价值共享、公平公正的道德伦理观念；③ 为员工提供所需的资源和培训，并赋予其职责范围内的自主权。

2. 培养一批高素质的质量管理人员是建立和保持质量管理体系高效运行的前提

自从 20 世纪 60 年代全面质量管理理论问世以来，绝大部分企业都推行了全面质量管理，应该说每个企业在质量管理方面都有一定的基础，但自 20 世纪 90 年代以来，很多新的质量管理理论不断出现，尤其是在全世界范围内广泛推广的 ISO 9000 系列标准，得到了全球大企业和组织的认可，也成为所有企业追求高质量产品的方向。这就要求企业培养一批熟悉标准，能根据标准的要求，完善本企业和组织的质量管理体系的人员。

3. 全员参与是企业质量管理体系有效运行的保证

小资料

人是管理活动的主体，也是管理活动的客体。人的积极性、主观能动性、创造性的充分发挥，人的素质的全面发展和提高，既是有效管理的基本前提，也是有效管理应达到的效果之一。组织的质量管理是通过组织内各职能、各层次人员参与产品实现过程及支持过程实施的。过程的有效性取决于各级人员的意识、能力和主动精神。随着市场竞争的加剧，全员的主动参与更为重要。

人人充分参与是质量管理体系有效运行的必要要求。而全员参与的核心是调动人的积极性，当每个人的才干得到充分发挥并能实现创新和持续改进时，组织会获得最大的收益。要使企业中的质量管理体系实现全员参与，企业或组织应从以下几个方面采取措施。

（1）要让每个员工了解自身贡献的重要性及其在组织中的角色。

（2）要使每个员工以主人翁的责任感去解决质量管理过程中的所有问题。

（3）使每个员工根据各自的目标评估其业绩状况。

（4）使员工积极地寻找机会增强他们自身的知识和能力。

4. 运用科学的方法是质量管理体系有效运行的重要手段

小资料

质量管理是一门现代管理科学，它有很多先进的管理理念和方法，企业或组织在质量管理体系的建立和运行过程中一定要正确理解、熟练掌握质量管理的科学方法，只有这样才能正确、有效地建立企业的质量管理体系，也只有这样才能使建立的质量管理体系有效地运行。否则，只能是两张皮，质量管理体系流于形式，这样对企业或组织没有任何积极的意义，反而会产生很多负面的影响，使企业或组织的员工认为这种先进管理对本企业的质量管

理起不了作用，从而产生抵触情绪。

以下几种管理方法有助于企业更好地实施质量管理体系。

（1）过程方法。ISO 9000 系列标准 2000 版在 1994 版的基础上将质量管理以 20 个要素进行划分，将管理改为以过程进行管理。这主要是基于每个过程考虑其具体的要求，其资源的投入、管理方法和要求，测量方式和改进活动都能相互有机地结合，并进行恰当的考虑和安排，从而可以有效地使用资源、降低成本、缩短周期。企业或组织在应用过程方法时，应注意以下几个方面问题。① 系统地识别企业或组织的所有活动。活动决定输出的结果。为了确保结果能满足预期的要求，必须有效地控制活动。因而识别活动，特别是系统性地识别所有相关的活动，也就是全面地考虑企业或组织的产品实现的所有活动及相互关联，可以使组织采取有效的方法对这些活动予以控制。② 使企业和组织的每个部门均明确质量管理活动中的职责和权限。③ 及时、正确地对关键活动进行分析和测量。④ 处理好企业或组织职能之间与职能内部活动的接口。⑤ 注重能改进组织的活动的各种因素。

（2）管理的系统方法。为了成功地领导和运作一个企业或组织，必须采用一种系统和透明的方式进行管理。系统是指要素的集合。质量管理体系的构成要素是过程。一组完备的相互关联过程的有机组合构成了一个系统。对构成系统的过程予以识别、理解并管理系统，可以帮助企业或组织提高实现目标的有效性和效率，这是一种管理的系统方法。其优点是可以使过程相互协调，最大限度地实现预期的结果。企业或组织运用系统的方法建立和运行质量管理体系有以下几方面的优点。① 以最佳效果和最高效率实现企业或组织的目标。② 可以正确理解企业或组织内各过程的相互依赖关系。③ 可以更好地明确为实现共同的目标所必需的作用和责任，从而减少职能交叉造成的障碍。④ 可以正确理解组织的能力。⑤ 可以对特殊过程设定目标，并采取控制。⑥ 可以通过测量和评估，使质量管理体系持续改进。

（3）基于事实的决策方法。基于事实的决策方法的优点是决策是理性的，增强了依据事实证实过去决策的有效性的能力，也增强了评估、挑战和改变判断和决策的能力。在这一方面每个企业或组织均有经验和教训。

小资料

成功的结果取决于活动实施之前的精心策划和正确的决策。决策是一个在行动之前选择最佳方案的过程。决策作为过程就应有信息或数据的输入。决策过程的输入即决策方案是否理想，取决于输入的信息和数据，以及决策活动本身的水平。决策方案的水平也决定了某一结果的成功与否。当输入的信息和数据足够，并且可靠时，能够准确地反映事实，则为决策方案奠定了重要的基础。

当然，质量管理的方法还有很多，企业和组织可以根据自己的产品特点有选择地进行运用，也可以根据实际情况创造适合自己企业或组织的质量管理方法，如长钢的“三工序”管理等。但作者认为，不管什么样的企业或组织，以上方法是每个企业或组织在建立和保持质量管理体系有效运行时均必须正确使用的方法。否则，企业的质量管理体系的适宜性、有效性将大打折扣，企业或组织的工作质量就不能保证，产品质量就不可能稳定和提高。

5. 建立运行机制是质量管理体系高效率运行的必然

(1) 组织协调。质量管理体系是借助其组织结构的组织与协调来运行的。组织与协调工作的主要任务是组织实施质量管理体系文件，协调各项质量活动，排除运行中的各种问题，使质量管理体系正常运行。

(2) 质量监控。质量管理体系在运行过程中，各项活动及其结果不可避免地会发生偏离标准的现象，因此必须进行质量监控。其任务是对产品、过程、体系进行连续监视、验证和控制，发现偏离管理标准或技术标准的问题，及时反馈，以便采取纠正措施，使各项质量活动和产品质量均能符合规定的要求。

(3) 信息管理。如果把组织结构视为质量管理体系的骨架，则质量信息管理系统就是质量管理体系的神经系统。在质量管理体系运行中，质量信息反馈系统对异常信息进行反馈和处理，实行动态控制，使各项质量活动和产品质量处于受控状态。信息管理与质量监控和组织协调工作是密切相关的。异常信息经常来自于质量监控，信息处理要依靠组织协调工作。三者必须有机结合，质量管理体系才能高效运行。

(4) 质量管理体系审核和评审。组织定期进行质量管理体系审核和质量管理体系评审（又称管理评审），是质量管理体系自我控制和自我完善的重要手段。在体系审核中对体系的有效性进行评价，对运行中存在的问题采取纠正或预防措施，可保持体系的符合性、完整性和有效性。在管理评审中，对体系适宜性、充分性和有效性进行综合评价，寻求体系改进的机会和变更的需要，包括将质量方针和目标、质量管理体系的审核和评审有机地结合在一起，将成为体系运行过程中保持适宜性、充分性、完整性和有效性的重要保证。

本章习题

一、判断题

1. 质量体系文件是指质量手册和程序文件。 (　　)

2. 记录是描述推荐或建议方法的文件。 (　　)

3. 质量管理体系的重点是事后的检查，而不是质量问题的预防。 (　　)

4. 各类企业在使用2000版标准时，不必再进行删减，因为2000版标准适合所有的产品类型。 (　　)

5. 质量目标通常依据质量方针，在质量方针所提供的质量目标框架内制定。 (　　)

6. 内部沟通是指让职工了解质量方针的内涵。 (　　)

7. 全员参与的核心是调动人的积极性，当每个人的才干得到充分发挥并能实现创新和持续改进时，组织会获得最大的收益。 (　　)

二、选择题

1. “顾客满意”的含义是（　　）。

A. 没有顾客投诉　　B. 顾客对其要求已被满足的程度的感受

C. 没有顾客抱怨　　D. 产品全合格

2. ISO 9000 系列标准产生的背景（　　）。

A. 科学技术和生产力的快速发展

B. 各国质量保证的成功为 ISO 9000 系列标准的产生提供了有利的环境

C. 贸易的国际化
D. 质量管理学的发展为其提供了理论基础

3. 质量手册的内容包括（　　）。
A. 阐明组织的质量方针、目标
B. 明确质量管理的职能机构和职责
C. 纲领性描述质量管理体系的各个过程和过程间的关系
D. 为体系文件提供指南及索引

4. ISO 9001：2000 标准要达到（　　）。
A. 社会满意　B. 相关方满意　C. 顾客满意　D. 员工满意

5. ISO 9001：2000 标准中资源管理的内容包括人力资源、工作环境和（　　）。
A. 材料　B. 基础设施　C. 厂房　D. 文件

6. 质量管理体系运行机制一般由组织协调、质量监控、信息管理和（　　）等活动构成。
A. 检查　B. 控制
C. 质量体系的审核和评审　D. 监督

7. 最高管理者应确保对（　　）所需的资源加以识别和策划。
A. 质量目标　B. 质量目标和质量管理体系
C. 质量目标、质量计划和质量管理体系　D. 质量管理体系

三、思考题

1. 简述 ISO 9000：2000 系列标准的特点。
2. 质量管理的 ISO 9000：2000 系列标准的 8 个原则分别是什么？
3. 建立质量管理体系的具体步骤有哪些？
4. 简述组织进行生产和服务提供时的受控条件。
5. 什么是文件？在质量管理体系中有几种类型的文件？

本章案例分析

A 公司 ISO/TS16949 质量管理体系的策划与导入

1. A 公司现状与 TS 导入动因

A 公司是一家中意合资企业，成立于 2005 年，位于中山市中山港国家一级开发区内，占地超过 65 000 平方米，环境优美，交通便利。作为直流压缩机制冷和吸收式制冷技术的亚洲领先者，公司一直致力于 OEM/ODM 车载冰箱、嵌入式豪华游艇冰箱，以及高端智能化酒店冰箱系列等产品的开发和制造，在行业内客户群中享有盛誉。

企业的主要决策者包括中方投资方的老板 F 先生、意方总经理 L 先生、合资公司的总经理 H 先生。管理策划与实施由 F 先生主导，日常工作由 H 先生向 F 先生和 L 先生汇报。

作为 A 公司董事会的成员 F 先生和 L 先生非常明确，中国作为新兴市场，有非常大的发展潜力。未来 5～10 年，这类产品的市场发展需求，将会赶上现在的欧美市场，如果在此阶段不进行提前策划，一旦市场让竞争对手抢先，等到市场继续扩大后，提高市场份额将会非

常困难。但在品牌上M公司所属的WAECO与INDELB都可以在全球同台竞争。可相对于当前M公司的经验、技术、质量管理体系，A公司尚处弱势。

综合比较，A公司想要和M公司在中国的市场上分一杯羹，必须在产品技术和质量管理上有较大的突破，以作为开拓国内市场的坚强后盾。在这种情况下，A公司总经理F先生结合公司5年的发展战略，集中精力引进产品研发专业人才，利用因经济危机严重影响业务量的时机，引进汽车行业质量体系专业人才，将公司在原有管理体系基础上，策划构建并实施TS16949，希望通过2010年度业务比较少的情况下，发动所有部门人员，全力以赴，将这个要求很高的汽车行业质量体系筹建好，以备业务恢复后，能更高水平地开拓和满足市场的需求。

2. 质量管理体系现状

A公司从2005年底批量生产以来，在质量管理体系方面基本上是一年一个台阶。2006年中期，随着产品转移生产的增加，产品质量确保过程稳定迫在眉睫，规范现场管理非常重要，随即公司在全厂推行了5s项目。通过5s项目，工厂现场区域规范，物料及产品的标志定置定位，以及一线人员基本形成良好的习惯。但公司运作仍然缺乏流程，产品质量指标缺乏数据支持，改进不系统化，大部分体系工作仍然停留在表面口头化。所以，公司决策层决定在2007年底上ISO 9001：2000质量体系。2008年开始上ISO 4001：2004环境管理体系，同时讨论如果体系水平和管理实践能跟上发展的要求，将在2010年策划上ISO/TS16949体系（所谓TS16949，是一个以ISO 9001、AVSQ（意大利）、EAQF（法国）、QS 9000（美国）和VDA6.1（德国）为基础的共同汽车工业质量管理体系要求）。公司的质量方针、环境方针和质量环境目标指标是建立实施质量环境管理体系并持续改进有效性的承诺，是全体员工的行为准则。在实施过程中，不断加深理解和在持续适宜性方面得到评审，它将被不断补充和提高。

2010年，A公司在世界金融危机的影响下，质量管理体系同样面临新的挑战，刚刚逐步稳定的人员开始由于人事架构的变动而出现流动（包括公司主动调整淘汰和员工个人主动流动），已经运行的质量管理体系和环境管理体系开始出现波动，临时出现更多的外界客观因素，影响和制约着体系的持续健康发展。随着国外整车厂对零件要求愈来愈严格，A公司也必须通过体系来规范工作要求，这也是公司上TS16949的根本目的。

3. ISO/TS16949质量管理体系的导入

1）推行准备

H先生为了确保整个体系从构建到实施能按照计划达到预期效果，能在整个公司从上到下真正落实，决定项目的启动仪式要求公司人员全部参加，以动员大会的形式组织。并且，制定策划了推行时间和推行制度。同时，他充分应用国际标准体系对过程方法的定义和思维方法，减少了体系策划失败的风险，同时加上特有的分析工具，策划公司过程和一二级程序文件，逻辑思路非常清晰，一二级文件也非常全面，更加便于引导公司向规范化方向发展和健全体系。

2）体系培训

体系培训是整个TS推行的重要环节之一，是确保全员参与，确保体系要求真正推行过程的前提。所以H先生在项目启动之初，就确定了时间的安排，培训效果和培训内容的考核等。公司上到总经理下到基层管理人员，大家都充满期待，咨询老师逐步引入基础知识，讲解了体系结构细节、体系特点、体系文件结构等。之后，进行文件的编写工作，并且进展顺利。

3）体系推行

（1）宣传推广。H先生认为，如果要确保体系的成功推行与实施，就必须要真正做到全员参与，还要让所有人员真正了解和掌握TS体系的意义和特点，让他们潜在感受TS体系的推行将会对公司发展和他们工作起来更顺利。随后，H先生成立了宣传推广小组，以悬挂横幅、板报、宣传小手册、动漫挂画和视屏作为宣传方式，确实取得了很好的效果。

（2）组织实施。俗话说："万事在于谋。"A公司顺利和成功组织实施TS体系，主要取决于在项目启动之前的全面策划与构建，以及后期严格的执行和监督，H先生用项目管理模式组织实施非常重要。TS体系组织实施始于培训阶段，在每完成培训之后，各部门所有参与人员结合公司实际情况，进行实践练习。TS体系从6月底开始组织实施、试运行、收集和汇总运行数据及结果，直到12月底外审前，运行时间为6个月。

（3）实施反馈及中途总结。整个体系构建和实施，由于从启动到成功导入的时间战线拉得太长，基本上所有部门负责人及一些关键人员，在完成日常工作之余，要持续7~8个月投入大量精力在体系上面，同时公司又面临世界次贷危机带来的业务和产品订单波动、人员波动等。特别是，后来推行体系的激情有所减弱，同时面对的又是大量客户投诉和生产现场的不稳定，大部分人员开始对体系发出质疑，包括公司的一些高层管理人员也在思考，TS体系给企业带来了什么，为什么感受产品的质量，在流程执行上还出现更多的问题。

（4）体系内审、管理评审和外审。公司最后在2011年1月及时完成第三方审核提出问题的书面整改后，成功通过了外审。至此，所有的审核程序全部通过。

（5）体系考核总结，收集意见，持续改进。

资料来源：胡思球．A公司ISO/TS16949质量管理体系策划与导入案例研究．兰州：兰州大学，2011.

问题

1. 试分析A公司的ISO/TS16949质量管理体系的导入过程是否能够很好地帮助企业达到预期的效果？为什么？

2. 请分析A公司实施ISO/TS16949质量管理体系过程中存在的问题，并提出解决问题的建议。

第4章

质量的审核与认证

学习目标

1. 掌握质量审核的概念和内容，了解其分类、意义和作用。
2. 理解质量管理体系审核的定义。
3. 掌握内部审核的含义、程序和范围。
4. 明确有效提高审核工作的途径。
5. 掌握质量认证的概念，明确获得认证的条件和准备工作。
6. 明确产品质量认证的概念和意义。
7. 掌握企业申请认证的条件和程序。
8. 理解质量管理体系认证的概念、意义，明确认证的流程。
9. 把握质量管理体系认证与产品质量认证的区别。

导入案例

企事业单位审核分析列举

以下审核列举均以 ISO 9001：2000 为标准。审核发现的下列情况，经分析认定为均与 ISO 9001：2000 标准不符。

（1）抽查产品老化试验的操作文件，发现没有规定环境要求。询问试验人员环境情况对产品老化有否影响，回答说："有些影响，但不显著，因此不需要考虑。"

不符合标准 6.4，没有确定并管理未达到产品符合要求所需的工作环境。

（2）组织的质量方针是"为顾客着想，质量第一"。询问各层次人员对质量方针的解释，五花八门。高层管理人员说，顾客是企业的生命源，做什么事都应从顾客着想；中层管理人员说，质量第一就是要使产品达到国际领先的目标，至少是国内第一；普通员工说，质量符合顾客要求是第一位的。

不符合标准 5.3，质量方针标语口号式，理解不一，难实施。

（3）高等职业学校的质量管理体系中删减了标准 7.3 设计和开发的要求，理由是设计对学校不适用。

不符合标准1.2应用条款，实际上高等职业学校为了紧跟社会职业发展形势，常常需要设计开发新的专业与专业课程。

(4) 发现在所有内审不符合项报告的纠正措施验证一栏中都只写了“纠正措施已验证”。

不符合标准8.2.2，跟踪验证活动的记录应包括对所采取措施的验证和验证结果的报告，并评审所采取的纠正措施。

(5) 审核员在公司与顾客签订的制造合同中，看到其中有一条是规定制造中的某一塑料件必须来自顾客指定的一个生产厂。审核员询问管理人员这些塑料件在使用前是否经过检验或验证，回答说：“这是顾客指定，有问题由指定生产厂负责或顾客自己负责，我们拿到就用，不去多管。”

不符合标准7.5.4，对顾客提供的产品应予验证、保护、管理，发生情况应报告顾客。

(6) 审核发现质量管理体系对产品实现过程进行监视和测量的证据不少，但提供不出对其他过程进行监视和测量的证据。

不符合标准8.2.3，应对质量管理体系的所有过程进行监视，并在适当时进行测量。

(7) 在检查顾客投诉和意见记录时，发现记录全空白。经理说：“没有顾客投诉，顾客有意见会提出来，但至今没有发生这种情况，可见顾客对我们是满意的。”

不符合标准8.2.1，没有对顾客的满意和满意程度的信息进行监视。

(8) 在钢材仓库发现有2根长短不一的钢材，上面没有任何标志。仓库管理员说：“这2根钢材被用去了一部分，标志正好在被截用的那段，好在只有2根，能记得，不会搞错。”

不符合标准7.5.3，当标志被用去后，应将标志移植到剩下的部分上，保持可追溯性。

(9)《质量手册》中没有对行政部、财务部的职责作出规定，认为行政部和财务部的工作与产品质量无关。

不符合标准5.5.1，对组织内的职责和权限应作出明确的规定。

(10) 检查设计过程中使用的标准时，发现设计人员手中保存有相关的国家标准，而资料室中没有国家标准和国家标准保管记录。资料管理人员说：“设计人员常要用到那些国家标准，而且也只有设计人员才用，所以就由设计人员保存。”

不符合标准4.2.3，没有识别外来文件（如这里的国家标准），也没有控制其分发情况。

资料来源：岑咏霆．质量管理教程：2版．上海：复旦大学出版社，2010.

小资料

认证认可是国际通行的加强质量管理、促进经济发展的重要手段。自2001年以来，为适应国际、国内形势的发展变化，我国对认证认可监督管理体制进行了改革，成立了国家认证认可监督管理委员会，实行了认证认可工作的统一管理、促进了认证认可工作的飞速发展。我国相继建立了统一的认证认可组织机构体系，法律、法规体系，强制性产品认证和自愿性产品认证相组合的认证体系，实验室监管体系，进出口卫生注册体系，认证市场监管体系和国际合作体系，认证认可工作开创了新的局面，在推动国民经济和社会发展等方面发挥了重要作用。

4.1 质量审核概述

4.1.1 质量审核的概念

质量审核是一个检验工具。它遵循适用的标准和正确规定的程序，是从鉴定需要改进的质量体系着手。通常所需要的成本不高，而且这些改进方法已在国际和国内的质量保证标准中得到了应用。

1. “欧质协”对质量审核的定义

“欧质协”专用于质量管理的词组中对审核是这样定义的：质量审核是对质量体系或其组成部分实行系统的和独立的检查。这个定义有以下含义。

（1）质量审核涉及产品、工序和组织机构。

（2）质量审核不仅对工作本身，而且也对其条件进行评价。

（3）质量审核的目的是为采取所需要的正确行动而进行的检查和评价。

（4）质量审核的效率取决于所涉及部门的通力协作。

（5）质量审核不应与日常的质量检查和监督工作相混淆。

2. ISO 9000：2000 标准对质量审核的定义

ISO 9000：2000 标准中对质量审核的定义是“为获得审核证据并对其进行客观的评价，以确定满足审核准则的程度所进行的系统的、独立的并形成文件的过程。”

综上所述，可以对质量审核的概念作出以下阐述：“质量审核是指具有一定资格而且与被审核部门的工作无直接责任的人员（专家），为确定质量活动是否遵守了计划安排，以及结果是否达到了预期目的所做的系统的、独立的检查和评定。”

4.1.2 质量审核的分类

1. 按审核内容分类

质量审核按审核的内容分类，可分为产品质量审核、工序质量审核和质量管理体系审核3种。

（1）产品质量审核。“欧质协”将产品审核定义为“对产品特性是否合格所要求进行的定量评价”。即① 估算产品或一组产品超出的质量水平；② 查明产品或一组产品的质量是否超出符合预定的质量标准水平；③ 评定检查员的工作质量；④ 决定合适的控制；⑤ 衡量检查能力。

小资料

通过调查产品质量，及时发现产品存在的缺陷，特别是防止把有重要缺陷的产品交给用户，同时也可以及时察觉质量下降的潜在危险，以便及时采取措施；通过审核，发现企业产品质量与质量职能活动上的问题，为制定质量改进目标与措施提供依据；通过审核也可以对质量检验人员的工作质量考核提供依据；通过连续考核，可以对比企业现在与过去生产中的产品质量水平，估计目前产品质量水平的发展趋势。

（2）工序质量审核。“欧质协”对工序审核的定义是“对工序的因素进行分析和对其条件及大概效果进行全面而公正的评价”。工序审核的主要目的是通过相近的专业知识和在生产操作与控制中正确使用的生产方法，对质量系统效果提出独立的评价。评价的主要内容有：① 对现有试验、检验工作程序，以及执行工作程序的评价；② 对上条的程序要求和具体要求的生产知识及个人应知应会的质量知识的评价；③ 对人员素质的评价；④ 对违反具体程序原因的评价。

小资料

工序质量审核的目的是考核各工序或工序中影响工序质量的各种因素是否处于受控状态，也就是要求生产过程必须按规定的标准（规程、规范）程序进行；随时监控质量动向，一旦发生“失控”，必须立即找出异常原因，把质量故障消除在发生之前；万一发生质量问题，能够及时发现、及时纠正，杜绝重复发生。

（3）质量管理体系审核。质量管理体系审核是指对企业是否能达到质量目标所进行的全部质量活动的有效性进行审核。质量管理体系审核是为了获得质量管理活动及其结果的审核证据，并对质量管理体系进行客观的评价，以确定满足审核准则的程度所进行的系统的、独立的并形成文件的过程。

2. 按实施审核主体的不同分类

质量审核按照实施审核的主体不同可以分为3类：第一方审核（内部审核）、第二方审核（外部审核）、第三方审核（外部审核）。第一方审核用于内部目的，由组织自己或以组织的名义进行，可作为组织声明自身合格的基础；第二方审核由组织的顾客或由其他人以顾客的名义进行；第三方审核由经国家认可的、外部独立的组织进行，最终提供符合要求的认证或注册。表4－1中对第一方、第二方、第三方审核进行了比较。

表4－1　第一方、第二方、第三方审核比较表

类型 比较项目	内部审核	外部审核	
	第一方审核	第二方审核	第三方审核
审核主体	组织内部审核	顾客对组织的审核	独立的第三方对组织的审核
执行者	组织内部或聘请外部人员	顾客自己或委托他人	第三方认证机构派出审核员
审核目的	推动内部改革	选择、评定或控制供方	认证注册
审核准则（依据）	适用的法律、法规及标准，顾客指定的标准，组织质量管理体系文件，顾客投诉	顾客指定的产品标准，质量管理体系标准，适用的法律、法规	ISO 9001：2000，组织适用的法律、法规和标准，组织质量管理体系文件，顾客投诉
审核范围	可扩展到所有内部管理要求	限于顾客关心的标准和要求	限于申请的产品、ISO 9001：2000体系
审核时间	审核时间较充裕、灵活	审核时间较少	审核时间较短，按计划执行
纠正措施	审核时可探讨、研究制定纠正措施	审核时可提出纠正措施	审核时通常不提供纠正措施
审核员	经过培训的内审员	通常由顾客、审核员及主管人员担任，对注册资格无要求	必须取得国家注册审核员的资格

小案例

英国高等教育质量审核

对于高等院校而言，教育质量一直是办学主体赖以生存和吸引生源的重要指标。英国学者 Jonh Sizer 和 Diana Green 认为，高等教育需要一个同样多维的、能完全衡量一个高校表现的质量评估指标。英国高等院校的质量保证体系一直都非常让其引以为傲，它的质量保证体系分为内部质量保障和外部质量评估两部分，评估主体以社会和政府共同参与。

英国高等院校的内部质量保障具有以下优势。① 每所高校均有支持质量管理的政策和战略定位，促进内部质量保障顺利展开。② 内部保障体系组织结构合理，分工明确。③ 学校内部审核分类细致，审核时间严谨，已形成一个完整的系统。

目前，英国高等教育外部质量评估主要是由高等教育质量保证署（QAA）来完成。QAA 主要面向学生、学生家长和社会人士，保证英国高等教育的整体质量。并且，QAA 与英国政府、英国政府旗下控制教育质量的高等教育委员会及英国高校之间存在着非常紧密的联系。

完善的英国高等教育质量体系既有力地保障了本国高等教育的水平，也推动了英国高等教育的国际化，值得我国高校学习和借鉴。

3. 按审核目的不同分类

按审核目的分为专项质量审核、综合质量审核。例如，产品生产许可证检查审核属于专项质量审核，而质量管理奖评审审核属于综合质量审核。

4.1.3 质量审核的内容

质量审核的主要内容如下。

（1）质量管理的领导与组织情况。

（2）各部门质量职能活动及相互协调情况。

（3）各项质量管理规章制度、工作程序、工作标准的执行情况。

（4）质量职能分配及岗位质量责任制执行情况。

（5）质量文件、档案、原始记录等是否正确与完善。

（6）质量信息管理系统的运行及协调情况。

（7）外协、外购件进厂及产品提供服务符合有关规定的情况。

（8）人员培训教育和设备安装满足质量工作要求的情况。

（9）质量政策、质量目标和质量计划的制订与执行情况。

（10）实物质量符合标准和规范的程度等。

4.1.4 质量审核的意义和作用

质量审核工作是由技术、管理相结合的强有力的班子来进行的独立、系统、定期的检查评定活动。开展质量审核是把质量活动的实际情况，报告给行政领导进行决策，使质量保证体系有效运转。

质量审核对被审核单位质量工作计划的实施和质量目标的实现起到促进作用，主要表现在以下方面。

(1) 质量审核是技术、管理的结合。质量审核员由有经验或受过专门培训、取得相应资格的人员担任，由单位行政正职授权。质量审核按程序进行，并相对独立工作。

(2) 质量审核按计划、程序、制度进行，不是临时性的检查，它不同于质量监督和质量检验。

(3) 质量审核的依据是尊重客观事实，依照 TQC 理论及质量法规文件。

(4) 质量审核的原则是政策法规性、客观科学性、独立系统性，以及管、帮、促。

(5) 质量审核是一种适用性、符合性检查，适用性在于质量改进，符合性在于质量维持。

(6) 质量审核按计划安排，可以提前通知被审核单位的有关部门。

(7) 质量审核研究的是被审核单位的质量活动状态，通过分析，提出改进建议。

(8) 质量审核中发现的问题和确定的事实，需与被审核部门领导取得共识，以便于采取有效措施。质量审核不同于检查评比，具有服务性，审核需明确被审核单位的个性特点而不是共性。

(9) 质量审核的结论和建议，经授权单位行政最高领导或上级部门审查后以文件下发。

4.1.5　质量审核的权限

质量审核的权限如下。

(1) 质量审核具有一定的独立性，直接向授权的行政正职负责，并报告审核结果。

(2) 审核小组有权要求被审核单位、部门提供受查实物、制度、管理文件、技术标准、记录及有关资料，提供必要的测试、检验用仪器和设备等器材，接受审核。

(3) 审核小组执行单位行政正职和主管领导所授予的权限。

(4) 审核后，审核组有权要求存在问题的单位负责人针对问题点采取纠正措施。

(5) 对采取措施的结果进行跟踪管理。

(6) 审核结果列入考核项目以评定奖惩。

4.2　质量管理体系审核的程序和内容

小资料

如今推行 ISO 9000 标准质量体系认证，已成为企业提高管理水平，树立企业形象，增强竞争力的有效手段。各企业纷纷建立自己的质量管理体系，并谋求获得第三方认证注册资格。企业实施 ISO 9000 质量体系认证，有利于增进国际贸易，规范企业的各项管理，各项管理工作都达到程序化、文件化，这样有助于推动质量管理工作、实现质量目标，增进企业的经济效益。

为了保证质量管理体系有效运行，达到持续改进的目的，企业应制定内部质量审核程序，并经常开展质量审核工作，不断自我完善质量管理体系，改进产品质量。本文就企业如何开展质量管理体系审核工作进行阐述。

4.2.1　内部质量体系审核的含义

内部质量体系审核是确定质量体系的活动和其有关结果是否符合有关标准或文件，质量体系文件中的各项规定是否得到有效的贯彻并适合于达到质量目标的系统的、独立的审核。它是由企业内部开展的活动。

4.2.2 内部质量体系审核的依据和目的

1. 审核的依据

(1) 批准实施的质量手册。

(2) 批准发布的程序文件。

(3) 为确保过程有效性所制定的作业指导书。

(4) 形成文件的质量方针和质量目标。

(5) 体系运行形成的质量记录。

(6) 有关合同。

(7) 国家有关的法律、法规。

2. 审核的目的

(1) 依据公司制定的质量体系标准来评价组织自身的质量体系。

(2) 验证组织自身的质量体系是否持续满足规定的要求并且正在有效运行。

(3) 作为一种重要的管理手段和自我改进的机制，及时发现问题，采取纠正措施或预防措施，使体系不断完善，不断改进。

(4) 在外部审核前做好准备。

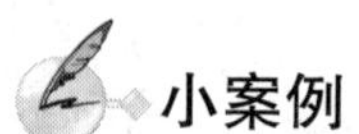小案例

英国剑桥大学的终身教育制

英国高等教育的代表剑桥大学，顺应欧洲建立知识型社会的要求，形成并实施终生教育制度。它是学校内部质量保障体系的一个重要分支，同时结合了高等教育市场化和大众化的契机，成为学校外部质量评估体系的一个典型案例。它是内部质量保障体系和外部质量评估体系有机结合的典范。同一般的教学制度相比，它主要具有以下几个特点。① 终身教育制受众更为广泛，课程设置更加灵活。② 终身教育制在质量评估方面不同于传统的本科教学，在评估标准上既有自我调整，也受英国高等教育质量保证体系的约束。③ 终身教育制度在具体的学分划分方面做得非常全面。

由此可见，剑桥大学的终身教育制具有很强的灵活性与科学性。在质量保证上，终身教育制度受到内部质量保障和外部质量评估这两个高等教育质量保证体系的监控与制约。与一般的高校教育不同，它的受众更为广泛，这也决定了它在课程设置、学分管理上的特点。这些独特之处体现出终身教育制更关注于“市场”概念，更关注于学生的需求，充分显示出高等教育正逐渐往市场化、开放化发展，符合英国高等教育乃至世界高等教育的未来发展趋势。

4.2.3 内部质量体系审核的范围

在规定的时间内，对那些质量体系要素、场所和活动进行审核。这里要素、场所和活动是质量体系审核范围的三大主要内容。审核要素与审核的标准有关，内审范围所涉及的要素

至少应包括全部质量保证模式标准的要素。场所涉及两个概念，部门和地区。凡是与审核的质量体系所覆盖的产品和质量活动有关的部门与地区均应列在审核的范围内。活动是指与产品质量有关的活动，它主要包括所涉及的产品范围。凡涉及正常生产的产品及按质量手册所规定的程序研制的新产品或某个质量计划生产的特殊产品，均应包括在要内审的范围之内。

4.2.4 内部质量体系审核的实施

1. 编制内部质量体系审核程序文件

内部质量体系审核是对质量体系运行情况的全面审查，它对质量体系的改进和产品质量的提高都具有重要的意义。因此，内部质量体系审核需要有一套正规的做法。为此，公司应组织编写一份“内部质量体系审核程序”文件，明确内部质量体系审核的目的、范围、执行者的职责，以及具体的实施方法。

2. 内部质量审核的准备

(1) 制订计划。内部质量审核一般应编制一份年度计划。每月对一个或几个部门或要素进行一次审核，逐月展开，也可以季为单位进行，使一年内能把所有部门、所有要素覆盖一次。其中，对较重要的部门或问题多的部门的审核频次可适当增加。年初编制的这份年计划应请组织的最高领导批准。根据年度审核计划，每次审核时再编制本次审核计划，审核计划应包括审核日期、审核要素、审核部门、审核员等。并按审核计划组织实施。内部质量审核应由管理者代表负责组织实施。

(2) 组成审核组。在进行内部质量审核前，管理者代表应任命审核组长及审核员，组成审核组。审核人员应该经过培训和资格认可，并与受审核对象无直接责任和管理关系，从而审核员的选择和审核的实施应该确保审核过程的客观性与公正性。审核组长应领导全组编制好具体的审核计划日程表并把审核任务分配给每个审核员。

(3) 收集并审阅有关文件。全组应集中有关文件（质量手册、程序文件、作业指导书）加以审阅。

(4) 编制检查表。检查表是审核员进行审核的一种工具。每个审核员均应编制检查表，经组长审批后实施。

(5) 通知受审核部门并约定审核时间。审核计划日程表确定后应在审核前3~5天通知受审核部门负责人，并请其决定一位部门人员陪同。

3. 审核实施

(1) 召开首次会议。审核组应准时到审核现场，由审核组长召开首次会议，说明审核的目的、范围、依据和方法。如果是例行检查，而且只对一个部门进行审核，首次会议可以简化。首次会议的目的是介绍审核组成员、重申审核的范围和目的、介绍审核的方法和程序、确定审核组所需的资源等。受审核部门领导应参加首次会议，如果领导不能亲自参加，必须指定代表参加。

(2) 进行现场审核。首次会议后可开始现场审核。现场审核是审核员寻找客观证据的过程，是整个审核中最重要的环节。现场审核应以事实为根据，以标准或文件规定为准绳，收集客观证据，作出公正的判断。现场审核采取抽样的方式，样本要具有代表性，应由审核员随机抽取。

(3) 确定不合格项并编写不合格报告。当发现不合格时，审核员应尽可能的取得部门领导对事实的确认，并同意采取纠正措施。开具不符合项报告，不合格事实描述应力求具体。不符合项报告内容为：受审核部门及负责人、审核员姓名、审核依据、不合格事实描述、建议采取的纠正措施及完成日期、纠正措施完成情况及验证。

（4）汇总分析审核结果。在末次会议召开之前，审核组长应召开一次审核员全体会议，对观察结果作汇总分析，以便对受审部门或该要素在整个质量体系活动中作出运行良好、基本符合要求、问题较多有待改进等结论。这些汇总意见要与受审核部门领导沟通，取得他们的同意。

（5）召开末次会议。在审核结束后，起草审核报告前，审核组应与受审核方最高管理者和有关部门负责人举行一次会议，向受审核方高层管理者说明审核观察结果，以使他们能清楚地理解审核结果。末次会议由审核组长组织，主要内容为：① 说明不符合项情况，并取得责任部门的认同，要求责任部门尽快提出纠正措施建议；② 对整个质量管理体系运行、质量目标实现情况提出结论意见；③ 应回答受审核部门提出的问题。

4. 编制内部质量审核报告

审核报告是说明审核结果的正式文件，应由审核组长编写。其主要内容如下。

（1）审核的目的、范围和审核日期。

（2）审核组成员和受审核部门名称及负责人。

（3）审核依据的文件。

（4）不符合项情况。

（5）质量体系运行有效性的结论意见。

5. 纠正措施跟踪

在内部质量体系审核中，纠正措施具有特别重要的意义。这是内部质量体系审核的目的决定的。内审的目的是发现质量体系运行中存在的问题，查出原因，采取纠正措施加以消除，以免重犯类似的问题，使质量体系得到不断改善。审核组在现场发现不合格项时，除要求受审核部门负责人确认事实外，还要求他们调查产生的原因，本着举一反三的原则，有的放矢地提出纠正措施的建议。受审核部门提出的纠正措施建议要经过审核组认可、管理者代表批准后实施。内审员应对采取的纠正措施进行跟踪验证，确保纠正措施有效实施。记录验证的结果，并向管理者报告。

6. 编写年度审核报告

按照年度计划完成了对所有部门、所有要素的内部质量体系审核后，管理者代表应带领内审组对本企业整个质量体系运行情况进行一次总的分析，写出一份全面的审核报告。这份全面的审核报告为最高管理层定期管理评审提供了一种输入。内部质量体系审核年度报告的内容如下。

（1）内部质量体系审核年度计划完成情况。

（2）审核的目的、范围和审核日期。

（3）审核依据的文件。

（4）审核组长及审核员名单。

（5）主要不符合项说明及纠正措施完成情况。

（6）对整个质量体系运行的总体评价及改进意见。

（7）审核报告批准及发布范围。

图 4－1 显示了内部质量体系审核的实施程序。

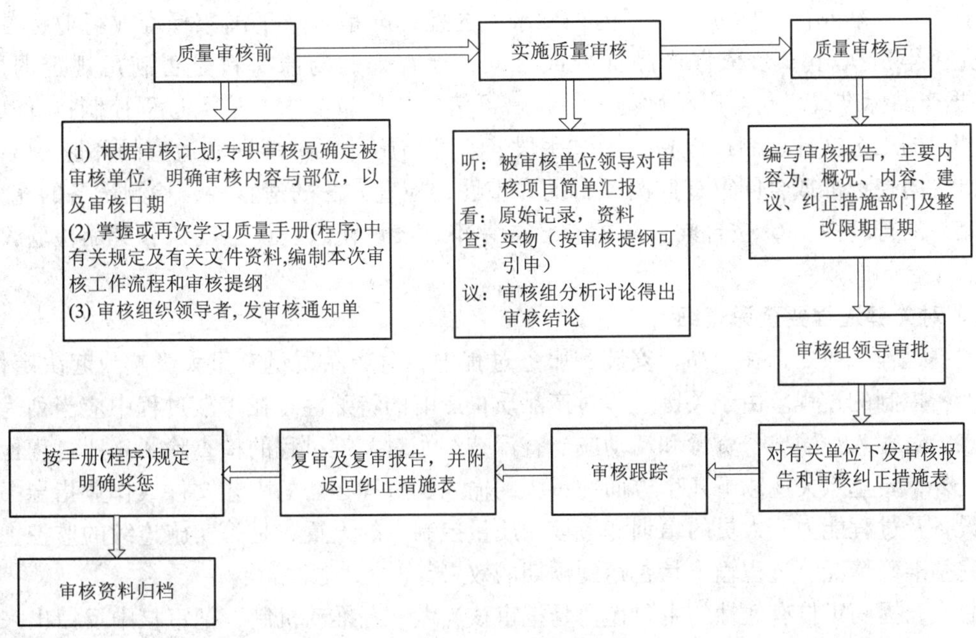

图 4－1 内部质量体系审核程序

4.2.5 提高审核工作有效性的途径

质量体系审核的有效性主要涉及审核的规范化程度，审核组的审核能力和质量管理体系有效运行的程度。要使审核工作卓有成效，实现增值性审核，应做好以下 5 项工作。

1. 加强质量体系文件审查的力度

质量体系文件审查主要审核质量体系文件是否切合实际，是否具有可操作性。现在，许多组织的质量管理体系文件仍存在很多显而易见的错误和遗漏。因此，审核中要重视纠正形式化文件的形象，确保质量管理体系文件能结合组织的产品特点，针对标准的要求，切合实际可行并有效。

2. 现场审核前要准备充分

一个具有审核能力的审核组，如果审核前准备不充分，就有可能在审核中发生严重失误，甚至达不到审核的目的。审核前的准备包括配备审核资源、确定审核范围、制订审核计划、编制审核文件等活动。但是，关键要做好 3 件事：制订周密的审核计划、进行审核前的专业引导和编制检查表。

3. 加强对管理职责的审核

对管理职责的审核，重点要检查质量方针是否执行，质量目标是否适宜、可度量并可实现，各类人员的职责、权限是否明确，资源是否充分，管理者代表是否恰当且尽职尽责，管理评审是否有效。要掌握质量管理体系是否有一个稳固的基础，既为客观、公正地对质量体系作出准确评价创造条件，又对质量体系的改进和完善形成一次推动。

4. 强化对产品标准、内控标准和合同要求的审查

重点检查以下内容。① 是否把应当执行的国际标准、国家标准、行业标准列为受控文件。如果没有国家标准、行业标准，是否制定了企业标准作为组织生产的依据。② 是否针对已有国家标准或行业标准编制了内控标准，内控标准是否严于国家标准或行业标准的要求，是否得到执行。③ 依据产品标准或合同，检查采购的原材料是否满足规定的要求。④ 根据产品标准或合同对产品性能、结构、可信性等质量要求，检查过程控制；查其是否具有相应的工艺文件、制造设备、测试手段、监控措施、人员培训和适宜的环境。⑤ 按产品标准、内控标准或合同审查监测项目的完整性，检查方法的适宜性，检测设备的充分性，检测结果的符合性。⑥ 按合同要求检查合同评审、设计输入、设计确认和成品检验，查其是否满足合同的规定。

5. 对关键过程要查深查细

关键过程一般是指在产品、安装和服务过程中，对产品质量有重大影响或起决定作用，需要严密控制的过程。由于关键过程对产品质量影响的特殊性，在审核过程中应当列为检查的重点，对输入、输出、资源和活动应当查深查细。对关键过程的检查除了一般过程检查的内容之外，要重点关注以下几个方面：过程的输入、过程必需的工艺文件或作业指导书、过程的设备及过程能力、人员的培训和考核、质量控制点的设置、是否实施连续的监控、质量记录完整准确情况、过程输出是否达到预期的效果等。

总之，提高审核有效性的主要途径是把审核当做一种推动机制，把审核中反馈出来的信息，作为内部质量改进的动力，以实事求是的态度，严肃认真地采取各种改进措施，提高组织的整体素质。

4.3 质量认证概述

4.3.1 认证制度的产生与发展

质量认证是随着现代工业的发展作为一种外部质量保证的手段逐渐发展起来的。在认证制度产生之前，供方（第一方）为了推销其产品，通常采用“产品合格声明”的方式，来博取顾客（第二方）的信任。但是，随着科学技术的发展，产品的结构和性能日趋复杂，仅凭买方的知识和经验很难判断产品是否符合要求，加之有些供方的“合格声明”并不总是可信的，于是供方单方面的“合格声明”的作用便逐渐下降。在这种情况下，为了顺应供方树立其产品信誉，保障消费者利益，以及从安全和立法的需要，由第三方来证实产品质量的现代质量认证制度也就应运而生。

产品质量认证制度早在 1903 年发源于英国，是由英国工程标准委员会（BSI 的前身）首创的，第一个认证标志即 BS 字母组成的风筝标志，标示在钢轨上，表明钢轨符合质量标准。1922 年，该标志按英国商标法注册，成为受法律保护的认证标志，至今仍在使用。自 1920 年起，德国、奥地利、捷克等国纷纷效仿英国，建立以本国标准为依据的认证制度。到了 20 世纪 50 年代，认证制度基本上在所有工业发达国家得到普及。发展中国家，除印度较早实行质量认证外，其他多数国家是从 20 世纪 70 年代起推行质量认证制度的。鉴于质量认证开始跨越国界这一新情况，1970 年 ISO 成立了“认证委员会”（CERTICO），1985 年又将其更名为“合格评定委员会”（CASCO）。

我国在 1981 年由原国家标准局授权原电子工业部组织有关部门成立了国内第一个产品

认证机构。2002 年 4 月成立中国认证机构国家认可委员会（China National Accreditation Board for Certifiers，CNBA）和中国认证人员与培训机构国家认可委员会（China National Auditor and Training Accreditation Board，CNAT）。CNAB 和 CNAT 的成立，使我国的质量管理体系认证工作进一步以国际标准为准则，加快了与国际接轨和国际合作的步伐。

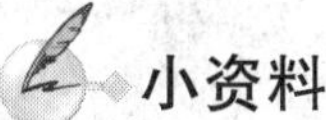

小资料

目前，我国已形成了完整的认证体系，该体系由 4 个层次组成：第一层次是授权机构，即国家质检总局；第二层次是认可机构，由利益方代表和专家组成；第三层次是认证实践的机构和人员，包括产品认证机构、质量体系认证机构、校准和实验室及注册审核员和评审员；第四层次是申请并接受认证机构的检验、评审和监督的企业。

4.3.2 质量认证的概念

质量认证也称合格认证（Conformity Certification）。国际标准化组织（ISO）将其定义为“第三方依据程序对产品、过程或服务符合规定的要求给予书面保证（颁发合格证书并给予注册登记）”。这一概念包含以下几点含义。

（1）认证的对象。按照合格评定的范围，认证的对象是产品或质量管理体系。当只对产品进行安全认证时，认证的对象特指产品的安全特性。

（2）认证的依据是标准。作为认证依据的标准应是经过标准化机构正式发布的，由认证机构所认可的产品（服务）标准、技术规范、ISO 9001 质量管理体系标准等。

（3）认证是第三方从事的工作。第三方是指独立于第一方（供方）和第二方（需方）之外的一方，与第一方和第二方既无行政上的隶属关系，又无经济上的利害关系。强调质量认证由第三方实施，是为了确保认证活动的公正性。

（4）认证的方式。对一般产品和民用企业，质量认证一般由企业自愿申请，但进行安全认证的产品应符合标准法中有关强制性标准要求，实行强制性认证。对军工企业和军工产品，在由上级主管部门确定的情况下，一般也应实行强制性认证。

（5）认证鉴定的方法。质量认证鉴定的方法包括对产品质量的抽样检验和对质量管理体系符合性、适宜性、有效性的审核。

（6）认证的目的。质量认证的目的，对企业来说，是通过取得合格证书或合格标志向顾客证实自己的产品水平或企业的质量保证能力，从而提高企业信誉，增强市场竞争能力；对顾客来说，可通过识别合格标志选择供方或选购满足自己要求的产品，从而起到“导购”作用。质量认证的另一个目的是减少重复性检查，做到相互认可。

小资料

20 世纪 90 年代以来，经济全球化的发展趋势促进了不同国家和地区的认证认可机构之间的双边或多边互认，中国认证机构国家认可委员会（CNAB）是国际认可论坛（IAF）“多边承认协议”的成员，经 CNAB 认可的认证机构颁发的认证证书可附加国际互认标志，为 IAF 所有成员共同承认。中国还是国际认证联盟（IQNET）的成员之一，IQNET 是国际认证机构间的联盟，旨在推动和支持其成员机构推进质量管理，对成员机构颁发的认证证书实现互认、互换。IQNET 成员包括 28 个国家的 29 个权威认证机构，经国家认可委员会（CNAB）

认可的中国质量认证中心（CQC）是 IQNET 的正式成员。

4.3.3 获得质量认证的条件和准备工作

1. 组织申请 ISO 9001 认证的条件

通常，获得 ISO 9001 认证需要具备以下基本条件。

（1）建立了符合 ISO 9001：2008 标准要求的文件化的质量管理体系。

（2）质量管理体系已运行 3 个月以上，并被审核判定为有效。

（3）认证审核前至少完成了一次或一次以上全面有效的内部审核，并提供有效的证据。

（4）认证审核前至少完成了一次或一次以上有效的管理评审，并提供有效的证据。

（5）质量管理体系持续有效，并同意接受认证机构每年的年审和每 3 年的复审，作为对质量管理体系是否得到有效保持的监督。

（6）承诺遵守证书及标志的适用规定。

2. 组织通过 ISO 9001 认证所必需的准备工作

一个组织推行 ISO 9001 认证，从贯彻标准动员到迎接认证审核，所要做的主要准备工作如图 4－2 所示，其中重要环节是两次大会、四次培训、一套文件、三次评审。

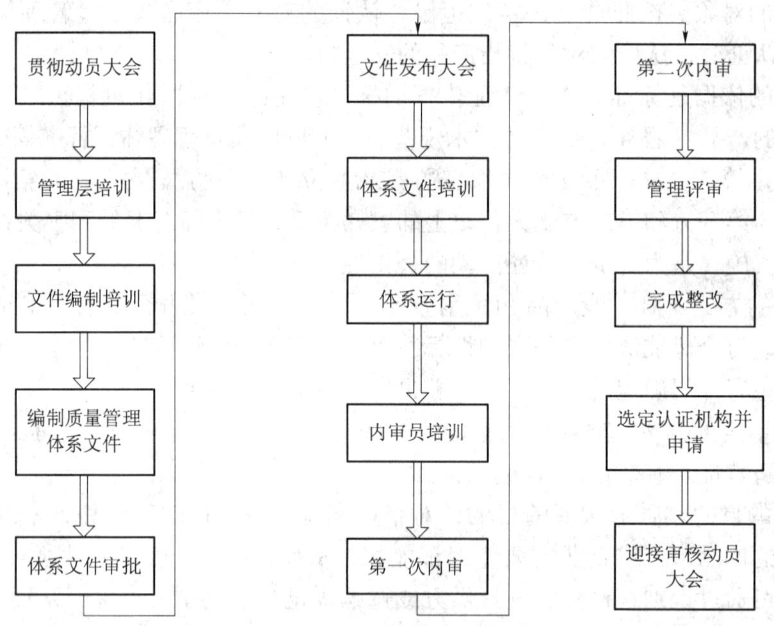

图 4－2　组织推行 ISO 9001 认证准备工作流程

（1）两次大会。组织决定推行 ISO 9001 认证，首先由领导主持召开全体员工贯彻 ISO 9001 标准动员大会，将领导的决心变为全体员工的决心。大会结束后，即转入管理层培训。另一次重要的大会是质量管理体系文件正式标准确定以后，由领导主持召开的质量管理体系文件正式发布大会。要求全体员工理解质量管理体系的重要性，认真参与质量管理工作，认真学习相关的质量管理体系文件，认真执行相关文件的规定。

（2）四次培训。四次培训是管理层培训、文件编制培训、体系文件培训和内审员培训。为了把握标准的精髓，一般请认证咨询机构的专家来实施培训。管理层培训的主要内容是

ISO 9000 标准有关知识、标准的要素构成、标准要素理解要点等。文件编制培训和内审员培训除上述培训内容更加深入外，增加有关体系文件编写要求、编写要点与编写技巧的内容。培训结束，即开展质量管理体系文件编制工作。内审员还须参加操作练习、考试和考试讲评，考试通过后核发内审员证书，准备参加内审。体系文件培训是在质量管理体系文件发布以后，分层次进行的针对组织的文件化质量管理体系的培训，是为质量管理体系运行打基础。此项培训应使组织的每位员工了解自身岗位在质量管理体系中的位置、职责，了解自身岗位与哪些过程有关，工作中应执行什么文件的规定，有哪些要求，应做哪些质量记录。具体培训时可让内审员发挥作用，进一步熟悉组织的质量管理体系，以有利于将要进行的内审。

（3）一套文件。一套文件是指形成系统的质量管理体系文件，主要包括：① 质量方针和目标；② 质量手册（通常将质量方针和目标包括在内）；③ 程序文件；④ 作业文件；⑤ 通用记录表格样式。质量管理体系文件的编制是一个将标准与组织的具体实践相结合的过程，是文件化质量管理体系的形成过程和认证前的一个重要准备过程。质量管理体系文件是质量管理体系运行的依据和记录，不仅要符合 ISO 9001 标准的要求，同时又要注意其适宜性和可操作性。一般为了把握好质量管理体系文件与 ISO 9001 标准的符合性，常常请认证咨询机构的专家来掌舵。文件编制人员在咨询专家的指导下，通过对本组织所包含的大大小小的过程分析，在收集、整理、参考原有管理文件的基础上，编制满足 ISO 9001 标准要求的质量手册和程序文件。在咨询专家的指导下，根据组织的实践和特点，分析所需的作业文件和通用记录表格样式，编制承上启下的与程序文件相衔接的具有实践特点的作业文件和记录表式。然后，在咨询专家的指导下，集合相关部门对文件进行讨论修改，使其更加符合本企业的实际状况，确保体系今后的持续、有效运行。这样的讨论修改往往要有好几次，直到文件与标准的符合性、文件与实际的适宜性和可操作性都好为止，其中咨询专家重点负责文件对标准的符合性。文件经过仔细审阅定稿后，由相关责任人员批准，接着就可以发布、运行了。

（4）三次评审。质量管理体系试运行时间至少为 3 个月，通常为 6 个月。在试运行期间，要进行内部审核和管理评审，以确保建立的质量管理体系符合标准的要求和规定的目标，并保持有效运行。由于没有审核经验，一次内审往往不能解决问题，所以经常在第一次内审通过整改后再进行第二次内审，必要时延长运行时间进行第三次内审。第一次内审最好请认证咨询机构的专家来主持审核，带着内审员实践整个审核过程。由咨询专家指导审核计划、现场检查表的编制，指导进行现场审核，提交审核报告。现场审核结束后，在咨询专家的指导和带领下，就审核中发现的问题与领导层进行交流，提出改进建议，采取纠正措施和实施验证。在取得一定审核经验的基础上，第二次内审中组织自己的内审员应担负主要的审核任务，条件成熟时也可独立进行。内部审核的整改工作完成以后，应立即开展管理评审。由咨询专家指导体系管理人员编制管理评审计划、实施管理评审、起草管理评审报告、编制管理评审纠正预防措施并提出改进意见。内审和管理评审是对质量管理体系的测量、分析和改进的过程，是一个持续完善的过程。经过内审和管理评审并完成整改以后，组织可以着手选择认证机构，递交认证申请，迎接认证审核。

4.3.4　质量认证的意义

1. 有利于保护消费者的利益

由于科学技术的高度发展，现代产品的技术含量越来越高、越来越专业，使得仅有的有限知识和选择条件的顾客很难判断产品质量是否是自己所满意的。实施质量认证，对通过产品质量认证或质量管理体系认证的企业准予使用认证标志或予以注册公布，使消费者了解哪些企业的产品质量是有保证的，从而可以帮助消费者防止误购不符合质量的产品，起到保护消费者利益的作用。

2. 有利于企业完善质量管理体系

企业要获得第三方认证机构的质量管理体系认证或按典型的产品认证制度实施的产品认证，都需要对其质量管理体系进行检查和完善，以提高其对产品质量的保证能力。同时，在认证机构对其质量管理体系实施检查和评定中发现的问题，均需及时加以纠正。这些都会对企业完善其质量管理体系起到促进作用。

3. 提高组织的质量竞争能力

一个组织要在市场竞争中胜出，必须提高质量竞争能力，使人们相信这个组织具有质量控制和保证的能力。而实现质量认证/注册是一个重要途径，经过认证/注册把自己的产品（服务）与没有认证/注册的产品（服务）拉开距离，从而取得竞争优势。

4. 有利于组织拓展国际市场

质量认证制度已被全球越来越多的国家和地区所接受，国与国之间常常通过签订双边或多边的认证合作、互认的协议，承认并接受协议成员的认证证书或同意换取另一方成员的认证证书。这使获得国际权威性认证机构认证的产品质量信誉能在成员国内获得普遍承认，并按协定享受一定的优惠待遇，如免检、优惠开放等。因此，质量认证的国际性增强了产品在国际市场上的竞争能力，有利于组织拓展国际市场。

5. 减少社会重复检验和检查费用

一个生产厂的用户往往是很多的，每个用户在采购产品时都需要进行检验。如果所供产品的供方取得了权威第三方的产品质量认证，具有较高的质量信誉，则各用户购进产品的检验量可以大大地减少，从而节省大量的检验费用和时间。同样地，不同用户或机构对一个企业质量管理体系评定中有 80% 以上工作是重复的。如果一个供方的质量管理体系按国际公认的标准评定并通过注册，则第二方只需评定余下的 20% 特殊部分工作，这样既省时又省钱。

6. 有利于社会发展

质量认证制度的实现提高了社会对质量的诚信和享受，提高了人们改进质量、提升生活的志趣，提高了交易效率，社会的方方面面也将获得有益的改变，显然有利于社会发展。

小案例

澳门大学图书馆的认证

由于澳门大学要整体通过 ISO 9000 认证。因此，澳门大学图书馆作为澳门大学的组成部分，于 2002 年通过了 ISO 9000 认证，成为澳门第一个通过 ISO 9000 认证的图书馆。其实现认证的主要步骤是：① 建立认证班子；② 接受培训；③ 制定质量方针和质量目标；④ 调整服务流程；⑤ 明确质量职责分配；⑥ 编写质量体系文件；⑦ 执行质量程序；⑧ 内部体系审核；⑨ 认证机构审核。澳门大学图书馆通过 ISO 9000 的认证，系统化、规范化了工作流程，提高了读者的满意程度，提高了图书馆整体管理水平和社会竞争能力。通过 ISO 9000 的认证可以构建基于 ISO 9000 标准的服务质量管理体系，不通过认证也同样可以构建，关键在于是否理解了 ISO 9000 标准的精髓，是否将这些精髓与图书馆的实际情况相结合。

4.4 产品质量认证

4.4.1 产品质量认证概述

1. 产品质量认证的概念

产品质量认证是指依据产品标准和相应技术要求，经认证机构确认并通过颁发认证证书和认证标志来证明某一产品符合相应标准和技术要求的活动。

小资料

我国《产品质量法》第十四条第二款规定，“国家参照国际先进的产品标准和技术要求，推行产品质量认证制度。企业根据自愿原则可以向国务院产品质量监督部门认可的或者国务院产品质量监督部门授权的部门认可的认证机构申请产品质量认证。经认证合格的，由认证机构颁发产品质量认证证书，准许企业在产品或者其包装上使用产品质量认证标志。”

2. 产品质量认证分类

目前，产品质量认证的主要分类方式如下。

(1) 合格认证和安全认证。所谓合格认证，是指对一般产品按照国家标准或行业标准所进行的用以证明产品符合标准要求即合格的认证活动。在我国，实行合格认证的产品，必须符合《中华人民共和国标准化法》规定的国家标准或行业标准的要求。安全认证是指依据标准中的安全要求所进行的认证，实行安全认证的产品，必须符合《中华人民共和国标准化法》中有关强制性标准的要求。一般情况下，合格认证是自愿认证，而安全认证是强制性认证。

小资料

安全认证是政府部门为有效地保护消费者的人身健康和安全，保护生态环境，对产品的安全性进行强制性的监督管理。世界上大多数国家和地区都执行安全认证制度，其中比较著名的有英国的 BEAB 安全认证、德国的 GS 认证、美国保险商试验室的 UL 安全认证等。

(2) 强制性认证和自愿性认证。按认证性质划分，认证可分为强制性认证和自愿性认证。国家对涉及人类健康和安全、动植物生命和健康，以及环境保护和公共安全的产品实行强制性认证；对一般工业产品实行自愿性认证。强制性产品认证制度是各国主管部门，为保护广大消费者人身安全，保护动植物生命安全，保护环境，保护国家安全，依照有关法律、法规实施的一种对产品是否符合国家强制标准、技术规则的合格评定的制度。目前，我国具有影响的强制性产品认证是 3C 认证。

(3) 国际认证、区域认证和国家认证。按认证制度作用范围划分，认证可分为国际认证、区域认证和国家认证 3 种。① 国际认证。国际认证是“由政府或非政府的国际团体进行组织和管理的认证，其成员资格向世界上所有的国家开放”。目前，国际认证主要是指国际标准化组织和国际电工委员会等国际组织采用的质量认证。② 区域认证。区域认证是由政府或非政府的区域团体组织和管理的认证，其成员资格通常限于世界某一区域的国家。目前，在国际上较有权威的区域认证是欧洲标准化委员会（CEN）和欧洲电工标准化委员会（CENELEC）的认证。③ 国家认证。国家认证是由国家级的政府或非政府团体进行组织和管理的认证，也是目前世界上最多的一种质量认证。

小资料

国际电工委员会（IEC）于1972年通过决议，设立IEC电子元器件质量评定体系（IECQ）临时管理委员会，于1976年5月通过了电子元器件质量评定体系章程，并正式成立认证管理委员会（CMC）。

IECQ是一个世界范围内的电子元器件质量认证组织，其主要目的是通过认证后，简化电子元器件产品在国际贸易间的检验手续，保证产品符合IEC标准或在技术水平上与IEC标准相一致的国家标准，从而使参加IECQ的成员国生产的电子元器件在成员国内销售时可以免检。

CEN成立于1961年，中央秘书处设在法国标准化协会内，制定的标准是欧洲标准（EN）。1970年设立认证机构（CENCER），开始实行符合欧洲标准的合格认证制度。认证合格的产品由CENCER发给CEN认证证书。

4.4.2　企业申请产品质量认证的条件

中国企业和外国企业及其他申请人，只要符合规定的申请条件，都可以向相应的认证机构提出认证申请。这里所称的中国企业，包括国营、集体、私营企业，在中国境内的中外合资、合作和外资企业。外国企业是指在中华人民共和国境外的企业，其他申请人是指其他申请产品质量认证的社会团体、个体工商户等。凡申请产品质量认证的，都必须具备以下条件。

（1）中国企业及其他申请人应当持有工商行政管理部门颁发的《企业法人营业执照》或《营业执照》；外国企业应当持有外国有关机构的登记注册证明。申请人能够承担民事责任。

（2）产品质量应当符合我国国家标准、行业标准或经国家质量监督检验检疫总局确认的其他标准及其补充技术条件的要求。这里所说的“经国家质量监督检验检疫总局确认的其他标准”，主要是指外国企业到我国申请产品质量认证时，可以采用国际标准或外国标准，但是应当经过国家质量监督检验检疫总局确认。所谓补充技术条件，是指当所采用的标准不能满足认证需要时，应当由认证委员会提出其他补充的技术要求，以完善认证标准的规定。为了促进产品质量达到国际水平，要求所采用的标准应当达到国际水平或国外先进水平。

（3）产品质量稳定，能正常批量生产，并提供有关证明材料衡量产品质量是否稳定，是否能正常批量生产。一般通过检查工艺流程、工艺装备、随机抽样检验产品等方法进行综合评定。

（4）企业的质量体系应当符合国家质量管理和质量保证系列标准的要求。外国企业的质量体系应当符合所在国等同采用ISO 9000《质量管理和质量保证》标准及其补充要求。

4.4.3 企业申请产品质量认证的程序

1. 申请

企业申请产品质量认证，首先需向有关部门提交书面申请。中国企业申请产品质量认证，应当向该产品归口的行业认证委员会提交申请书。外国企业或其代销商应当直接向国家认证认可监督管理委员会或其指定的行业认证委员会提交申请书。申请书格式由国家认证认可监督管理委员会统一规定。其主要内容包括申请单位基本情况，如申请单位全称、地址、营业执照编号、法人代表等情况；申请认证类别及认证产品状况，如申请安全认证或合格认证，申请认证产品名称、规格型号、商标、产量产值等情况；申请单位声明，如声明企业愿意遵守我国产品质量认证法规的规定，接受检查及监督，并按时缴纳费用等。企业递交申请书的同时，还应当提供申请认证产品的企业质量保证体系手册副本及认证采用的标准和有关技术资料。申请书经审核被接受后，认证机构向申请单位发出“接受认证申请通知书”。申请认证单位应按照规定缴纳认证申请费。

2. 审查和检验

企业产品质量认证申请被接受后，认证委员会应当组织对企业进行质量体系审查，并对认证产品质量进行检验。审查的目的是检查、评定企业的质量保证体系确实具备保证企业持续稳定地生产符合标准要求的产品的能力。审查内容包括文件审查和现场评定。审查工作由认证委员会组织国家注册检查员及有关专家进行。审查依据是 GB/T 19000 系列标准或等同 ISO 9000 系列标准。审查结束后，由国家注册检查员负责签署“企业质量体系检查报告”，并负责将检查报告送交认证委员会。检查报告是对企业质量体系评定的重要证明文件。检查报告经认证机构审查通过后，按照规定对企业申请认证的产品进行抽样检验。认证委员会应向经过国家认证认可监督管理委员会审查认可、计量认证合格的检验机构下达“产品检验委托书”，接受委托书的检验机构为承担认证产品质量检验的检验机构。该检验机构应按照认证委员会指定的标准对产品样品进行质量检验，并写出“样品检验报告”，经检验机构负责人签字后报送认证委员会。检验报告应对每个检验项目明确填写检验数据、检验结果及结论。同时，对整个被检样品作出是否符合认证标准的综合判定结论。企业在通过质量体系检查和样品检验合格后，应缴纳检查费和检验费。未通过质量体系检查时，不进行样品检验，不收检验费。

3. 批准

企业通过质量体系检查和产品样品检验后，认证委员会负责对“企业质量体系检查报告”和“样品检验报告”进行全面审查，依法对于符合规定条件的企业批准认证，颁发认证证书，并允许企业在该产品上使用认证标志。对于经审查不符合规定的企业，认证委员会应当书面通知申请单位，并说明理由。如果企业能在 6 个月内采取有效措施予以改正，并经认证委员会进行必要复查，确实达到规定条件的，仍可予以批准认证、颁发认证证书。对于经过复查，仍达不到规定要求的，应通知企业撤回申请。认证委员会批准企业产品质量认证后，应向国家认证认可监督管理委员会备案。

产品质量认证的具体流程如图 4－3 所示。

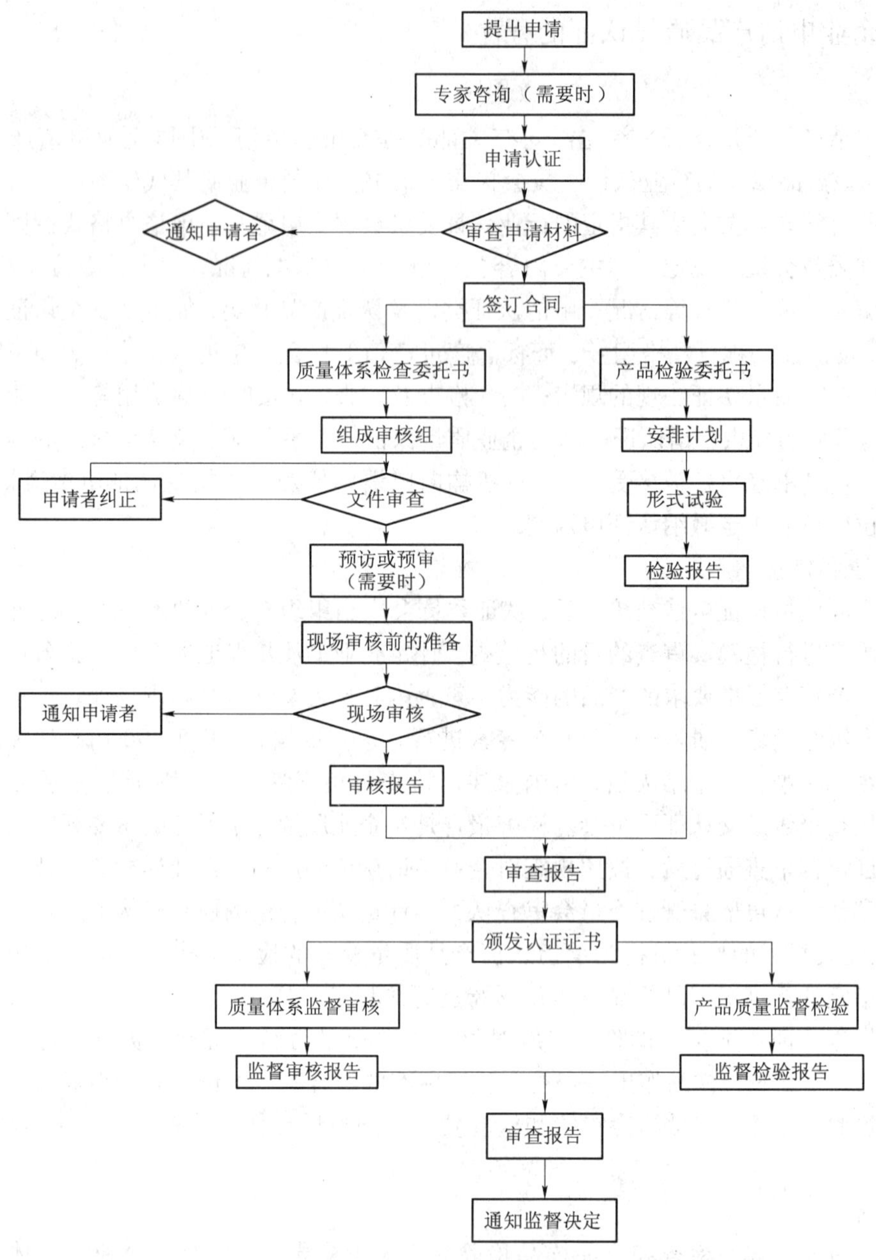

图 4－3　产品质量认证流程

4.4.4　产品质量认证证书和认证标志

1. 产品质量认证证书

产品质量认证证书是认证机构证明产品符合认证要求的法定证明文件。在我国，认证证书由国务院标准化行政主管部门组织印制并统一编号，由产品认证委员会负责颁发。申请企业取得认证证书后，应按国家的法规和认证机构的规定加以使用，未经认证机构许可，不得复制、转让。一般地，认证证书可以在广告、展销会、订货会等产品推销活动中宣传和展示，以提高企业的知名度。在认证证书的有效期内，出现下列情况之一的，应按规定重新换证。

（1）认证产品有变更。

（2）使用新的商标名称。

（3）认证证书持有者有变更。

（4）部分产品型号、规格受到撤销处理。

2. 产品质量认证标志

产品质量认证标志是由认证机构设计并发布的一种专用质量标志。它由认证机构代表国家认证授权机构来颁发。产品质量认证标志经认证机构批准，可以使用在认证产品、包装物、产品使用说明书或出厂合格证上，用来证明该产品符合特定标准或技术规范。

4.4.5　产品质量合格认证

产品质量合格认证是自愿性认证，其主要目的是证明产品已达到了制定标准的要求。这种认证的市场有效性取决于两个方面：一个是认证所依据的标准发布机构的知名度；另一个是认证机构的知名度。发布标准机构的知名度越大，依据该标准进行认证的机构知名度越大，则认证的效果越好。目前，比较著名的标准发布机构主要有澳大利亚标准协会（SAA）、加拿大标准协会（CSA）、法国标准化协会（NF）、德意志标准协会（DIN）、德国电器工程师协会（VDE）、日本通产省工业技术院标准部（JIS）、日本农林省（JAS）、韩国标准局（KBS）、英国标准学会（BSI）等机构。它们的部分认证标志如图4－4所示。产品贴有如图4－4所示的认证标志，证明该产品按该机构发布的标准生产，并达到了标准的要求。

SAA

CSA

NF

VDE

BSI

图4－4　著名的产品质量合格认证标志

小资料

2011年，我国一波接一波的食品安全问题，再次引起人们的高度关注。从年初的双汇瘦肉精事件、台湾的“塑化剂”风波、立顿铁观音稀土超标、速冻食品细菌门、京津冀地沟油规模化生产、染色馒头、“毒豆芽”、“美容猪蹄”、“毒红薯粉”、肯德基炸薯条油7天一换，到年底的蒙牛牛奶黄曲霉素M1超标140%的“毒奶门”事件，无时无刻不在敲响着安全质量的警钟。只有将“质量就是生命”这个理念深入到骨子里去，把产品看做是企业的生命，真正做到全面彻底的产品质量管理，才能得到消费者的信任。

4.4.6　著名的产品质量安全认证

1. CCC 认证

3C认证的全称为“强制性产品认证制度”，它是各国政府为保护消费者人身安全和国家安全，加强产品质量管理，依照法律、法规实施的一种产品合格评定制度。所谓3C认证，就是中国强制性产品认证制度，英文名称 China Compulsory Certification，缩写为 CCC。图 4－5 显示的是 CCC 认证标志。

图 4－5　CCC 认证标志

"3C"认证从 2003 年 5 月 1 日（后来推迟至 8 月 1 日）起全面实施，原有的产品安全认证和进口安全质量许可制度同期废止。目前，已公布的强制性产品认证制度有《强制性产品认证管理规定》、《强制性产品认证标志管理办法》、《第一批实施强制性产品认证的产品目录》和《实施强制性产品认证有关问题的通知》，对强制性产品认证的法律依据、实施强制性产品认证的产品范围、强制性产品认证标志的使用、强制性产品认证的监督管理等作了统一的规定。其主要内容概括起来有以下 6 个方面。

（1）按照世界贸易组织有关协议和国际通行规则，国家依法对涉及人类健康安全、动植物生命安全和健康，以及环境保护和公共安全的产品实行统一的强制性产品认证制度。国家认证认可监督管理委员会统一负责国家强制性产品认证制度的管理和组织实施工作。

（2）国家强制性产品认证制度的主要特点是国家公布统一的目录，确定统一适用的国家标准、技术规则和实施程序，制定统一的标志标志，规定统一的收费标准。凡列入强制性产品认证目录内的产品，必须经国家指定的认证机构认证合格，取得相关证书并加施认证标志后，方能出厂、进口、销售和在经营服务场所使用。

（3）根据中国加入世界贸易组织的承诺和体现国民待遇的原则，原来两种制度覆盖的产品有 138 种，此次公布的目录删去了原来列入强制性认证管理的医用超声诊断和治疗设备等 16 种产品，增加了建筑用安全玻璃等 10 种产品，实际列入目录的强制性认证产品共有 132 种。

（4）国家对强制性产品认证使用统一的标志。新的国家强制性认证标志名称为"中国强制认证"，英文名称为"China Compulsory Certification"，英文缩写可简称为"3C"标志。中国强制认证标志实施以后，将取代原实行的"长城"标志和"CCIB"标志。

（5）国家统一确定强制性产品认证收费项目及标准。新的收费项目和收费标准的制定，将根据不以赢利为目的和体现国民待遇的原则，综合考虑现行收费情况，并参照境外同类认证收费项目和收费标准。

（6）强制性产品认证制度于 2002 年 8 月 1 日起实施，有关认证机构正式开始受理申请。原有的产品安全认证制度和进口安全质量许可制度自 2003 年 8 月 1 日起废止。

2. 英国 BEAB 安全认证

BEAB 安全认证是英国家用审核局对电器及电器设备经指定的认证机构确认合格后，颁发的安全质量认证标志。BEAB（British Electrotechnical Approvals Board）英国电工认证局成立于1960年，是一个独立的国家级安全认可权威机构，可为家用电器及控制器等提供安全认证及其他服务。经过50多年的运作，BEAB已在欧洲及世界各国享有很高声誉。

BEAB认证主要有3个要素：符合相关安全标准的形式认可测试、工厂审查和市场监督检测。形式认可测试应由BEAB已授权的认可实验室来执行，在中国获此授权的实验室有香港的标准和测试中心、北京家用电器检测站。工厂审查是安全认证的基本要素，其关键问题是在生产线正常生产能力限度内，制造商如何确保已生产的产品与按标准要求进行测试的样品一致。BEAB工厂审核员将关注怎样在生产中实施质量体系，如何进行常规检测，认证后工厂将继续接受年度审查。市场监督检测由BEAB人员从市场上购买或抽取标有BEAB标志的产品进行监督检验，调查用户对标有BEAB标志产品的意见和投诉。

小资料

通过BEAB认证的产品将获得BEAB认证证书，允许在其产品或其包装上贴有BEAB的标志。在产品上标有BEAB标志就意味着它在结构和安全问题上满足良好的工程要求，不会对人或物品的安全产生危害，它不仅满足合适的安全标准，同时也符合一致性要求。产品将按照欧盟有关低压电器质量的要求进行生产。获得BEAB证书是电工产品，尤其是家用电器产品进入欧洲市场的通行证。

3. 德国GS认证

GS的含义是德语“Geprufte Sicherheit”（安全性已认证），也有“Germany Safety”（德国安全）的意思。GS认证以德国产品安全法（GPGS）为依据，按照欧盟统一标准EN或德国工业标准DIN进行检测的一种自愿性认证，是欧洲市场公认的德国安全认证标志，是德国劳工部授权TUV、VDE等机构颁发的安全认证标志。GS标志是被欧洲广大顾客接受的安全标志。通常GS认证产品销售单价更高而且更加畅销。图4-6显示的是GS认证标志。GS认证对产品和文件的要求是：① 产品要通过欧洲安全标准的形式实验；② 产品结构要符合标准要求；③ 说明书（德文，英文）要符合标准。按TUV要求准备《结构图》、《电路图》、《零部件清单》等英文文件，产品测试将按这些文件提供的参数进行。

图4-6　GS标志

GS的认证流程如下。

(1) 首次会议。通过首次会议，检测机构或代理机构将向申请者的产品工程师解释认证的具体程序及有关标准，并将提供递交要求的文件表格。

（2）申请。由申请者提交符合要求的文件，对于电器产品，需要提交产品的总装图、电气原理图、材料清单、产品用途或使用安装说明书、系列型号之间的差异说明等文件。

（3）技术会议。在检测机构检查申请者的文件资料后，将会安排与申请者的技术人员进行技术会议。

（4）样品测试。样品测试将依照所适用的标准进行，可以在制造商的实验室或检验机构的任何一个驻在各国的实验室进行。

（5）工厂检查。GS 认证要求对生产的场所进行与安全相关的程序检查。

（6）签发 GS 证书。

小资料

GS 认证对工厂品保体系有严格要求，要对工厂进行审查和年检，要求工厂在批量出货时，依据 ISO 9000 体系标准建立自己的质量保证体系。工厂最少要有自己的品管制度、质量记录等文件，以及足够的生产、检验能力。颁发 GS 证书之前，要对新工厂进行审查合格才发 GS 证书。发证书后，每年要对工厂最少进行一次审查。无论该工厂申请多少个产品的 GS 标志，工厂只需要审查一次。

4. UL 安全认证

UL 是美国保险商试验所（Underwriter Laboratories Inc.）的简写。UL 安全试验所是美国最有权威的，也是世界上从事安全试验和鉴定的较大民间机构。它是一个独立的、非营利的、为公共安全做试验的专业机构。UL 采用科学的测试方法研究确定各种材料、装置、产品、设备、建筑等对生命和财产有无危害及危害的程度；确定、编写、发行相应的标准和有助于减少及防止造成生命财产受到损失的资料，同时开展实情调研业务。图 4－7 显示的是 UL 认证标志。

图 4－7　UL 标志

小资料

UL 主要从事产品的安全认证和经营安全证明业务，其最终目的是为市场得到具有相当安全水准的商品，为人身健康和财产安全得到保证作出贡献。就产品安全认证作为消除国际贸易技术壁垒的有效手段而言，UL 为促进国际贸易的发展也发挥着积极的作用。

UL 的认证程序如下。

1）申请人递交有关公司及产品资料

（1）书面申请：应以书面方式要求 UL 公司对贵公司的产品进行检测。

（2）公司资料：用中英文提供以下单位详细准确的名称、地址、联络人、邮政编码、电话及传真。① 申请公司：提出产品检测申请并负责全部工程服务费用的公司。② 列名公司：在 UL 公司出版的各种产品目录中列出名称的公司。③ 生产工厂：产品的制造者和生产者。

（3）产品资料：产品的资料应以英文提供。具体包括以下内容。① 产品的名称：提供产品的全称。② 产品型号：详列所有需要进行实验的产品型号、品种或分类号等。③ 产品预定的用途：如家庭、办公室、工厂、煤矿、船舶等。④ 零件表：详列组成产品的零部件及型号（分类号）、额定值、制造厂家的名称。对于绝缘材料，请提供原材料名称，如 GE Polycarbonate，Lexan Type 104。当零部件已获得 UL 认证或认可，请证明该零部件的具体型号，并注明其 UL 档案号码。⑤ 电性能：对于电子电器类产品，提供电原理图（线路图）、电性能表。⑥ 结构图：对于大多数产品，需提供产品的结构图或爆炸图、配料表等。⑦ 产品的照片、使用说明、安全等项或安装说明等。

2）根据所提供的产品资料作出决定

当产品资料齐全时，UL 的工程师根据资料作出下列决定：实验所依据的 UL 标准、测试的工程费用、测试的时间、样品数量等，以书面方式通知，并将正式的申请表及跟踪服务协议书寄给申请公司。申请表中注明了费用限额，是 UL 根据检测项目而估算的最大工程费用，没有申请公司的书面授权，该费用限额是不能被超过的。

3）申请公司汇款、寄回申请表及样品

申请人在申请表及跟踪服务协议书上签名，并将表格寄返 UL 公司，同时通过银行汇款，在邮局或以特快专递方式寄出样品，并对送验的样品进行适当的说明（如名称、型号）。申请表及样品请分开寄送。对于每一个申请项目，UL 会指定唯一的项目号码（Project No.）。在汇款、寄样品及申请表时注明项目号码、申请公司名称，以便于 UL 查收。

4）产品检测

收到申请公司签署的申请表、汇款、实验样品后，UL 将通知申请公司该实验计划完成的时间。产品检测一般在美国的 UL 实验室进行，UL 也可以接受经过审核的参与第三方测试数据。实验样品将根据申请人的要求被寄还或销毁。如果产品检测结果符合 UL 标准要求，UL 会发出检测合格报告和跟踪服务细则（FollowUp Service Procedure）。检测合格报告将详述测试情况、样品达到的指标、产品结构及适合该产品使用的安全标志等。在跟踪服务细则中包括对产品的描述和对 UL 区域检查员的指导说明。检测报告的一份副本寄发给申请公司，跟踪服务细则的一份副本寄发给每个生产工厂。

5）申请人获得授权使用 UL 标志

在中国的 UL 区域检查员联系生产工厂进行首次工厂检查（Initial Production Inspection，IPI）。检查员检查工厂的产品及其零部件在生产线和仓库存储的情况，以确认产品结构和零件是否与跟踪服务细则一致，如果细则中要求，区域检查员还会进行目击实验，当检查结果符合要求时，申请人获得授权使用 UL 标志。如果产品检测结果不能达到 UL 标准要求，UL 将通知申请人，说明存在的问题，申请人改进产品设计后，可以重新交验产品，并应该告诉

UL工程师，产品做了哪些改进，以便作出相应的决定。

小资料

继UL后，检查员会不定期地到工厂检查，检查产品结构和进行目击实验，检查的频率由产品类型和生产量决定，大多数类型的产品每年至少检查4次。检查员的检查是为了确保产品继续与UL要求相一致，在计划改变产品结构或部件之前，请先通知UL，对于变化较小的改动，不需要重复任何实验，UL可以迅速修改跟踪服务细则，使检查员可以接受这种改动。当UL认为产品的改动影响到其安全性能时，需要申请公司重新递交样品进行必要的检测，跟踪服务的费用不包括在测试费用中。

5. CE认证

“CE”标志是一种安全认证标志，被视为制造商打开并进入欧洲市场的护照。CE代表欧洲统一（Conformite Europeenne）。凡是贴有“CE”标志的产品可以在欧盟各成员国内销售，无须符合每个成员国的要求，从而实现了商品在欧盟成员国范围内的自由流通。

小资料

CE是法文的缩写，英文意思为“European Conformity”，即欧洲共同体。在欧洲共同体1985年5月7日的《技术协调与标准的新方法的决议》（85/C136/01号）中对需要作为制定和实施指令中的“主要要求”有特定的含义，即只限于产品不危及人类、动物和货品的安全方面的基本安全要求，而不是一般质量要求，协调指令只规定主要要求，一般指令要求是标准的任务。产品符合相关指令有关主要要求，就能加附CE标志，而不按有关标准对一般质量的规定裁定能否使用CE标志。因此，准确的含义是CE标志是安全合格标志而非质量合格标志。20世纪40年代，西欧国家感到，要在美苏两大国之间保证自己的安全，提高国际地位，加快经济发展，必须联合起来，因此力推欧洲一体化进程。欧洲一体化可分为5个层次：建立自由贸易区、关税同盟、统一大市场、经济货币联盟和政治联盟。

CE认证的流程如下（此流程适用于所有CE覆盖的产品）。

（1）确定产品符合的指令和协调标准。超过20个指令覆盖的产品需要加贴CE标志。这些指令分别覆盖了不同范围的产品，并且指令中列举了所覆盖产品的基本要求。欧盟协调标准就是用来指导产品满足指令基本要求的详细技术文件。

（2）确定产品应符合的详细要求。必须保证产品满足欧盟相关法律的基本要求。产品满足其所适用的所有协调标准的要求，才被视为符合相关的基本要求。是否适用协调标准完全是自愿的，也可以选择其他方式来满足相应的基本要求。

（3）确定产品是否需要公告机构参与检验。产品所涉及的每一个指令都对是否需要由第三方公告机构来参与CE的审核有详细的规定。并不是所有产品都强制要求通过公告机构认证，所以确定是否真的需要公告机构参与是非常重要的。这些公告机构都是由欧盟委员会授权的，并在新方法指令公告机构及指定机构（NANDO）的档案中有详细的清单。

（4）测试产品并检验其符合性。制造商有责任对产品进行测试，并且检查其是否符合欧盟法规（符合性评估流程），风险评估是评估流程中的基础规则，满足欧盟相关协调标准的要求后，才有可能满足欧盟官方法规的基本要求。

（5）起草并保存指令要求的技术文件。制造商必须根据产品所符合指令的要求及风险评估的需要，建立产品的技术文件（TCF）。如果相关授权部门要求，制造商需将技术文件及 EC 符合性声明一起提交检查。

（6）在产品上加贴 CE 标志并作 EC 符合性声明（EC Declaration of Conformity）。CE 标志必须由制造商或其授权代表加贴在产品上。CE 标志必须按照其标准图样，清楚且永久地贴在产品或其铭牌上。如果公告机构参与了产品的认证，则 CE 标志必须带有公告机构的公告号。制造商有义务起草 EC 符合性声明，并在其上签字以证明产品满足 CE 要求。

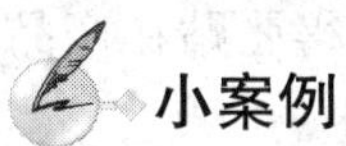
小案例

美国远程高等教育质量认证制度

高等教育认证在美国经历了 3 个发展阶段：① 从 1885 年到第二次世界大战；② 第二次世界大战后到 20 世纪 80 年代；③ 20 世纪 90 年代中期以来。美国教育认证制度已经成为美国教育制度的一个重要组成部分，其组织结构、运作方式等都趋于成熟、稳定，已经被市场、政府、教育界所广泛接受，并作为美国教育特别是高等教育取得巨大成就的重要因素之一，受到全球瞩目。其制度的发展主要受两个因素的影响：技术的进步和第二次世界大战后远程高等教育质量认证体系的发展。并且，美国学校高度自治和自由、实用主义价值观、个人主义价值观和多元文化价值观也对远程教育的发展起到了至关重要的作用。

当前，我国正处于远程高等教育大发展、大变革的时代，需要深入分析美国远程教育质量认证制度背后的文化和价值因素，借鉴其好的方面，使我国的远程高等教育质量认证制度能够早日登上中国远程高等教育改革与发展的宽阔舞台，成为我国远程高等教育变革的生力军。

4.5 质量管理体系认证

4.5.1 质量管理体系认证概述

1. 质量管理体系认证的概念

质量管理体系认证是指由第三方公正机构依据公开发布的质量体系标准，对供方（生产方）的质量体系实施评定，评定合格的由第三方公正机构颁发质量体系认证证书，并予以注册公布，证明供方在特定的生产范围内具有必要的质量合格证能力的活动。

2. 质量管理体系认证的特征

（1）认证的对象是质量体系。即组织质量体系中影响持续按需方的要求提供产品或服务的能力的某些因素，即质量保证能力。

（2）实行质量体系认证的基础是有关质量体系的国家标准或国际标准。ISO 9000 族标准就是一种质量体系的国际标准。

（3）鉴定质量体系是否符合标准要求的方法是质量体系审核。即由认证机构派出注册审核员对申请认证组织的质量管理体系进行检查审核，并提交审核报告，给出审核结论。

（4）证明取得质量体系认证资格的方式是质量体系认证证书。认证证书只证明该组织的质量体系符合标准要求，不证明该组织生产的任何产品符合产品标准。因此，质量体系认证的证书不能用于产品。

3. 质量管理体系认证证书和认证标志

（1）认证证书。认证机构向获准认证通过的企业颁发质量管理体系认证证书。该证书一般包括证书号，申请方地址、名称，所认证质量管理体系覆盖的产品范围，评定依据的质量管理体系标准，颁发证书的机构、签发人、日期。该证书的有效期为3年。

（2）认证标志。认证机构向获准认证通过的企业颁发带有认证机构专有标志的体系认证标志。企业可以利用其做广告宣传，表明本企业所具有的质量信誉，但不得张贴在产品上，也不得以任何可能误认为产品合格的方式使用。

4.5.2 质量管理体系认证的意义

1. 强化品质管理，提高企业效益；增强客户信心，扩大市场份额

负责ISO 9000品质体系认证的认证机构都是经过国家认可机构认可的权威机构，对企业的品质体系的审核是非常严格的。这样，对于企业内部来说，可按照经过严格审核的国际标准化的品质体系进行品质管理，真正达到法治化、科学化的要求，极大地提高工作效率和产品合格率，迅速提高企业的经济效益和社会效益。对于企业外部来说，当顾客得知供方按照国际标准实行管理，拿到了ISO 9000品质体系认证证书，并且有认证机构的严格审核和定期监督，就可以确信该企业是能够稳定地提供合格产品或服务，从而放心地与企业订立供销合同，扩大了企业的市场占有率。可以说，在这两方面都能收到立竿见影的功效。

2. 获得国际贸易绿卡——“通行证”，消除了国际贸易壁垒

许多国家为了保护自身的利益，设置了种种贸易壁垒，包括关税壁垒和非关税壁垒。其中，非关税壁垒主要是技术壁垒。在技术壁垒中，又主要是产品品质认证和ISO 9000品质体系认证的壁垒。特别是在“世界贸易组织”中，各成员国之间相互排除了关税壁垒，只能设置技术壁垒。所以，获得认证是消除贸易壁垒的主要途径。我国加入世界贸易组织以后，失去了区分国内贸易和国际贸易的严格界限，所有贸易都有可能遭遇上述技术壁垒，应该引起企业界的高度重视，及早进行防范。

3. 节省了第二方审核的精力和费用

在现代贸易实践中，第二方审核早已成为惯例，但逐渐发现其存在很大的弊端。一个组织通常要为许多顾客供货，第二方审核无疑会给组织带来沉重的负担；另外，顾客也需支付相当的费用，同时还要考虑派出或雇佣人员的经验和水平问题，否则，花了费用也达不到预期的目的。唯有质量管理体系认证可以排除这样的弊端。因为，作为第一方申请了第三方的认证并获得了认证证书以后，众多第二方就不必要再对第一方进行审核，这样不管是对第一方还是对第二方都可以节省很多精力或费用。并且，如果企业在获得了认证之后，再申请UL、CE等产品品质认证，还可以免除认证机构对企业的质量管理体系进行重复认证的开支。

4. 在产品品质竞争中永远立于不败之地

国际贸易竞争的手段主要是价格竞争和品质竞争。由于低价销售的方法不仅使利润锐减，如果构成倾销，还会受到贸易制裁，所以价格竞争的手段越来越不可取。20世纪70年代以来，品质竞争已成为国际贸易竞争的主要手段，不少国家把提高进口商品的品质要求作为限入奖出的贸易保护主义的重要措施。实行 ISO 9000 国际标准化的品质管理，可以稳定地提高产品品质，使企业在产品品质竞争中永远立于不败之地。

5. 有利于国际间的经济合作和技术交流

按照国际间经济合作和技术交流的惯例，合作双方必须在产品（包括服务）品质方面有共同的语言、统一的认识和共守的规范，方能进行合作与交流。质量管理体系认证正好提供了这样的信任，有利于双方迅速达成协议。

质量管理体系认证还可以强化企业内部管理，稳定经营运作，减少因员工辞工造成的技术或质量波动，并且能有效提高企业形象。

4.5.3　质量管理体系认证的程序

1. 基本原则

（1）质量管理体系认证的基本原则是独立性、公正性和科学性。质量管理体系认证机构根据自己的特点，可以在认证程序上有所不同，但其遵循的原则应是共同的。

（2）已获认证的组织有义务履行认证机构颁发的有关认证制度，也有权利使用认证证书或认证标志。在权利得不到保证时，获证组织可以保留向认证机构申诉的权利，认证机构应建立处理投诉和申诉的程序。

2. 认证程序

质量管理体系认证的一般流程，如图 4－8 所示。

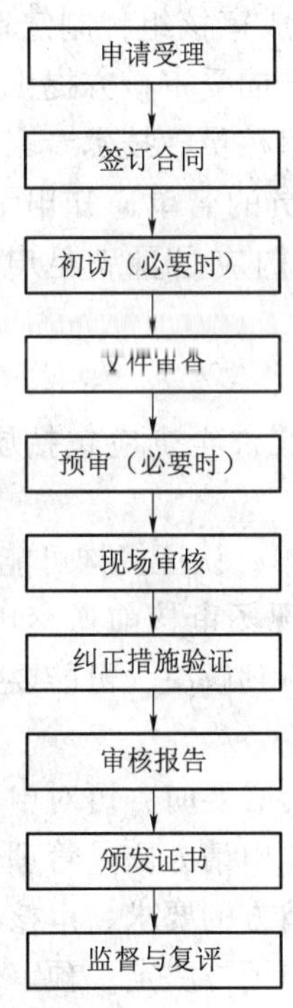

图 4－8　质量管理体系认证的一般流程图

1）申请受理和评审

（1）认证机构应准备必要的最新文件，提供给申请方（拟认证的组织，下同）。这些文件应阐明认证的详细程序说明及要求、获证组织的权利与义务。

（2）申请方应向认证机构提交一份正式的、由其授权代表签署的申请书。

（3）认证机构应对申请方的申请进行评审并保存记录。

（4）认证机构应遵循公平、公正的原则向所有申请方开放。

（5）认证机构在受理申请后应书面通知申请方。

（6）合同签订。合同应阐明申请方和认证机构双方的权利和义务，以及有关认证的费用。认证费用一般包括申请费、注册费和初次审核费。

小资料

奥迪特（AUDIT）是国际上通用的汽车产品质量审核方法，第一汽车集团公司在总结几十年质量管理经验的基础上，借鉴德国大众公司奥迪特评审方法，创造出具有中国特色的汽车产品奥迪特质量审核法。该方法既用于汽车产品实物质量审核，又可用于综合质量管理。奥迪特质量审核法的实施，会使企业的产品质量越来越好，成本会逐步下降，经济效益越来越高。中国的奥迪特质量审核标准和方法包括：计算产品理论缺陷点项数；根据理论缺陷点项数确定评价系数；进行缺陷分级，编写 AUDIT 缺陷类型表和 AUDIT 评审检查卡；编制质量等级分值表，确定评审标准。

2）审核组的组成

（1）认证机构根据申请方情况组成审核组，制定审核组长。审核组的配备应考虑审核组成员及其所在组织，在最近两年内未向受审核方提供质量管理体系的咨询服务。审核组成员可包括实习审核员、审核员、高级审核员、技术专家，但观察员不能作为审核组成员。

（2）认证机构应提前将审核组成员的名单通知申请方，提醒其对指派的审核员或专家有无异议。如有正当理由时，认证机构应尽量满足申请方的要求，使审核组为申请方所接受。

3）文件审查

（1）申请方提交的质量管理体系文件至少应包括质量手册，根据认证机构要求也可包括其他相关质量文件。

（2）送审的质量文件应是最新版本，认证机构可能在审核文件时要求补送有关资料。

（3）文件审查后应将审查报告在现场审核前送交申请方，并使其能在审核前完成纠正措施。如果文件审核报告中的问题得不到解决，可能要推迟或取消现场审核。

4）初访和预审

认证机构在签订认证合同后，认为必要时，可对申请方作一次初访，目的是现场了解组织的规模和分布、产品和过程的特点、申请方质量管理体系现状，从而为审核组进入现场做好充分准备。在现场审核以前，应申请方的要求，审核机构可以组织进行预审。初访和预审不是认证的必要程序。是否预审，由申请方决定，预审仅限于检查是否作好审核准备，预审不应对受审核方进行建立体系的咨询。

5）现场审核

（1）审核准备。现场审核前，审核组应编制审核计划和审核检查表，审核计划应顾及双方的时间安排，并得到受审核方的同意。

(2) 首次会议。审核组在正式审核前应与受审核方召开一次会议，主要是重申审核的目的、依据、范围、计划，介绍审核组成员和审核方法等。

(3) 审核。① 审核组应依据规定的标准在确定的范围内评定受审核方的质量管理体系。② 审核通常采取检查质量文件、记录，同管理和现场作业人员座谈，以及对质量活动进行观察等方式收集证据。③ 审核员应按双方商定的审核计划和按事先准备的检查清单去验证组织质量管理体系的实施是否符合规定的要求。④ 审核组应详细记录所观察到的不合格项，并根据问题的严重程度将所发现的不合格项分为严重或轻微两类。审核组提出的不合格项应经受审核方确认。

(4) 末次会议。审核组应在现场审核结束前与受审核方召开一次会议，介绍审核情况和结果，提供口头的或书面的关于受审核方是否符合规定的认证要求的说明。审核组应给受审核方针对审核结果和说明提供质疑的机会。

(5) 不合格报告和纠正措施。审核组应在末次会议前或末次会议上向受审核方提交不合格报告；审核组应请受审核方对不合格报告提出意见，明确认证机构对纠正措施的有关要求，如要求在规定的时间内完成。纠正措施一般可分为 3 种不同情况：① 在审核组撤离前完成对纠正措施的落实，则审核员可在不合格报告上签字验证；② 纠正措施主要涉及文件更改，则只要确认文件更改部分，不必去现场验证；③ 纠正措施若涉及必须去现场复查的重大更改，则认证机构应安排现场跟踪审核。

6) 审核报告

(1) 审核组应向认证机构提交说明受审核方与认证要求符合性的报告。

(2) 认证机构应对审核组审核报告予以审查批准，如批准的正式报告与审核组在末次会议前或末次会议上向受审核方提交的不合格报告有差异，则正式报告在提交给受审核方时应解释与前次的不同之处。

7) 颁发证书

认证机构应为获证的组织提供认证文件，如由认证机构法定代表人签署的文件或认证证书。这些文件应确定组织和认证所覆盖各个场所的下列信息：① 名称和地址；② 批准的认证范围；③ 认证证书的生效期和有效期。

8) 监督与复评

认证证书的有效性一般为 3 年，认证机构在有效期内将对受审核方质量管理体系实施监督审核，两次监督审核的间隔时间一般是一年。在认证证书有效期结束时，认证机构应根据受审核方的申请对其质量管理体系重新评定（复评）。

4.5.4 产品质量认证和质量管理体系认证的选择

一个企业是选择产品质量认证还是选择质量管理体系认证，或者两种认证都申请，主要取决于企业的生产性质和产品特点。

1. 只能或优先选择质量管理体系认证的企业类型

(1) 没有实体产品的企业，如银行、培训中心、咨询机构等。

(2) 有产品，但产品不是自己企业生产的，如商店、供销社等。

(3) 试验性或试制性生产企业。

(4) 单件、小批量产品的生产企业。

(5) 顾客要求提供质量管理体系认证证书的企业。

2. 只能或优先选择产品质量认证的企业类型

(1) 对于生产单一产品的企业，如生产水泥、汽车玻璃等企业应优先考虑产品质量认证。因为，产品质量认证同样也包含质量体系的评定，而且产品质量认证的标志可用于产品上。

(2) 我国法律、行政法规或规章规定强制认证的产品必须申请产品质量认证。

3. 质量管理体系认证和产品质量认证都可选的企业类型

对于主导产品较多且又能够形成批量生产的企业，其选择主要取决于市场和顾客的需要。对这类企业也可采取两步走的办法，即先申请质量管理体系认证打好管理基础，然后再有选择地申请产品认证。

4.5.5 产品认证和质量管理体系认证的比较

1. 质量管理体系认证与产品认证的关系

产品质量认证和质量管理体系认证同属质量认证的范畴，都具有质量认证的以下特征。

(1) 两种认证类型都有具体的认证对象。

(2) 产品质量认证和质量管理体系认证都是以特定的标准作为认证的基础。

(3) 两种认证都是由第三方独立主导进行的活动。

(4) 产品质量认证和质量管理体系认证都要求企业建立质量管理体系，都要求对企业质量管理体系进行检查和评定，以评定企业是否具有使产品持续符合技术规范的能力。产品质量认证进行质量管理体系审核时也应充分利用质量管理体系认证的审核结果，质量管理体系认证进行质量管理体系审核时也应充分利用产品质量认证的质量管理体系审核结果。

2. 产品质量认证与质量管理体系认证的区别

产品质量认证和质量管理体系认证从不同的角度及不同的形式推动认证活动，提高企业质量管理水平，提高产品质量。它们相互依存，互为补充。表 4－2 是两者的一个简单对照表。

表 4－2　产品质量认证和质量管理体系认证的比较

比较项目	质量管理体系认证	产品质量认证
认证对象	企业或其他组织的质量管理体系	特定产品
认证目的	证明组织的质量管理体系有能力确保其产品满足规定的要求	证明组织的具体产品符合特定标准的要求
认证条件	质量管理体系符合 ISO 9001：2000 要求	① 产品质量符合指定标准要求 ② 质量管理体系符合 ISO 9001：2000 要求及特定产品的补充要求
证明方式	质量管理体系认证证书和认证标志	产品认证证书和认证标志
证明的使用	认证证书和认证标志可用于宣传资料，但不能用于产品或包装	证书不能用于产品，但标志可用于产品上
认证性质	自愿认证	强制或自愿认证
认证的保持	定期监督供方质量体系，注册机构不对产品实物与规定要求的符合性实施监督检验	对认证产品实施监督检验，对质量体系实施监督检查
两者关系	相互充分利用对方的审核结果	

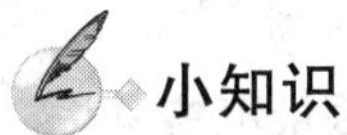小知识

我国产品质量认证与质量管理体系认证的协调

我国的产品质量认证工作起步晚，但起点高。《中华人民共和国产品质量认证管理条例》中规定，申请产品质量认证的企业应具备的条件之一是：生产企业的质量体系符合国家质量管理和质量保证标准及补充要求。在《中华人民共和国产品质量认证管理条例实施办法》中进一步明确：企业质量体系符合 GB/T 19000 或者外国申请人所在国等同采用 ISO 9000 质量管理和质量保证系列标准及其补充要求。质量管理体系认证要求申请人按 GB/T 19000 - ISO 9000 系列标准或其他国际公认的质量体系规范建立文件化的质量体系。这些规定表明，在我国的产品质量认证和质量管理体系认证中，对企业质量体系的要求已经在行政法规和规章上协调起来。

本章习题

一、判断题

1. 审核中重视纠正形式化文件的形象。（　）
2. 质量管理体系认证范围就是这个体系所覆盖的产品范围。（　）
3. 产品质量认证和质量管理体系认证本质都是一样的。（　）
4. 单件、小批量产品的生产企业应该优先选择产品质量认证。（　）
5. 初访和预审是认证的必要程序。（　）
6. 文件审查后应将审查报告在现场审核前送交申请方，并使其能在审核前完成纠正措施。（　）
7. 质量审核也可以是临时性的检查。（　）

二、选择题

1. 质量管理体系审核的过程就是（　）。
   A. 发现不符合项　　B. 采取改进措施
   C. 审核职责完成情况　　D. 评价质量管理体系
2. 现场审核前不应发送给受审核方的文件是（　）。
   A. 审核工作文件　　B. 检查表
   C. 审核计划　　D. 审核记录表
3. 审核组要求受审核方针对不符合项实施（　）。
   A. 纠正　　B. 纠正措施
   C. 纠正与纠正措施　　D. 预防措施
4. 质量审核按审核的对象分类，可分为（　）。
   A. 产品质量审核　　B. 第二方审核
   C. 工序质量审核　　D. 质量体系审核
5. （　）是指具有一定资格而且与被审核部门的工作无直接责任的人员（专家），为确定质量活动是否遵守了计划安排，以及结果是否达到了预期目的所做的系统的、独立的检

查和评定。

A. 质量改进　　B. 质量控制　　C. 质量认证　　D. 质量审核

6. 国家对涉及人类健康和安全、动植物生命和健康，以及环境保护和公共安全的产品实行（　　）。

A. 强制性认证　　B. 自愿性认证

C. 国家认证　　D. 区域认证

7. 认证证书的有效性一般为（　　）。

A. 2 年　　B. 5 年　　C. 3 年　　D. 4 年

三、思考题

1. 内部审核的目的和程序是什么？
2. 什么是强制性产品认证？
3. 什么是质量管理体系审核？审核应遵循哪些基本原则？
4. 什么是质量认证？质量管理体系认证与产品质量认证有何区别与联系？
5. 简述组织申请 ISO 9001 认证的条件。

本章案例分析

重庆市××汽车客运站的审核

推荐机构：中国船级社质量认证公司

认证类型：质量管理体系

审核员：刘阳（组长），马伯路（组员）

认证范围：汽车客运站站务服务

认证标准：ISO 9001：2008

审核场所：重庆市××区×××路

审核时间：2010-01-07—2010-01-08

1. 受审核方概况

该公司系重庆市××区的二级客运站，于 2004 年初即建立质量管理体系，并通过了中国船级社质量认证公司的审核，后来由于客运站新场地的搬迁，且未及时获得相应的营运资质，故未再接受监督审核，从而导致撤销认证证书。

自 2009 年起，由于受到铁路运输的强烈冲击，导致该站生产经营出现较大的困难。而且停止认证后，企业的服务质量出现了明显的滑坡，经过对比认证前后质量管理工作所发生的巨大变化，该站领导由此深刻认识到第三方认证对促进、加强企业内部管理的重要作用，于是在 2010 年再次提出质量体系认证的申请。

（1）客运站站务服务的主要流程。客运站站务服务的主要流程如图 4-9 所示。

（2）客运站站务服务的主要质量特性和审核重点。① 安全性：包括营运车辆/驾乘人员/服务场所的安全状态，主要从营运车辆和驾乘人员的证照检查、例检、行包检查、出站口稽查等方面作为审核重点；② 快捷性：主要以发车的正点率、工作差错率、服务规范执

旅客进站——三品检查——咨询服务——购票——小件寄存——候车服务
车辆进站——车辆例检——营运车辆/人员的证照检查——检票上车——
打印行车路单——发班——稽查出站

图4-9　客运站站务服务流程

行情况的有效性和效率作为审核重点；③ 舒适性：主要关注站内服务设施是否配置齐全，并处于完好状态，候车环境（温度、湿度、噪声）是否良好，车容车貌是否整洁、卫生。

(3) 收集证据的主要方法。审核组成员经过认真讨论后，一致认为对服务行业的审核一定要纠正"重文件、重记录、轻观察、轻询问"的错误做法，因此审核组长在审核前再次明确，一定要运用现场观察、询问、暗访、电话调查、乘客调查等综合方法收集和评价证据的有效性。

(4) 法律、法规在交通运输行业的重要性。主管行政机关针对交通运输行业制定了一系列法律、法规，故交通安全法律、法规应作为审核的重要准则，适用的主要法律、法规有：① 中华人民共和国道路运输条例；② 汽车旅客运输规则（交通部公路字［1988］201号）；③ 道路旅客运输场站服务规范（中道运协字［2007］86号）；④ 道路旅客运输"三优"、"三化"规范（交通部公客字［1996］271号）；⑤ 道路旅客运输及客运站管理规定（交通运输部令2009年第4号）；⑥ 汽车客运站安全生产规范（交公路发［2008］2号）；⑦ 汽车旅客运输班车客运服务质量标准（交通部1990年）。

2. 主要的审核发现和沟通过程

本次审核主要围绕安全性这一质量特性针对稽查科进行了重点检查。经审核组与受审核方进行充分沟通、确认后，共开具两个一般不合格项，目前已完成不合格项的整改和验证工作，并颁发了认证证书。两个不合格项的具体情况如下。

审核场所：稽查科

沟通过程：审核员在该部门通过询问、查阅进出站登记表，并追踪到客运科的电子发班记录时发现，稽查科所出示的进出站检查登记表与客运科的电子发班记录中关于车辆班次的统计不相吻合，并且在出站口进行了安全稽查的班次少于实际发班班次，这就意味着部分班次的车辆没有进行安全检查，存在较大的安全隐患。

提示：法规要求中《汽车客运站安全生产规范》（交公路发［2008］2号）文件第二十七条规定，汽车客运站经营者应当建立出站检查制度，对出站客车和驾驶员的相关情况进行检查，严禁不符合条件的客车和驾驶员出站运营。综合以上因素，审核员开具两个不合格项，具体内容如下。

(1) 查2009年11月16日进出站登记表发现，当天对368个班次的营运车辆进行了安全检查，但客运科当日的电子发班记录显示共发出373个班次。

(2) 查2009年12月31日进出站登记表发现，当天对474个班次的营运车辆进行了安全检查，但客运科当日的电子发班记录显示共发出482个班次。

以上事实不符合GB/T 19001—2008标准8.2.4款。

纠正措施：① 与外包方商讨稽查员与保安员的协同配合问题（提示：出站口的安全检查由集团的保安公司负责实施）；② 当出现运营客车未进站报班，仅是人员进站报班的情况时，已提交驻站协同解决，从而避免了部分车辆人车分离，不同时进站报班和安检的情况，避免了潜在安全事故的发生；③ 加强了工作人员的业务技能及责任心教育。

实施效果：通过认证机构的审核，促使站领导出面与外包方和政府主管部门协商解决长期存在的配合不良情况，彻底解决了企业内外部相关方之间的协同配合问题，加强了对外包方的监控，保证了出站口的安全检查质量。

资料来源：2009—2010 年度良好认证审核（咨询）案例材料选编．中国认证协会，2010.

问题

1. 重庆市××汽车客运站出现的两个不合格项的主要原因是什么？为什么？
2. 纠正两个不合格项的措施是否合理？为什么？你对此是否有其他的建议？

第5章

全面质量管理

学习目标

1. 明确全面质量管理的概念和特点。
2. 理解质量管理的指导思想，掌握全面质量管理的基本内容。
3. 能运用 PDCA 循环指导企业进行全面质量管理。
4. 掌握排列图法、直方图法、散布图法等全面质量管理的定量分析方法。

导入案例

在公立学校中应用戴明的 PDCA 环

詹克斯公立学校（JPS）是俄克拉荷马州第十一大学校，该学校有 9 400 名学生，其学校分布于詹克斯城区和塔尔萨城的部分区域。詹克斯地区共有 9 所学校，拥有 665 名教员和 575 名工作人员，每年的财政预算达到 4 800 万美元。2005 年，詹克斯公立学校成为最受人尊敬的美国马可姆·波多里奇国家质量奖的 5 名得主之一。该公立学校使用戴明的理论方法来进行持续的改进，而其中最为核心的应用就是戴明的 PDCA（计划、实施、检查、行动）环，通过 PDCA 环等方法的应用，詹克斯公立学校增加了该地区的基金并且提高了教学成绩。所有学校人员都参与了改进目标的设定，并且在计划中使用了 PDCA 环来完成最终的目标。PDCA 环提供了一套系统的持续改进方法，这些方法在詹克斯公立学校被广泛应用于教学、学习、学生成绩和学生与员工的健康等方面，当然这些方法也同样用在了保证学校系统高效运行等方面。这一系列持续的改进取得了良好的效果。詹克斯公立学校的人员流动率在 2004 年为 6%，而全国的平均流动率为 20%；2005 年，在一项满意度调查中，员工的工作热情得分为 4.62 分（满分为 5 分）。詹克斯公立学校的学术表现指数得分（用于评估“没有一个孩子掉队”项目的评分标准）无论在州还是在全国都名列前茅。2004 年，该区域 37% 的班级的 AP 测试得分达到了 3 分和 3 分以上，而全国和州的这一比例分别为 13% 和 21%。该地区在 2004 年的辍学率只有 1% 多一点。而且，詹克斯公立学校还创立了很多项目，其中包括与中国学校的交换生项目等。

资料来源：罗伯塔·S·拉塞尔. 运营管理：创造供应链价值. 6 版. 北京：中国人民大

学出版社，2010.

5.1 全面质量管理的概念与特点

5.1.1 全面质量管理的概念

全面质量管理（Total Quality Management，TQM）是在20世纪50年代中期，由日本、美国等首先倡导、发展起来的。费根堡姆在1961年出版的《全面质量管理》一书中对全面质量管理的初步定义是：全面质量管理是为了能够在最经济的水平上，并考虑到充分满足用户要求的条件下进行市场研究、设计、生产和服务，把企业各部门的研制质量、维持质量、提高质量的活动构成为一体的有效方法。在1994版的ISO 9000标准中，全面质量管理的定义是：一个组织以质量为中心，以全员参与为基础，目的是通过让顾客满意和本组织所有成员及社会受益而达到长期成功的管理途径。

综上所述，全面质量管理是全员通过有效的质量体系对质量形式的全过程和全范围进行管理、控制并使用户满意的科学方法。全面质量管理包含以下要点。

（1）全面质量管理是对一个组织进行管理的途径。

（2）正是由于全面质量管理是指导和控制组织各方面协调的活动组织的管理，因此，“质量”概念扩充为全部管理目标，即“全面质量”。

（3）全面质量管理强调一个组织必须以全面质量为中心、全员参与为基础，通过对组织活动全过程的指导和控制，追求组织的持久成功，即使顾客、本组织所有者、员工、供方、合作伙伴或社会等相关方持续满意和受益。

5.1.2 全面质量管理的特点

1. 全过程的质量管理

全过程的质量管理是一种覆盖产品形成各个环节的质量管理。即把质量管理从原来的生产制造过程，扩大到产品市场调查、研制、质量设计、试验、试制、工艺、技术、工装、原材料供应、生产、计划、劳动、行政、销售直至用户服务等各个环节，形成从产品设计一直到销售使用的总体（综合）质量管理。从这个方面来看，全面质量管理在工作范围和职能上都比以往的质量管理扩大了，它在管理的深度和广度上都有了新的发展。

小资料

实行全过程的质量管理，以防为主，是要求企业把质量管理作为重点，从事后检验产品质量转移到事前控制生产过程质量上来。在设计和制造过程的管理上下工夫，在生产过程的一切环节加强质量管理，保证生产过程的质量良好，消除产生不合格品的种种隐患，做到防患于未然；还要求企业逐步形成一个包括市场调查、设计研制到销售使用的全过程的，能够稳定地生产合格品的质量保证体系。

质量管理向全过程管理的发展，有效地控制了各项质量影响因素，它不仅充分体现了以预防为主的思想，保证质量标准的实现，而且着眼于工作质量和产品质量的提高，争取实现新的质量突破；根据用户要求，从各个环节做起，致力于产品质量的提高，从而形成一种更加积极的管理。

2. 全员参与的质量管理

产品质量是工作质量的反映，企业中每一个部门、每一个生产车间，以及每一位员工的工作质量都必然直接或间接地影响到产品的质量，而且现代企业的生产过程十分复杂，前后工序、车间之间相互影响和制约，仅靠少数人设关保质量难以真正解决问题。所以全面质量管理的另一个重要特点是，要求企业的全体人员都必须为提高产品质量尽职尽责，只有这样，生产优质产品才有可靠的保证。因此，全员性、群众性是科学质量管理的客观要求。

实行全员性的质量管理，即在生产过程中要求动员和组织广大员工积极参与改善产品质量的活动，组织各种形式的质量管理小组（QC 小组），及时从技术上和组织措施上解决现场中出现的各种质量问题，特别是关键的质量问题。

小资料

产品质量是企业素质的综合反映，涉及全体员工和各个部门，提高产品质量需要靠企业全体员工共同努力，质量管理人人有责。要从企业领导人员到每位员工，都来学习、运用科学质量管理的理论和方法，提高本职工作质量，同时广泛开展群众性的质量管理小组活动。

3. 全面性的质量管理

全面性的质量管理要求各个部门都要涉及质量管理。从宏观的角度看，全面质量管理是横向的，涉及所有部门、所有工作和服务环节，最终影响和促进产品质量达到要求。从纵向的组织管理角度来看，质量目标的实现有赖于企业的上层、中层、基层管理，乃至一线员工的能力协作，其中尤以高层管理人员能否全力以赴起决定性的作用。从企业职能间的横向配合来看，要保证和提高产品质量必须使企业研制、维持和改进质量的所有活动成为一个有效的整体。

全面性的质量管理可以从以下两个角度来理解。

（1）从组织管理的角度来看，每个企业都可以划分成上层管理、中层管理和基层管理。“全面性的质量管理”就是要求企业各管理层次都有明确的质量管理活动内容。上层管理侧重于质量决策，制定企业的质量方针、质量目标、质量政策和质量计划，并统一组织和协调企业各部门、各环节、各类人员的质量管理活动，保证实现企业经营管理的最终目的；中层管理则要贯彻落实领导层的重要事项，确定出本部门的目标和对策，更好地执行各自的质量职能，并对基层工作进行具体的业务管理；基层管理则要求每个职工都要严格地按标准开展群众合理化建议和质量管理小组活动，不断进行作业改善。

小知识

质量管理改善无极限

全面质量管理（TQM）作为一种现代质量管理理论，具有丰富的内涵，尤其包含了企业长期的经营管理战略。TQM 标准所包含的内容比 ISO 9001 更多、更完整。要全面达到 TQM 的要求，企业要走的路比达到 ISO 9001 更长。

全球最大的CD激光头供应商——深圳三洋华强激光电子有限公司很早就获得了ISO标准的认证，但是其主要客户LG、Compaq、日立、Philips和IBM等公司仍要对它进行质量审核评估，评估内容除了ISO的基本要求外，还增加了许多其他的内容。对此，三洋华强品质保证部部长许波先生说："ISO只是一个及格线，要达到全面质量管理还有很长的路要走。改善无极限才是质量管理的核心内容。也是企业立足的关键所在。"

因此，质量管理是一个不断改进的过程，全面质量管理的内容也在不断更新，以适应持续变化的市场。

（2）从质量职能角度看，产品质量职能是分散在全企业的有关部门中的，要保证和提高产品质量，就必须将分散在企业和部门的质量职能充分发挥出来。全面性的质量管理就是要以质量为中心，领导重视，组织落实，体系完善。

4. 综合多样性的质量管理

影响产品质量和服务质量的因素越来越复杂，既有物质的因素，又有人的因素；既有技术的因素，又有管理的因素；既有企业内部的因素，又有随着现代科学技术的发展，对产品质量和服务质量提出了越来越高要求的企业外部因素。要把这一系列的因素系统地控制起来，全面管好，就必须根据不同情况，区别不同的影响因素，广泛、灵活地运用多种多样的现代化管理方法来解决当前的质量问题。

小资料

目前，全面质量管理中广泛使用的各种统计方法也是常用的质量管理方法。常用的质量管理方法有所谓的老7种工具：因果图、排列图、直方图、控制图、散布图、分层图、调查表；还有新7种工具：关联图法、KJ法、系统图法、矩阵图法、矩阵数据分析法、PDPC法、箭条图法。除了以上方法，还有质量功能展开（QFD）、田口方法、故障模式和影响分析（FMEA）、头脑风暴法、六西格玛管理法、水平对比法（Benchmarking）、业务流程再造（BPR）等。

总之，为了实现质量目标，必须综合应用各种先进的管理方法和技术手段，善于学习和引进国内外先进企业的经验，不断改进本组织的业务流程和工作，不断提高组织成员的质量意识和质量技能。多方法的质量管理要求的是程序科学、方法灵活、实事求是、讲求实效。

5. "三全一多样"的本质

"三全一多样"是围绕有效地利用人力、物力、财力、信息等资源，以最经济的手段生产出顾客满意的产品这一企业目标的，这是企业推行全面质量管理的出发点和落脚点，也是全面质量管理的基本。坚持质量第一，把顾客的需要放在第一位，树立为顾客服务的思想，是企业推行全面质量管理贯彻始终的指导思想。

6. 以人为本，动态管理

全面质量管理是一种具有丰富内涵的管理方法，它与传统的质量管理，即质量检验与统计质量控制有着截然不同的观念。除了"三全一多样"这个突出的特点外，全面质量管理还具有以人为本、动态管理和适用性为标准的特点。

（1）以人为本的质量管理。全面质量管理强调在质量管理中要调动人的积极性，发挥人的创造性。产品质量不仅要使用户满意，而且要使本组织的员工和成员满意。以人为本，就要使企业全体员工，特别是生产第一线员工齐心协力搞好质量。

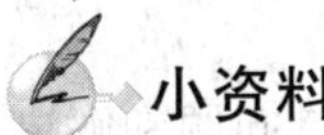小资料

以人为本，不仅在日本推行的全面质量管理中强调，在美国也同样重视。1993 年，美国开展“质量月”活动的主题是“授权给掌握技术的人”。意思是说，决策者要给那些掌握技术的人以自主权，放手让他们发挥自己的创造性。这个主题包括了质量与技术的关系，技术、质量与人的关系，领导与被领导的关系。美国商务部部长布朗在 1993 年美国质量大会上的讲话中强调：“公司的成功取决于经过充分培训的、更有自主权和受到鼓励的员工，越来越多的公司更清楚地认识到，对人的投资可以带来公司的发展、生产率的提高和质量的改进。”

日本的久米均教授曾指出，以人为中心的质量管理所必需的条件至少有以下 4 项：① 高层领导的全权委托，全员教育，全面实施质量改进计划；② 给予每个人均等的机会，并公正地评价其结果；③ 工会的合作；④ 缩小领导者、技术者和现场员工的差异。

（2）动态的质量管理。传统质量管理思想的核心是“质量控制”，是一种静态的管理，而全面质量管理强调有组织、有计划、持续地进行质量改进，不断地满足变化着的市场和用户的需求，是一种动态的管理。

小资料

朱兰博士指出：“质量管理不仅要有控制程序，而且要有改进程序。”并把质量管理精辟地归纳为质量计划、质量控制和质量改进“三部曲”，质量改进是国际质量管理发展的总趋势。1996 年，美国质量管理协会第 49 届年会的主题就是“不断的改进——领导、授权和统计工具”。由此可见，质量管理的总趋势是不断改进，主要措施是从领导抓起，员工通过领导授权广泛参与制订工作计划，并运用统计方法来改进质量和管理。

朱兰博士还说：“质量改进不在于那么壮丽、那么大张旗鼓地运动和突击活动，主要的动力在于取得持续的、不断的、平和的而不声张的活动，这种活动如何搞得好，就要借助于管理，有些活动要永久地搞下去，有些活动要有规定的时限，到一定时限，要戏剧性地见好就收场，这种形式最好的方法就是举行盛大的授奖仪式。”在质量管理中不搞运动，但要搞活动，如一定时间里搞无废品活动，目的是把产品合格率提高。可以过一个阶段，提一个新目标，再搞一个活动，使质量和管理不断改进、不断提高。

（3）适用性为标准的质量管理。传统的质量管理以是否符合技术标准和规范为目标，即“符合性”质量标准。全面质量管理则以是否适合用户需要，用户是否满意为最终目标，即“适用性”标准。因此，全面质量管理一方面强调产品要适合用户要求，要按用户的要求来组织生产。并且，全面质量管理不仅要考虑实物质量和服务质量，还要考虑经济性和质量成本；不仅产品质量要有竞争力，还要有使产品具有竞争力的性能价格比。另外，如果不在确保质量的前提下降低成本，最终也将在价格上失去竞争力。一般而言，加强过程质量管理，减少不良品造成的损失和各种浪费，提高产品质量，与降低质量成本是一致的。但在不

少情况下，提高产品质量要增加投入，全面质量管理就是要处理好产品质量满足用户要求和企业经营效益两方面的问题。

(4)“三个一切”的思想。

一切要用数字说话。全面质量管理强调一切以数字为依据，就是在分析质量问题和解决质量问题时，不能仅凭感觉、印象和经验，而要根据客观事实及表现客观事物的数据来进行管理。管理人员要从经常变化的生产过程中，对影响产品质量的各种因素，系统地收集有关的数据，并用统计方法对数据进行整理、加工和分析，制定出一定的图表，计算出一定的指标，从中找出质量运行的规律，实现对产品质量的控制。用数据观察问题、分析问题和发现问题，最后解决问题，就是“一切用数据说话”的精髓。

一切要以预防为主。在质量管理中，要树立和贯彻以预防为主的思想，要尽一切可能将废品消灭在发生之前，这样才能真正减少企业和社会的损失。贯彻预防为主的原则，就必须对质量形成的全过程设定规范的操作标准和制定详细的预防措施。预防的原则不排斥终端检验，要做到防检结合，以防为主。对正在生产和尚未生产的产品应强调预防，而对已经生产出来的产品则要强调检验，这样才能有效地保证产品的质量。

一切为用户服务。在质量管理中，要树立以用户为中心，为用户服务的思想。即要将用户的需要和利益放在首位，要求企业提供用户满意的产品，除了在使用过程中继续为用户提供服务外，同时还应不断地开发新产品来满足用户的新需要。需要指出的是，这里所说的“用户”，有其特点的含义。它不仅是指企业产品出厂后的直接用户，而且还包括企业内部前后工序、前后工段或车间，以及任何一项工作的执行者与工作结果的受用者之间的关系。从广义上来说，产品质量的好坏，还可能影响到社会，如产生环境污染等。

总之，产品质量的好坏，最终应以用户的满意程度为标准。树立一切为用户服务的思想是维持企业的生存、增强竞争力、促进企业兴旺发达的重要条件。

小资料

美国质量管理专家朱兰把用户分为4类：第一类，加工者，他们可能是本企业的各个生产部门或进行再加工的其他企业；第二类，从事买卖的中间商人；第三类，最终用户，即产品的直接使用者；第四类，全社会。

5.2 全面质量管理的指导思想

1. 质量第一

任何产品都必须达到顾客和社会所要求的质量水平，否则就没有或未完全实现其使用价值，就会给消费者、给社会带来损失。从这个意义上说，质量必须是第一位的。目前，“质量第一”的指导思想已成为世界各国的共识。贯彻“质量第一”就是要求企业全体员工，特别是领导层，要有强烈的质量意识，要求企业在确定经营目标时，首先应根据用户或市场的需求科学地确定质量目标，并安排人力、物力、财力予以保证。当质量与数量、社会效益与企业效益、长远利益与眼前利益发生矛盾时，应把质量、社会效益和长远利益放在首位。

小资料

“质量第一”并非“质量至上”，企业既要充分重视消费者的实际需要和消费水平，也要重视产品的质量成本分析，确定最适宜的质量；既要防止“质量不足”，又要防止“质量过剩”。

2. 用户至上

用户至上就是要树立以用户为中心、为用户服务的思想，敢于树立“用户永远没有错”的全新理念。为用户服务就要使产品或服务尽量满足用户的要求，产品质量的好坏，最终应以用户的满意程度为唯一的评价标准。这就要求在全体员工中牢固树立“用户第一”的思想，不仅要求做到质量达标，而且要服务周到。同时，还要倡导“下道工序就是用户”的思想，不合格的零部件不能转给下道工序，否则，就是把不合格品卖给了用户。只有这样，用户才能买着放心、用着满意。没有用户的满意，企业的产品就没有生命力，企业也就无法生存。需要指出的是，这里的“用户”不仅是指最终消费者，还可能是指社会，如产生污染等社会公害问题就会影响社会，所以“社会”也是一个用户。

3. 质量是设计、制造出来的，不是检验出来的

一个企业的产品质量好坏，主要在于产品的设计与制造，检验只能证实产品质量是否合乎质量标准，但不能决定产品质量的好坏。既然如此，就应该把提高产品质量的力量集中到设计与制造方面。当然，这并不是要否定产品检验工作的重要性。事实上，设计质量直接决定产品的质量水平，它是先天因素，直接决定着产品质量的水平，制造只是实现设计质量的过程。因此，设计、制造出符合用户要求的产品是提高质量的关键。

4. 一切用数据说话

全面质量管理强调数据是客观事物的定量反映，用数据说话就是用事实说话。这就要求在质量管理工作中要有科学的作风，深入实际，掌握客观准确的情况，要对问题进行定量分析，要掌握质量的变化规律，以便采取真正有效的措施解决质量问题。全面质量管理中广泛地采用各种统计方法和工具进行产品设计、分析事故原因、控制工艺过程和检验产品质量，以实现对产品质量的控制。

5. 不断改进

随着社会的发展，人们对产品质量的要求不断提高。要满足顾客的这种需要，企业就要不断提高管理水平，改进产品质量。这就要求企业领导和职工具有高度的质量意识，善于发现产品、服务、活动和总体目标上存在的问题，并对其进行不断地改进和提高。

小知识

鞍钢宪法

毛泽东于1960年3月22日在中共鞍山市委《关于工业战线上技术革新和技术革命运动开展情况的报告》上所作的批示中，提出了管理社会主义企业的原则，其内容是坚持政治挂帅，加强党的领导，大搞群众运动，实行两参一改三结合（干部参加劳动，工人参加管理，改革不合理的规章制度，领导干部、技术人员和工人群众三结合），开展技术革新和技术

革命。

大庆精神

三老：当老实人
说老实话
办老实事

四严：严格的要求
严密的组织
严肃的态度
严明的纪律

5.3 全面质量管理的基本内容

全面质量管理的基本内容包括设计过程、生产制造过程、辅助和服务过程、使用过程 4 个方面的质量管理。

1. 设计过程的质量管理

产品设计过程在整个产品质量产生、形成过程中是首要的一环。设计过程质量管理的任务就是研制出满足用户使用要求、具有更高使用价值的产品，同时还要考虑生产技术水平和条件，讲求加工工艺性，保证便于制造和在正式投产时能取得良好的经济效益。概括地说，就是保证“好用”、“好造”、“好修”。设计过程的质量管理一般应抓好以下 4 个方面的工作。

(1) 制定产品质量目标。产品质量目标是企业在质量方面所追求的目的，是质量方针的具体化，无论新产品设计还是老产品改进，在没有达到质量标准之前，首先要把达到产品质量标准作为主要质量目标。已经达到质量标准的产品，要努力提高一等品率，争创名牌产品，把超过质量标准作为奋斗目标。

在制定产品质量目标时，必须对产品设计质量进行相关的技术经济分析，防止不必要的“质量过剩”。设计质量与成本的关系曲线如图 5－1 所示。企业为了取得盈利，销售收入 (S) 应高于成本 (C)，否则就要亏损。由图 5－1 可知，能够盈利的部分只是图中的阴影部分，即只有将质量水平保持在 Q_1 和 Q_3 之间才能获利。因此，设计质量必须保持在 Q_1 和 Q_3 之间，最好是在最大盈利的质量水平 Q_2 点上。

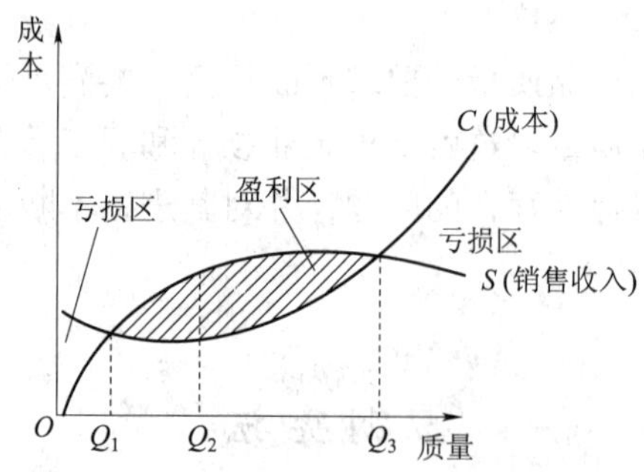

图 5－1 设计质量与成本关系曲线

(2) 保证先行。重大产品正式设计之前或先进技术正式采用之前，往往要先进行开发和研究工作，包括确定初步方案，进行必要的试验与验证。为了保证先行开发的工作质量，尤其应当做好初步方案的论证工作，即进行可行性研究，预防重大失误。

（3）设计审查和工艺验证工作。为了保证设计质量，要进行各种形式的审查验证工作。例如，性能审查、计算审查、可靠性审查、标准化审查、互换性审查、设计更改审查等。要根据需要，组织有关人员进行各种形式的评议和审查。初审在编制设计任务书阶段进行，目的是判定设计方案是否反映了用户需要；复审在技术设计阶段进行，要详细审核产品设计达到用户要求和质量标准的程度；终审在样品鉴定阶段进行。投产前的工艺验证是对工艺设计成果的考核。工艺验证的目的是进一步完善工艺，保证便于制造，保证产品质量。所以，工艺验证一定要同生产人员结合，质量管理人员除检查质量目标落实情况外，也要了解设计意图，做好检验准备工作。

小资料

应该指出，设计审查和工艺验证都包括对技术文件的质量保证。技术文件的质量保证，首先是指产品设计中工艺设计水平的高低，即设计上的正确性、先进性和经济上的合理性；其次是图样、技术文件的图画质量，即正确、统一、清晰。

（4）新产品的试制和鉴定。试制是对产品设计的验证。试制的样品、样机是设计阶段的另一重要成果。无论是样品试制还是小批试制，其样品、样机都要经过各种技术试验和使用验证，根据发现的不足和缺陷，反馈给设计部门进行必要的修改。通常新产品试制或老产品的重大改进，在样品、样机完成后，要组织鉴定。鉴定是从设计过程转向批量生产的关键环节。鉴定将通过对产品的技术经济评价，审查各项技术文件和试制、试验记录。

2. 生产制造过程的质量管理

产品正式投产后，能否保证达到设计质量标准，这在很大程度上取决于制造部门的技术能力，以及生产制造过程的质量管理水平。生产制造过程的质量管理，重点要抓好以下4项工作。

（1）加强工艺管理。严格工艺纪律，全面掌握生产制造过程的质量保证能力，使生产制造过程经常处于稳定的控制状态，并不断进行技术革新和改进工艺。为了保证工艺加工质量，还必须认真搞好文明生产，合理配置工位器具，保证工艺过程有一个良好的工作环境。

（2）组织好技术检验工作。为了保证产品质量，必须根据技术标准，对原材料、半成品、产成品，以及工艺过程质量进行检验，严格把关，保证做到不合格材料不能进入到生产的下一个环节。

（3）掌握好质量动态。为了充分发挥生产制造过程中质量管理的预防作用，必须系统地掌握企业、车间、班组在一定时期内质量的现状及发展动态。掌握质量动态的有效工具是对质量状况的综合统计与分析。这种综合统计与分析，一般是按规定的某些质量指标来进行的。这种指标有两类：① 产品质量指标，如产品等级率、寿命等；② 工作质量指标，如废品率、返修率等。为了有效地做好质量状况的综合统计与分析，要建立和健全质量的原始记录。合格品的转序、缴库，不合格品的返修、报废，都要有记录、有凭证，并由质量检验人员签证。根据原始记录定期进行汇总统计，有关部门对质量变动原因进行分析，使企业各级领导和员工及时掌握质量动态。

（4）加强不合格品管理。产品质量是否合格，一般是根据技术标准来判断的，符合标

准的为合格品，否则为不合格品。在不合格品中又可以分为两类：一类属于不可修复的；另一类属于可以修复的。不可修复的不合格品就是废品，可修复的不合格品中包括返修品、回用品、代用品（即只能降级使用或做另外用途的产品）等，其也会造成工时、设备等浪费。从质量管理的观点看，不仅要降低明显的废品数量，而且更要降低不合格品的数量。加强不合格品管理，重点要抓好以下工作。

① 妥善处理不合格品。按不合格品的不同情况分别妥善处理，并建立健全原始记录。

② 定期召开不合格品分析会议。通过分析研究，找出造成不合格品的原因，从中吸取教训，并采取措施，以防再次发生。

③ 做好不合格品的统计分析工作。要根据有关质量的原始记录，对于不合格品中的废品、返修品、回用品等进行分类统计，并对废品种类、数量、产生废品所消耗的人工和原材料，以及产生废品的责任者等进行分门别类的统计，并将各类数据资料汇总编制成表，以便为进行单项分析和综合分析提供依据。

④ 建立技术档案。建立包括废品在内的不合格品技术档案，以便发现和掌握废品发生变化的规律性，从而为有计划地采取防范措施提供依据，还可成为企业进行质量管理教育、技术培训的反面教材。

⑤ 实行工序质量控制。全面质量管理要求在不合格品发生之前，发现问题，及时处理，防止不合格品发生。为此，必须进行工序质量控制。工序质量控制的主要手段有两个：建立管理点和运用控制图。所谓管理点，是把在一定时期内和一定条件下，需要特别加强监督和控制的重点工序（或重点部位），明确列为质量管理的重点对象，并采用各种必要的手段、方法和工具，对其加强管理。运用控制图是进行工序质量控制的最重要而有效的工具。

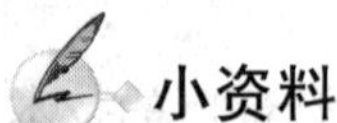
小资料

第二次世界大战后，日本的经济萎靡不振，那时的日货所代表的是破烂货、是低端产品，在当时的国际市场上甚至形成了“东洋货即劣等货”的观念。日本企业为了打开产品的销路，把产品看成是“企业的生命”、“国家兴衰的大事”。杜绝做次品和做不合格品。经过数十年的不懈努力，终于确立了当今日货高品质的全球地位。今日之中国，首先需要解决的是“思想意识”问题。全面质量管理也强调质量管理是涉及各利益相关方的大问题，是一个系统的问题，包括客户、管理、雇员、组织、体系、工具、设计、供应商、制造、现场、支持服务等方面，只有将所有利益体的利益在产品研发、设计、生产之初，保持“质量就是生命”的对自己对利益相关方高度负责的精神和态度，即所谓“道”，结合国际成功的先进质量管理工具的“术”。“道”、“术”合二为一，结成有机统一体，才是改善我国质量管理的根本所在，才有可能在未来实现“中国国际形象”在世界上的新提升。

3. 辅助和服务过程的质量管理

企业的辅助生产过程和服务过程直接或间接地影响产品质量。机械制造企业的辅助生产过程包括工装制造、设备维修等环节；服务过程是指物资供应、水电气供应，以及运输服务。这些过程的产品质量和工作质量，也是全面质量管理的重要内容。

（1）物资供应的质量管理。原材料、外购件、外协件将构成产品实体，其质量直接影响产品质量。首先，从进厂、验收、保管、运输到提供使用，都要符合相应的质量标准。其次，工作质量上要求供应及时、手续简便、储备合理，利于资金周转。保证所供物资质量的最根本办法是靠供货单位的质量保证，同时配备必要的进厂检验。

（2）工具供应的质量管理。工具供应包括标准工夹量具的外购和非标准工夹量具的制造。前者的质量管理与物资供应质量管理形式类同；后者的质量管理与产品制造过程类似。

小资料

工夹量具的使用时间较长，而且直接影响产品质量，所以必须有一套科学的质量管理方法。计量仪器一般由企业标准计量室进行周期性检定，保持基本的传递精度，并负责全厂量具的验收、保管、发放、校正和维修工作。非标准工具和工艺装备由企业自行制造时，进行完工检验后由工具库、工装库保存备用。生产车间使用时，采取借用的办法，建立工装卡片和使用记录。产品下场工装退库时，要进行入库检验，以便及时修理，保持完好状态。消耗量大和刃磨复杂的工具，要集中刃磨，以保证质量。

（3）设备维修的质量管理。设备质量的好坏，直接影响产品质量。机器设备从进厂验收、安装使用、维修保养、定期检查，乃至设备的改装、改造、自制维修配件等项工作，都是既有产品（劳务）质量问题，又有工作质量问题，而这些环节的质量保证是否良好，都直接和间接地影响产品质量。

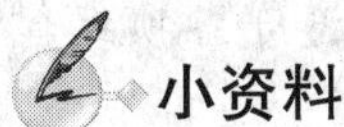小资料

设备维修的质量管理工作中心是保证设备经常处于良好的运转状态，实行设备综合管理。设备大修和备件制造，一般由机修车间进行，保证修复的设备达到规定的维修质量标准。维修人员必须经常进行巡回检查，及时掌握设备状态，严格执行检修计划，预防设备故障的发生。维修人员还要指导生产工人正确合理地使用和维护设备。生产车间要担负设备的日常维护和保养工作。

4. 使用过程的质量管理

产品的使用过程是考验产品实际质量的过程，它既是企业质量管理的归宿点，又是企业质量管理的出发点。产品的质量特性是根据客户使用要求而设计的，产品的实际质量，主要看客户的评价。因此，企业的质量管理工作必须从生产过程延伸到使用过程。产品使用过程的质量管理，主要应抓好以下 3 个方面的工作。

（1）积极开展技术服务工作。对客户的技术服务工作，通常可采用以下几种形式：① 编制产品使用说明书；② 采取多种形式传授安装、使用和维修技术，帮助培训技术骨干，解决使用技术上的疑难问题；③ 提供易损件制造图样，按客户要求，供应客户修理所需的备品、配件；④ 设立维修网点，有的要做到服务上门；⑤ 对复杂的产品，应协助客户安装、试车或负责技术指导。

（2）进行使用效果与使用要求的调查。为了充分了解产品质量在使用过程中的实际效果，企业必须经常进行客户访问或定期召开客户座谈会。加强工商衔接、产销挂钩。通过各种渠道，对出厂产品使用情况进行调查，了解本企业产品存在的缺陷和问题，及时反馈信息，并和其他企业、其他国家的同类产品进行比较，为进一步改进质量提供依据。

（3）认真处理出厂产品的质量问题。对客户反映的质量问题、意见和要求，要及时处

理。即使是属于使用不当的问题也要热情帮助客户服务部门掌握使用技术。属于制造的问题，无论是外购件或自制件，统一由客户服务部门负责包修、包换、包退。由于质量不好，保用期内造成事故的，企业还要赔偿经济损失。

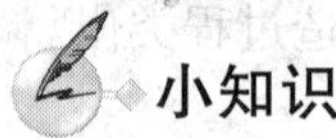小知识

文明生产的“5S”活动

文明生产是TQM辅助、服务过程质量管理的重要内容，世界级的优秀企业无一不将文明生产作为企业长期经营发展和提高产品质量的重要因素加以关注。不少成功的企业认为，辅助、服务过程的质量管理，最基础的工作是“5S”活动。所谓“5S”，是包含了以下5个方面内容的日语缩写。

(1) 整理 (Seiri)：处理多余的事物，包括精简人员、终止不利的合约和订货等。

(2) 整顿 (Seiton)：科学摆放物品，使用方便，节约时间。

(3) 清扫 (Seiso)：经常打扫，保持卫生，尤其是地面干净，以利于保证产品质量。

(4) 清洁 (Seiketsu)：巩固整理、整顿和清扫的成果，保持工作现场在任何时候都整齐、干净。

(5) 行为美 (Shitsuke)：提高每一个人的文明道德水平，养成有礼貌、遵守各项纪律和规章制度的良好习惯。

5.4 全面质量管理基本程序——PDCA 循环

5.4.1 PDCA 循环

全面质量管理采用一套科学的、合乎逻辑的工作程序，也即 PDCA 循环。PDCA 循环又称戴明环，是美国质量管理专家戴明博士提出的，是全面质量管理所应遵循的科学程序。全面质量管理活动的全部过程，就是质量计划的制订和组织实现的过程，这个过程是按照 PDCA 循环，不停顿地周而复始地运转的。

PDCA 由英文 Plan（计划）、Do（执行）、Check（检查）、Action（处理）几个词的第一个字母组成，它把全面质量管理的工作过程分为计划、执行、检查、处理4个阶段，称为“四阶段，八步骤”。

1. P 阶段

P 阶段即根据顾客的要求和组织的方针，为提供结果建立必要的目标和过程。

步骤一：选择课题。实现全面质量管理所选择的课题范围是以满足市场需求为前提，以企业获利为目标的。同时，也需要根据企业的资源、技术等能力来确定课题的选题方向。

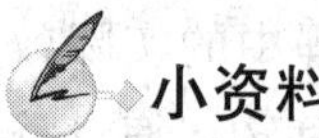小资料

课题是研究活动的切入点，课题的选择很重要，如果不进行市场调研，论证课题的可行性，就可能带来决策上的失误，有可能在投入大量人力、物力后造成设计开发的失败。例如，一个企业如果对市场发展动态信息缺少灵敏性，可能花大力气开发的新产品，在另一个

企业已经是普通产品，就会造成人力、物力、财力的浪费。选择一个合理的项目课题可以减少研发的失败率，降低新产品投资的风险。选择课题时可以使用调查表、排列图、水平对比等方法，使头脑风暴能够结构化呈现较直观的信息，从而作出合理决策。

步骤二：设定目标。明确了研究活动的主题后，需要设定一个活动目标，即规定活动所要做到的内容和达到的标准。目标可以是定性加定量化的，能够用数量来表示的指标要尽可能量化，不能用数量来表示的指标也要明确。目标是用来衡量实验效果的指标，所以设定应该有依据，要通过充分的现状调查和比较来获得。例如，一种新药的开发必须掌握了解政府部门所制定的新药审批政策和标准。制定目标时可以使用关联图、因果图来系统化地揭示各种可能之间的联系，同时使用甘特图来制定计划时间表，从而可以确定研究进度并进行有效的控制。

步骤三：提出各种方案并确定最佳方案。创新并非单纯指发明创造的创新产品，还可以包括产品革新、产品改进和产品仿制等。其过程就是设立假说，然后去验证假说，目的是从影响产品特性的一些因素中寻找出好的原料搭配、好的工艺参数搭配和工艺路线。然而，在现实条件中不可能把所有想到的实验方案都组织实施，所以提出各种方案后优选并确定出最佳的方案是比较有效率的方法。筛选出所需要的最佳方案，统计质量工具能够发挥较好的作用。正交试验设计法、矩阵图都是进行多方案设计中效率高和效果好的工具方法。

步骤四：制定对策。有了好的方案，其中的细节也不能忽视，计划的内容如何完成好，需要将方案步骤具体化，逐一制定对策，明确回答出方案中的“5W1H”，即为什么制定该措施（Why）？达到什么目标（What）？在何处执行（Where）？由谁负责完成（Who）？什么时间完成（When）？如何完成（How）？使用过程决策程序图或流程图，方案的具体实施步骤将会得到分解。

2. D 阶段

D 阶段即按照预订的计划，在实施的基础上，努力实现预期目标的过程。

步骤五：实施对策。对策制定完成后就进入了实验、验证阶段，也就是做的阶段。在这一阶段除了按计划和方案实施外，还必须要对过程进行测量，确保工作能够按计划进度实施。同时，建立数据采集，收集过程的原始记录和数据等项目文档。

3. C 阶段检查效果

C 阶段即确认实施方案是否达到了目标。

步骤六：效果检查。方案是否有效、目标是否完成，需要进行效果检查后才能得出结论。将采取的对策进行确认后，对采集到的证据进行总结分析，把完成情况同目标值进行比较，看是否达到了预定的目标。如果没有出现预期的结果时，应该确认是否严格按照计划实施，如果是，就意味着对策失败，需要重新进行最佳方案的确定。

4. A 阶段处置

步骤七：标准化。对已被证明有成效的措施进行标准化，制定成工作标准，以便以后的执行和推广。

步骤八：问题总结。对于方案效果不显著或实施过程中出现的问题，进行总结，为开展新一轮的 PDCA 循环提供依据。例如，设计一个新型红外滤光膜，完成一轮循环后，进行效果检查时发现，其中一项的光学性能指标未达到标准要求，总结经验后进入第二轮 PDCA 循环，按计划重新实施后达到了目标值。

PDCA 循环的 4 个阶段和 8 个步骤，如图 5－2 和图 5－3 所示。

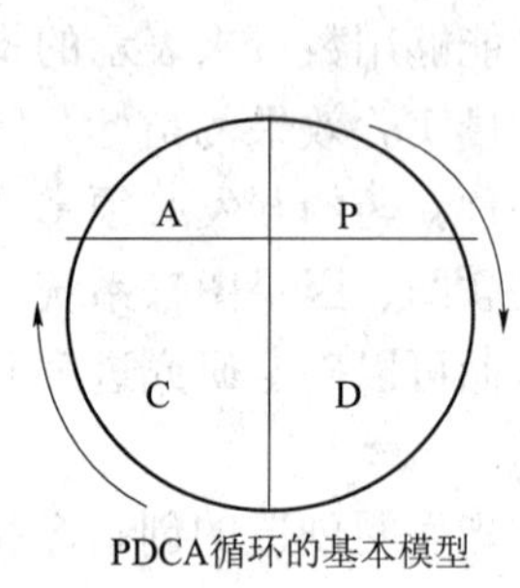

图 5－2　PDCA 循环的 4 个阶段

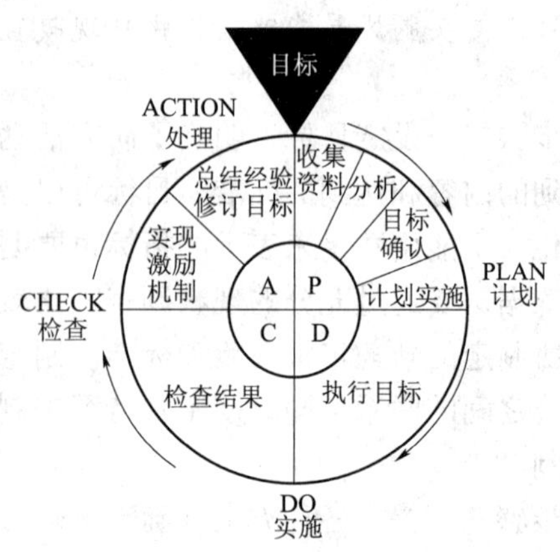

图 5－3　PDCA 循环的 8 个步骤

小案例

浸信会医院集团（BHI）的 PDCA 循环应用

浸信会医院集团（BHI）在佛罗里达拥有多家医院，其相关工作人员达到 2 270 人，并且在 2003 年获得了美国医疗行业的马可姆·波多里奇国家质量奖。1995 年，当意识到病人和员工不满情况增多时，BHI 的领导层实施了一个提高质量的项目，在这个项目中最为重要的因素就是革新和给员工授权。BHI 所有的质量管理工具中最重要的一个就是戴明的 PDCA 循环。BHI 使用了几个指标来检查医院的流程是否符合度量标准。如果其中任意一个指标低于设定的标准，那么一个由内科医生和第一线员工所组成的 PDCA 小组就会在第一时间对流程进行检查，并使用 PDCA 循环来进行改进。在很多的调查和医疗数据库中，BHI 在病人护理、病人满意度、急诊部门和门诊手术，以及其他与健康相关的领域中都排在前列。2002 年，在《财富》杂志所评出的全美 100 家最好的雇主公司中，BHI 排在第 10 名，而且在 2002—2003 年，BHI 在这份榜单中的排名都是医疗机构中最高的。

5.4.2　PDCA 循环的特点

1. 大环套小环，互相促进

如果将整个企业的工作比喻为一个大的 PDCA 循环，那么各个车间、小组或职能部门则都有各自的 PDCA 小循环。因此，管理循环的转动，不是个人的力量，而是组织的力量，是整个企业全员推动的结果，即一环扣一环，小环保大环，推动大循环。PDCA 循环不仅适用于整个企业，而且也适用于各个车间、科室和班组及个人。根据企业总的方针目标，各级、各部门都要有自己的目标和自己的 PDCA 循环。这样就形成了大环套小环，小环里边又套有更小的环的情况。整个企业就是一个大 PDCA 循环，各部门又都有各自的 PDCA 循环，依次又有更小的 PDCA 循环，具体落实到每一个人。上一级的 PDCA 循环是下一级 PDCA 循环的依据，下一级 PDCA 循环又是上一级 PDCA 循环的贯彻落实和具体化。通过循环把企业各项工作有机地联系起来，彼此协同，互相促进。

2. 不断循环，阶梯式上升

4 个阶段要周而复始地循环。PDCA 循环不是停留在一个水平上的循环，而每一次循环都会解决一批问题，取得一部分成果，因而就会前进一步，就会有新的内容和目标，水平就上升一个台阶，质量水平就会有新的提高。如同上楼梯一样，每经过一次循环，就登上一级新台阶，这样一步一步地不断上升提高。例如，企业向省级、国家级、国际标准不断迈进，正是阶梯式上升的具体表现。

3. 推动 PDCA 循环的关键在 A 阶段

所谓总结，就是总结经验，肯定成绩，纠正错误，提出新的问题进行新的 PDCA 循环。这是 PDCA 循环之所以能上升、前进的关键。如果只有 3 个阶段，没有将成功经验和失败教训纳入有关标准、制度和规定中，就不会巩固成绩、吸取教训，也就不能防止同类问题的再次发生。因此，推动 PDCA 循环，一定要始终抓好总结这个阶段。

4. 统计工具的应用

PDCA 循环的一个重要特点是其应用了一套科学的统计处理方法作为发现、解决问题的有效工具。

5.5 常用的全面质量管理方法与技术

众所周知，质量管理作为一门科学，其发展过程大体经历了 3 个阶段：质量检验阶段、统计质量控制阶段和全面质量管理阶段。就解决质量问题所使用的技术和方法而论，上述 3 个阶段的后一阶段是在前一阶段的基础上逐步发展起来的。因此，在进行全面质量管理时，还要继续使用质量管理常用的方法。

小案例

航空运输业中质量管理方法的应用

对于航空运输企业来说，质量管理的中心环节是保证航班运行的安全性。因为，人的生命是无法弥补的，这就要求各部门、各环节必须首先将保证航班的安全性作为其首要条件；其次是良好的服务。为保证为顾客提供良好的服务，每项工作除了必须认真按规定的标准完成并避免差错外，还必须根据顾客的需求心理，灵活地调整服务方式。

对航空运输服务及生产过程的有效控制，主要取决于对反映生产、服务工作过程状况的信息资料掌握的准确程度和及时程度，同时也取决于对来自工作现场的大量信息、数据的及时整理和分析。因此，必须通过运用一定的质量管理方法才能实现。

航空公司针对各方面的服务制定合理的质量标准，并每周或每月采用不同的质量管理方法进行测量，将测量的结果与标准进行比较，发现偏差后应立即分析原因进行改进。在分析原因时，要区分可控因素与不可控因素，重点对可控因素进行控制。例如，影响航班延误的主要因素有天气、航空公司计划、工程机务、流量控制、旅客等。航空公司首先要分析公司计划、工程机务和旅客等可控因素的影响，并制定行之有效的改进措施。

5.5.1 流程图

1. 流程图的概念

流程图是将一项活动过程分成几个步骤，然后用图示标志的形式将各个步骤之间的逻辑关系表示出来的一种图示技术。通过对过程中各步骤之间关系的分析研究，找出发生故障的潜在因素，知道哪些环节需要进行质量控制和预防，哪些环节需要改进。流程图的图示标志及所代表的含义如图 5－4 所示。

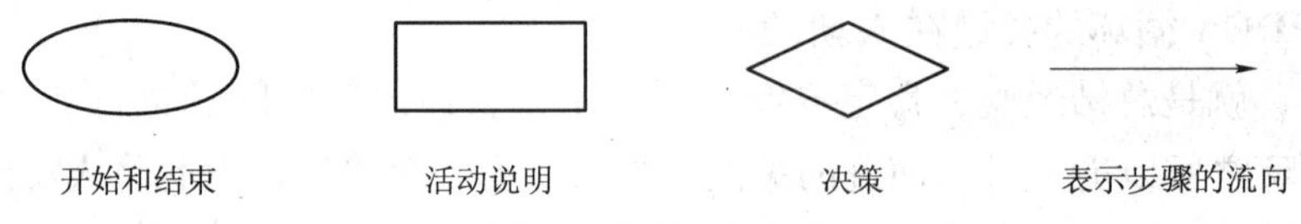

图 5－4　流程图的图示标志

2. 设计、制作流程图的步骤

（1）明确一项活动过程的开始和结束（输入和输出）。

（2）确定活动中必要的步骤并程序化。观察活动从开始到结束的整个过程，将过程活动形象化，如输入、过程、判断、决定、输出等，以便规定该活动的过程程序。

（3）画出表示该过程的流程草图。

（4）评审草图。当草图画出之后，要与该过程中所涉及的技术人员和操作人员一起评审流程草图设计的合理性，注意听取现场工作人员的意见。

（5）根据评审结果改进流程图。这个步骤与步骤（4）要反复进行，直到确定正式流程图为止。

（6）作出正式流程图。注明正式流程图的形成日期，以备将来使用和参考。

例 5－1　将复印文件的过程制成流程图，其结果如图 5－5 所示。

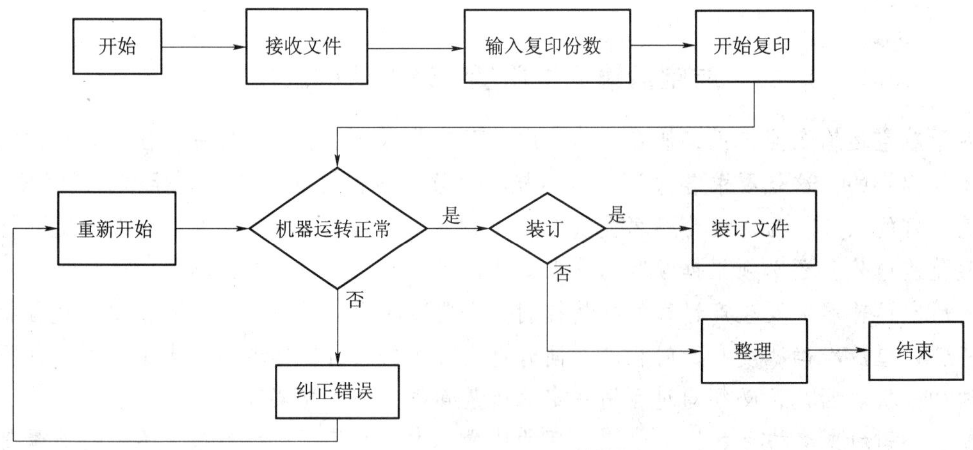

图 5－5　复印文件流程图实例

5.5.2 检查表

1. 检查表概述

检查表又称调查表、统计分析表，是一种收集整理数据和粗略分析质量原因的工具，是为了调查客观事物、产品和工作质量，或者为了分层收集数据而设计的图表。检查表把产品可能出现的情况及其分类预先列成统计调查表，在检查产品时只需在相应分类中进行统计，并可从中进行粗略的整理和简单的原因分析，为下一步的统计分析与判断质量状况创造良好条件。

2. 检查表类型

为了能够获得良好的效果、可比性和准确性，检查表的设计应简单明了，突出重点；应填写方便，符号好记；填写好的检查表要定时、准时更换并保存，数据要便于加工整理，分析整理后及时反馈。常用的检查表有以下 3 类。

(1) 不良品检查表。不良品是指产品生产过程中不符合图纸、工艺规程和技术标准的不合格品和缺陷品的总称，包括废品、返修品和次品。不良品检查表有 3 种：第一种是调查不良品原因；第二种是调查不良品项目；第三种是调查不良品类型。

① 不良品原因调查表。为了调查不良品原因，通常把相关原因的数据与其结果的数据一一对应地收集起来。记录应明确检验内容和调查间隔，由操作者、检查员、班组长共同执行抽检的标准和规定。

例 5－2 某车间机械零件不良品原因调查表，如表 5－1 所示。

表 5－1 不良品原因调查表 单位：个

序号	抽样数	不良品数	批不良品率/%	不良品原因					
				操作不慎	机床原因	刀具影响	工艺	材料	其他
1	1 000	3	0.3	1	1			1	
2	1 000	2	0.2	1		1			
3	1 000	3	0.3		2			1	
4	1 000	4	0.4	1			2		1
5	1 000	2	0.2	1				1	
6	1 000	1	0.1			1			
7	1 000	2	0.2		1	1			
合计	7 000	17	0.243	4	4	3	2	3	1

② 不良品项目调查表。一个工序或一种产品不能满足标准要求的质量项目，叫做不良品项目。为了减少生产中出现的各种不良品，需要了解发生了哪些项目不合格，以及各种不合格项目所占的比例，可采用不合格项目调查表。不合格项目调查表主要用于调查生产现场不合格品项目频数和不合格品率，以便用于排列图等分析研究。当发生不良品项目时，操作人员就在相应栏内画上一调查符号。一天工作完了，发生哪些不良品项目，以及各种不合格项目发生了多少便一目了然，这等于给人们指出了改进质量方向。显然，发生不合格较多的项目应予以优先考虑进行改进。

例5-3 某合成树脂成型工序的不良品项目调查表，对114件不良品进行了调查，调查结果如表5-2所示。

表5-2 不良品项目调查表

单位：个

不良品项目	不良品个数	合计
表面缺陷	正正正正正正丁	32
砂眼	正正正正	20
加工不合格	正正正正正正正正正正	50
形状不合格	正	5
其他	正丁	7
合计		114

③ 不良品类型调查表。为了调查生产过程中出现了哪些不良品及各种不良品的比例，可采用不良品类型调查表。

例5-4 不良品类型调查实例，其结果如表5-3所示。

表5-3 不良品类型调查表

单位：个

序号	成品数	不良品数	不良品类型		
			废品数	次品数	返修品率
1	1 000	8	3	4	1
2	1 000	9	2	3	4
3	1 000	7	2	2	3
4	1 000	8	1	3	4
5	1 000	7	1	2	4
合计	5 000	39	9	14	16

（2）缺陷位置调查表。在很多产品中都会存在“气孔”、“疵点”、“碰伤”、“砂眼”、“脏污”、“色斑”等外观质量缺陷，一般采用缺陷位置调查表比较好，这种调查表多是画成示意图或展开图。每当发生缺陷时，将其发生位置标记在图上。这种调查分析的做法是画出产品示意图或展开图，并规定不同的外观质量缺陷的表示符号，然后逐一检查样本，把发现的缺陷，按规定的符号在同一张示意图中的相应位置上表示出来。这样，缺陷位置调查表就记录了这一阶段样本的所有缺陷的分布位置、数量和集中部位，便于进一步发现问题，分析原因，采取改进措施。

小资料

缺陷位置调查表可用来记录、统计、分析不同类型的外观质量缺陷所发生的部位和密集程度，进而从中找出规律性，为进一步调查或找出解决问题的办法提供事实依据。缺陷位置调查表是工序质量分析中常用的方法。掌握缺陷发生之处的规律，可以进一步分析为什么缺陷会集中在某一区域，从而追寻原因，采取对策，能更好地解决出现的质量问题。

（3）质量分布调查表。质量分布调查表是对计量值数据进行现场调查的有效工具。要了解工序某质量指标的分布状态，以及与标准的关系，可用质量分布调查表。质量分布调查表是根据以往的资料，将某一质量特性项目的数据分布范围分成若干区间而制成的表格，用以记录和统计每一质量特性数据在某一区间的频数。从表格形式看，质量分布调查表与直方图的频数分布表相似。所不同的是，质量分布调查表的区间范围是根据以往的资料，首先划分区间范围，然后制成表格，以供现场调查记录数据；而频数分布表则是首先收集数据，再适当划分区间，然后制成图表，以供分析现场质量分布状况使用。完成调查表就可以研究工序质量分布状态，如果分布不是所期望的类型或出现异常状态，则需要查明原因，采取必要的措施以便求得改进。

小案例

检查表的应用

某企业在对一批轴承的质量检验过程中，发现有部分不合格品，产生的原因有很多种。为了找出产生不合格品的主要原因，他们采用不良项目分类统计表（见表5－4）。每检查出一个不合格品，就在表中进行记录，最终获得质量改进的主攻方向。

表5－4　不良项目分类统计表

零件名称：轴承　　　　时间：2010年7月20日

不良项目种类	检验记录	小计
断裂	正正正正正正丁	32
擦伤	正正正正	20
污染	正正	10
弯曲	正	5
裂纹	正正一	11
砂眼	正	5
其他	正正正	15
合计		98

通过对不合格品的检查统计，不难看出这批轴承中不合格品的主要原因是断裂和擦伤两个项目，从而明确了改进方向。

5.5.3　直方图

1. 直方图的概念

直方图又称质量分布图，是通过对测定或收集来的数据加以整理，来判断和预测生产过程质量及不合格品率的一种常用工具。直方图法适用于对大量计量值数据进行整理加工，找出其统计规律，分析数据分布的形态，以便对其总体的分布特征进行分析。直方图的基本图形为直角坐标系下若干依照顺序排列的矩形，各矩形底边相等称为数据区间，矩形的高为数

据落入各相应区间的频数。

小资料

在生产实践中，尽管收集到的各种数据含义不同、种类有别，但都具有这样一个基本特征：毫无例外地都具有分散性，即数据之间参差不齐。例如，同一批机加工零件的几何尺寸不可能完全相等；同一批材料的机械性能各有差异；同一根金属软管各段的疲劳寿命互不相同等。数据的分散性是产品质量本身的差异所致，是由生产过程中条件变化和各种误差造成的，即使条件相同、原料均匀、操作谨慎，生产出来的产品质量数据也不会完全一致。这仅是数据特征的一个方面。另一方面，如果收集数据的方法得当，收集的数据又足够多，经过仔细观察或适当整理，可以看出这些数据并不是杂乱无章的，而是呈现出一定的规律性。要找出数据的这种规律性，最好的办法就是通过对数据的整理做出直方图。通过直方图可以了解产品质量的分布状况、平均水平和分散程度。这有助于判断生产过程是否稳定正常，分析产生产品质量问题的原因，预测产品的不合格品率，提出提高质量的改进措施。

2. 直方图的绘制步骤

（1）收集数据。收集数据就是随机抽取50个以上的质量特性数据，而且数据越多做直方图的效果越好。表5－5所示的是收集的某产品质量特性数据，其样本大小为 $n=100$。

表5－5　质量特性实测数据表

61	55	58	39	49	55	50	55	55	50
44	38	50	48	53	50	50	50	50	52
48	52	52	52	48	55	45	49	50	54
45	50	55	51	48	54	53	55	60	55
56	43	47	50	50	50	57	47	40	43
54	53	45	43	48	43	45	43	53	53
49	47	48	40	48	45	47	52	48	50
47	48	54	50	47	49	50	55	51	43
45	54	55	55	47	63	50	49	55	60
45	52	47	55	55	56	50	46	45	47

（2）找出数据中的最大值、最小值并计算极差值。数据中的最大值用 x_{max} 表示，最小值用 x_{min} 表示，极差用 R 表示。根据表5－5中的数据可知，$x_{max}=63$，$x_{min}=38$，$R=x_{max}-x_{min}=25$。

（3）确定组数和组距。组数一般用 k 表示，组距一般用 h 表示。一般组距就是组与组之间的间隔，等于极差除以组数，即

$$h=\frac{x_{max}-x_{min}}{k}$$

依上式可得：

$$h=\frac{63-38}{9}=2.78$$

根据数据的个数进行分组，分组多少的一般原则是数据个数为 50～100 分为 7～9 组、101～250 分为 10～20 组。为了方便计算，可以取 $h=3$。

(4) 确定组限值。组的上、下界值称为组限值。由全部数据的下端开始，每加一次组距就可以构成一个组的界限。第一组的上限值就是第二组的下限值，第二组的下限值加上组距就是第二组的上限值。在划分组限前，必须明确端点的归属。故在决定组限前，只要比原始数据中的有效数字的位数多取一位，则不存在端点数据的归属问题。本例中最小值为 38，则第一组的组限值应该为（37.5，40.5），以后每组的组限值依次类推。

(5) 计算各组的组中值。组中值是处于各组中心位置的数值，其计算公式为：

$$组中值=(组下限+组上限)/2$$

例如，第一组的组中值为 $(37.5+40.5)/2=39$，依次类推。

(6) 统计各组频数及频率。频数是实测数据中处在各组中的个数，频率是各组频数占样本大小的比重。本例（见表 5-5）中的统计结果，如表 5-6 所示。

表 5-6　频数及频率统计表　　单位：个

组号	组界限	组中值	频数	累计频数	累计频率/%
1	37.5～40.5	39	3	3	3
2	40.5～43.5	42	7	10	10
3	43.5～46.5	45	10	20	20
4	46.5～49.5	48	23	43	43
5	49.5～52.5	51	25	68	68
6	52.5～55.5	54	24	92	92
7	55.5～58.5	57	4	96	96
8	58.5～61.5	60	3	99	99
9	61.5～64.5	63	1	100	100

(7) 画直方图。以各组序号为横坐标，频数为纵坐标，组成直角坐标系，以各组的频数为高度做一系列直方形，即可得到如图 5-6 所示的直方图。

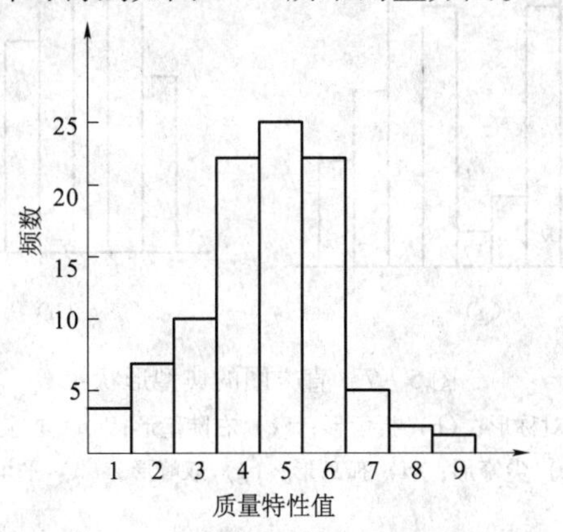

图 5-6　直方图示例

3. 直方图的几种典型形状

直方图能比较形象、直观、清晰地反映产品质量的分布情况。观察直方图时，应该着眼于整个图形的形态，对于局部的参差不齐不必计较。根据直方图的形状判断是正常型还是异常型，如果是异常型，还要进一步判断是哪种异常类型，以便分析原因，采取措施。常见的直方图形状大体有 8 种，如图 5－7 所示。

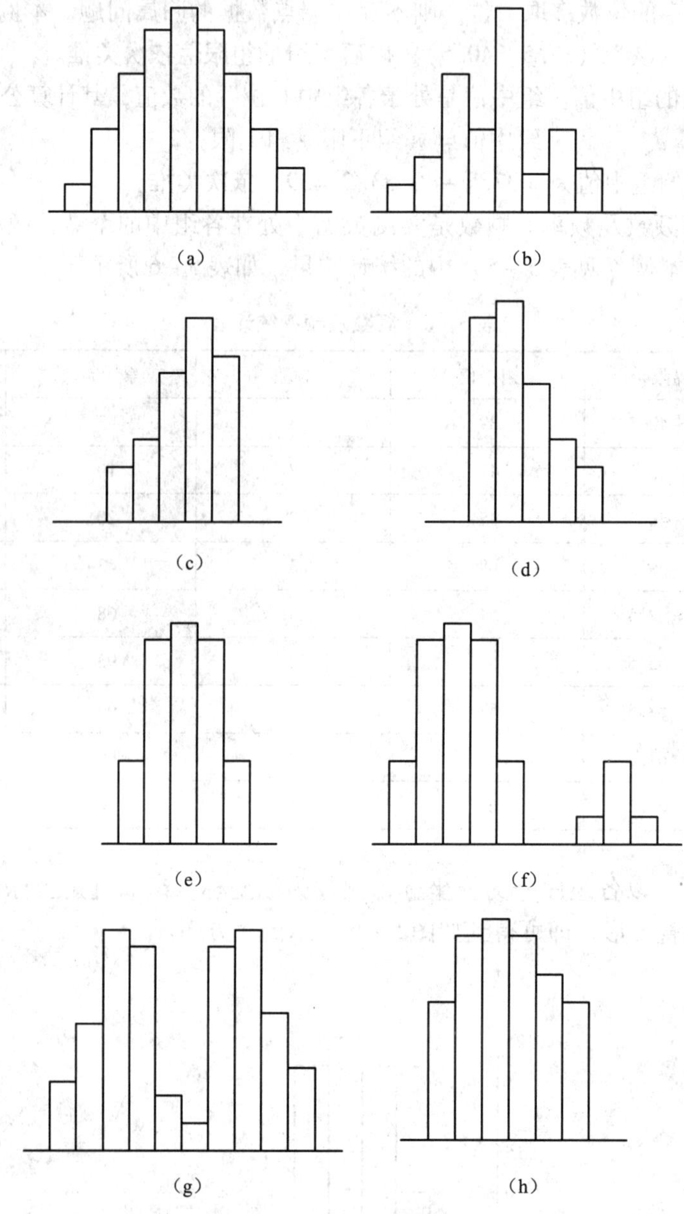

图 5－7　直方图的典型形状

(a) 对称形；(b) 折齿形；(c) 右陡壁形；(d) 左陡壁形；
(e) 尖峰形；(f) 孤岛形；(g) 双峰形；(h) 平坦形

(1) 对称形，如图 5－7 (a) 所示。对称形直方图是中间高、两边低，左右基本对称，符合正态分布。这是从稳定正常的工序中得到的数据制成的直方图，说明过程处于稳定状态（统计控制状态）。

(2) 折齿形，如图5-7（b）所示。折齿形直方图像折了齿的梳子，出现凹凸不平的形状。这多数是因为测量方法或读数有问题，也可能是制图时数据分组不当引起的。

(3) 陡壁形，如图5-7（c）、(d) 所示。陡壁形直方图像高山陡壁，向一边倾斜。一般在产品质量较差时，为了得到符合标准的产品，需要进行全数检验来剔除不合格品。当用剔除了不合格品后的产品数据制作直方图时，容易产生这种形状。

(4) 尖峰形，如图5-7（e）所示。尖峰形直方图的形状与对称形差不多，只是整体形状比较单薄。这也是从稳定正常的工序中得到的数据制成的直方图，说明过程处于稳定状态。

(5) 孤岛形，如图5-7（f）所示。孤岛形直方图旁边有孤立的“小岛”出现。这主要是将同原料、不同机床、不同工人、不同操作方法等加工的产品混在一起所造成的，此时应进行分层。

(6) 双峰形，如图5-7（g）所示。双峰形直方图中出现了两个峰，这往往是由于将不同原料、不同机床、不同工人、不同操作方法等加工的产品混在一起所造成的，此时应进行分层。

(7) 平坦形，如图5-7（h）所示。平坦形直方图没有突出的顶峰，顶部近乎平顶。这可能是由于多种分布混在一起，或者生产过程中某种缓慢的倾向在起作用，如工具的磨损、操作者疲劳的影响、质量指标在某个区间中均匀变化等。

4. 直方图与标准界限比较

将直方图和标准界限（公差）对比来观察直方图，大致有以下几种情况，如图5-8所示。

(1) 如图5-8（a）所示，直方图的分布范围 B 位于标准范围 T 内且略有余量，直方图的分布中心（平均值）与公差中心近似重合。这是一种理想的直方图。此时，全部产品合格，工序处于控制状态。

(2) 如图5-8（b）、(c) 所示，直方图的分布范围 B 虽然也位于公差 T 内，且也是略有余量，但是分布中心偏移标准中心。此时，如果工序状态稍有变化，产品就可能超差，出现不合格品。因此，需要采取措施，使分布中心尽量与标准中心重合。

(3) 如图5-8（d）所示，直方图的分布范围 B 位于公差 T 范围之内，中心也重合，但是完全没有余地，此时，平均值稍有偏移便会出现不合格品，应及时采取措施减少分散。

(4) 如图5-8（e）所示，直方图的分布范围 B 偏离公差 T 中心，过分地偏离公差范围，已明显看出超差。此时，应该调整分布中心，使其接近标准中心。

(5) 如图5-8（f）所示，直方图的分布范围 B 超出公差 T 范围，两边产生了超差。此时，已出现不合格品，应该采取技术措施，提高加工精度，缩小产品质量分散。如属于标准定得不合理，又为质量要求所允许，可以放宽标准范围，以减少经济损失。

另外，还可能有一种情况，直方图的分布范围 B 位于公差 T 范围之内，且中心重合，但是如果两者相差太多，也不是很适宜。此时，可以对原材料、设备、工艺等适当放宽要求或缩小公差范围，以提高生产速度，降低生产成本。

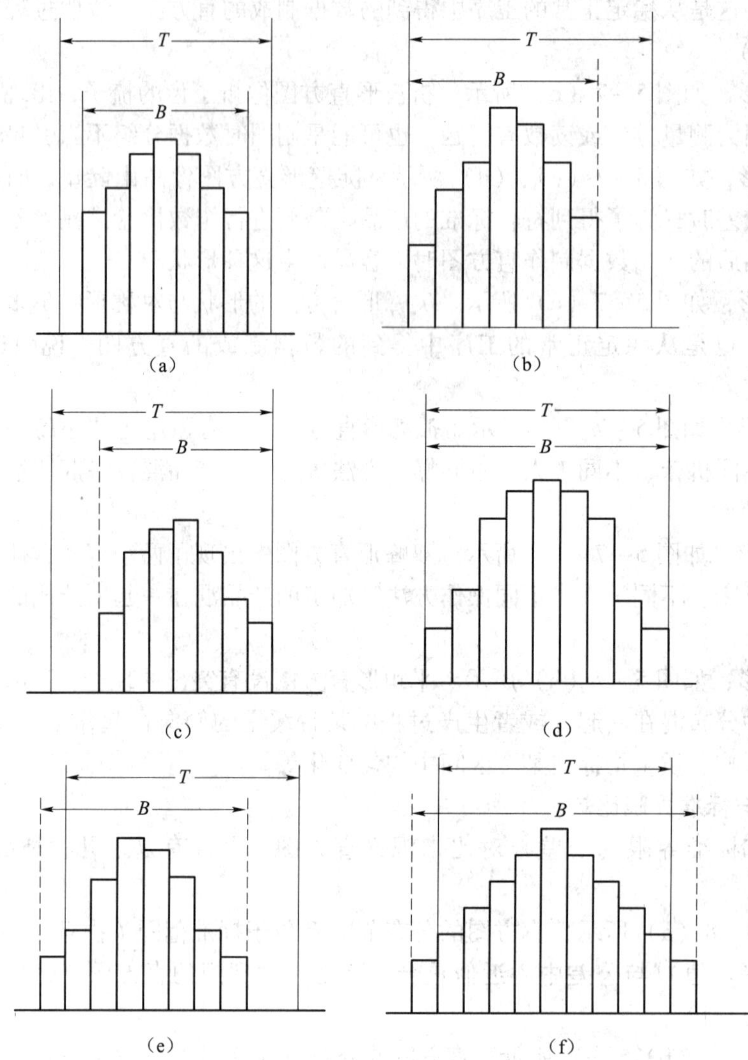

图 5-8　直方图与标准界限比较

5.5.4　排列图

1. 排列图概述

排列图是通过找出影响产品质量的主要问题，以便确定质量改进关键项目的图表。排列图最早由意大利经济学家帕累托（Pareto）用于统计社会财富分布状况。他发现少数人占有大部分财富，而大多数人却只有少量财富，即所谓“关键的少数与次要的多数”这一相当普遍的社会现象。后来，朱兰博士将帕累托原理移植到质量管理中来，将排列图改造为确定关键质量问题和主要原因的工具。朱兰博士在移植帕累托原理时提出一个著名的论断，成为解决质量问题的技巧。朱兰博士认为，任何质量问题的影响原因是很多的，但在诸多原因中总有少数原因对质量问题起到决定性作用，称为“关键的少数”。解决质量问题时，如果能掌握这些关键的少数原因，就会以最少的投入取得最佳的改进效果，多快好省地解决质量问题。排列图分析是确定关键少数的工具。排列图的一般形式如图5-9所示。

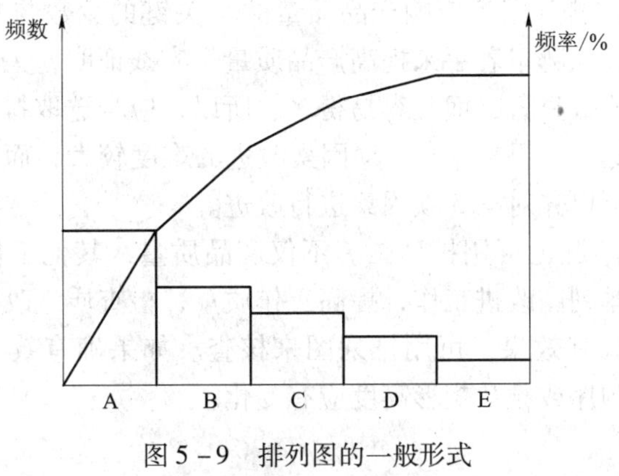

图5-9　排列图的一般形式

2. 排列图的绘制步骤

（1）确定分析对象。排列图的分析对象一般为不合格项目、废品件数、消耗工时等。

（2）收集与整理数据。收集与整理数据可按废品项目、缺陷项目、不同操作者等进行分类。列表汇总每个项目发生的数量即频数 f_i，按大小进行排列。

（3）计算频数 f_i、频率 P_i、累计频率 F_i 等。

（4）画图。排列图由两个纵坐标，一个横坐标，几个顺序排列的矩形和一条累计频率折线组成。左边的纵坐标表示频数 f_i，右边的纵坐标表示频率 P_i；横坐标表示质量项目，按其频数大小从左向右排列；各矩形的底边相等，其高度表示对应项目的频数 f_i；对应于右边纵坐标频率 P_i，应在各矩形的右边或右边的延长线上打点，各点的纵坐标值表示对应项目的累计频率 F_i；以原点为起点，依次连接上述各点，所得折线即为累计频率折线。

（5）根据排列图，确定主要因素、有影响因素和次要因素。主要因素是累计频率 F_i 在0%～80%的若干因素。它们是影响产品质量的关键原因，又称为A类因素。其个数一般为1～2个，最多3个。有影响因素是累计频率 F_i 在80%～95%的若干因素。它们对产品质量有一定的影响，又称为B类因素。次要因素是累计频率 F_i 在95%～100%的若干因素。它们对产品质量仅有轻微影响，又称为C类因素。

例5-5　某工厂对200台卷扬机的轮齿故障进行了统计分析，数据如表5-7所示。

表5-7　卷扬机轮齿故障统计分析表

序号	质量问题	频数	累计频数	频率/%	累计频率/%
1	齿面点蚀	92	92	46.0	46.0
2	轮齿折断	73	165	36.5	82.5
3	齿面磨损	21	186	10.5	93.0
4	齿面胶合	10	196	5.0	98.0
5	齿面塑性变形	4	200	2.0	100.0

依据表5-7很容易找到A类因素，即为齿面点蚀和轮齿折断；齿面磨损和齿面胶合是B类因素；其他是C类因素。

3. 排列图的用途

（1）找出主要因素。排列图把影响产品质量的“关键的少数与次要的多数”直观地表现出来，使人们明确应该从哪里着手来提高产品质量。实践证明，集中精力将主要因素的影响减半比消灭次要因素收效显著，而且容易得多。所以，应当选取排列图前 1 ～ 2 项的主要因素作为质量改进的目标。如果前 1 ～ 2 项因素改进的难度较大，而第 3 项因素改进简易可行，马上可见效果，也可以先对第 3 项因素进行改进。

（2）解决工作质量问题也可用排列图。不仅产品质量，其他工作如节约能源、减少消耗、安全生产等都可用排列图改进工作，提高工作质量，检查质量改进措施的效果。采取质量改进措施后，为了检验其效果，可用排列图来核查。如果确有效果，则改进后的排列图中，横坐标上因素排列顺序或频数矩形高度应有变化。

4. 排列图的分类

根据用途，排列图可以分为分析现象排列图和分析原因排列图。

（1）分析现象排列图。分析现象排列图与不良结果有关，用于确定主要质量问题。常见的不良现象如下。① 质量：不合格、故障，顾客抱怨（投诉）、退货、维修等。② 成本：损失总数、费用等。③ 交货期：交货延迟、付款违约、存货短缺等。④ 安全：发生事故、出现差错等。

（2）分析原因排列图。分析原因排列图与过程因素有关，用于确定主要原因。① 操作者：班次、组别、年龄、经验、熟练程度及个人本身的因素等。② 机器：机床、设备、仪器、仪表、工夹模具及工位器具等。③ 材料：供应方、批次、种类等。④ 工艺方法：操作方法、作业安排、工序顺序等。⑤ 生产环境：温度、湿度、气压、噪声、振动和电磁干扰等。

5. 应用排列图的注意事项

1）制作排列图的注意要点

（1）分类方法不同，所制作的排列图不同。应通过不同的角度观察问题，把握住问题的实质。针对不同性质的问题采用不同的分类方法进行分类，以确定“关键的少数”，这也是排列图应用的目的。

（2）为了确认“关键的少数”，在排列图上通常按累积百分数分为 3 个区域：在 0 ～ 80% 的项目为“A 类项目”，即关键的少数；在 80% ～ 90% 的项目为“B 类项目”，即次要项目；在 90% ～ 100% 的项目为“C 类项目”，即一般项目。B 类项目和 C 类项目的总和被认为是次要的多数。

（3）若“其他”项所占的比例很大，则说明分类不当，此时应考虑采用其他分类方法。

（4）若所取数据为“质量损失（金额）”，制作排列图时应将质量损失在左纵坐标轴上表示出来。

2）使用排列图的注意要点

若期望质量问题能简单地解决，掌握正确的分析方法是非常必要的。

（1）排列图分析时采用的是“二八原则”，但并不是绝对的，应根据具体情况确定关键的少数。例如，A、B 两项的累计百分比为 80%，但 A、B 两项差距很大，而 B、C 两项的差距很小，则只能确定 A 项目为关键的少数；若 A、B 两项和累计百分比超过了 80%，但 B、C 两项差距很大，则应确定 A、B 两个项目为关键的少数。

（2）排列图分析的目的是解决问题，基本点应当是抓住关键的少数，但某个项目相对来说并非是“关键的少数”，而其采取非常简单的措施即可解决，也应列入攻关范围。

（3）排列图可用来确定采取措施的顺序。一般把发生率高的项目减低一半要比将发生的项目完全消除更加容易。因此，首先从排列在首位的项目入手进行质量改进，往往会取得事半功倍的效果。

（4）对比性排列图可以研究组成项目的变化状况，可以对措施的效果进行验证。应用排列图不仅可以找到影响质量问题的主要原因，而且可以连续使用，以确定复杂问题的最终原因。

5.5.5 散点图

1. 散点图的定义

散点图又称相关图，是用来分析研究两个对应变量之间是否存在相关关系的一种制图方法。

2. 散点图的绘制

（1）收集数据。所要研究的两个变量如果一个为原因，另一个为结果，则一般取原因变量为自变量，取结果变量为因变量。通过抽样检测得到两个变量的一组数据序列。

（2）在坐标上画点。在直角坐标系中，把上述对应的数据组序列以点的形式一一描出。需要注意的是，横轴与纵轴长度单位的选取原则是使两个变量的散布范围大致相等，以便分析两个变量之间的相关关系。

3. 散点图的用途

1）确定两变量（因素）之间的相关性

两变量之间的散点图大致可分为以下6种情形，如图5－10所示。

（1）强正相关。如图5－10（a）所示，x增大，y也随之线性增大。x与y之间可用直线$y=a+bx$（b为正数）表示。此时，只要控制x，y也随之被控制。

（2）弱正相关。如图5－10（b）所示，点分布在一条直线附近，且x增大，y基本上随之线性增大，此时除了因素x外可能还有其他因素影响y。

（3）不相关。如图5－10（c）所示，x和y两变量之间没有任何一种明确的趋势关系，说明两因素互不相关。

（4）弱负相关。如图5－10（d）所示。x增大，y基本上随之线性减小。此时，除因素x之外，可能还有其他因素影响y。

（5）强负相关。如图5－10（e）所示。x与y之间可用直线$y=a+bx$（b为负数）表示。y随x的增大而减小。此时，可以通过控制x而控制y的变化。

（6）非线性相关。如图5－10（f）所示，x、y之间可用曲线方程进行拟合，根据两变量之间的曲线关系，可以利用x的控制调整实现对y的控制。

2）变量控制

通过分析各变量之间的相互关系，确定出各变量之间的关联性类型及其强弱。当两变量之间的关联性很强时，可以通过对容易控制（操作简单、成本低）变量的控制达到对难控制（操作复杂、成本高）变量的间接控制。

3）确定影响程度

可以把质量问题作为因变量，确定各种因素对产品质量的影响程度。

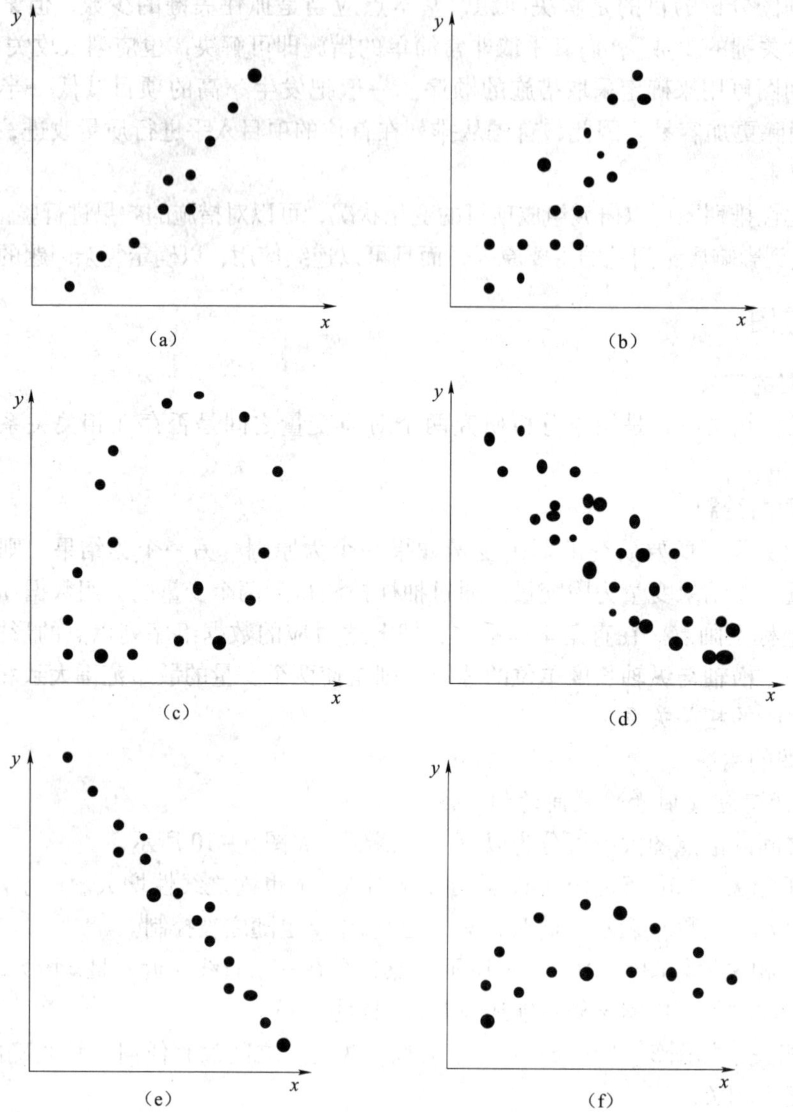

图5-10　散点图的6种典型形状

(a) 强正相关；(b) 弱正相关；(c) 不相关；(d) 弱负相关；(e) 强负相关；(f) 非线性相关

小案例

合金强度与合金含碳量相关分析

由专业知识可知，合金的强度 y（$\times 10^7$Pa）与合金中碳的含量 x（%）有关。为了生产强度满足用户需要的合金，在冶炼时需要控制碳的含量，为此必须研究合金强度与合金含碳量的关系。现在冶炼过程中，通过化验和测试得到12组数据，列于表5-8中。

表5-8 合金钢的强度与钢中的碳含量数据

序号 i	x_i/%	$y/\times 10^7$ Pa	序号 i	x_i/%	$y/\times 10^7$ Pa
1	0.10	42.0	7	0.16	49.0
2	0.11	43.0	8	0.17	53.0
3	0.12	45.0	9	0.18	50.0
4	0.13	45.0	10	0.20	55.0
5	0.14	45.0	11	0.21	55.0
6	0.15	47.5	12	0.23	60.0

为了研究这两个量间存在什么关系，可以画一张散布图，即将一对数据看成直角坐标系中的一个点，得到图5-11。

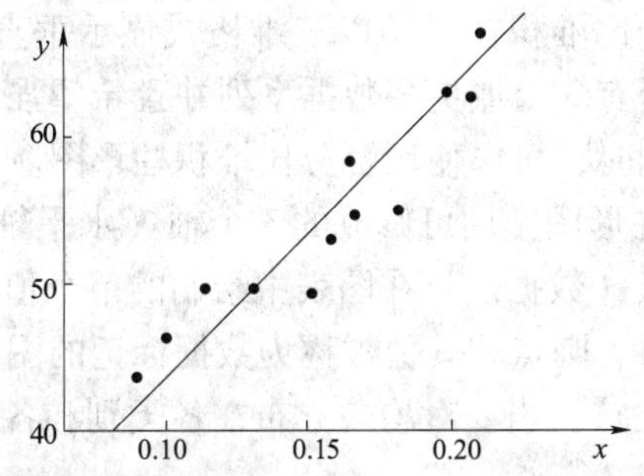

图5-11 碳含量与合金钢强度关系散布图

从图5-11中可以看出，当碳含量增加时，合金钢的强度也有增加趋势，但是它们之间无法用一个函数关系来表示。这两个变量间的关系为强正相关关系。

5.5.6 趋势图

1. 趋势图简介

趋势图也称统计图或统计图表，是以统计图的呈现方式，如柱形图、横柱形图、曲线图、饼图、点图、面积图、雷达图等，来呈现某事物或某信息数据的发展趋势的图形。

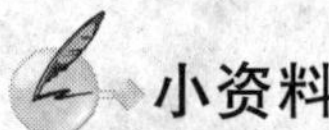

趋势图有时也称走向图，它用来显示一定时间间隔（如一天、一周或一个月）内所得到的测量结果。以测得的数量为纵轴，以时间为横轴绘成图形。走向图就像不断改变的记分牌，其主要用处是确定各种类型问题是否存在重要的时间模式，这样就可以调查其中的原因。例如，按小时或按天画出次品出现的分布图，就可能发现只要使用某个供货商提供的材料就一定会出问题。这表示该供货商的材料可能是原因所在，或者发现某台机器开动时一定会出现某种问题，这就说明问题可能出在这台机器上。

2. 3种常用的趋势图

1）柱形图

（1）簇状柱形图和三维簇状柱形图。簇状柱形图可以用来比较各个类别的数值。簇状柱形图以二维垂直矩形显示数值。三维簇状柱形图仅以三维格式显示垂直矩形，而不以三维格式显示数据。要以可更改的3个轴（水平轴、垂直轴和深度轴）的三维格式显示数据，应该使用三维柱形图类型。例如，有代表下列内容的类别时，可以使用簇状柱形图类型：数值范围（如直方图中的项目计数）、特定的等级排列（如具有“非常同意”、“同意”、“中立”、“不同意”和“非常不同意”等喜欢程度）、设有特定顺序的名称（如项目名称、地理名称或人名）。

(2) 堆积柱形图和三维堆积柱形图。堆积柱形图显示单个项目与整体之间的关系，它比较各个类别的每个数值所占总数值的大小。堆积柱形图以二维垂直堆积矩形显示数值。三维堆积柱形图以三维格式显示垂直堆积矩形，而不以三维格式显示数据。当有多个数据系列并且希望强调总数值时，可以使用堆积柱形图。百分比堆积柱形图和三维百分比堆积柱形图用来比较各个类别的每一数值所占总数值的百分比大小。百分比堆积柱形图以二维垂直百分比堆积矩形显示数值。三维百分比堆积柱形图以三维格式显示垂直百分比堆积矩形显示数据，而不以三维格式显示数据。当有3个或更多数据系列并且希望强调所占总数值的大小时，尤其是总数值对每个类别都相同时，可以使用百分比堆积柱形图。

(3) 三维柱形图。三维柱形图使用可修改的3个轴（水平轴、垂直轴和深度轴），对沿水平轴和深度轴分布的数据点（数据点是在图表中绘制的单个值，这些值由条形、柱形、折线、饼图，或者圆环图的扇面、圆点和其他被称为数据标记的图形表示。相同颜色的数据标记组成一个数据系列）进行比较。当要对均匀分布在各类别和各系列的数据进行比较时，可以使用三维柱形图。

(4) 圆柱图、圆锥图和棱锥图。圆柱图、圆锥图和棱锥图也可以使用为矩形柱形图提供的簇状图、堆积图、百分比堆积图和三维图表类型，并且它们以完全相同的方式显示和比较数据。唯一的区别是这些图表类型显示圆柱、圆锥和棱锥形状而不是矩形。

2）饼图

仅排列在工作表的一列或一行中的数据可以绘制到饼图中。饼图显示一个数据系列（数据系列是在图表中绘制的相关数据点，这些数据源自数据表的行或列。图表中的每个数据系列具有唯一的颜色或图案，并且在图表的图例中表示。可以在图表中绘制一个或多个数据系列，饼图只有一个数据系列）中各项的大小与各项总和的比例。饼图中的数据点显示为整个饼图的百分比，如图5－12所示。

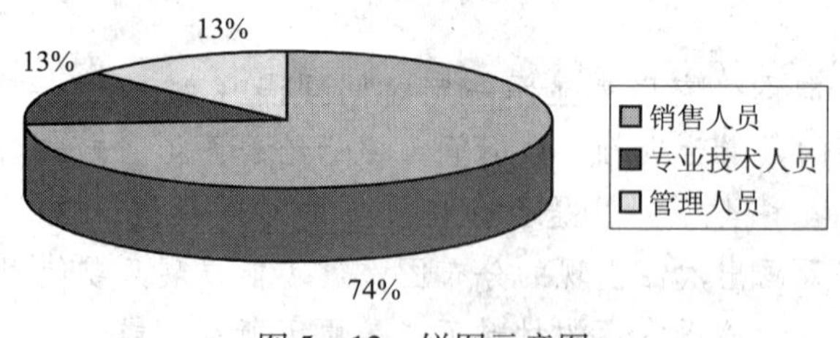

图5－12　饼图示意图

3）雷达图

雷达图（又称戴布拉图、蜘蛛网图）是财务分析图表的一种。即将一个公司的各项财务分析所得的数字或比率，就其比较重要的项目集中画在一个圆形的图表上，来表现一个公司各项财务比率的情况，使用者能一目了然地了解公司各项财务指标的变动情况及其趋向。雷达图主要应用于企业经营状况——收益性、生产性、流动性、安全性和成长性的评价。上述指标的分布组合在一起非常像雷达的形状，因此而得名。雷达图示意图如图 5－13 所示。

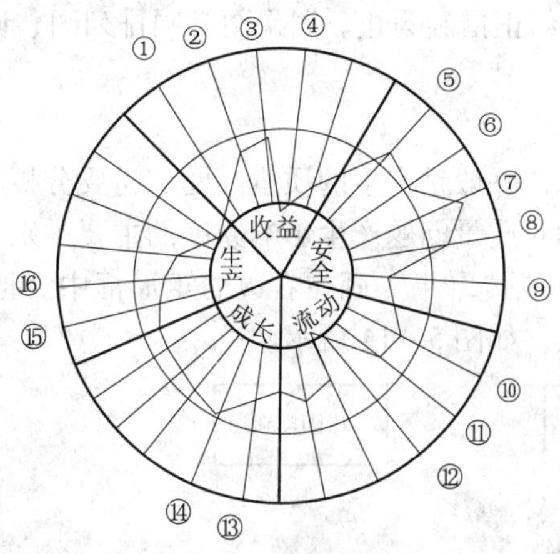

图 5－13　雷达图示意图

注：收益性：① 资产报酬率；② 所有者权益报酬率；③ 销售利税率；④ 成本费率。安全性：⑤ 流动比率；⑥ 速动比率；⑦ 资产负债率；⑧ 所有者权益比率；⑨ 利息保障倍数。流动性：⑩ 总资产周转率；⑪ 应收账款周转率；⑫ 存货周转率。成长性：⑬ 销售收入增长率；⑭ 产值增长率。生产性：⑮ 人均工资；⑯ 人均销售收入。

雷达图的绘制方法是先画 3 个同心圆，把圆分为 5 个区域（每个区为 72 度），分别代表企业的收益性、生产性、流动性、安全性和成长性。同心圆中最小的圆代表同行业平均水平的 1/2 值或最差的情况；中心圆代表同行业的平均水平或特定比较对象的水平，称为标准线（区）；大圆表示同行业平均水平的 1.5 倍或最佳状态。在 5 个区域内，以圆心为起点，以放射线的形式画出相应的经营比率线。然后，在相应的比率线上标出本企业决算期的各种经营比率。将本企业的各种比率值用线连接起来后，就形成了一个不规则闭合图。雷达图清楚地表示出本企业的经营态势，并把这种经营态势与标准线相比，就可以清楚地看出本企业的成绩和差距。

雷达图的分析方法是：如果企业的比率位于标准线以内，则说明企业比率值低于同行业的平均水平，应认真分析原因，提出改进方向；如果企业的比率值接近或低于小圆，则说明企业经营处于非常危险的境地，急需推出改革措施以扭转局面；如果企业的比率值超过了中圆或标准线，甚至接近大圆，则表明企业经营的优势所在，用于巩固和发扬。如果把雷达图应用于创新战略的评估，就演变成为戴布拉图。

实际上，戴布拉图与雷达图的绘制与分析方法完全相同。但是，戴布拉图是用企业内部管理责任（协作过程、业绩度量、教育与开发、分布式学习网络和智能市场定位）和外部关系（知识产品/服务协作市场准入、市场形象活动、领导才能和通信技术）两个基本方面的 10 个具体因素来替代雷达图的 5 个经营因素。

5.5.7　因果图

1. 因果图的基本概念

因果图又称鱼刺图、石川图或特性要因图，是用来表示质量特性波动与其潜在（隐含）原因的关系，即分析表达因果关系的一种图表。适用于对有多种复杂的原因影响的质量结果，又无法用准确的数据进行定量分析的情况。因果图是根据已经产生的或预计产生的结果

（或质量问题）进行讨论，把造成这一结果的原因详细地进行分析，顺藤摸瓜，步步深入，直到找到具体原因并能采取纠正措施为止。因果图常同排列图、调查表联合起来应用，统称为“两图一表”。

2. 因果图绘制步骤

（1）明确分析主要问题，一般是产生的质量问题和需要分析的质量问题。

（2）确定可能发生的和对质量问题产生影响原因的主要类别。

（3）绘图时把“问题”或“结果”画在右边的矩形框中。把各类主要原因放在它的左边，作为“结果”框的输入，如图5－14所示。

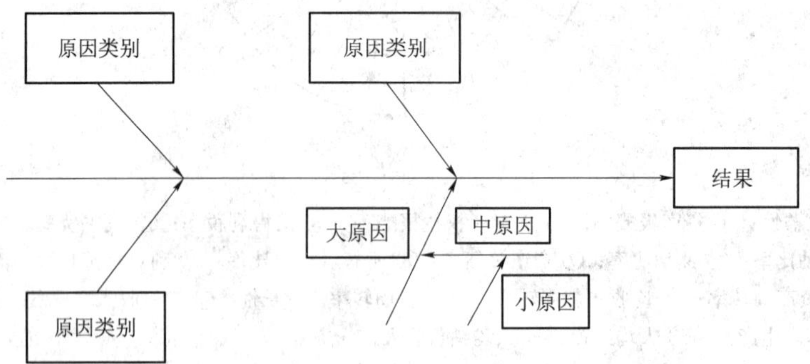

图5－14 因果图的结构

（4）对每一类原因继续找出下一个层次的原因，并用箭线画在相应的枝上，这样一层层地展开下去，完整的因果图展开层次至少应有2层，一些情况下还可以有3层以上。

3. 绘制因果图应注意的问题

（1）画因果图时要注意听取操作工人与技术人员的意见。

（2）原因要素要展开到能采取措施为止。

（3）一个质量问题只能画一个因果图。

（4）按“因果关系”画图箭头不可反向，箭线不允许交叉。

例5－6 图5－15是某工具厂钻头车间运用因果图对噪声超标的原因进行分析得到的结果。

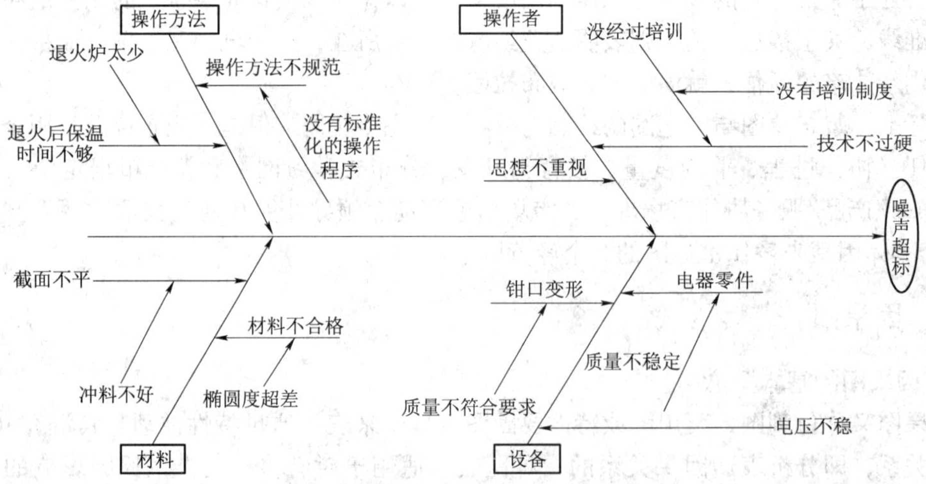

图5－15 “噪声超标”因果图

5.5.8 分层法

1. 分层法的定义

分层法又称分类法，也是分析质量原因的一种方法。影响质量变动的因素很多，如果把不同状态的东西混在一起，就不易分清原因。因此，把性质相同、在同一生产条件下收集到的数据归并在一起，就可以使数据反映的事实更明了、更突出，便于找出问题。

在质量管理中，数据分层的标志多种多样。一般常按以下原则来划分。

(1) 按不同时间分类，如按不同时期、不同班次进行分类。

(2) 按操作人员分类，如按新老工作人员、不同班次的工作人员、不同性别和不同工龄等进行分类。

(3) 按使用设备分类，如按不同的机床型号、工夹具等进行分类。商业企业按不同商品部、不同柜台、不同工作性质等进行分类。

(4) 按操作方法分类，如按不同的切削用量、温度、压力等工作条件进行分类；按不同的装卸、堆码、排列方法进行分类。

(5) 按材料（商品）分类，如按不同供料（货）单位、不同进料（货）时间、不同材料（商品）成分进行分类。

将数据分层时，应根据分析目的，按照一定标志加以分类，将性质相同、在相同条件收集的数据归并在一起，同时应尽量使同一层的数据波动幅度较小，而层间相互差别较大，这是用分层法进行分层的关键。

2. 分层法的步骤

分层法可以采用统计表形式，也可以用图形的形式，其步骤如下。

(1) 确定分析研究的目的和对象。

(2) 收集有关质量方面的数据。对有待于解决的问题，采用分层法分析，收集与此相关的数据，通常的方法是抽样调查。

(3) 根据分析研究的目的不同，选择分层的标志。

(4) 按分层标志对数据资料进行分层。分层时注意使一层内数据在性质上差异尽可能小，而不同层次的数据间差异尽可能大，以便于分析、找出原因。

(5) 画出分层归类表（或图）。分析分层结果，找出主要问题产生的原因，并制定改进措施。

例 5-7 某轧钢厂 3 个车间某月份共轧钢 6 000 吨，其中废钢 169 吨，如果据此数据，则无法对质量问题进行分析。如果对废品的原因进行分类，如表 5-9 所示，则可以看出，甲车间产生废钢的主要原因是“尺寸超差”，乙车间是“轧废”，丙车间是“耳子”。这样就可以针对各自产生废品的原因采取相应的措施。

表 5-9 某轧钢厂某月份废品分层表

废品项目	废品数量			
	甲车间	乙车间	丙车间	合计
尺寸超差	30	15	10	55
轧废	10	28	10	48

续表

废品项目	废品数量			
	甲车间	乙车间	丙车间	合计
耳子	5	10	25	40
压痕	8	4	8	20
其他	3	1	2	6
小计	56	58	55	169

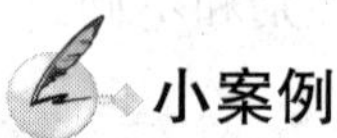
小案例

摩托罗拉公司“神秘顾客调查”项目

“神秘顾客调查”项目是摩托罗拉公司强化服务质量控制的项目，即特别安排人员以顾客的身份出现在摩托罗拉公司分布在全国的每一个服务中心，以真实了解服务中心的服务质量和客户满意度。为了保证数据及信息的客观性和真实性，摩托罗拉公司将此次项目所有的调查工作全部委托给第三方咨询公司，启用其在全国各地的服务网络，使“神秘顾客调查”项目辐射到摩托罗拉公司分布在全国的每一个服务中心。

按照活动设计原则，神秘顾客会在店面环境、设施、客户服务、宣传展示四大项目对服务中心进行评估，而每一个大项之下又细分为10多个小项，其评判指标甚至细致到柜台上是否有灰尘，店内灯光亮度是否合适，接待台的高度是否适中，工作人员是否佩戴统一的工作牌，接待人员的服务用语是否统一规范。最后，神秘顾客把对服务中心的评估表单汇总到摩托罗拉公司服务部门。

摩托罗拉公司对于服务合作伙伴的选择、认证和管理有着一套极为严格的体系，因此对于服务代理而言，神秘顾客调查的结果将直接影响到其发展。

本章习题

一、判断题

1. 质量是设计、制造出来的，也是检验出来的。 (　　)
2. 全面性的质量管理要求各个部门都要涉及质量管理。 (　　)
3. 企业在质量方面所追求的目的是产品质量目标。 (　　)
4. 传统的质量管理以“适用性”为标准。 (　　)
5. 全面质量管理的核心是“质量控制”。 (　　)
6. PDCA 循环是全面质量管理所应遵循的科学程序。 (　　)
7. 形状与对称形差不多，只是整体形状比较单薄，也是从稳定正常的工序中得到的数据制成的直方图，说明过程处于稳定状态，这种直方图是尖峰形。 (　　)
8. 当要对均匀分布在各类别和各系列的数据进行比较时，可以使用棱锥图。 (　　)
9. “两图一表”是指调查表、排列图和直方图。 (　　)

二、选择题

1. 全面质量管理的英文简称为（　　）。

A. TQC　　B. TQS　　C. TQM　　D. TQE

2. PDCA 循环包括的 4 个阶段是（　　）。

A. 策划、实施、检查、反馈　　B. 计划、实施、检查、处理

C. 计划、实施、学习、改进　　D. 方法、展开、整合、处理

3. PDCA 循环的关键是（　　）。

A. P 阶段　　B. D 阶段　　C. C 阶段　　D. A 阶段

4. 全面质量管理的特点包括（　　）。

A. 全面的质量管理　　B. 全过程的质量管理

C. 全员参与的质量管理　　D. 管理方式方法的灵活多样

5. 全面质量管理的思想包括（　　）。

A. 用户至上　　B. 质量第一

C. 质量是检验出来的　　D. 一切用数据说话

6. PDCA 循环的特点有（　　）。

A. 大环套小环，互相促进　　B. 不断循环，阶梯式上升

C. 推动 PDCA 循环关键在 A 阶段　　D. 统计工具的应用

7. “三个一切”的思想包括（　　）。

A. 一切为用户服务　　B. 一切要以预防为主

C. 一切要用数字说话　　D. 一切以质量为中心

8. 适用于对大量计量值数据进行整理加工的方法是（　　）。

A. 直方图　　B. 流程图　　C. 排列图　　D. 因果图

9. 因果图又被称为（　　）。

A. 石川图　　B. 目标手段图　　C. 鱼刺图　　D. 特性要因图

10. 将所谓“关键的少数与次要的多数”这一社会现象应用到质量管理中，成为解决产品质量的主要问题的一种图形化的有效方法。这种方法是（　　）。

A. 直方图　　B. 趋势图　　C. 排列图　　D. 分层法

三、思考题

1. 全面质量管理的基本观念、特点和指导思想是什么？
2. 什么是 PDCA 循环？如何推动 PDCA 循环？
3. 简述工序质量控制的两个手段。
4. 简述 PDCA 循环的特点。
5. 简述全面质量管理的分类。
6. PDCA 循环的 4 个阶段、8 个步骤分别是什么？
7. 简述排列图的制作步骤。
8. 简述直方图的制作步骤。

本章案例分析

从肯德基的经营思想和电视广告营销看全面质量管理的实施

肯德基是世界最大的炸鸡快餐连锁企业，在全球拥有上万家餐厅，肯德基的名字“KFC”是英文 Kentucky Fried Chichen 的缩写。肯德基创始于1930年，创始人哈兰·桑德斯经过学习和研究，创造了由11种香料和特有烹饪技术合成的炸鸡秘方。1935年，肯德基州为表彰这位老人，特授他为肯德基上校，满头白发及山羊胡子的上校形象已成为肯德基最著名的象征。如今，肯德基已遍布中国30个省市的170多个城市，总数超过了1 000家。

1. 肯德基的立业宗旨

作为全球著名的企业，肯德基的立业宗旨用其自己的话说是：① 肯德基的使命是成为世界上最受欢迎的餐饮品牌；② 肯德基的期望是给予每一位顾客绝佳风味的食品、愉悦的用餐体验和再次光临的价值；③ 肯德基注重对员工的培训，期望给予员工充满关爱的家庭归属感，让所有员工都能成长发展，并对肯德基这个大家庭及其他成员的发展作出贡献；④ 肯德基期望将此大家庭扩展到事业上的各种伙伴，包括加盟伙伴、供应伙伴等；⑤ 肯德基也关爱社会，期望永远在市场中领先，期望拥有最好的人才及足够的财力做该做的事；⑥ 肯德基期望保持最佳的获利状态，让投资者愿意支持肯德基的发展，并期望拥有世界一流的利润管理能力。由此可见，肯德基的经营思想是地道的全面质量管理思想，它在中国的成功与其将全面质量管理应用到管理的所有方面有关。

2. 肯德基的电视广告营销策略

对肯德基的电视广告营销策略特点分析如下。

(1) 肯德基的广告对象面向社会和家庭的各类层次，有少年儿童、青年男女、康乐老人、学生和白领工薪阶层等，十分广泛。但其定位重心是永远充满朝气和勇于挑战的年轻人，肯德基认定社会中最活跃的成员能带动肯德基的飞跃。

(2) 肯德基的主要广告语有3条：“有了肯德基，生活好滋味!”“立足中国，融入生活!”“有你就有肯德基!”它们充分呈现了肯德基的广告营销策略。因此，肯德基电视广告的内容和场景既丰富又多彩，极其贴近顾客群的生活，亲和力极强。其中，宣扬“生活好滋味”的著名题材有：① 以快乐生活为题材的，如“哈姆乐园”、“骨肉相连”；② 以男女情趣为题材的，如“秋千女孩的心思”、“寒风中的温暖”；③ 以学习、工作为题材的，如“加班”、“校巴”；④ 以旅游趣闻为题材的，如外带肯德基全家桶享受露营野趣的“露营”；⑤ 以家庭温馨为题材的，如“不约而同”、“无所不在”。

(3) 肯德基的广告极力揣摩并迎合顾客的消费心理。例如，迎合顾客喜爱美食的心理，推出各种新鲜的甚至有异国情趣的美食“泰国风味”、“韩国泡菜猪肉卷”、“墨西哥鸡肉卷”、“新奥尔良烤鸡腿堡”、“葡式蛋挞”等，宣扬美食天下全在肯德基。又如，迎合顾客需要健康生活、均衡营养的心理，推出《均衡生活》两则广告。其中，一则针对工作紧张、进餐匆促的上班族，形象夸张地提出为什么把肚皮带在身上跑，从而推出肯德基的均衡美食；另一则面对一个活泼可爱、吵着“要吃鸡翅”的小女孩，肯德基的一位员工姐姐对她说：“小妹妹，肉好吃，蔬菜也要多吃哦!”广告非常亲切动人。同时，这两则题材还充分展现了肯德基员工为顾客着想的服务精神，拉近了员工与顾客的亲密关系。

(4) 为了立足中国，肯德基的广告极力营造适合中国国情和人文环境的经营氛围。例如，春节广告中的肯德基上校也穿唐装，推出“来肯德基点新年套餐将‘哆啦 A 梦’带回家”。为了争夺更多客源，肯德基还融入中国菜肴，推出标准化的中国传统名菜，有“正宗粤味，一卷上瘾”的咕咾鸡肉卷、老北京鸡肉卷、川香辣子鸡、寒稻香蘑饭、香菇鸡肉粥、海鲜蔬菜汤等。

(5) 肯德基的广告深具故事性和欣赏性，常有悬念和搞笑，如“哪里有鱼?”、“牙医如何使害怕诊疗的病人张口?”等，效果很好。

(6) 肯德基广告还积极宣传肯德基的社会贡献，其中有一则广告主题是肯德基的曙光奖学金帮助一位来自贫困山区的女孩圆了大学梦，后来又使她进入肯德基这个给人以精神动力的大家庭。

资料来源：岑咏霆．质量管理教程：2 版．上海：复旦大学出版社，2010.

问题

1. 为什么说肯德基的经营思想是地道的全面质量管理思想?

2. 如何从肯德基的电视广告营销策略特点的分析中，体现肯德基实施全面质量管理的本质?

第6章 质量成本与质量控制

学习目标

1. 理解质量成本的含义和构成。
2. 了解质量成本的设置和意义。
3. 理解质量控制的内容和目的。
4. 能够解释控制图的原理。
5. 能够正确绘制$\bar{x}-R$控制图和P控制图并解决实际质量问题。
6. 了解工序能力测量的概念与方法。

导入案例

纸包装印刷产品的质量控制方法

纸包装印刷产品的质量控制可以从4个方面进行：第一个是科学设置质量组织架构；第二个是ISO 9001质量管理体系的建立；第三个是质量成本的控制；第四个是建立质量分析改善会议制度。纸包装产品的质量是在产品印刷全过程中各个阶段的质量保证活动中逐渐形成的，同时又在这个全过程的不断循环中螺旋式提高，总结起来大致可划分为设计质量、制造质量、售后质量3个阶段。从“质量预防为主”入手，通过各环节优化实现优质产品的“五大成因”工作方法，达到创意和制造出优质纸包装产品的目的。

纸包装印刷产品的质量控制由以下10个步骤来完成：① 业务环节的管控；② 设计开发阶段的管控；③ 生产工艺规划和技术评审；④ 来料检验；⑤ 印前环节的检查；⑥ 印刷及联机上光环节；⑦ 印后加工；⑧ 成品检验；⑨ 产品的储存、运输；⑩ 售后环节。

如果进一步实现印刷过程的实时控制纠正技术，就可以实现全印刷过程的自动化、智能化质量控制，实现印刷在线质量检测与即时调整，极大地提高印刷品的质量和生产效率。此外，离线单机质量自动检测技术、印后在线质量检测技术也亟待开发和完善。

资料来源：彭承发，刘远．纸包装印刷产品的质量管理与控制方法．今日印刷，2011（5）．

6.1 质量成本的概念

6.1.1 质量成本的含义

质量成本的概念产生于20世纪50年代，是质量管理实践发展的产物。为了满足顾客的需要和期望并保护企业的利益，企业必须有计划地、有效地利用可获得的技术、人力和物质资源，在考虑利益、成本和风险的基础上，使质量最佳化并对成本加以控制。质量和质量管理不仅是技术性概念，还是一个经济性概念。质量成本是质量经济性的主要内容。对质量成本的重视和研究，是企业发现薄弱环节、挖掘潜力、持续降低成本和改进质量的经常性任务与重要途径。

质量成本又称质量费用，根据GB/T 19000 - ISO 9000标准，质量成本的定义是：将产品质量保持在规定的质量水平上所需的相关费用，它是企业生产总成本的一个组成部门。而在ISO/CD - 8402 - 1委员会草案中将质量成本定义为总成本的一部分，它包括确保满意质量所发生的费用，以及未达到满意质量的有形与无形损失。上述两个定义在表述上不同，但本质上基本相同。总的来说，质量成本是指企业为了保证和提高产品质量而支出的一切费用，以及因未达到产品质量标准，不能满足用户和消费者需要而产生的一切损失。

小资料

质量成本理论对于我国的经济发展具有特别重要的现实意义。长期以来，我国相当一部分企业经济效益不高，其主要原因之一就是产品质量差。据不完全统计，目前，我国每年由于产品不合格而造成的损失占工业总产值的10%以上，价值达千亿元以上，间接经济损失更是难以计算。因此，认真搞好质量成本管理，促进产品质量提高，对于加速我国经济发展具有重要的现实意义。

6.1.2 质量成本的构成

根据国际标准化组织的规定，质量成本由两部分构成，即运行质量成本和外部质量保证成本。运行质量成本是企业内部运行而发生的质量费用，又可以分成两类：一类是企业为确保和保证满意的质量而发生的各种投入性费用，如预防成本和鉴定成本；另一类是因没有获得满意的质量而导致的各种损失性费用，如内部故障成本和外部故障成本。外部质量保证成本是指根据用户要求，企业为提供客观证据而发生的各种费用。质量成本的构成如图6-1所示。

1. 预防成本

预防成本是为了防止产生不合格品与质量故障而发生的各项费用。

（1）质量工作费。质量工作费是企业质量体系中为预防发生故障、保证和控制产品质量所需的各项费用，为制定质量政策、目标和质量计划而进行的一系列活动所发生的费用，也包括编写质量手册、体系文件所发生的费用。

（2）质量培训费。质量培训费是以达到质量要求或改进产品质量为目的而对企业人员进行的正式培训或临时培训，包括制订培训计划直到实施所发生的一切费用。

（3）质量奖励费。

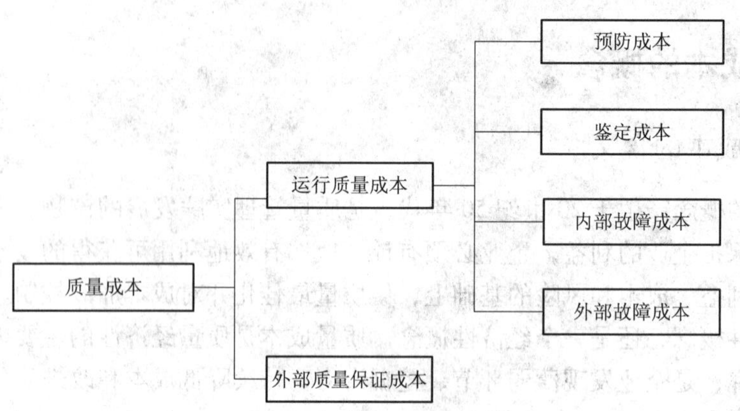

图6－1　质量成本的构成

（4）质量改进措施费。这是制定和贯彻各项质量改进措施的费用。

（5）质量评审费。这是新产品开发或老产品质量改进的评审费用。

（6）工资及附加费。这是质量管理专业人员的工资及附加费用。

（7）质量情报及信息费等。

2. 鉴定成本

鉴定成本（也称检验成本）是为评定是否符合质量要求而进行的试验、检验和检查的费用。一般包括进货检验、工序检验、成品检验费用；试验材料等费用；检验及试验设备的校准维护费、折旧费及相关办公费用；工资及附加费（专职检验、计量人员的工资及附加费用）。

（1）进货检验费。这是对购进的原材料、协作件、外购配套件的进厂验收检验费用，以及驻协作厂的监督检查、协作配套产品的质量审核费用。

（2）工序检验费。这是产品制造过程中对在制品或中间品质量进行检验而支付的费用。

（3）成品检验费。这是对完工产品鉴别是否符合质量要求而进行的检验或试验所发生的费用，包括产品质量审核费用。

（4）试验设备维修费。这是对试验设备、检测工具、计量仪表的日常维护及校准所支付的费用。

（5）试验材料及劳务费。这是破坏性试验所消耗产品成本，以及耗用的材料和劳务费用。

3. 内部故障成本

内部故障成本是交货前因产品未能满足质量要求所造成的损失。一般包括废品损失；返工、返修损失；复检费用；因质量问题而造成的停工损失；产量损失；质量故障处理费用；质量降等、降级损失等。

（1）废品损失。这是指因产品（包括外购、外协产品物资）无法修复的缺陷或在经济上不值得修复而报废所造成的损失。

（2）返工损失。这是指为修复不良品而发生的成本费用，以及为解决普遍性质量缺陷在定额工时以外增加的操作成本。

（3）复检费用。这是指对返工或校正后的产品进行重复检查和试验所发生的费用。

（4）停工损失。这是指由于各种质量缺陷而引起的设备停工所造成的损失。

（5）产量损失。这是指由于改进质量控制方法使产量降低的损失。

(6) 质量故障处理费用。这是指由于处理内部故障而发生的费用，包括抽样检查不合格而进行筛选的费用。

(7) 质量降级损失。这是指产品质量达不到原有精度要求从而降低等级所造成的损失。

4. 外部故障成本

外部故障成本是交货后因产品未能满足质量要求所发生的费用。一般包括索赔损失；退货或退换损失；保修费用；降价损失；诉讼费用损失；返修或挑选费用等。

(1) 索赔费用。这是指由于产品质量缺陷，经用户提出申诉而进行索赔处理所支付的一切费用。

(2) 退货或退换损失。这是指由于产品缺陷，而造成用户退货、换货所支付的一切费用。

(3) 保修费用。这是指在保修期间或根据合同规定对用户提供修理服务的一切费用。

(4) 降价损失。这是指由于产品质量低于标准，经与用户协商同意折价出售的损失和由此减少的收益。

(5) 诉讼费用。这是因产品质量问题而造成的诉讼费用。

(6) 返修或挑选费。这是产品不合格而退换后返工修理或挑选的人工、材料、复检和有关设备折旧费用。

5. 外部质量保证成本

外部质量保证成本不同于外部故障成本。外部质量保证成本一般发生在合同环境下，是指因用户要求，为提供客观证据所支付的费用。其一般包括按合同要求，向用户提供的特殊附加的质量保证措施、程序、数据等所支付的专项措施费用及提供证据费用。质量成本并不属于成本会计范畴，而属于管理会计范畴。因此，研究质量成本的目的并不是为了计算产品成本，而是为了分析、寻找改进质量的途径，达到降低成本的目的。

小案例

三洋制冷的质量成本管理

为了搞好质量成本工作，三洋制冷公司成立了以副总经理为组长的推进机构，各部门主管和推进人作为组员，成为工作推动的主力军。对全体员工进行培训后，在财务部和品质部的推动下，以内部和外部损失成本为突破口，做了许多改善工作。以生产现场中发生的质量问题为例，当出现质量问题时，首先由制造人员填写“质量问题”栏目；经部长确认后，交由品保人员填写“产生原因及解决措施”栏目，并进行质量责任判定，提出处理意见；交给责任部门及责任人签字，根据不同的处理意见，进行相应的流程处理。

(1) 当处理意见为索赔时，生产人员直接持本单据财务联、仓库联到仓库重新换货，无须再开领料单。工时处理分两种情况：① 如果没有进行生产，换料后按照正常生产填写工时；② 如果已进行生产，换料后按照返工的工时处理流程进行。送回仓库的物品按《索赔物品管理规定》执行处理。

(2) 处理意见为返工、报废、改为他用时，由品保人员下达派工单号码，制造部根据派工单号码重新开具出库单，派工单号码作为新的产品编号，经财务部签字后，到库房领料，并在重新生产或返工作业完成后，由操作者填写处理记录，检查者填写检查结果，经品保人员确认后，到库房领料，并在重新生产或返工作业完成后，由操作者填写处理记录，检查者填写检查结果，经品保人员确认后，由生产人员将本单据与生产工时记录单、停工工时记录单一同交给品保人员。品保人员将本单据财务联及相关工时记录单等直接转给财务，同时根据本单据做好日常台账登录，定期以 O/A 方式发送财务部。

6.1.3 质量成本的设置

在理解质量成本的概念及构成的基础上，正确合理地设置质量成本项目，有利于对质量成本的核算和分析。正确设置质量成本项目的原则如下。

（1）根据企业的具体情况，包括行业类型、生产模式、质量成本费用的特点等。

（2）根据现行会计制度的有关规定，包括会计科目的设置及其他有关规定等。

1. 国外质量成本项目设置

国外质量成本项目的设置不尽相同，表 6－1 是美国质量管理专家费根堡姆和瑞典质量管理专家桑德霍姆设置的质量成本项目的比较。

表 6－1 质量成本项目设置对比表

项目	费根堡姆	桑德霍姆
预防成本	1. 质量规划费 2. 工序控制费 3. 质量信息设备的设计和研制费 4. 质量培训费 5. 产品设计鉴定费 6. 质量体系的研究和管理费 7. 其他预防费用	1. 质量方面的行政管理费 2. 新产品评审费 3. 质量管理培训费 4. 工序控制费 5. 数据收集分析费 6. 推进质量管理费 7. 供应商评价费
鉴定成本	1. 材料的试验和检验费 2. 实验室验收试验费 3. 实验室或其他计量服务费 4. 检验费 5. 试验费 6. 核对工作费 7. 试验、检验装置的调整费 8. 试验、检验用材料与小型质量设备费 9. 质量审核费 10. 外部担保费 11. 质量信息试验和检验设备的维护和校准费用 12. 产品工程审查和装运前再审查的费用 13. 现场试验费	1. 来料检验费 2. 工序检验费 3. 检测手段维护标准费 4. 成品检验费 5. 质量审核费 6. 特殊检验费
内部损失成本	1. 废品损失 2. 返修损失 3. 材料采购方面损失 4. 工厂联络费	1. 废品损失 2. 返工费用 3. 复检费用 4. 降级损失 5. 减产损失 6. 处理费 7. 废品分析费

续表

项目	费根堡姆	桑德霍姆
外部损失成本	1. 保单范围内的投诉费 2. 保单以外的投诉费 3. 产品售后服务费 4. 产品责任费 5. 产品包装费	1. 受理顾客申诉费 2. 退货 3. 保修费用 4. 折扣损失

2. 国内质量成本项目设置

我国的质量成本核算目前尚未正式纳入会计核算体系，因此质量成本项目的设置必须符合财务会计及成本的规范要求，不能打乱国家统一规定的会计制度和原则。质量成本项目的设置必须便于质量成本还原到相应的会计科目中去，以保证国家会计制度、原则的一致性。

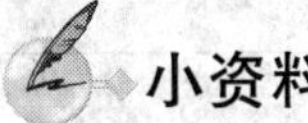

小资料

质量成本一般分为三级科目。一级科目：质量成本。二级科目：预防成本、鉴定成本、内部故障（损失）成本、外部故障（损失）成本。三级科目：质量成本细目。国家标准GB/T 13339—1991《质量成本管理导则》中推荐了21个科目，企业可依据实际情况及质量费用的用途、目的、性质进行增删。由于不同行业的企业具有不同的生产经营特点，因此具体成本项目可能不尽相同。同时，在设置具体质量成本项目（三级）时，还要考虑便于核算和正确归集质量费用，使科目的设置和现行会计核算制度相适应，符合一定的成本开支范围并和质量成本责任制相结合，做到针对性强，目的明确，便于实施。

质量成本也是一种机会成本，有的项目企业可能在短时间内没有发生或很少发生，如停工损失，但这些项目毕竟会发生，只不过由于企业质量管理水平较高而减少或防止了因产品质量造成的停工。只要是可能发生的费用，企业就应该设置相应的科目。根据国内的实践经验，在此列举了几种具有代表性的质量成本项目设置情况，如表6－2所示。

表6－2　国内质量成本项目设置

类型	有色冶金企业	电缆企业	机械企业	机械部门讨论稿	航空仪表企业
预防成本	1. 培训费 2. 质量工作费 3. 产品评审费 4. 质量情报费 5. 质量攻关费 6. 质量奖励费 7. 改进包装费	1. 质量培训费 2. 质量管理办公及业务活动费 3. 新产品评审费 4. 质量管理人员工资等费用 5. 固定资产折旧及大修理费用 6. 工序能力研究费 7. 质量奖励费 8. 提高和改进措施费	1. 培训费 2. 质量工作费 3. 产品评审费 4. 质量奖励费 5. 工资及附加费 6. 质量改进措施费	1. 质量培训费 2. 质量审核费 3. 新产品评审费 4. 质量改进费 5. 工序能力研究费 6. 其他	1. 质量培训费 2. 质量管理人员工资 3. 新产品评审费 4. 质量管理资料费 5. 质量管理会议费 6. 质量奖励费 7. 质量改进措施费 8. 质量宣传教育费 9. 差旅费（因质量）

续表

类型	有色冶金企业	电缆企业	机械企业	机械部门讨论稿	航空仪表企业
鉴定成本	1. 原材料检验费 2. 工序检验费 3. 半成品检验费 4. 存货复检费 5. 成品检验费 6. 检测手段维修费	1. 进货检验和试验费 2. 新产品质量鉴定费 3. 半成品及成品检验和试验费 4. 检验、试验办公费 5. 检测房屋设备、仪器维修费 6. 检测设备、仪器维修费 7. 检验试验人员工资奖励费用	1. 检测试验费 2. 零件工序检验费 3. 特殊检验费 4. 成品检验费 5. 目标鉴定费 6. 检测设备评检费 7. 工资费用	1. 进货检验费 2. 工序检验费 3. 材料、样品试验费 4. 出厂检验费 5. 设备精度检验费	1. 原材料入场检验费 2. 工序检验费 3. 元器件入厂鉴验费 4. 产品验收鉴定费 5. 元器件筛选费 6. 设备仪器管理费
内部损失成本	1. 中间废品 2. 最终废品 3. 残料 4. 二级品折价损失 5. 返工费用 6. 停工损失费 7. 事故处理费	1. 材料报废及处理损失 2. 半成品、在制品、成品报废损失 3. 超工艺损耗损失 4. 降级和处理损失 5. 返修和复试损失 6. 停工损失 7. 事故分析处理	1. 返修损失费 2. 废品损失费 3. 筛选损失费 4. 降级损失费 5. 停工损失费	1. 返修损失费 2. 废品损失费 3. 筛选损失费 4. 降级损失费 5. 停工损失费	1. 产品提交失败损失费 2. 综合废品损失费 3. 产品定检失败损失费 4. 产品折价损失费 5. 其他费用
外部损失成本	1. 索赔处理费 2. 退货损失费 3. 折价损失费 4. 返修损失费	1. 保修费用 2. 退货损失及索赔费用 3. 折价损失及索赔费用 4. 申诉费用	1. 索赔损失费 2. 退货损失费 3. 折价损失费 4. 保修损失费 5. 用户建议费	1. 索赔费 2. 退货损失费 3. 折价损失费 4. 保修费	1. 索赔损失费 2. 退货损失费 3. 返修费用 4. 事故处理费 5. 其他费用

6.1.4 质量成本管理的意义

小资料

在企业质量管理活动中，必然会发生各种费用，这部分费用会占到企业销售收入的很大比例。据有关调查资料，我国企业每年仅由于不良品造成的损失就占到销售收入的10%，还不包括质量成本的其他费用。因此，朱兰把“废次品损失”比做企业的一座未被发掘的金矿，对它进行开采利用的价值极大，如果措施得当，开发利用的投入产出比是极高的。

通过对质量成本数据的收集、计算和分析，对质量成本计划进行控制，促进质量改进的实施，力求降低成本，提高产品和服务质量，使构成各种质量活动的费用合理化，企业可以收到巨大的效益。概括起来，开展质量成本管理的意义如下。

（1）有利于质量管理的进一步深化。

（2）通过质量成本分析，可以明确降低生产成本的方向。

（3）通过对一段时期质量成本的管理，可以找到本企业质量成本构成的最佳比例，进而确定满足顾客要求的最佳质量水平，从而提高企业的经济效益。

（4）通过质量成本分析，可以评价企业质量职能的有效性和所开展的质量活动的效果。

（5）开展质量成本管理可以使管理人员了解质量，使工程技术人员增强经济观念，有利于提高企业的管理水平，增强企业竞争力。

6.2 质量控制的目的

6.2.1 质量控制的概念

ISO 9000：2005 标准对质量控制的定义是：质量控制是质量管理的一部分，致力于满足质量要求的活动。可以从以下 3 个方面来理解质量管理的概念。

（1）质量控制是确保产品、过程或体系的质量能满足组织自身、顾客及社会 3 个方面所提出的质量要求。它通过采取一系列作业技术和活动对质量形成的各个过程实施控制，排除会使质量受到损害而不能满足质量要求的各项因素，以减少经济损失，取得经济效益。

（2）质量控制是为了达到规定的质量要求，预防不合格产品发生的重要手段和措施，组织应对影响产品、过程和体系质量的有关人员、技术和管理 3 方面的因素予以识别，在实施质量控制时，首先应进行过程因素分析，找出起主导作用的因素加以控制，才能取得预期效果。

（3）质量控制应贯穿于产品形成和体系运行的全过程。每一个过程都有输入、转换和输出 3 个环节，通过对每一过程 3 个环节实施有效的控制，对产品质量有影响的各个过程才能处于受控状态，持续提供符合规定要求的产品才能得到保障。

6.2.2 质量控制的程序

1. 质量控制程序

（1）对影响产品质量各环节、各因素制订计划和程序，建立质量控制计划和标准。

（2）在实施过程中进行连续评价和验证，发现问题进行分析，对异常情况进行处理，并采取纠正措施，防止再次发生。

2. 必须注重的环节

为了使质量控制发挥作用，必须注重以下 3 个环节。

（1）对影响达到质量要求的各种作业技术与活动都要制订计划和程序。

（2）保证计划和程序的实施，并在实施过程中进行连续评价和验证。

（3）对不符合计划和程序活动的情况进行分析，对异常活动进行处置，并采取纠正措施。

6.2.3 质量控制的目的

质量控制的目的是保证质量满足要求，即使各项质量活动及结果达到质量要求。质量控制的核心思想是以预防为主。质量控制的过程、活动、技术与方法等都必须始终围绕这一目的进行，否则，便是无效的、无意义的。由于质量要求发生变化，质量控制活动、技术与方法应随时调整与更新，以保持控制的动态性、实时性的有效和效率。

为使以预防为主的思想贯穿于质量形成的全过程，落到实处、深处，质量控制要充分运用作业技术，开展各项控制活动，及时发现并排除产品质量形成的各个阶段存在的问题及原因，使每个过程、每个环节始终处于受控状态，符合规定的质量要求，取得较佳的经济效益。

6.3 质量控制方法——控制图

6.3.1 控制图概述

1. 控制图的概念

控制图是判别生产过程是否处于控制状态的一种手段，利用它可以区分质量波动究竟是由随机因素还是系统因素造成的。

1924 年，美国的休哈特提出了过程控制的概念与实施过程监控的方法，并首先提出用控制图进行生产控制，稳定生产过程的质量，达到以预防为主的目的。控制图作为一种管理图，在工业生产中，可根据所要控制的质量指标情况和数据性质分别予以选择。

2. 控制图的结构

控制图的种类很多，本节主要介绍常规控制图，也称休哈特控制图。

常规控制图（以下简称控制图）要求从过程中获取以近似等间隔抽取的数据，此间隔可以用时间（如每小时）来定义，或者用数量（如每批）来定义。通常，这样抽取的数据在过程控制中称为子组，每个子组由具有相同可测量单位和相同子组大小的同一产品或服务组成。从每一子组得到一个或多个子组特性，如子组平均值$\overline{X}$、子组极差 R 或标准差 S。控制图就是给定的子组特性值与子组号对应的一种图形，它的基本结构包括以下两个部分。

（1）标题部分。标题部分主要包括企业、车间、班组的名称，机床设备的名称、编号，零件、生产名称、编号，检验部位、要求、测量器具、操作工、调试工、检验工、绘图者的名称，以及控制图的名称编号等。

（2）控制图部分。控制图部分是指根据概率统计的原理，在普通坐标纸上做出两条控制线和一条中心线，然后把按时间顺序抽样所得的质量特性值（或样本统计量）以点子的形式依次描绘在图上，从点子的动态分布情况来分析生产过程质量及其趋势的图形。控制图的基本格式，如图 6－2 所示。

图 6－2 中横坐标是以时间先后排列的样本组号（子组号），纵坐标为质量特性值或样本统计量。两条控制线一般用虚线表示，上面一条称为上控制线（Upper Control Limit，UCL），

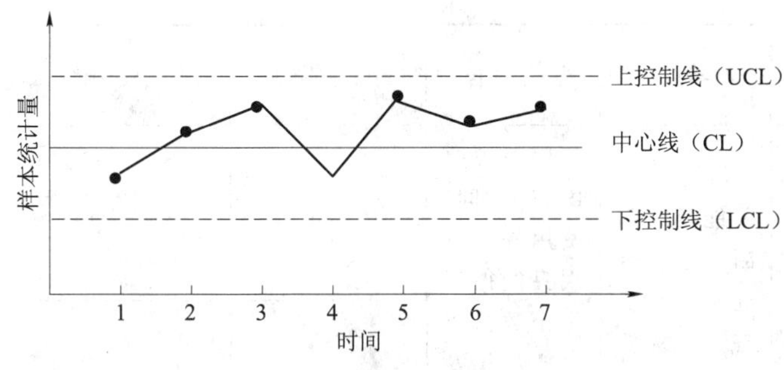

图6－2 控制图的基本格式

下面一条称为下控制线（Lower Control Limit，LCL），中心线用实线表示（Central Line，CL）。

在生产过程中，应定时抽取样本，把测得的点子按时间先后一一描绘在图上。如果点子落在两条控制线之间，且点子排列是随机的，则表明生产过程仅有随机误差存在，生产基本正常，处于统计控制状态，此时对生产过程可不必干预；如果点子落在两条控制线之外，或者点子在两条控制线内的排列是非随机的，则表明生产过程中存在系统性原因导致的系统误差，生产已处于非统计控制状态，此时必须采取措施使生产恢复正常。这样用控制图对生产过程不断地进行监控，能够对系统性原因导致的系统误差的出现及时发出警告，起到预防作用。

3. 控制图的种类

常用的质量控制图可分为以下两大类。

（1）计量值控制图：均值—极差控制图、均值—标准差控制图、中位数—极差控制图、单值—移动极差控制图。

（2）计数值控制图：不合格品数控制图、不合格品率控制图、缺陷数控制图、单位缺陷数控制图。

各种控制图的特点、适用的场合，以及上、下控制界限的确定和计算公式，如表6－3所示。

表6－3 各种控制图计算公式一览表

类别	名称	控制图符号	特点	适用场合	中心控制线	上控制线	下控制线
计量值控制图	均值极差图	$\overline{X}-R$ 图	最常用，判断工序是否正常的效果好，但计算工作量大	适用于产品批量较大的工序	$\overline{X}$图：$CL=\overline{\overline{X}}$	$UCL_{\overline{X}}=\overline{\overline{X}}+A_2\overline{R}$	$LCL_{\overline{X}}=\overline{\overline{X}}-A_2\overline{R}$
					R图：$CL=\overline{R}$	$UCL_R=D_4\overline{R}$	$LCL_R=D_3\overline{R}$
	中位数极差图	$\widetilde{X}-R$ 图	计算简便，效果差		$\widetilde{X}$图：$CL=\overline{\widetilde{X}}$	$UCL_{\widetilde{X}}=\overline{\widetilde{X}}+m_3A_2\overline{R}$	$LCL=\overline{\widetilde{X}}-m_3A_2\overline{R}$
					R图：$CL=\overline{R}$	$UCL_R=D_4\overline{R}$	$LCL_R=D_3\overline{R}$

续表

类别	名称	控制图符号	特点	适用场合	中心控制线	上控制线	下控制线
计量值控制图	单值移动极差控制图	$X-R_S$ 图	简便省事，并能及时判断工序是否处于稳定状态。不易发现工序分布中心的变化	因各种原因（时间、费用等）每次只能得到一个数据或希望尽快发现并消除异常因素	X图：$CL=\overline{\overline{X}}$	$UCL=\overline{X}+E_2\overline{R}_S$	$LCL=\overline{X}-E_2\overline{R}_S$
					R_S 图：$CL=\overline{R}_S$	$UCL=D_4\overline{R}_S$	$LCL=D_3\overline{R}_S$
	平均值标准差图	$\overline{X}-S$ 图	同$\overline{X}-R$图	同$\overline{X}-R$图	$\overline{X}$图：$CL=\overline{\overline{X}}$	$UCL=\overline{\overline{X}}+A_3\overline{S}$	$LCL=\overline{\overline{X}}-A_3\overline{S}$
					$\overline{S}$ 图：$CL=\overline{S}$	$UCL=B_4\overline{S}$	$LCL=B_3\overline{S}$
计数值控制图	不合格品数控制图	P_n（N_p）样本数量相等	较常用，计算简便，操作工人易于理解	样本容量相等	$CL=\overline{P_n}$	$UCL_P=\overline{P_n}+3\sqrt{\dfrac{\overline{P}(1-\overline{P})}{\overline{n}_i}}$	$LCL_P=\overline{P_n}-3\sqrt{\dfrac{\overline{P}(1-\overline{P})}{\overline{n}_i}}$
	不合格品率控制图	P 样本数量可以不等	计算量大，控制线凹凸不平（在特定条件下，控制线可为直线）		$CL=\overline{P}$	$UCL_P=\overline{P}+3\sqrt{\dfrac{\overline{P}(1-\overline{P})}{\overline{n}_i}}$	$LCL=\overline{P}-3\sqrt{\dfrac{\overline{P}(1-\overline{P})}{\overline{n}_i}}$
	缺陷数控制图	C 样本数量相等	同 P_n		$CL=\overline{C}$	$UCL=\overline{C}+3\sqrt{\overline{C}}$	$LCL=\overline{C}-3\sqrt{\overline{C}}$
	单位缺陷数控制图	U 样本数量可以不等	计算量大，控制线凹凸不平（在特定条件下，控制线可为直线）		$CL=\overline{U}$	$UCL=\overline{U}+3\sqrt{\dfrac{\overline{U}}{n_i}}$	$LCL=\overline{U}-3\sqrt{\dfrac{\overline{U}}{n_i}}$

注：① 表中各种控制图控制界限计算公式中的相关系数见表 6-4；② 表中主要参数的计算见表 6-5。

表 6-4 控制图计算用系数

系数 \ n	2	3	4	5	6	7	8	9	10
A	2.121	1.732	1.500	1.342	1.225	1.134	1.061	1.000	0.949
A_1	2.659	1.954	1.628	1.627	1.287	1.187	1.099	1.032	0.975
A_2	1.880	1.02	0.729	0.577	0.483	0.419	0.373	0.337	0.308
A_{10}	2.000	1.20	1.000	0.800	0.700	0.660	0.610	0.580	0.550
m_3	1.000	1.160	1.092	1.198	1.135	1.214	1.166	1.223	1.177
m_3A_2	1.880	1.187	0.796	0.691	0.549	0.509	0.432	0.412	0.363
B_3	—	—	—	—	0.303	0.118	0.185	0.239	0.284

续表

系数 \ n	2	3	4	5	6	7	8	9	10
B_4	3.267	2.568	2.266	2.089	1.970	1.882	1.815	1.761	1.716
d_2	1.128	1.693	2.059	2.326	2.534	2.704	2.847	2.970	3.173
d_3	0.853	0.888	0.880	0.864	0.848	0.833	0.820	0.808	0.797
D_1	—	—	—	—	—	0.205	0.387	0.546	0.687
D_2	3.686	4.538	4.698	4.918	5.078	5.203	5.307	5.394	5.469
D_3	—	—	—	—	—	0.076	0.136	0.184	0.223
D_4	3.267	2.575	2.282	2.115	2.004	1.924	1.864	1.816	1.777
E_2	2.660	1.772	1.457	1.290	1.184	1.109	1.054	1.010	0.975

表6-5 控制图中主要参数的计算

控制图中主要参数的计算
$\bar{x}_k = \frac{1}{n}\sum_{i=1}^{n} x_{ki} \qquad k = 1,2,\cdots,K$
$R_k = x_{k\max} - x_{k\min} \qquad k=1,\ 2,\ \cdots,\ K$
$\bar{\bar{x}} = \frac{1}{K}\sum_{k=1}^{K} \bar{x}_k$
$\bar{R} = \frac{1}{K}\sum_{k=1}^{K} R_k$
$\sum_{i=1}^{K} P_n$ 为样品中不合格品数之和；$\sum_{i=1}^{K} n$ 为样品量之和； $\bar{P} = \frac{\sum_{i=1}^{k} P_n}{\sum_{i=1}^{k} n}$ 为平均不合格品率
$\bar{c} = \frac{\sum_{i=1}^{k} c_i}{k}$ 为样组内缺陷数平均数；c_i 为样组内缺陷数
$\bar{u} = \frac{\sum_{i=1}^{k} c_i}{\sum_{i=1}^{k} n}$ 为单位产品平均缺陷数

6.3.2 控制图的原理与作用

1. 控制图的统计原理

在生产过程中，尽管收集的数据含义不同、种类各异，但是它们都有一个基本特征，即波动性。引起数据波动的原因主要有两类：随机原因与系统原因。其所引起的误差分别称为随机误差与系统误差。

（1）随机误差。随机误差是指由一些经常起作用的、微小的，在一定条件下又是不可避免的因素所引起的误差。造成这种误差的原因可能是设备和检测手段的固有精度，设备在加工过程中的震动，电网供电参数的波动，环境温度、湿度的随机变化等。这些原因的共同特点是误差本身的数值不大，发生方向是随机的，且围绕目标值两侧，其累积结果往往不会引起超差现象。对包含有极多个产品的无限总体来说，随机误差是一个服从正态分布的随机变量，而且，其数学期望为0。因此，在实际工作中，通常认为这种误差的存在是正常现象。

（2）系统误差。系统误差是指随着工序长时间重复进行，必将发生和发展的误差。引起系统误差的原因可能是刀具的磨损、定位件和紧固件的位移或松动、操作者的疲劳等。

系统误差与随机误差的区别在于它不是一个随机变量，而是随着时间的推移，按一定方向和一定规律变化。尽管在初始阶段数值不大，但随着工序的进行必定会引起超差。因此，发现系统误差是质量控制的关键。如果仅仅存在随机误差，则数据分布呈现典型的正态分布；而系统误差的存在，必将引起分布偏离原来的典型分布。控制图可以检出典型分布的偏离。控制图的实质是区别系统误差与随机误差。

2. 控制图的形成原理

由正态分布的基本性质可知，质量特性数据落在［$\mu \pm 3\sigma$］范围内的概率为99.73%，落在界外的概率只有0.27%，超过一侧的概率只有0.135%，这是一个小概率事件。这个结论非常重要，控制图正是基于这个结论而产生的。

图6－3显示了控制图轮廓线的演变过程，即首先把带有［$\mu \pm 3\sigma$］的正态分布曲线（见图6－3（a））旋转一定的位置（正态分布曲线顺时针旋转90°），即得到控制图的基本形式（见图6－3（b））。再去掉正态分布的概率密度曲线，就得到了控制图的轮廓线（见图6－3（c））。

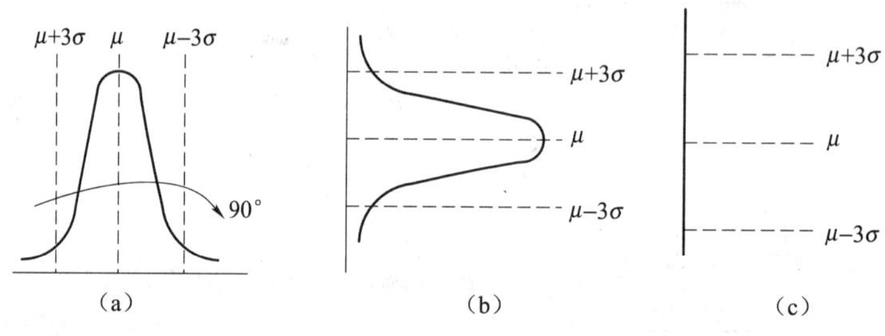

图6－3　控制图轮廓线的演变过程

通常把上临界线（图6－3（c）中的$\mu+3\sigma$线）称为控制上界，记为UCL；平均数（图6－3（c）中的μ线）称为中心线，记为CL；下临界线（图6－3（c）中的$\mu-3\sigma$线）称为控制下界，记为LCL。控制上界与控制下界统称为控制界限。按规定抽取的样本值用点按时间或批号顺序标在控制图中称为描点或打点。各个点之间用实线连接起来，以便看出生产过程的变化趋势。若点超出控制界限，便认为生产过程有变化，就要发出警告。

3. 控制图的两类错误

（1）第一类错误：虚发错误。当生产正常的情况下点子偶然超出控制界限，误将生产过程判为异常，就犯了第一类错误“虚发警报”。一般将第一类错误发生的概率记为α，第一类错误将造成寻找根本不存在的异常原因的损失，如图6－4（a）所示。

（2）第二类错误：漏发警报。当生产过程已经发生异常时，仍有部分产品的质量特性值位于控制界限内，如果取样时抽到这样的产品，点子仍然在控制界限内，就犯了第二类错误“漏发警报”。一般将第二类错误发生的概率记为β。第二类错误将造成废品和次品的增加，如图6－4（b）所示。

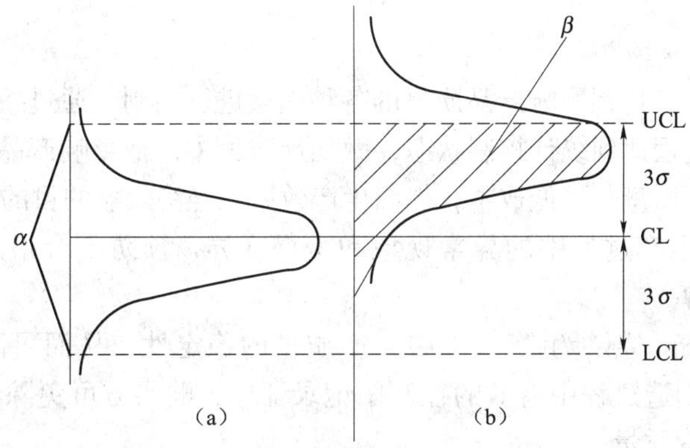

图6－4　控制图的两类错误

由于抽样误差，无论如何调整控制界限，上述两类错误的发生是不可避免的。解决的办法只能是设法将两类错误造成的总损失达到最小。实践证明，3σ 控制线能比较好地解决这个问题。

4. 千分之三原则

实践经验表明，当加工过程处于稳定状态时，大多数计量值数据都服从正态分布。假设产品的某一质量特性值X服从均值为μ、方差为σ^2的正态分布，即$X \sim N(\mu, \sigma^2)$，则由正态分布理论可知，当控制图的上、下控制界限为$\mu \pm 3\sigma$时，对大多数场合使用来说是适当的、合理的。故一般总是将产品质量特性值的均值作为控制图的中心线，均值加、减3倍标准差作为控制图的上、下控制界限，即

$$UCL = \mu + 3\sigma$$

$$CL = \mu$$

$$LCL = \mu - 3\sigma$$

这种将均值加、减3倍标准差作为上、下控制界限的方法称为3σ原则。又因为此时犯第一类错误的概率为0.27%，约为3‰，故被称为千分之三原则。

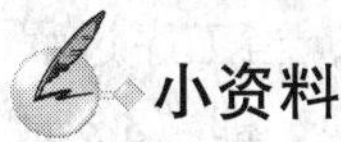小资料

SPC理论

20世纪20—30年代，美国的统计技术与质量管理专家休哈特提出了统计过程控制（SPC）的理论和方法。SPC是英文Statistical Process Control的字首简称，即统计过程控制。SPC是应用统计技术对过程中的各个阶段进行监控，从而达到改进与保证质量的目的。其中，控制图理论是SPC最主要的统计技术。第二次世界大战以后，SPC从军工领域迅速扩展到工业界，在过程质量控制、过程诊断和改进方面得到了广泛的应用。SPC就是利用统计技

术监视过程，识别变异的特殊原因，以及在适当时采取纠正措施的方法论。SPC 的基本观点是如果过程变异只是由于一般原因引起，则认为过程是受控的。当过程出现特殊原因时，会超出控制界限。统计控制状态的实际含义是过程平均值和方差二者都随时间变化而保持恒定。

5. 控制图的作用

控制图主要是对生产过程影响产品质量的各种因素进行控制。通过控制图来判断生产过程是否异常，而使生产过程达到统计控制状态，做到预防为主，把影响产品质量的诸多因素消灭在萌芽状态，达到保证质量，降低成本，提高生产效率和经济效益的目的。其具体作用如下。

（1）能及时发现生产过程中的异常现象和缓慢变异，预防不合格品发生，从而降低生产费用，提高生产效率。

（2）能有效地分析、判断生产过程中生产质量的稳定性，从而可降低检验、测试的费用，包括通过供货方制造过程中有效的控制图记录证据，购买方可免除进货检验，同时仍能在较高程度上保证进货质量。

（3）可查明设备和工艺手段的实际精度，以便作出正确的技术决定。

（4）为真正地制定生产目标和规格界限，特别是配合零部件的最优化确立可靠的基础，也为改变未能符合经济性的规格标准提供依据。

（5）使生产成本和质量成为可预测的参数，并能以较快的速度和准确性测量出系统误差的影响程度，从而使同一生产部门内产品之间的质量差别减至最小，以评价、保证和提高产品质量。

（6）最终可以保证产品质量，提高经济效益。

6.3.3 控制图的运用

1. 控制图的分析与判断准则

（1）判异准则。分析用的控制图制出后，要通过分析判断，得出生产过程是否处于稳定状态的结论。判异准则有点出界和界内点排列不随机两类，GB/T 4091—2001《常规控制图》给出了 8 种判异准则，如图 6－5 所示。

注意，在判断时将控制图的上、下控制界限内的区域分成了 6 个等分区间，每个区间的宽度等于 σ。其目的是更容易进行操作和判断。对于判异的点或一串点用“×”号表示出来，说明过程发生了异常现象。

① 准则 1：1 个点落在控制图界限以外（A 区以外）。根据前面所学知识，当工序过程处于稳定状态时，所观察的质量特性数据有 99.73% 的可能性不会超出控制界限，即“3σ 原则”。也就是说，当生产正常的情况下点子偶然超出控制界限，误将生产过程判为异常，即犯第一类错误“虚发警报”的概率为 0.27%。因此，将“一个点落在控制图界限以外（A 区以外）”作为第一条判异准则。

② 准则 2：连续 9 个点落在中心线同一侧。点子落在中心线上侧或下侧的概率为：

$$P(\mu \leqslant X < \mu + 3\sigma) = P(\mu - 3\sigma < X \leqslant \mu) = 0.997\,3/2 = 0.498\,65$$

这样，连续 9 个点落在中心线同一侧的概率为：

$$P = 2 \times (0.498\,65)^9 = 0.003\,81$$

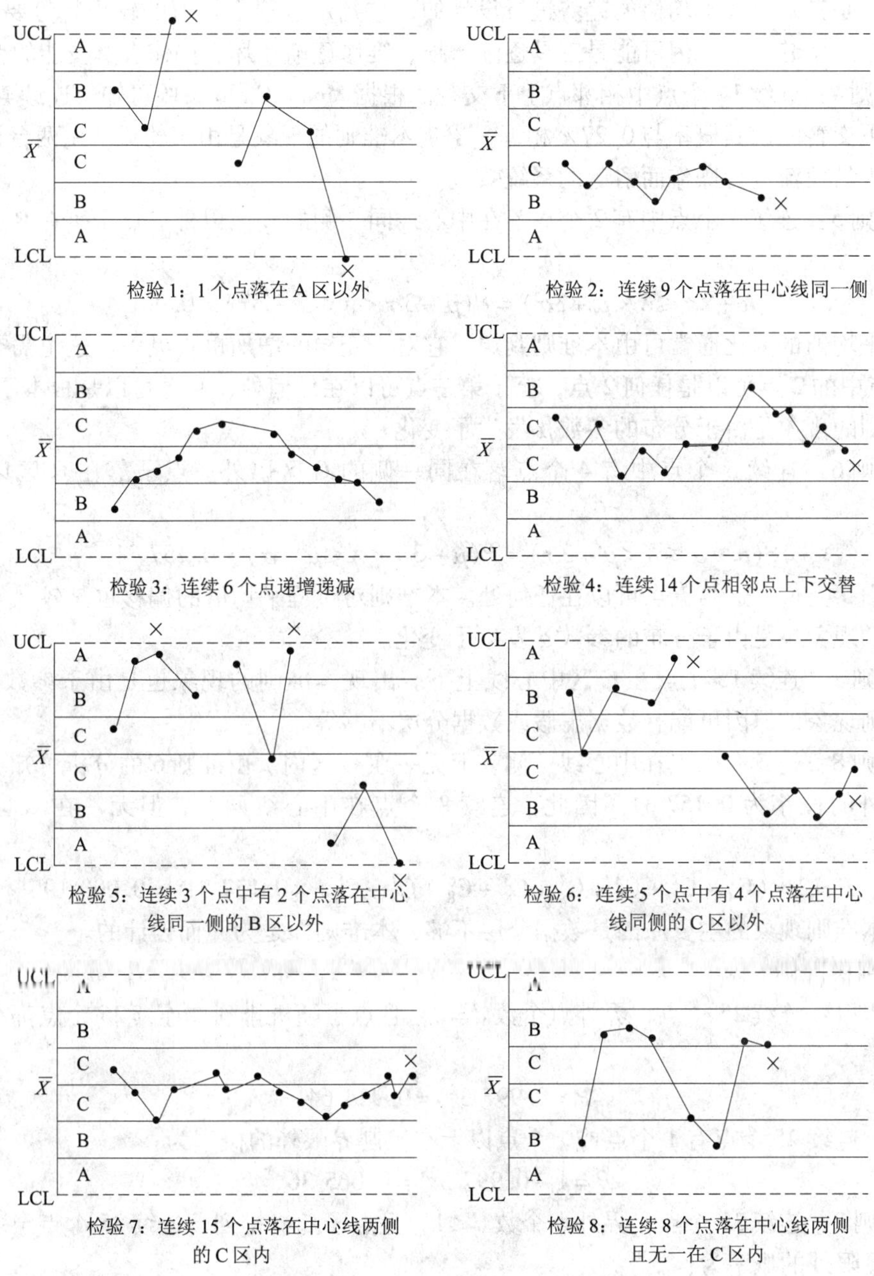

检验1：1个点落在A区以外

检验2：连续9个点落在中心线同一侧

检验3：连续6个点递增递减

检验4：连续14个点相邻点上下交替

检验5：连续3个点中有2个点落在中心线同一侧的B区以外

检验6：连续5个点中有4个点落在中心线同侧的C区以外

检验7：连续15个点落在中心线两侧的C区内

检验8：连续8个点落在中心线两侧且无一在C区内

图6-5 判异准则图示

此准则是为了补充准则1而设计的，以改变控制图的灵敏度。因此，根据选取与准则1中0.27%相近概率的方式，将“连续9个点落在中心线同一侧”作为第二条判异准则。出现本准则的现象是由于分布的参数μ减小的缘故。

③ 准则3：连续6个点递增或递减。显然，连续6个点大小排列的方式共有6！种，而递增和递减则是其中两种特殊情况。因此，连续6个点递增或递减的概率为：

$$P=\frac{2}{6!}(0.997\ 3)^{6}=0.002\ 73$$

此准则是针对过程平均值的趋势进行设计的，它判定过程平均值的较小趋势要比准则 2 更为灵敏。产生趋势的原因可能是工具逐渐磨损、维修逐渐变坏、操作人员技能的变化等。

④ 准则 4：连续 14 个点中相邻点上下交替。根据 Monte Carlo 试验可知，连续 14 个点中相邻点上下交替时，其概率与 0.27% 相近。出现本准则的现象是由于轮流使用两台设备或由两位操作人员轮流进行操作而引起的系统效应。

⑤ 准则 5：连续 3 个点中有 2 个点落在中心线同一侧的 B 区以外。点子落在 B 区以外的概率为：

$$P(\mu+2\sigma \leqslant X<\mu+3\sigma)=P(\mu-3\sigma<X \leqslant \mu-2\sigma)=0.0214$$

过程平均值的变化通常可由本准则判定，它对于变异的增加也较灵敏。这里需要说明的是，3 个点中的 2 点可以是任何 2 点，至于第三点可以在任何处，甚至可以是根本不存在的。出现本准则的现象是由于分布的参数 μ 发生了变化。

⑥ 准则 6：连续 5 个点中有 4 个点落在同一侧的 C 区以外。点子落在 C 区以外的概率为：

$$P(\mu+\sigma \leqslant X<\mu+3\sigma)=P(\mu-3\sigma<X \leqslant \mu-\sigma)=0.15731$$

与准则 5 类似，这第五点可以在任何处。本准则对过程平均值的偏移也是较灵敏的。出现本准则的现象也是由于分布的参数 μ 发生了变化。

⑦ 准则 7：连续 15 个点在 C 区中心线上下。出现本准则的现象也是由于参数 σ 变小。造成本准则现象的原因可能有数据虚假或数据分层不够等。

⑧ 准则 8：连续 8 个点在中心线两侧，但无一在 C 区内。由准则 6 的分析可知，点子落在 C 区以外的概率为 0.157 31。因此，连续 8 个点在中心线两侧，但无一在 C 区内的概率为：

$$P=2\times(C_8^1+C_8^2+C_8^3+C_8^4+C_8^5+C_8^6+C_8^7+C_8^8)\times 0.15731^8=0.00019$$

造成本准则现象的主要原因是数据分层不够，本准则即是为此而设计的。

（2）判稳准则。

① 准则 1：连续 25 个点，界外点个数 $d=0$，且点子随机排列。连续 25 个点都在控制界限内的概率为：

$$P=0.9973^{25}=0.93464$$

因此，连续 25 个点有 1 个点或 1 个点以上在控制界限外的概率为：

$$P=1-0.9973^{25}=0.06536$$

② 准则 2：连续 35 个点，界外点个数 $d \leqslant 1$，且点子随机排列。连续 35 个点至多有 1 个点在控制界限外的概率为：

$$P=C_{35}^{34}\times 0.9973^{34}\times 0.0027+C_{35}^{35}\times 0.9973^{35}=0.99591$$

因此，连续 35 个点有 2 个点或 2 个点以上在控制界限外的概率为：

$$P=1-C_{35}^{34}\times 0.9973^{34}\times 0.0027+C_{35}^{35}\times 0.9973^{35}=0.00409$$

③ 准则 3：连续 100 个点，界外点个数 $d \leqslant 2$，且点子随机排列。连续 100 个点至多有 2 个点在控制界限外的概率为：

$$P=C_{100}^{98}\times 0.9973^{98}\times 0.0027^2+C_{100}^{99}\times 0.9973^{99}\times 0.0027+C_{100}^{100}\times 0.9973^{100}=0.99738$$

因此，连续 35 个点有 2 个点或 2 个点以上在控制界限外的概率为：

$$P=1-C_{100}^{98}\times 0.9973^{98}\times 0.0027^2+C_{100}^{99}\times 0.9973^{99}\times 0.0027+C_{100}^{100}\times 0.9973^{100}=0.00262$$

④ 准则4：控制图上点的排列分布没有缺陷。控制图上点的分布没有缺陷是指控制图上点的分布没有判异准则所列的各种情况。另外，凡是点恰好在控制界限上的，均作为超出控制界限处理。

在控制图满足了以上判稳准则的情况下，就应该判断该过程是处于控制状态（稳态）。这时，控制图的控制界限可以作为以后生产过程或工作过程进行控制所遵循的依据。

2. 应用控制图需要考虑的问题

（1）控制图用于何处。在原则上，对于任何过程，凡需要对质量进行控制管理的场合都可以应用控制图。但需要注意，对于所确定的控制对象——质量指标应能够定量，这样才能应用计量值控制图。如果只有定性的描述而不能够定量，那就只能应用计数值控制图。所控制的过程必须具有重复性，即具有统计规律。对于只有一次性或少数几次的过程显然难以应用控制图进行控制。

（2）如何选择控制对象。在使用控制图时应选择能代表过程的主要质量指标作为控制对象。一个过程往往具有各种各样的特性，需要选择能够真正代表过程情况的指标。例如，假定某产品在强度方面有问题，就应该选择强度作为控制对象。在电动机装配车间，如果对于电动机轴的尺寸要求很高，这就需要把机轴直径作为控制对象。

（3）怎样选择控制图。选择控制图主要考虑以下几点。首先，根据所要控制的质量指标的数据性质来进行选择，如数据为连续值的应选择$\overline{X}-R$图和$\overline{X}-S$图；数据为计件值的应选择P图或Pn图；数据为基点值的应选择C图或U图。其次，要确定过程中的异常因素是全部加以控制（全控）还是部分加以控制（选控）。若为全控，应采用休哈特图等；若为选控，应采用选控图；若为单指标，可选择一元控制图；若为多指标，则应选择多指标控制图。最后，还需要考虑其他要求，如抽取样品、取得数据的难易和是否经济等。

（4）如何分析控制图。如果在控制图中点子未出界，同时点子的排列也是随机的，则认为生产过程处于稳定状态或控制状态。如果控制图中点子出界或界内点排列非随机，就认为生产过程失控。

小资料

对于应用控制图的方法还不熟悉的人员来说，即使在控制图中点子出界的场合，也首先应该从下列几方面进行检查：样品的取法是否随机，数字的读取是否正确，计算有无错误，描点有无差错，然后再来调查生产过程方面的原因，经验证明这点十分重要。

（5）对于点子出界或违反其他准则的处理。若点子出界或界内点排列非随机，应立即追查原因并采取措施防止其再次出现。

（6）对于过程而言，控制图起着“告警铃”的作用。控制图中点子出界就好比“告警铃”响，提示现在是应该进行查找原因、采取措施、防止再犯的时候了。虽然有些控制图，如$\overline{X}-R$控制图等，积累长期经验后，根据$\overline{X}$图与R图的点子出界情况，有时可以大致判断出是属于哪方面的异常因素造成的，但一般来说，控制图只起告警铃的作用，而不能告之这种告警究竟是由什么异常因素造成的。要找出造成异常的原因，可以根据生产和管理方面的技术与经验来解决。

（7）控制图的重新制定。控制图是根据稳定状态下的条件（人员、设备、原材料、工艺方法、环境）来制定的。如果上述条件变化，如操作人员更换或通过学习操作水平显著提高，设备更新，采用新型原材料或其他原材料，改变工艺参数或采用新工艺，环境改变等，这时控制图也必须重新加以制定。由于控制图是科学管理生产过程的重要依据，所以经过一定时期的使用后应重新抽取数据，进行计算，加以检验。

（8）控制图的保管问题。控制图的计算及日常的记录都应作为技术资料加以妥善保管。对于点子出界或界内点排列非随机，以及当时处理的情况都应予以记录，因为这些都是以后出现异常时查找原因的重要参考资料。有了长期保存的记录，便能对该过程的质量水平有清楚的了解，这对于今后在产品设计和制定规章方面是十分有用的。

3. 控制图的运用程序

（1）明确运用目的。运用控制图，首先要明确目的，充分理解各种控制图的功能，分别不同目的加以运用。运用控制图的主要目的有：① 运用控制图使重要工序保持稳定状态；② 运用控制图发现工序异常，追查原因，排除系统性因素，使工序达到稳定；③ 其他运用目的是提高质量意识，作为质量教育、管理监督、检查与调节等手段。

（2）质量特性的选择。在选择控制方案所需的质量特性时，通常应将影响生产或服务性能的特性作为首选对象。所选择的质量特性可以是所提供服务的特征，或者是所用材料或产品零部件，以及提供给购买者的成品的特征。这些特性应对产品或服务的质量具有决定性的影响，并能保证过程的稳定性。凡是控制图有助于及时提供过程信息，以使过程得到纠正并能生产出更好的产品或服务的场合，首先应该采用统计控制方法。

（3）生产过程的分析。应详细分析生产过程以确定下列各点：① 引起过程异常的原因的种类与位置；② 设定规范的影响；③ 检验的方法与位置；④ 所有可能影响生产过程的其他有关因素。还应进行分析以确定生产过程的稳定性、生产与检验设备的准确度、所生产产品或服务的质量，以及不合格的类型与其原因之间的相关性模式。必要时，对生产运作的状况和产品质量提出要求，以便作出安排调整生产过程与设备，并设计生产过程的统计控制方案。这将有助于确认建立控制的最佳位置，迅速查明生产过程中的任何不正常因素，以便迅速采取纠正措施。

（4）合理子组的选择。控制图的基础是将观测值划分为"合理子组"，即将所考察的观测值划分为一些子组，可认为子组内差异仅由随机原因造成，而组间的任何差异是由控制图所要检测的可查明原因造成的。合理子组的划分有赖于某些技术知识、对生产状况的熟悉程度和获取数据的条件。如果方便，可根据时间或来源确定子组，这样可能更容易追踪与纠正产生问题的具体原因。按收集观测值的顺序所给出的检验和试验记录，提供了根据时间划分子组的基础。由于在制造业中保持生产系统随时间恒定不变很重要，故根据时间划分子组的做法在制造业中通常十分有用。

小资料

应该始终记住，如果在计划收集数据时就注重样本的选取，使得从每个子组取得的数据都可以适当地处理为一个单独的合理子组，那么分析工作将大为简便，并且应以此种方式确定子组。此外，在尽可能的范围内，应保持子组大小 n 不变，以避免烦琐的计算和解释。当然，应该注意，常规控制图原理对于 n 变化的情形也同样适用。

（5）子组频数与子组大小。关于子组频数或子组大小，无法制定通用的规则。子组频数可能决定于取样和分析样本的费用，而子组大小则可能取决于一些实际的考虑。例如，低频率长间隔抽取的大子组，可以更准确地检测出过程平均中的小偏移，而高频率短间隔抽取的小子组，则能更迅速地检测出大偏移。通常，子组大小取为4或5，而抽样频数，一般在初期时高，一旦达到统计控制状态后就低。对于初步估计而言，抽取大小为4或5的20～25个子组就足够了。

（6）预备数据的收集。在确定了要控制的质量特性，以及子组的抽样频数和子组大小以后，必须收集和分析一些原始的检验数据与测量结果，以便能够提供初始的控制图数值，这是为确定绘于控制图上的中心线与控制界限所需要的。预备数据可以从一个连续运作的生产过程中逐个子组地进行收集，直到获得20～25个子组为止。注意，在收集原始数据的过程中，过程不得间歇地受到外来因素的影响，如原材料的供给、操作方式、机器设置等方面的变化。换言之，在收集原始数据时，过程应该呈现出一种稳定状态。

（7）选定控制图。根据质量特性的种类和收集数据的方法来选定相应的控制图。

（8）绘制分析用控制图。确定控制图之后，先按过去统计资料绘制分析用控制图，运用专业技术知识和质量控制方法，分析、了解工序是否处于控制状态。如果失控，则追查原因，采取措施，修订工艺标准，使工序处于稳定状态。

（9）确定控制用控制图及控制标准。当分析用控制图表示出控制状态之后，调整控制界限，就可作为日常生产中的控制用的控制图。

（10）重新计算控制界限。工序发生变化时，应重新计算控制界限，以使其符合工序现状。

6.3.4 计量值控制图绘制步骤与应用

在计量值控制图中，常用的典型控制图是均值—极差控制图，即“$\overline{X}-R$图”。$\overline{X}-R$控制图是$\overline{X}$控制图和R控制图的总称。$\overline{X}$控制图用于控制质量特性平均值的变动，R控制图用于控制质量特性值的分散，两个图结合起来构成$\overline{X}-R$控制图。它是计量值控制图中最常用、最重要的控制图，具有适用范围广、灵敏度高等特点。下面就以$\overline{X}-R$控制图为例，说明计量值控制图绘制的步骤与应用。

1. 绘制步骤

（1）步骤1：确定待控制的质量指标，即控制对象。这时要注意下列要点：① 选择最重要的指标为控制对象；② 若指标之间有因果关系，则选取“因”的指标为控制对象；③ 控制对象要明确，并获得有关工作人员的同意；④ 控制对象要能定量描述；⑤ 控制对象要尽量容易测量，过程发生异常时，容易对过程采取措施；⑥ 直接测量控制对象有困难时，可采用代用特性。

（2）步骤2：取预备数据。这时需要注意：① 建议取35组样本，至少取25组样本；② 样本量通常取为4～5。

（3）步骤3：计算$\overline{X}_i$，R_i。

（4）步骤4：计算$\overline{\overline{X}}$，$\overline{R}$。

（5）步骤5：计算R图控制界限、$\overline{X}$图控制界限，并作图。

（6）步骤6：将预备数据在R图中打点，判稳。若判断过程处于稳定状态，则进行步骤7；若过程出现了异常，则需执行“查出异因，采取措施，保证消除，纳入标准，不再出现”，然后转入步骤2，重新收集数据。

（7）步骤7：将预备数据在$\overline{X}$图中打点，判稳。若判定过程处于稳定状态，则进行步骤8；若过程出现了异常，则需执行“查出异因，采取措施，保证消除，纳入标准，不再出现”，然后转入步骤2，重新收集数据。

（8）步骤8：计算过程能力指数（见6.4节介绍）并检验其是否满足技术要求。若过程能力指数满足技术要求，则转入步骤9；若过程能力指数不满足技术要求，则需调整过程，可能要进行员工培训，购买或修理设备等措施，然后转入步骤2，重新收集数据。

（9）步骤9：延长$\overline{X}-R$控制图的控制界限，进入过程的日常控制阶段。

2. 应用示例

例6－1 假设从齿轮钻孔工序收集记录100个孔尺寸数据，如表6－6所示。表6－6中详细记录了收集数据的时间，样本大小$n=4$（$n=4\sim5$为宜），共收集了25组合计100个数据。

表6－6 孔尺寸数据表

样本组	日期	时间	测定值				平均值	极差
			X_1	X_2	X_3	X_4	$\overline{X}$	R
1	12月23日	8：50	35	40	32	33	6.35	0.08
2		11：30	46	37	36	41	6.40	0.10
3		1：45	34	40	34	36	6.36	0.06
4		3：45	69	64	68	59	6.65	0.10
5		4：20	38	34	44	40	6.39	0.10
6	12月27日	8：35	42	41	43	34	6.40	0.09
7		9：00	44	41	41	46	6.43	0.05
8		9：40	33	41	38	36	6.37	0.08
9		1：30	48	52	49	51	6.50	0.04
10		2：50	47	43	36	42	6.42	0.11
11	12月28日	8：30	38	41	39	38	6.39	0.03
12		1：35	37	37	41	37	6.38	0.04
13		2：25	40	38	47	35	6.40	0.12
14		2：35	38	39	45	42	6.41	0.07
15		3：55	50	42	43	45	6.45	0.08
16	12月29日	8：25	33	35	29	39	6.34	0.10
17		9：25	41	40	29	34	6.36	0.12
18		11：00	38	44	28	58	6.42	0.30
19		2：35	33	32	37	38	6.35	0.06
20		3：15	56	55	45	48	6.51	0.11
21	12月30日	9：35	38	40	45	37	6.40	0.08
22		10：20	39	42	35	40	6.39	0.07
23		11：35	42	39	39	36	6.39	0.06
24		2：00	43	36	35	38	6.38	0.08
25		4：25	39	38	43	44	6.41	0.06
合计							$\sum\overline{X}=160.25$ $\overline{\overline{X}}=6.41$	$\sum R=2.19$ $\overline{R}=0.09$

（1）以表格形式规范化计算每组数据的$\overline{X}$和 R，最后很容易地得到$\overline{\overline{X}}$和$\overline{R}$。

（2）确定控制界限。由表6－4 查得，当 $n=4$ 时，$A_2=0.729$，$D_3=0$，$D_4=2.828$。

所以，$\overline{X}$图的控制界限为：$CL=\overline{\overline{X}}=6.41$

$$UCL=\overline{\overline{X}}+A_2\overline{R}=6.41+0.729\times0.09=6.48$$

$$LCL=\overline{\overline{X}}-A_2\overline{R}=6.41-0.729\times0.09=6.34$$

同理，R 图的控制界限为：$CL=\overline{R}=0.09$

$$UCL=D_4\overline{R}=2.282\times0.09=0.2$$

$$LCL=D_3\overline{R}=0$$

（3）绘制控制图。图6－6 为$\overline{X}-R$ 控制图的初始控制界限，并将样本统计量$\overline{X}$和 R 逐一描点在图上，然后用折线连接起来。

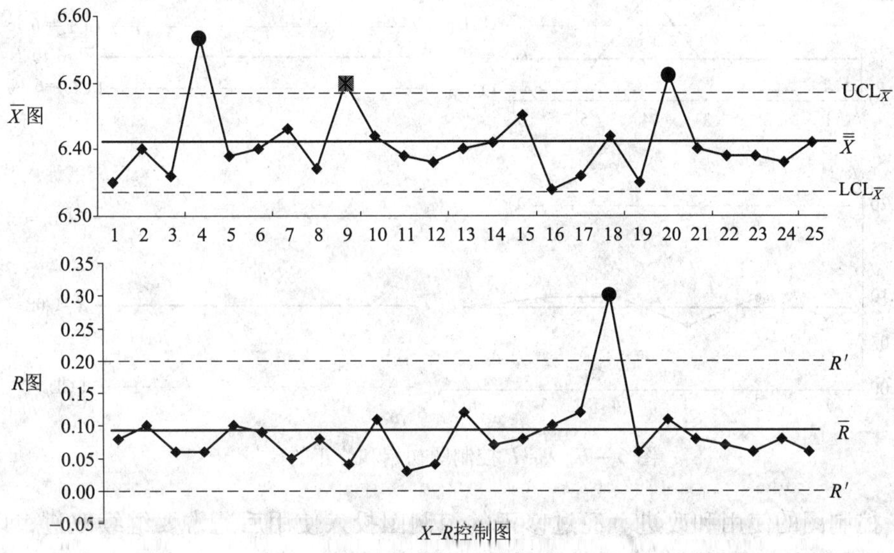

图6－6　$\overline{X}-R$ 控制图初始控制界限

（4）控制界限修正。由图6－6 中的样本点状态显示：① $\overline{X}$图中有第4、9、20 号3 个样本点出界；② R 图中有第18 号样本点出界；③ 控制界限内的样本点排列多数偏于中心线以下。

在实际中，对上述情况进行具体分析，结果确认第9 号样本点出界是偶然性原因引起的，而第4、18、20 号3 个样本点出界是由于系统性原因引起的，应该加以剔除，然后利用剩余的样本统计量重新修正控制界限。具体修正如下。

$$\overline{\overline{X}}'=\frac{\sum\bar{x}-\bar{x}_d}{m-m_d}=\frac{162.25-6.65-6.51}{25-2}=6.40$$

$$\overline{R}'=\frac{\sum R-R_d}{m-m_d}=\frac{2.19-0.30}{25-1}=0.079$$

查表可知，当 $n=4$ 时，$A=1.500$，$d_2=2.059$，$D_1=0$，$D_2=4.698$

$$\sigma'=\frac{\overline{R}'}{d_2}=\frac{0.079}{2.059}=0.038$$

所以修正后的界限为：

$\overline{X}$ 图　CL = 6.40

$$UCL = \overline{x}' + A\sigma' = 6.40 + 1.500 \times 0.038 = 6.46$$

$$LCL = \overline{x}' - A\sigma' = 6.40 - 1.500 \times 0.038 = 6.34$$

$$CL = \overline{R}' = 0.079 \cong 0.08$$

R 图　$UCL = D_2\sigma' = 4.968 \times 0.038 = 0.18$

$$LCL = D_1\sigma' = 0 \times 0.038 = 0$$

将初始控制界限与修正后的控制界限加以比较，如图 6－7 所示。修正后的控制图的中心线下移，而且控制界限变窄。

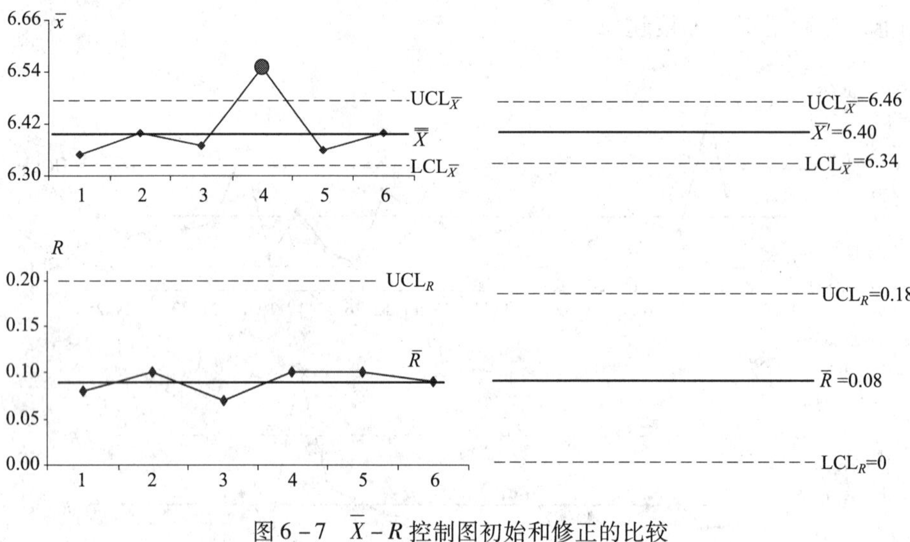

图 6－7　$\overline{X}-R$ 控制图初始和修正的比较

（5）控制图的使用和改进。经过修正的控制图投入使用后通常要继续改进，以保证和提高控制质量的能力和水平。2 月份控制图的控制界限可以利用 1 月份控制图的数据重新进行计算得到的。依次类推，可以看到控制图的不断改进。

6.3.5　计数值控制图的绘制步骤和应用——以不合格品率控制图（P 控制图）为例

1. 样本大小 n 相同的 P 图

例 6－2　某产品 5 月份检验数据，如表 6－7 所示，共检验了 25 个样本，样本大小 $n=300$。

表 6－7　某产品数据表

样本号	样本数 n	不合格数 P_n	不合格率 P	样本号	样本数 n	不合格数 P_n	不合格率 P
1	300	12	0.04	6	300	6	0.02
2	300	3	0.01	7	300	6	0.02
3	300	9	0.03	8	300	1	0.003
4	300	4	0.013	9	300	8	0.027
5	300	0	0	10	300	11	0.037

续表

样本号	样本数 n	不合格数 P_n	不合格率 P	样本号	样本数 n	不合格数 P_n	不合格率 P
11	300	2	0.007	19	300	16	0.053
12	300	10	0.033	20	300	2	0.007
13	300	9	0.03	21	300	5	0.017
14	300	3	0.01	22	300	6	0.02
15	300	0	0	23	300	0	0
16	300	5	0.017	24	300	3	0.01
17	300	7	0.023	25	300	2	0.007
18	300	8	0.027	合计	7 500	138	

（1）收集数据。产品数据如表6-7所示。

（2）确定控制界限。由表6-7得到控制界限如下。

$$CL = \overline{P} = \frac{\sum P_n}{\sum n} = \frac{138}{7\,500} = 0.018$$

$$UCL = \overline{P} + 3\sqrt{\frac{\overline{P}(1-\overline{P})}{n}} = 0.018 + 3\sqrt{\frac{0.018(1-0.018)}{300}} = 0.041$$

$$LCL = \overline{P} - 3\sqrt{\frac{\overline{P}(1-\overline{P})}{n}} = 0.018 - 3\sqrt{\frac{0.018(1-0.018)}{300}} = -0.005 \approx 0$$（这种情况通常取0）

（3）绘制 P 控制图。如图6-8所示，将CL、UCL和LCL绘制在坐标纸上（UCL=0.041，CL=0.018，LCL=0），并将25个样本点逐个描绘在控制图上，标出超出界限的样本点。

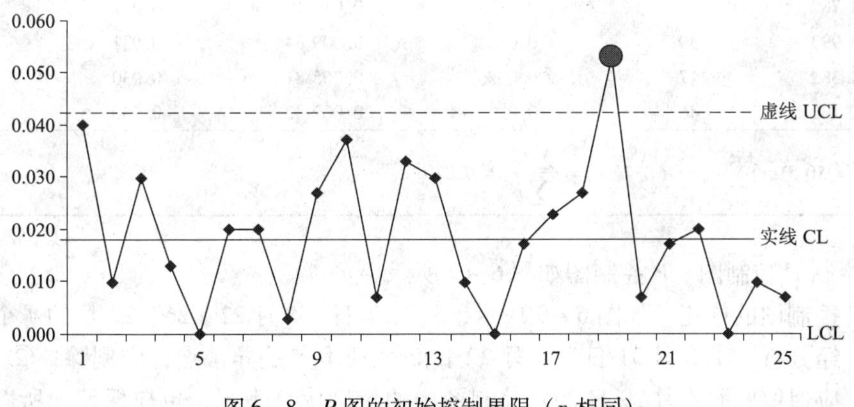

图6-8 P 图的初始控制界限（n 相同）

（4）控制图的修正、判稳。由于第19个样本的点子出界，所以过程失控，找出异常因素，并采取措施保证它不再出现。然后，重复以上步骤，直到稳定为止。

2. 样本大小 n 不同的 P 图

例6-3 表6-8是某手表厂3—4月份收集的25组数据，其样本大小各不相同。

（1）收集数据。某手表厂3—4月份数据如表6－8所示。

（2）确定控制界限。控制界限如表6－8所示。

表6－8　某手表厂3—4月份数据

样本编号	样本大小 n	不合格品数 P_n	不合格品率 P	$3\sqrt{\frac{\overline{P}'(1-\overline{P}')}{n}}$	$UCL=\overline{P}'+3\sqrt{\frac{\overline{P}'(1-\overline{P}')}{n}}$	$LCL=\overline{P}'-3\sqrt{\frac{\overline{P}'(1-\overline{P}')}{n}}$
3月29	2 385	47	0.020	0.008 75	0.029	0.012
30	1 451	18	0.012	0.011 22	0.032	0.010
31	1 935	74	0.038	0.009 78	0.031	0.011
4月1	2 450	42	0.017	0.008 69	0.030	0.012
2	1 997	39	0.020	0.009 63	0.031	0.011
5	2 168	52	0.024	0.009 24	0.030	0.012
6	1 941	47	0.024	0.009 76	0.031	0.011
7	1 962	34	0.017	0.009 71	0.031	0.011
8	2 244	29	0.013	0.009 08	0.030	0.012
9	1 238	39	0.032	0.012 23	0.033	0.009
12	2 289	45	0.020	0.008 99	0.030	0.012
13	1 464	26	0.018	0.011 24	0.032	0.010
14	2 061	49	0.024	0.009 48	0.030	0.012
15	1 667	34	0.020	0.010 54	0.032	0.010
16	2 350	31	0.013	0.008 87	0.030	0.012
19	2 354	38	0.016	0.008 87	0.030	0.012
20	1 509	28	0.019	0.011 07	0.032	0.010
21	2 190	30	0.014	0.009 19	0.030	0.012
22	2 678	113	0.042	0.008 31	0.029	0.013
23	2 252	58	0.026	0.009 06	0.030	0.012
26	1 641	62	0.038	0.010 62	0.032	0.010
27	1 782	19	0.011	0.010 19	0.031	0.011
28	1 993	30	0.015	0.009 64	0.031	0.011
29	2 382	17	0.007	0.008 81	0.030	0.012
30	2 132	46	0.022	0.009 32	0.030	0.012
合计	$\sum n=50\ 515$	$\sum P_n=1\ 037$	$\overline{P}=\frac{\sum nP}{\sum n}=0.020$			

（3）绘制P控制图。P控制图如图6－9所示。

（4）P控制图的修正。如图6－9所示，3月31日、4月22、26、29日的4个点在控制界限之外。经分析：①3月31日和4月22日2个样本点是异常点，应剔除；②4月26日是正常点，应保留，而4月29日是P控制图中的特别优良表现，也应保留。所以，新的不合格品率的平均值为：

$$\overline{P}'=\frac{\sum P_n-P_{nd}}{\sum n-n_d}=\frac{1\ 037-74-113}{50\ 515-1\ 935-2\ 678}=0.018$$

然后，再计算各样本组的修正界限（从略）。

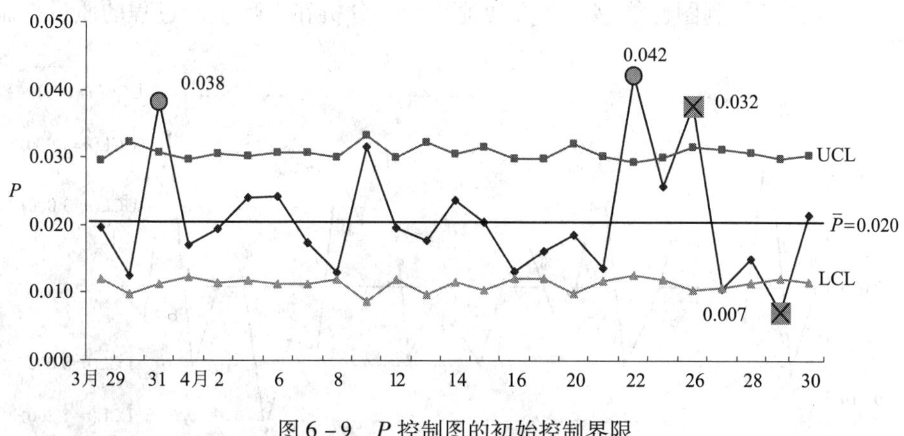

图 6-9 P 控制图的初始控制界限

(5) 修正方式的进一步分析。在实际中，由于各样本组样本大小 n 不相同，在 n 的差别不大时，为了简化控制界限，也可以采用平均样本数 $\bar{n}$ 来代替各样本组的样本数 n，然后用 $\bar{n}$ 计算控制界限 UCL 和 LCL。

$$\bar{n} = \frac{\sum n}{m} = \frac{50\ 515}{25} = 2\ 020.5 \approx 2\ 000$$

当 $\bar{n} = 2\ 000$ 时，

$$\text{UCL} = \overline{P'} + 3\sqrt{\frac{\overline{P'}\ (1-\overline{P'})}{\bar{n}}} = 0.018 + 3\sqrt{\frac{0.018\ (1-0.018)}{2\ 000}} = 0.027$$

$$\text{LCL} = \overline{P'} - 3\sqrt{\frac{\overline{P'}\ (1-\overline{P'})}{\bar{n}}} = 0.018 - 3\sqrt{\frac{0.018\ (1-0.018)}{2\ 000}} = 0.009$$

如图 6-10 所示，其控制界限比图 6-9 中显著简化了，但对明显靠近控制界限的样本点要单独计算其控制界限。例如，经分析确认 5 月 11、14 日是异常点，5 月 24 日是正常点。

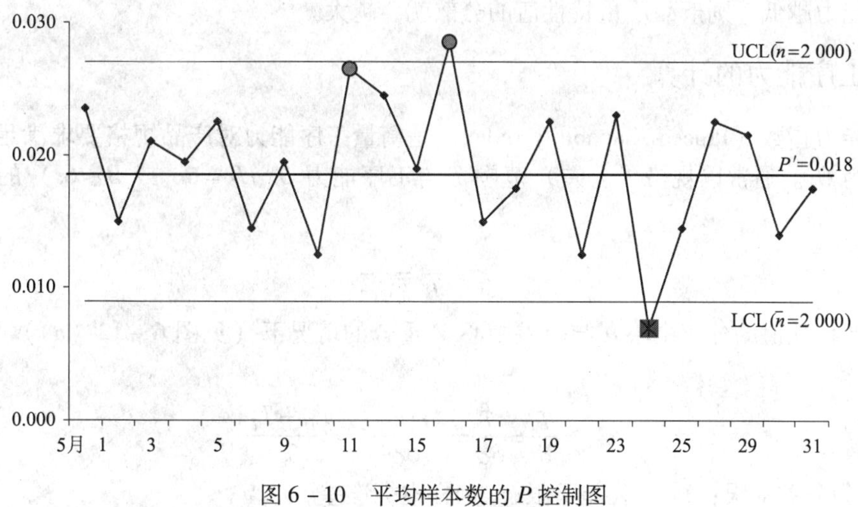

图 6-10 平均样本数的 P 控制图

另外，在应用中可以根据实际情况设计如图 6-11 所示的不同样本大小 n，针对同一产品生产的不合格品率控制图，能够比较方便地统计、分析和判断生产过程的质量控制状态。

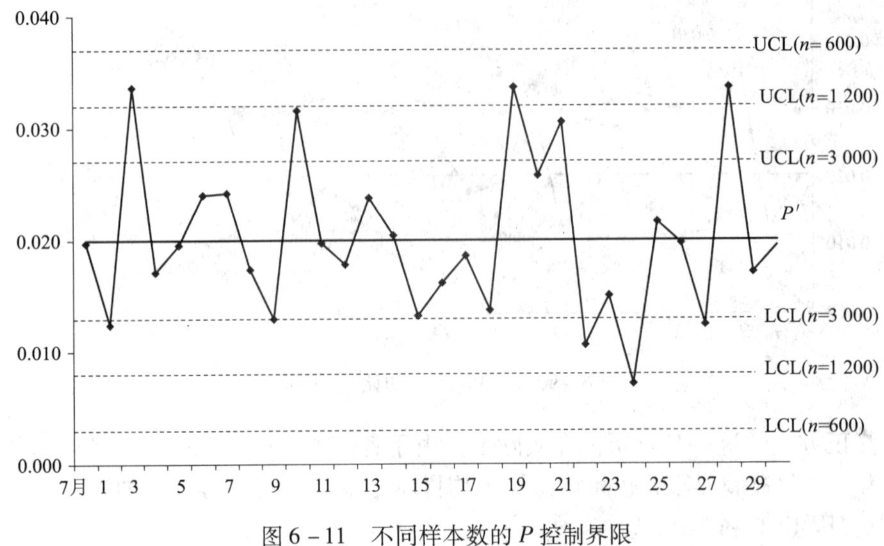

图 6－11　不同样本数的 P 控制界限

6.4　工序能力测量

6.4.1　工序能力的本质

由控制图可知，当工序处于稳定状态时，各种影响过程质量的系统性因素都已经消除了，产品质量特性因人员、机器、原材料、工艺方法、测量和环境（5M1E）等因素的波动而处于随机波动的状态。对于处于稳定状态的工序，工序能力就是产品质量特性波动程度的数量表示。它反映了工序的实际加工能力，是一个工序所固有的变异性，可用产品质量特性值的方差 σ^2 或标准差 σ 来表示。显然，过程能力越高，则产品质量特性值的变异性就会越小；过程能力越低，则产品质量特性值的分散就会越大。

6.4.2　工序能力的计算

工序能力指数（Process Capability Index）是衡量工序能力对产品规格要求满足程度的数量值，记为 C_p。通常以规格（公差）范围 T 与工序能力 B（$B=6\sigma$ 或 $B\approx 6s$）的比值来表示，即

$$C_p=\frac{T}{B}=\frac{T}{6\sigma}$$

在质量特性值的分布中心 μ 与公差中心 M 重合的情况下（见图 6－12（a）），工序能力指数为：

$$C_p=\frac{T}{B}=\frac{T}{6\sigma}=\frac{T_U-T_L}{6\sigma}\approx\frac{T_U-T_L}{6s}$$

式中：T_U 为公差上限；T_L 为公差下限；s 为样本标准差。

在质量特性值的分布中心 μ 与公差中心 M 不重合时（见图 6－12（b）），工序能力指数用 C_{pk} 来表示：

$$C_{pk}=\min\left\{\frac{\mu-T_L}{3\sigma},\ \frac{T_U-\mu}{3\sigma}\right\}\approx\min\left\{\frac{\mu-T_L}{3s},\ \frac{T_U-\mu}{3s}\right\}$$

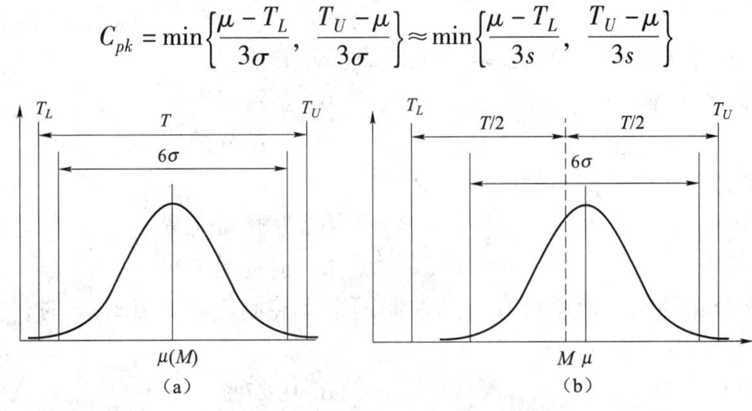

图6－12　工序能力指数示意图

工序能力的质量水平值可根据工序能力指数划分为5个等级：$C_p>1.67$，特级，能力过高；$1.67\geqslant C_p>1.33$，一级，能力充分；$1.33\geqslant C_p>1.0$，二级，能力尚可；$1.0\geqslant C_p>0.67$，三级，能力不足；$0.67\leqslant C_p$，四级，能力严重不足。

例6－4　根据某工序加工零件的测试数据计算得出，$\mu=6.5$，$s=0.0055$，规格要求为$\phi6.5^{+0.015}_{-0.015}$。试计算该工序的工序能力指数。

由于分布中心与公差中心重合，因此：

$$C_p=\frac{T}{6s}=\frac{0.030}{6\times0.0055}=0.909$$

此处，$1.0\geqslant C_p>0.67$，为三级，能力不足，需要改进。

例6－5　测试一批零件外径尺寸的平均值$\mu=19.0101$，$s=0.0143$，规格要求为$\phi19^{+0.04}_{-0.03}$，试计算工序能力指数。

由条件$T_U=19.04$，$T_L=18.97$，$T=0.07$，$T_m=\dfrac{T_U+T_L}{2}=19.005\neq\mu=19.0101$，可知质量特性值的分布中心$\mu$与公差中心$M$不重合，因此：

$$C_{pk}=\min\left\{\frac{\mu-T_L}{3s},\ \frac{T_U-\mu}{3s}\right\}=\min\left\{\frac{19.0101-18.97}{3\times0.0143},\ \frac{19.04-19.0101}{3\times0.0143}\right\}$$
$$=\min\ [0.934,\ 0.697]\ =0.697$$

此处，$1.0\geqslant C_p>0.67$，为三级，能力不足，需要改进。

本章习题

一、判断题

1. 质量控制要充分利用作业技术，及时发现并排除产品质量形成的各个阶段存在的问题及原因，使每个过程、每个环节始终处于受控状态。（　　）
2. 控制图由中心线（CL）、上控制线（UCL）和下控制线（LCL）构成。（　　）
3. *np*控制图用于控制对象为不合格品率或合格品率等计数质量指标的场合。（　　）
4. 系统误差是指随着工序长时间重复进行，必将发生和发展的误差。（　　）
5. 质量成本由运行质量成本和外部故障成本构成。（　　）

二、选择题

1. 交货前因产品未能满足质量要求所造成的损失是（　　）。

A. 内部故障成本　　B. 鉴定成本

C. 预防成本　　D. 外部故障成本

2. 企业内部损失成本具体包括（　　）。

A. 废品损失费　　B. 返修损失费

C. 复检费用　　D. 退货损失费

3. 根据正态分布的基本性质可知，当控制图上下控制界限为$\mu \pm 3\sigma$时，质量特性数据落在控制界限外的概率只有（　　）。

A. 0.5%　　B. 0.27%

C. 1.5%　　D. 0.135%

4. 计量值质量控制中最常用的是（　　）控制图。

A. $\bar{x}-R$　　B. $\bar{x}-s$

C. $\tilde{x}-R$　　D. $x-Rs$

5. 工序能力的质量水平值大于1.67时，说明此工序（　　）。

A. 能力充分　　B. 能力不足

C. 能力过高　　D. 能力尚可

三、思考题

1. 什么是质量成本？质量成本包括哪些费用和项目？

2. 质量控制图的基本原理是什么？控制图设计的一般步骤是什么？

3. 应用控制图需要考虑哪些问题？

本章案例分析

生产现场质量控制

某电缆厂生产的某种电线有8个生产工序：压胶、挤橡、硫化、试电、编织、过油、塑胶、包装。在生产中发现，电线的质量不稳定，有时废品率高达20%以上。为了解决这一问题，保证产品质量的稳定性，企业成立了课题组，进行了大量的分析和决策工作。

1. 寻找造成质量不稳定、废品率高的主要质量问题

根据需要，从废品电线中随机抽检获得100个不合格数据（运用排列图进行分析的过程参见本章附录），如表6－9所示。

表6－9　废品数统计表

不合格项目	压胶	硫化	塑胶	挤橡	其他
不合格数	7	15	20	55	3

注：试电、编织、过油、包装各工序的不合格率极小，故全部合并为“其他”一项。

2. 分析主要质量问题产生的原因

通过上述分析得知，主要质量问题是“挤橡”。即“挤橡”工序是造成电线质量不稳定

的关键工序。针对这一情况，课题组召开质量分析会，就挤橡工序通过因果图进行详细分析，如图6-13所示。

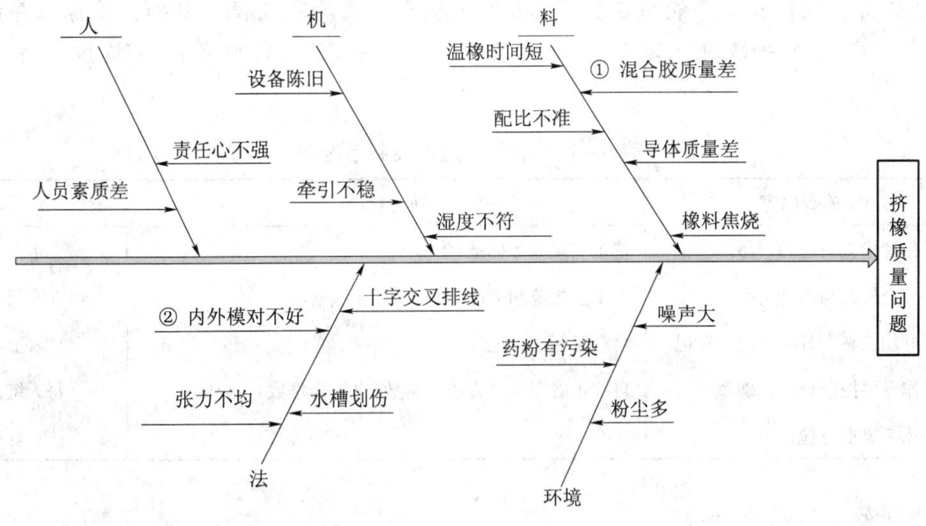

图6-13 因果分析图

经过因果图分析，明确了影响挤橡工序质量的各种原因。并且，经现场测试验证后，对相对影响大的原因：混合胶质量差和内外模对不好，采取了相应的措施，保证其处于正常稳定状态。

3. 分析关键工序“挤橡”的生产稳定情况

在主要质量问题产生原因的分析中，虽然明确了影响挤橡工序质量的各种原因，但并不了解挤橡工序质量的现状。因此，从工序中随机抽取了20组100个数据（挤橡工序的质量特性是挤橡厚度，标准为（1+0.1）mm），如表6-10所示。

表6-10 挤橡厚度统计表 测量单位：0.01

组号	x_1	x_2	x_3	x_4	x_5	组号	x_1	x_2	x_3	x_4	x_5
1	0.96	0.96	1.04	1.04	1.08	11	0.92	1.02	1.00	1.04	1.06
2	0.94	1.02	0.98	0.98	1.00	12	1.02	0.93	1.04	0.98	1.08
3	1.02	1.02	1.04	0.98	1.02	13	0.94	1.00	0.93	1.02	0.98
4	1.00	0.96	1.08	0.96	1.02	14	1.04	0.96	1.00	1.04	1.02
5	0.98	1.02	1.02	1.08	1.00	15	1.06	0.98	1.02	0.96	1.04
6	1.00	0.96	0.96	0.98	1.04	16	1.00	1.02	0.93	1.04	1.02
7	1.00	0.98	0.94	1.06	1.02	17	1.06	1.00	1.02	1.08	0.96
8	1.00	1.02	1.04	0.98	1.00	18	1.08	1.02	1.00	0.93	1.06
9	0.96	1.02	1.04	0.98	1.04	19	1.06	1.06	0.95	1.06	1.02
10	1.06	1.02	1.00	0.98	1.04	20	1.02	0.96	1.00	1.04	0.94

4. 分析关键工序“挤橡”的工序能力

依据表6-10，得出“挤橡”工序质量特性的直方图（参见本章附录绘图过程），如

图6－16所示。从图6－16可以看出，直方图形状为两边低中间高，左右基本对称，没有明显的“失稳”情况，说明工序处于稳定状态。之后就其工序能力是否满足技术要求进行了进一步的分析。经计算工序能力指数 C_{pk}（参见本章附录计算过程）可知，挤橡工序的工序能力不足。针对这一情况，课程组提出了“三自，一控”的质量改进与控制方法（见表6－11）。

表6－11 质量改进与控制措施表

序号	检查内容	执行标准	采用手段
1	操作者检查自己的产品	按工艺规范和标准	卡尺
2	区分合格品与不合格品	按工艺规范和标准	卡尺
3	做好加工者、日期、质量标记	自己定标记，记录	自检记录表
4	操作者要控制自检正确率	自检正确率＝（专检合格数/自检合格数）×100%	每天统计
5	操作者要求自检正确		认真自检

5. 改进的效果检验

表6－11所列措施实施一段时间后，为了验证其是否有效，随机抽检产品，取得100个数据，如表6－12所示。

表6－12 采取措施后挤橡厚度统计表

组号	x_1	x_2	x_3	x_4	x_5	组号	x_1	x_2	x_3	x_4	x_5
1	1.00	1.00	1.02	1.08	1.00	11	1.00	1.02	1.04	1.04	1.00
2	1.00	1.06	1.02	0.98	1.00	12	0.98	1.02	0.98	0.98	1.00
3	0.98	1.00	1.04	0.98	0.98	13	1.04	1.02	1.02	0.98	1.02
4	0.98	1.00	1.00	0.98	1.04	14	1.00	1.00	1.04	0.98	1.02
5	1.02	1.02	1.00	0.96	1.00	15	1.00	1.02	1.02	1.04	0.98
6	0.98	0.96	0.98	1.04	1.04	16	0.98	0.98	1.00	1.00	1.02
7	1.00	0.98	1.08	1.04	1.02	17	1.00	0.98	0.98	1.02	1.00
8	1.04	1.02	1.08	0.98	0.96	18	1.00	1.02	1.04	0.98	1.00
9	1.00	0.96	1.00	0.96	1.02	19	0.98	1.02	1.02	1.00	0.98
10	0.98	0.96	0.96	0.98	1.00	20	1.02	1.00	1.02	0.98	1.04

运用表6－12的数据再次对工序能力进行分析，发现其工序能力水平明显提高，且不合格品率大大降低，证明措施是有效的（参见本章附录计算与分析过程）。

6. 设计控制图，进行工序的日常控制

为了巩固采取措施的成果，使工序长期处于稳定的控制状态，课题组决定利用控制图进行日常工序质量控制。课题组依据前述资料，针对挤橡工序设计了 $\overline{X}-R$ 控制图，如图6－14所示，并确认了所设计的控制图能够起到控制作用。同时，为“挤橡”工序的操作人员提供控制图的使用说明。

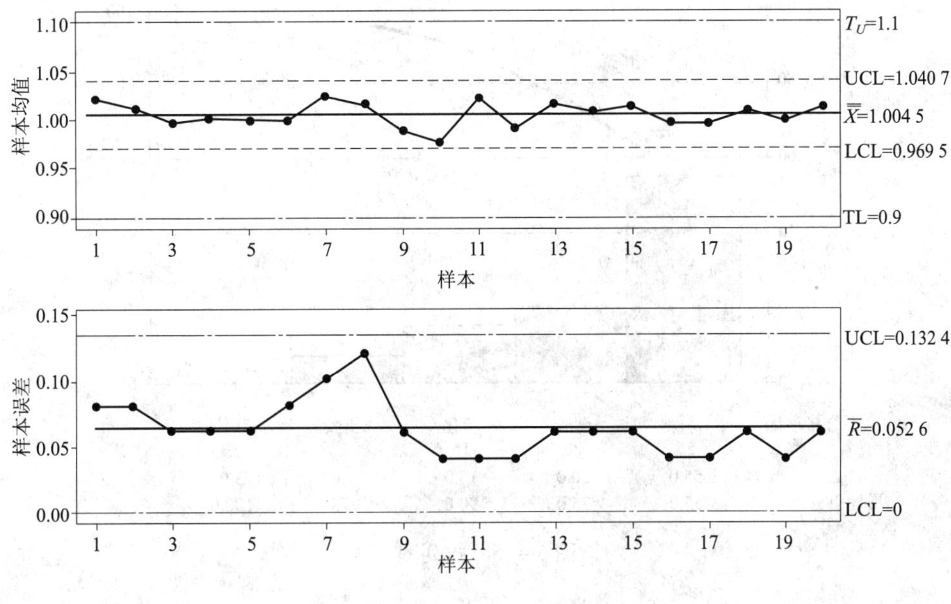

图6－14　$\overline{X}-R$ 控制图

资料来源：白宝光．质量管理：理论与案例．北京：高等教育出版社，2012.

问题

1. 为什么说利用控制图进行日常工序质量控制能够使工序长期处于稳定的控制状态？

2. 课题组提出的质量改进与控制措施在质量改进中是如何发挥作用的？你还有其他的新建议吗？为什么？

本章附录

1. 运用排列图进行分析的过程

（1）制作不合格品统计表，如表6－13所示。

表6－13　不合格品统计表

原因	数量/件	比率/%	累计百分比/%
挤橡	55	55	55
塑胶	20	20	75
硫化	15	15	90
压胶	7	7	97
其他	3	3	100
合计	100	100	

（2）绘制排列图，如图6－15所示。

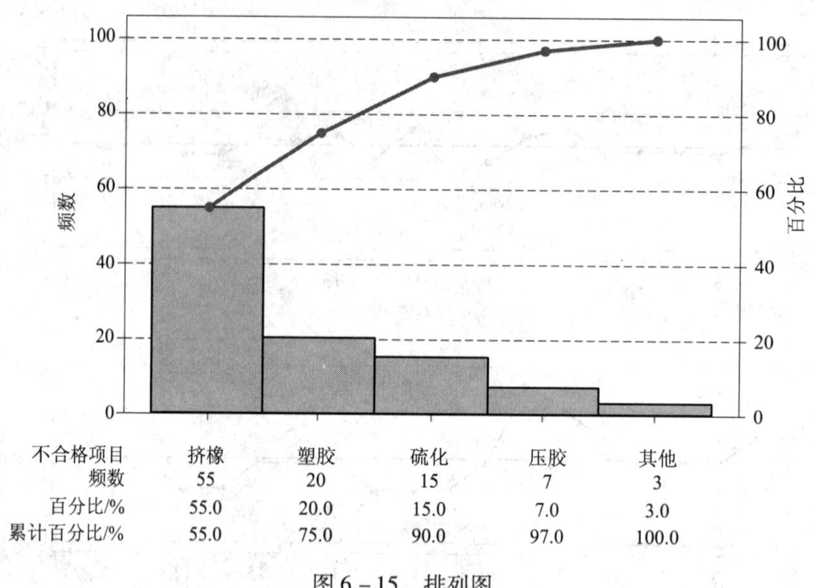

图 6－15 排列图

依据图 6－15 可知，55% 的不合格品归因于“挤橡”工序，即造成质量不稳定、废品率高的主要质量问题为“挤橡”。因此，集中精力解决挤橡问题可使整个电线生产过程得到最大程度的改进。

2. “挤橡”工序质量特性的直方图绘制过程

（1）从 0.92～0.95 区间得出：① 计算极差 $R=0.95-0.92=0.03$；② 分组并确定组距，取 $k=3$ 时，$h=0.03/3=0.01$；③ 确定组界，第二组下界值为：$0.92-0.5\times0.01=0.915$，第一组上界值为：$0.92+0.5\times0.01=0.925$。

（2）从 0.96～1.08 区间得出：① 计算极差 $R=1.08-0.96=0.12$；② 分组并确定组距，取 $k=6$ 时，$h=0.12/6=0.02$；③ 确定组界，第二组下界值为：$0.96-0.5\times0.02=0.95$，第一组上界值为：$0.96+0.5\times0.02=0.97$。依次类推，可以得到各组的组界。

（3）编制频数表：统计各组频数，如表 6－14 所示。

表 6－14 编制频数表

组号	组界	频数
1	0.915～0.925	1
2	0.925～0.935	4
3	0.935～0.945	4
4	0.945～0.955	1
5	0.95～0.97	11
6	0.97～0.99	12
7	0.99～1.01	15
8	1.01～1.03	22
9	1.03～1.05	15
10	1.05～1.07	9
11	1.07～1.09	6

（4）画直方图，如图 6－16 所示。

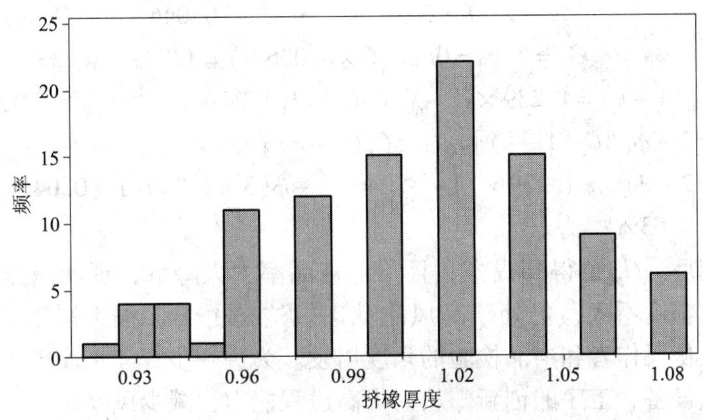

图 6－16　质量特性的直方图

从图 6－16 可以看出，直方图形状为两边低中间高，左右基本对称，没有明显的“失稳”情况，说明工序处于基本稳定状态。

3. “挤橡”的工序能力计算与分析

已知标准中心 $M=(T_U+T_L)/2=(0.9+1.1)/2=1.0$ mm，计算样本均值，$\bar{x}=1.0073$。由于 $\bar{x}\neq M$，因此数据分布中心与公差中心不重合。

计算工序能力 C_{pk}：

$$\varepsilon=|M-\mu|=|1.0-1.0073|\text{mm}=0.0073\text{ mm}$$

$$T=T_U-T_L=0.2$$

$$K=2\varepsilon/T=2\times0.0073/0.2=0.073$$

$$C_p=T/6S=0.2/(6\times0.0406)=0.821$$

所以，$C_{pk}=C_p(1-K)=0.821\times(1-0.073)=0.7611>0.67$

作为关键工序，“挤橡”的工序能力明显不足，处于极高风险状态。此时应停止生产，查明系统性因素。可以从以下方面采取措施，以提高 C_{pk} 值。

（1）调整过程加工的分布中心，减少中心偏移量 ε。对影响过程质量的 5M1E 因素进行分析，找出造成加工分布中心偏移的原因。减少偏移量的主要措施包括：① 对大量生产过程进行统计分析，得出六大因素随时间的推移而逐渐变化的规律，及时进行调整或采取设备自补偿调整；② 根据中心偏移量，通过首件检验调整设备；③ 改变操作者习惯，以标准中心为加工依据。

（2）提高过程能力，减少分散程度。可以从以下措施入手：① 改进工艺方法，优化工艺参数，推广应用新材料、新工艺、新技术；② 改造更新设备，以使其与产品质量标准要求相适应；③ 加强现场质量控制，设置关键、重点过程的过程管理点，开展 QC 小组活动，使工序处于控制状态。

（3）在不影响产品质量的前提下，可适当放宽标准范围。

4. 改进后的“挤橡”工序能力分析

根据表 6－12 中数据，计算得均值 $\mu=1.0046$，标准差 $s=0.0269$。

$$\varepsilon=|M-\mu|=|1.0-1.0046|\text{mm}=0.0046\text{ mm}$$

$$T = T_U - T_L = 0.2$$

$$K = 2\varepsilon/T = 2 \times 0.0046/0.2 = 0.046$$

$$C_p = T/6s = 0.2/(6 \times 0.0269) = 1.239$$

所以，$C_{pk} = C_p(1-k) = 1.239 \times (1-0.046) = 1.182$（$1.33 \geqslant C_{pk} > 1.0$，能力尚可）

不合格率 $P = 2 - \phi[3C_p(1-k)] - \phi[3C_p(1+k)]$

$= 2 - \phi[3 \times 1.239 \times (1-0.046)] - \phi[3 \times 1.239(1+0.046)]$

$= 0.03\%$

采取一定措施后，C_{pk}值得到提高，且不合格品率大大降低，证明措施是有效的。工序有所改进，但改进幅度不大，仍处于高风险状态。这是由于课程组采取的“三自，一控”质量控制措施只是从操作者和产品检验的角度出发。为进一步提高工序能力，在一定的经济基础上，应当注重设备、工序的创新，从而提高过程能力，减少风险。

第7章

质量检验

学习目标

1. 掌握质量检验、抽样检验的概念。
2. 掌握质量检验活动过程和质量检验的职能。
3. 了解排队模型。
4. 了解抽样方案设计。
5. 了解质量检验的组织与实施。

导入案例

蔬菜检测现状与问题

蔬菜检测国内外有别的事件屡见报端，蔬菜质量检测令公众担心。那么，各地蔬菜检测究竟有无统一标准，出口、内销蔬菜检测是否“内外有别”？

1. 农药使用随意

一些菜农直言，“菜叶上看不到虫子”、“不耽误卖”就行，至于农药的毒性高低不大关心，农药品种也是“村头小店卖什么农药就打什么”，打多少药也全凭“估计”，没有准确标准用量。如此使用农药，质量检测显得更为关键。蔬菜质量检测主要检测的内容是农药残留，这也是市场销售环节、公众最关心、反映出问题最多的部分。

2. 检测无法全覆盖

目前，人们对蔬菜安全关心最多的是农药残留问题。而对于农药的检测基本上是抽检。抽检是按照蔬菜的品种进行，用筛查式检测。首先是定性，先用快速检测仪器，没问题就通过。如果有问题或出现超标的情况，再用定量检测仪器，对含有农药的品种、含量进行具体检测。因为，蔬菜的来源地不同，所使用的农药也不同。所以，蔬菜种类不同，检测内容也不尽相同。水生植物藕、茭白就需要检测重金属含量，与其他蔬菜不一样。重金属的检测技术含量相对较高，对仪器、人员素质的要求更高。

3. 标准一样，执行不一

至于植物检疫标准，果实、种子的检测与叶菜又不一样。全国不同地区的蔬菜调配也包含检疫环节，主要是为了防止有些病虫害物种没有天敌，能在不同地区快速繁殖。而对这些物种的检疫内容，各地又不尽相同。

但检测中的主要实际问题是，限于人力、物力、财力等方面的原因，只能做到抽检，无法做到完全覆盖。有业内人士指出，目前，蔬菜的安全检测有定性检测和定量检测，前者只能检测农药总量是否超标，无法查出农药种类；而后者可以精确到农药的种类和含量，但每个瓜菜品种每次检测费用高达2 000元。

4. 标准长期不更新

有媒体报道，我国允许的“农残”量要比欧盟和美国高出数倍，而这都源于标准滞后。“标准之争就是利益之争”，中国消费者协会律师团团长邱宝昌说，往往标准低一点，就有大量企业被放进去，而标准一高，一些生产能力落后的企业就会被淘汰出局。而我国的某些标准恰恰是迁就了一些落后企业，从而质量不高。

现在使用的蔬菜农药检测标准是2004年3月1日开始实施的蔬菜农药残留检测抽样规范。也就是说，现在使用的还是9年前的标准。

此前曝出的蔬菜重金属检测缺失，出口、内销蔬菜检测“内外有别”等事件，突出反映了标准滞后的问题。

事实上，我国的标准化法1989年开始实施，形势早已发生变化，标准化法修订工作开展近10年，目前新法仍未出台。《标准化法实施条例》也明确规定，标准实施后，制定标准的部门应当根据科学技术的发展和经济建设的需要适时进行复审。标准复审周期一般不超过5年。遗憾的是，有些标准长期“原地踏步”。

资料来源：http://www. instrument. com. cn/.

7.1 质量检验概述

7.1.1 质量检验

1. 生产与检验

在早期的生产经营活动中，生产和检验本来是合二为一的，生产者也就是检验者。后来，随着生产的发展，劳动专业分工的细化，检验逐渐从生产过程中分离出来，成为一个独立的职能。生产和检验是一个有机的整体，检验是生产中不可缺少的环节。例如，在企业的流水线和自动线生产中，检验本身就是工艺链中的一个重要工序，没有检验，生产过程就无法进行。

小资料

现代工业生产是一个极其复杂的过程，由于主观因素和客观因素的影响，特别是客观存在的随机波动，要绝对避免不合格品的产生是难以做到的，因此就存在质量检验的必要性。很难设想，有一个生产系统根本不会产生不合格品，则质量检验及其相应的职能都可以撤销，实际上这种理想状态的生产系统是不存在的。

2. 质量检验的定义

朱兰认为，“所谓检验，就是这样的业务活动，决定产品是否在下道工序使用时适合要求，或者是在出厂检验场合，决定能否向消费者提供。”

在国际标准ISO 9000：2000《质量管理体系—基础和术语》中将“检验”（Inspection）定义为：“通过观察和判断，适当时结合测量、试验所进行的符合性评价。”

英国标准（BS）将“检验”定义为：“按使用要求来测量、检查、试验、计量或比较一个项目的一种或多种特性的过程。”

总之，质量检验是指借助于某种手段和方法，对产品和质量特性进行测定，并将测得的结果同规定的产品质量标准进行比较，从而判断其合格或不合格。符合标准的产品为合格品，予以通过；不符合标准的产品为不合格品，根据具体情况予以返修、报废或降级使用。

3. 质量检验的功能

检验的定义是从长期的生产实践中概括总结出来的，如果将检验的定义分解为检验活动，检验具有以下功能。

（1）定标。明确检验的依据，确定检验的手段和方法。

（2）抽样。采用科学合理的抽样方案，使样本能够充分代表总体（全数检验除外）。

（3）度量。采用试验、测量、测试、化验、分析，以及官能检验等方法，量度产品的质量特性。

（4）比较。将测量的结果同有效的质量标准进行比较。

（5）判定。根据比较得出的结论，判定被检验的产品检验项目、产品或一批产品是否符合质量标准。

（6）处理。根据相关标准规定对不合格品进行相应处理，涉及重要的不合格品管理工作。例如，某单件产品是否可以流入下道工序，或者某产品（或某批产品）是否准予出厂，以及对某批产品决定接收或拒收，或者决定重检和筛选等。

（7）记录。记录有价值的数据，撰写分析报告，为企业自我评价和不断改进提供信息与依据。

小资料

实现上述质量检验功能必须具备以下4个重要条件，也称质量检验工作的“四大基本要素”。① 满足实际要求的检测人员；② 先进、可靠的检测手段；③ 明确、有效的检验标准；④ 科学、严格的检验管理制度。

4. 质量检验的依据

小资料

质量检验的重要功能之一是将测试结果同质量标准进行比较，以便作出合格与否的判断。因此，质量标准是质量检验的主要判据。不同水平的质量标准对同一批产品，可能作出不同的判断。因此，离开质量标准而言的质量检验是没有实际意义的。从这一点出发，质量检验的过程就是质量标准执行的过程。

质量检验主要依据以下几类标准。

1）技术标准

（1）产品标准。产品标准是指为保证产品的适用性，对产品必须达到的某些或全部要求所制定的标准。通常，包括对产品结构、规格、质量和检验方法所作的技术规定。产品标准是在一定时期和一定范围内具有约束力的技术准则，包括对产品结构、性能等质量方面的要求，以及对生产过程有关检验、试验、包装、储存和运输等方面的要求。所以，在一定意义上，产品标准也是生产、检验、验收、使用中的维护、合作贸易和质量仲裁的技术依据。

（2）基础标准。基础标准是指在一定范围内作为其他标准的基础，具有通用性和广泛指导意义的标准。例如，在技术标准中，基础标准包括通用技术语言标准，即技术文件、图纸等所用的术语和符号等，也包括精度和互换性标准，如公差配合，还包括计量标准、环境条件标准和技术通则标准等。

（3）安全、卫生与环境标准。这些标准包括环境条件、卫生安全和环境保护等方面的要求。

2）检验标准

检验标准主要包括检验指导书、检验卡、验收抽样标准等。例如，检验指导书的格式可以根据企业的产品类型和生产过程的复杂程度来制定。

3）管理标准

管理标准是指企业为了保证和提高产品质量与工作质量，完成质量计划和达到质量目标，企业员工共同遵守的准则。例如，① 质量手册和检验人员工作守则；② 检验工作流程中的规则和制度；③ 检验设备和工具的使用、维护制度；④ 有关工序控制的管理制度和管理标准；⑤ 有关不合格品的管理制度；⑥ 有关质量检验的信息管理制度，等等。

5. 质量检验的重要特性

质量检验的重要特性是指检验的公正性、科学性和权威性。这也是对质量检验的基本要求。

1）检验的公正性

检验的公正性是对质量检验的首要要求，没有公正性，检验就失去了意义，也就谈不上“把关”的职能。所谓检验的公正性，是指检验机构和人员在进行质量检验时，既要严格履行职责，独立行使质量检验的职权，又要坚持原则，不徇私情，秉公办事，认真负责，实事求是。原则性是公正性的基础，坚持原则，就是要严格执行技术标准，严格执行检验制度，严格执行订货合同，严格执行质量责任制；是非清楚，奖罚分明，有法必依，执法必严，一切按原则办事。按原则办事，关键在于碰到矛盾时，能否客观公正地处理问题，不受任何势力或人员的无理干扰，也不顾及任何人的求情或私人关系。例如，当产量和质量发生矛盾时，或者质量和交货期发生矛盾时，都应坚持质量第一。此外，还有大量的质量审核、质量评价和抽查监督工作，离开检验的公正性，这些工作也会失去真实的意义。

小资料

在企业的经营活动中，质量争议是经常发生的，商业贸易中企业与用户之间，企业内部车间与车间、工序与工序之间，检验人员本身与生产工人之间，对同一产品质量会有不同的评价和看法。这些争议涉及双方的利益，小则争吵不休，大则诉诸法律。最后，依靠第三方作出仲裁和判决。这种仲裁和判决是否正确，取决于通过检验提供充分有效的检验结果和检验数据。为此，要求检验人员具有高度的思想素质，有高度的原则性和政策性，要在处理问题中，根据事实和客观标准作出公正的裁决。

2）检验的科学性

检验的科学性是要通过科学的检测手段，提供准确的检测数据，按照科学合理的判断标准，客观地评价产品质量、服务质量或工作质量。实践证明，要保证检验的科学性通常要做好以下几点。

（1）对检验机构进行科学合理的定岗定编。即要根据企业自身的特点，确保每个岗位均由可以胜任的人员来承担检验或管理工作。

（2）对检验和试验人员定期进行培训与资格认证。即制定岗位培训计划，并予以实施。使每个检测和试验人员掌握必要的检测试验知识与能力，懂得必要的工艺和管理知识，具备检验人员必须具备的思想和技术素质，这是保证检验工作科学性不可缺少的要素。

（3）健全和完善质量管理信息系统和检验方面的规章制度。即要使检验工作科学化、制度化和规范化，切忌无章可循或有章不循的现象。

（4）有明确无误的检验标准。标准是检验的重要依据。产品的适用性受到时间、地点、使用对象、社会环境、市场竞争等因素的影响。为保证质量，科学地判断产品是否符合要求，企业必须按现行标准生产，但同时又要不断地修改和完善标准。总之，只有按标准组织生产和检验，产品质量才有保证，企业才能不断发展。

（5）不断完善检测手段，提高动态检测水平。企业应不断提高检测能力，提高检测手段的精密度和准确度，积极采用自动化检测装置和先进技术，以消除人工检测的误差，减少错检与漏检的发生。

科学性与公正性是紧密相关的，没有检验的科学性也无法保证检验的公正性。

3）检验的权威性

检验的权威性是正确进行检验的基础。所谓检验的权威性，实质上是对检验人员和检验结果的信任度和尊重程度。树立检验工作的权威是十分必要的，是保证产品质量和生产经营正常进行的重要条件。当前，许多企业的质检部门和质检人员缺乏必要的权威，因此检验监督工作很难进行，不利于保证产品质量。

7.1.2 质量检验活动

通常，质量检验活动主要包括以下4个方面内容。

1. 质量检验准备

通常质量检验准备工作包括制订检验计划，制定检验指导书，培训和配备检验人员，设计验收抽样方案，以及确定检验设备和工具等。

2. 补充说明技术规定

对涉及质量特性不清楚的有关工艺规程、图纸、合同等文件作出明确的补充说明。

3. 正式检验

正式检验就是要度量质量特性值，并同标准进行比较后作出判断和处理。所度量的质量特性值分为计量值和计数值（含计件值和计点值）两类（参见第6章）。

4. 记录和统计分析报告

检验的结果不能只限于同标准进行比较，而必须做好记录，并采用先进的统计分析方法对记录的数据加以统计分析，寻找和发现质量变异的规律，这是质量改进的重要依据。分析结果要分别反馈到有关质量的责任部门，以便采取改进的措施。长期的检验实践证明，质量是在记录（Record）、分析（Analysis）、反馈（Feedback）、行动（Action）的周而复始的活动中不断改进的。检验活动的质量改进过程，如图 7－1 所示。

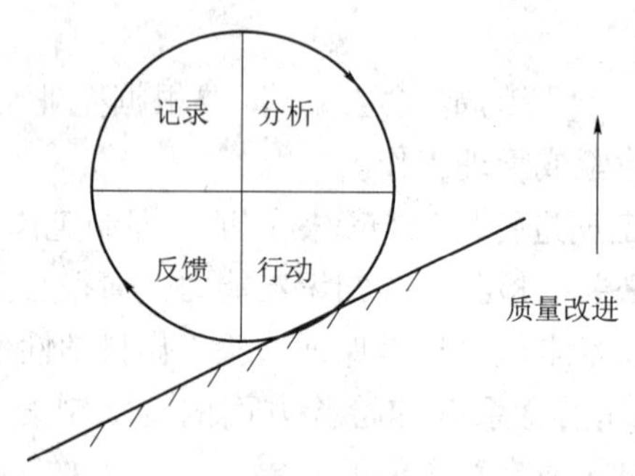

图 7－1　检验活动的质量改进过程

7.2　抽样检验

7.2.1　抽样检验概述

1. 全数检验与抽样检验

企业为了保证产品（服务）的质量合格，必须进行检验，检验的方式有全数检验和部分检验。当产品价值较高的时候，从生产线上下来的每一个产品都必须经过一定水平的最终检验。汽车、计算机和电子变速箱都是这样的产品。在许多情况下，出于对经济因素的考虑，并不是所有的最终制成品都必须进行检验。那些从流水线上下来的标准产品亦是如此，如灌装啤酒、螺丝钉和书。还有当需要进行破坏性测试的时候，如对火药、灭火器和混凝土的检验，百分之百的检验将破坏全部的产出。在所有这些情况下，都应该随机抽取一些样本进行测试，然后根据统计分析决定是否接受或拒绝整批产品。

抽样检验是从交验的每批产品中随机抽取预定的样本容量，对照标准逐个检验产品的性能，如果样本中的不合格品数目不大于抽样方案中预先规定的最低数目，则判定该批产品合格，予以接收；否则，判定该批产品为不合格，拒绝接收。

**小资料**

抽样检验以数理统计原理为依据，适当兼顾了生产者与用户的风险损失，具有科学、可靠、简便的优点，适合于破坏性检验，以及数量多、希望检验费用少的情形。此外，由于是整批判定，对供货方提供的产品可能是成批拒收，这样能够起到刺激供货方加强质量管理的作用，如果是人工检验，还能激发检验人员的责任心。

2. 抽样检验的基本术语

（1）批：在相同的条件下制造出来的一定数量的产品。

（2）单位产品：为实施抽样而对产品划分的基本单位。单位产品有时可以自然划分，如一批自行车中每辆自行车为一个单位产品；有时必须人为规定，如1米布、一匹布等。

（3）批量和样本大小：批量是指一批中包含的单位产品个数，以N表示；样本大小是指随机抽取的样本中的单位产品数，以n表示。

（4）抽样检验方案：规定样本大小和一系列接受准则的一个具体方案。

（5）两类风险α和β：由于抽样检验的随机性，将本来合格的批，误判为拒收，这对生产方是不利的，该概率称为第Ⅰ类风险或生产方风险，以α表示；而本来不合格的批，也有可能被误判为可接收，将对使用方产生不利，该概率称为第Ⅱ类风险或使用方风险，以β表示。

3. 抽样检验的分类

1）按照质量特性值的性质及供购双方的需要分类

（1）计数抽验方案。根据规定的要求，用计数方法衡量产品质量特性，把样本中的单位产品仅区分为合格品或不合格品（计件）。或者计算单位产品的缺陷数（计点），据其测定结果与判定标准比较，最后对其作出接收或拒收而制订的抽验方案。其优点是由于仅仅把产品区分为合格与否，故手续简便，费用节省；且无须预先假定分布律。

（2）计量抽验方案。凡对样本中的单位产品的质量特性进行直接定量计测，并用计量值作为判定标准的抽验方案称为计量抽验方案。这类方案具有以下优点：计算检验提供的信息多，判定明确，一般更适用于对关键质量特性的检验。

2）按抽样方案的制订原理分类

（1）标准型抽样方案。该方案是为保护生产方利益，同时保护使用方利益，预先限制生产方与消费方风险大小而制订的抽样方案。

（2）挑选型抽样方案。所谓挑选型方案，是指对经检验判为合格的批，只要替换样本中的不合格品；而对于经检验判为拒收的批，必须进行全数检验，并将所有不合格品全部替换成合格品。

（3）调整型抽样方案。该类方案由一组方案（正常方案、加严方案和放宽方案）和一套转移规则组成，根据过去的检验资料及时调整方案的宽严。该类方案适用于连续批产品。

3）按抽样的程序分类

（1）一次抽样方案。一次抽样检验是最简单的抽样检验。其抽样方案用（N，n，C）或（n，C）表示，即从一批数量为N的产品中随机抽取n件产品，预先规定一个合格判定数C，如果n件产品中的不合格产品数为d，当$d \leqslant C$时，则判定该批产品为合格：当$d > C$时，则判定该批产品为不合格，予以拒绝，其程序如图7－2所示。

（2）二次抽样方案。该方案抽样可能要进行两次。对第一个样本检验后，可能有3种结果：接收、拒收、继续抽样。若得出“继续抽样”的结论，要抽取第二个样本进行检验，最终作出接收还是拒收的判断。此抽样方案的参数有7个，即（N，n_1，n_2；Ac_1，Ac_2；Re_1，Re_2）。其中，n_1为第一次抽样的样本大小；n_2为第二次抽样的样本大小；Ac_1、Ac_2为两次抽样时的合格判定数；Re_1、Re_2为二次抽样时的不合格判定数。二次抽样检验的程序，如图7－3所示。

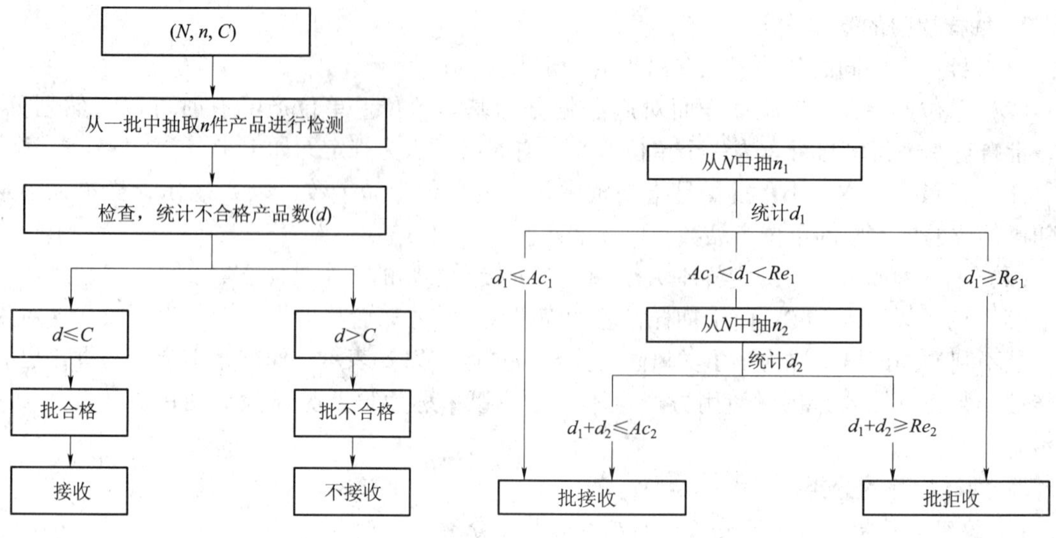

图 7－2　一次抽样程序　　　　图 7－3　二次抽样程序

（3）多次抽样方案。多次抽样是在两次抽样的基础上，允许通过 3 次以上的抽样，最终对一批产品的合格性进行判断。是否需要第 i 次抽样要根据前次（$i-1$ 次）抽样结果而定。多次抽样检验复杂，费用也高，需专门训练。因此，除非特殊要求，一般企业只进行单次或两次抽样检验。

7.2.2　抽样检验的基本原理

1. 接收概率 $L(p)$

当采用抽样方案（N，n，C）对产品进行抽样检验时，如果已知这批产品的不合格率为 p 时，那么 n 件产品中不合格数 $r\leqslant C$，该批产品的接收概率为 $L(p)$：

$$L(p)=p(r\leqslant C)$$

计算接收概率有以下几种计算方法。

（1）超几何分布：

$$P\{x=d\}=\frac{C_D^d C_{N-D}^{n-d}}{C_N^n}$$

$$L(p)=\sum_{d=0}^{C}p(x=d)$$

式中：D 为一批产品中的总不合格产品数量。

（2）二项分布。当检验的产品批量很大，如 $N=1\ 000$（或更大）时，用超几何分布计算接收概率就比较困难。根据概率统计原理，当 $N\geqslant 10n$ 时，可以用二项分布逼近超几何分布：

$$L(p)=\sum_{d=0}^{C}C_n^d p^d(1-p)^{n-d}$$

（3）泊松分布。当批量很大，而且 $n/N\leqslant 0.1$，且 $p\leqslant 0.1$ 时，可以用泊松分布逼近超几何分布：

$$L(p)=\sum_{d=0}^{C}\frac{(pn)^d}{d!}e^{-pn}$$

接收概率反映了在一定的抽样方案下，该批产品有多大可能被接收，不管是生产者还是用户都关心接收概率，因为它与双方的利益有关，这种利益关系通过抽样特性曲线反映出来。

2. 抽样特性曲线

接收概率 $L(p)$ 与批不合格品率 p 之间存在的关系描绘成一个曲线，称为抽样特性曲线，或者操作特性曲线（Operation Characteristic Curve）。

如果规定，产品的不合格品率 p 不超过某一数值 p_0 为合格；否则，为不合格。当 $p \leqslant p_0$ 时，$L(p)=1$；当 $p>p_0$ 时，$L(p)=0$。把这种关系描绘成的曲线称为理想抽样特性曲线，如图7-4所示。实际上，抽样特性曲线是一个连续的曲线，如图7-5所示。该曲线有4个重要的特征参数。

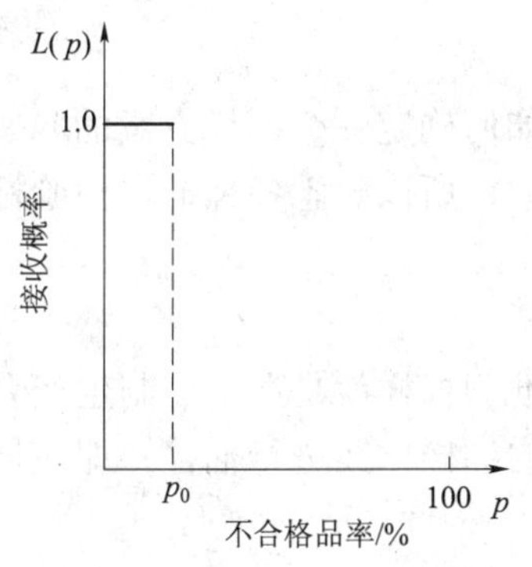

图7-4 理想抽样特性曲线

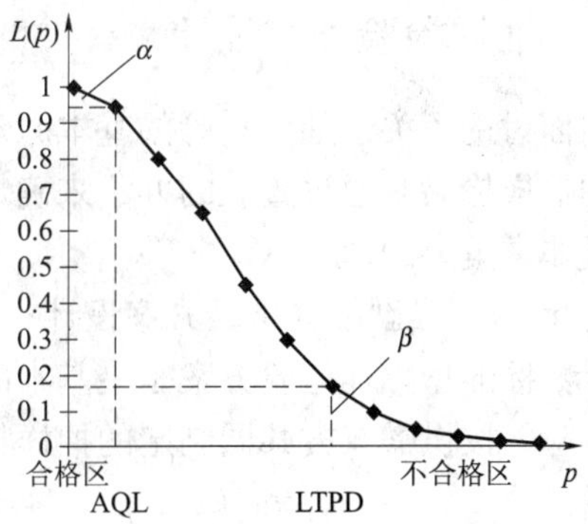

图7-5 实际抽样特性曲线

（1）可接受合格质量水平（Acceptable Quality Level，AQL）。AQL又称接收上界，即生产企业能够接受的最低不合格品率，这是企业能够达到的平均质量水平。当不合格品率低于AQL时，产品属于合格区域。

（2）批最大容许不合格品率水平（Lot Tolerance percent Defective，LTPD）。LTPD也称拒绝下界，代表消费者不能接受的批不合格品率水平，即如果不合格水平高于LTPD，则该批产品将被拒绝接收，产品属于不合格区域。

（3）生产者风险 α。α 又称为第一类错误，当批产品的真实不合格品率低于接收上界AQL时，即 $p<$ AOL时，由于抽样误差，导致把合格产品误判为不合格产品，这种错误叫做第一类错误，或者弃真错误。由于这种错误对生产者来说是一种损失，因此也称生产者风险。如果 α 太大，则有可能使大量合格批产品被判为不合格品，给生产者带来很大损失。因此，选择合适的生产者风险对生产者来说非常重要，一般取 $\alpha=1\%$、5%、10%。

（4）消费者风险 β。β 也称为第二类错误，当批产品的真实不合格品率高于拒绝下界LTPD时，由于抽样检验的误差，导致误把不合格品误判为合格品，这种错误叫做第二类错误。由于这种错误对消费者来说是一种损失，因此也称消费者风险。为了防止劣质产品由于误判为合格品导致消费者损失，一般取 $\beta=5\%$、10%、20%。

（5）4个参数之间的关系。上述4个参数之间是紧密联系的，确定任何一个参数都会受到其他参数的影响。

当 $p_i<$ AQL时，$L(p_i)>1-\alpha$；

当 $p_i>$AQL 时，$L(p_i)<1-\alpha$；

当 $p_i>$LTPD 时，$L(p_i)<\beta$。

当 4 个参数确定以后，抽样方案就确定了。抽样方案的两个参数 n、C 就可以通过联立方程求解。

$$L(p_0)=\sum_{d=0}^{C}C_n^d p_0^d(1-p_0)^{n-d}=1-\alpha$$

$$L(p_1)=\sum_{d=0}^{C}C_n^d p_1^d(1-p_1)^{n-d}=\beta$$

式中：p_0 为生产者的接受上界不合格品率；p_1 为消费者的拒绝下界不合格品率。

为了方便，实际应用中的抽样方案是通过查表方式确定的。

7.2.3 抽样检验方案设计

前面讨论了关于抽样检验的基本原理，现在来讨论如何确定一个抽样方案的问题。由于实际的抽样检验是通过查表的办法来确定相应的抽样参数，所以熟悉各种抽样检验标准及其特点是非常重要的。

1. 计数标准型抽样检验方案设计

计数标准型抽样检验方案是最基本的抽样方案。标准型抽样就是严格控制生产者与使用者的风险，按供需双方共同制定的抽样特性曲线所确定的抽样方案进行抽检，即使抽样特性曲线通过（p_0，$1-\alpha$）和（p_1，β）两点：

$$L(p_0)=1-\alpha$$

$$L(p_1)=\beta$$

在实际操作中，只要确定了参数 p_0 和 p_1 的值，就可以从我国国家标准 GB/T 13262—2008《不合格品百分数的计数标准型一次抽样检验程序及抽样表》中查出样本量和可接收数 C，从而确定抽样检验的方案。如果从该表中查得的样本量大于批量，则应进行全数检验，但保持可接收数 C 不变。计数标准型抽样检验一般可用于孤立批的产品验收，但是它需要很大的样本量。所以，该方案很不经济，在国际上已经基本不用。

2. 计数调整型抽样检验方案

计数调整型抽样检验是目前使用最广泛的一种抽样检验方法。调整型抽样检验方案的特点是对具有一定要求的交验批，不是固定采用一种验收方案，而是根据交验产品质量的实际情况，采用正常、加严、放宽 3 个严格程度不等的方案，并用一套转换规则把它们联系起来，即当供应方提供的产品批质量较好时，可以放宽检验；如果供应方提供的产品质量下降，则加严检验。

调整型抽样检验的特点是：① 对于一个特定的交验批，该方案不是一个固定的方案，而是采用一组方案，根据具体情况不同，动态转换；② 因为是动态调整的，所以可以充分刺激生产方提高产品质量；③ 适用于连续多批的产品检验。

小资料

具有代表性的调整型抽样检验标准由美国、英国和加拿大 3 国联合制定，在国际上一般称为 MIL - STD - 105D。日本在其基础上制定了自己的国家标准 JIS—Z—9015。国际标准化组织在 MIL－STD－105D 的基础上制定了 ISO 2859，并多次修订。我国在博采众长的基础上，于2012年制定了《计数抽样检验程序 第1部分：按接收质量限（AQL）检索的逐机检验抽样计划》，国标代号为 GB/T 2828.1—2012，并于2013年2月15日起实施。

7.3 质量检验的组织与实施

7.3.1 质量检验的组织与管理

1. 质量检验机构

在市场经济环境中，随着企业外部环境和内部条件的变化，必然要求企业建立更加科学、严格的质量检验管理制度，并不断完善质量检验工作体系。

企业必须设置专职检验机构。检验机构的工作应该遵循以下5项原则。

（1）高层管理者授权。高层管理者直接领导专职检验机构，使检验机构能独立而公正地行使职权。

（2）完善的检验系统。建立完善的质量检验系统，使其适应企业内部和外部生产经营活动的需要。

（3）改进质量检验工作流程。不断改进和完善检验流程、工作标准和检验制度。

（4）满足检验需求的硬件设施。积极采用先进的检测方法，配置满足检验和试验需求的检测设备、计量器具、测试仪器等硬件设施。

（5）明确的检验职责。必须明确部门和人员的检验职责，建立和完善检验工作质量考核体系。

2. 质量检验职能

质量检验的基本职能可以概括为以下4个方面。

1）把关的职能

把关是质量检验最基本的职能，也可称为质量保证职能。这一职能是质量检验出现时存在的，无论是过去和现在，还是生产自动化高度发展的将来，检验的手段与技术有所发展和变化，质量检验的把关作用，仍然是不可缺少的。

小资料

企业的生产是一个过程，人、机、料、法、环（4M1E）等诸要素，都可能使生产状态发生变化，各个工序不可能处于绝对的稳定状态，质量特性的波动是客观存在的，要求每个工序都保证生产100%的合格品，实际上是不可能的。因此，通过检验实行把关的职能，是完全必要的。随着生产不断提高和管理工作的完善，可以减少检验的工作量，但检验仍然必不可少。只有通过检验，实行严格把关，做到不合格的原材料不投产，不合格的半成品不转序，不合格的零部件不组装，不合格的成品不出厂，才能真正保证产品的质量。

2）预防的职能

现代质量检验区别于传统检验的重要之处，在于现代质量检验不单纯是起把关的作用，同时还起预防的作用。检验的预防作用主要表现在以下两个方面。

（1）通过工序能力的测定和控制图的使用起到预防作用。众所周知，无论是工序能力的测定或使用控制图，都需要通过产品检验取得一批或一组数据，进行统计处理后方能实现。这种检验的目的，不是为了判定一批或一组产品是否合格，而是为了计算工序能力的大小和反映生产过程的状态。如果发现工序能力不足，或者通过控制图表明生产过程出现了异常状态，则要及时采取技术组织措施，提高工序能力或消除生产过程的异常因素，预防不合格品的产生。事实证明，这种检验的预防作用是非常有效的。

（2）通过工序生产中的首检与巡检起预防作用。当一批产品处于初始加工状态时，一般应进行首件检验（首件检验不一定只检查一件），当首件检验合格并得到认可时，方能正式成批投产。此外，当设备进行修理或重新进行调整后，也应进行首件检验，其目的都是为了预防大批出现不合格品。正式成批投产后，为了及时发现生产过程是否发生了变化，有无出现不合格品的可能，还要定期或不定期到现场进行巡回抽查（即巡检），一旦发现问题，就应及时采取措施予以纠正，以预防不合格品的产生。

3）报告的职能

报告的职能也是信息反馈的职能。这是为了使高层管理者和有关质量管理部门及时掌握生产过程中的质量状态，评价和分析质量体系的有效性。为了能作出正确的质量决策，了解产品质量的变化情况及存在的问题，必须把检验结果用报告的形式，特别是计算所得的指标，反馈给管理决策部门和有关管理部门，以便作出正确的判断和采取有效的决策措施。报告的主要内容包括以下几个方面。

（1）原材料、外购件、外协件进厂验收检验的情况和合格率指标。

（2）成品出厂检验的合格率、返修率、报废率、降级率，以及相应的金额损失。

（3）按车间和分小组的平均合格率、返修率、报废率、相应的金额损失及排列图分析。

（4）产品报废原因的排列图分析。

（5）不合格品的处理情况报告。

（6）重大质量问题的调查、分析和处理报告。

（7）改进质量的建议报告。

（8）检验人员工作情况报告等。

4）改进的职能

质量检验参与质量改进工作，是充分发挥质量检验把关和预防作用的关键，也是检验部门参与质量管理的具体体现。

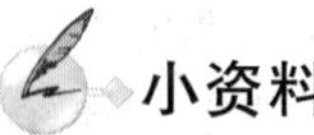

小资料

质量检验人员一般都是由具有一定生产经验、业务熟练的工程技术人员或技术工人担任。他们熟悉生产现场，对生产中人、机、料、法、环等因素有比较清楚的了解。因此，对质量改进能提出更切实可行的建议和措施，这也是质量检验人员的优势所在。实践证明，特别是设计、工艺、检验和操作人员联合起来共同投入质量改进，能够取得更好的效果。

5）监督验证的职能

质量监督和验证是市场经济与质量保证的客观要求，而这种监督和验证是以检验为基础的。从微观和宏观管理出发，质量监督主要有以下 5 个方面。

（1）自我监督。企业通过内部检验系统的正常运作，对原材料和外购件进行把关性的质量监督；对产品设计质量的监督；对产品形成过程的质量监督；对产品进入流通领域的质量监督等。

（2）用户监督。企业通过建立和完善用户满意度评价体系，定期对用户进行调查和访问，取得产品进入流通领域之后，用户对质量的直接评价。从而为企业不断改进目标和策略提供科学依据。

（3）社会监督。企业通过各种形式和渠道，积极参与和配合消费者的民间团体组织，对自身产品和服务质量进行评价，以真正体现企业的社会责任。

（4）法律监督。市场经济就是法制经济。企业通过认真学习、遵守法律制度正确地约束自身的经营行为和维护自身的合法权益。同时，消费者及全社会通过《产品质量法》、《食品卫生法》、《药品管理法》、《计量法》、《民法通则》、《经济合同法》、《民事诉讼法》、《行政诉讼法》、《刑法》、《反不正当竞争法》、《消费者权益保护法》、《仲裁法》等相关法律监督和规范社会各类质量行为，以保护国家和生产者、销售者和广大消费者的合法权益。

（5）国家监督。国家监督是指由国家授权的、以第二方公正为立场的机构所进行的质量监督。例如，国家商检部门对进出口产品的质量标准所进行的检查监督等。此外，国家对主要工业产品，如食品、生活日用品等实行定期和不定期的抽查监督，起到监督企业经营行为，保护消费者合法权益，维护社会经济秩序的重要作用。

3. 质量检验的职责

质量职能落实到检验环节就是质量检验部门的职责。企业的最高管理者应该对整体质量负全部责任，但企业的每个部门的管理层和有关人员，也都应该严格履行各自的质量职责。其中，质量检验部门的职责尤为重要。质量检验部门的基本职责主要有以下方面。

（1）贯彻执行质量方针和质量目标，严格执行技术要求和质量标准。

（2）充分发挥把关、预防和监督等质量职能，确保产品和服务符合质量标准，保护顾客的利益。

（3）负责制订质量检验计划，并监督实施和总结、评估。

（4）参与制定和完善有关质量检验工作制度，以及各级检验人员的岗位责任制。

（5）参与产品开发、研制、设计过程中的审查和鉴定工作，并参与工艺文件会签。

（6）参与质量审核，负责审核中具体的测试工作，提供审核资料和质量审核报告。

（7）负责正确制定各种检验记录表，编制检验技术文件。

（8）负责确定关键工序和质量控制点，并负责跟踪改进。

（9）负责收集、管理、分析和报告有关质量检验的信息资料。

（10）负责质量检验的培训教育，制订科学、适用的培训计划和措施，并确保有效实施。

4. 质量检验的方式

质量检验方式按照不同的特征主要分为以下6种。

1）按检验的数量划分

（1）全数检验。全数检验是指对一批待检产品100%进行检验。这种方式，一般比较可靠，同时能提供较完整的检验数据，获得较全面的质量信息。如果希望得到100%的合格品，那就必须进行全检，而且是一次以上的全检。同时，还要考虑漏检和错检的可能。通常，全数检验有以下缺点。① 检验的工作量大。② 检验的周期长。③ 检验的成本高。④ 要求检验人员和设备较多。⑤ 不可避免漏检和错检。由于长期重复检验的人员容易疲劳，以及技术检验水平的限制，可能导致较大的漏检率和错检率。据国外统计，全检的漏检率和错检率有时达10%～15%。⑥全检不适用于破坏性检验项目。通常，全检适用于以下几种情况：精度要求较高的产品或零部件；对下道或后续工序影响较大的关键部位；手工操作比重大、质量不够稳定的工序；某些小批量，且质量无可靠保证的产品（包括零部件）和工序；采用挑选型抽样方案时，对于不合格的交验的一批产品要进行100%的重检。

（2）抽样检验。抽样检验是指根据数理统计的原理预先制订的抽样方案。从交验的一批产品中，随机抽取样品进行检验，根据样品的检验结果，按照规定的判断准则，判定整批产品是否合格，并决定是接收还是拒收该批产品，或者采取其他处理方式。抽样检验的主要优点是明显减少了检验工作量和检验费用，缩短了检验周期，减少了检验人员和设备。特别是进行破坏检验时，只能采取抽样检验的方式。抽样检验的主要缺点是存在一定的错判风险。例如，将合格批错判为不合格批，或者把不合格批错判为合格批。虽然，用数理统计理论在一定程度上减少了错判的风险，提高了判断的可靠性，但是只要应用抽样检验方式，这种风险就不可能绝对避免。抽样检验适用于以下几种情况：产批量大、自动化程度高、质量比较稳定的产品或工序；进行破坏性检验的产品或工序；外协件、外购件成批进货的验收检验；某些生产效率高、检验时间长的产品或工序；检验成本较高的产品或工序；检验少量不合格品不会引起重大损失的产品或工序。

2）按质量特性值划分

（1）计数检查。计数检查包括计件检查和计点检查，检查时只记录不合格数（包括不合格件数或点数），不记录检测后的具体测量数值。特别是有些质量特性本身很难用数值定量表示，如产品的外形是否美观、食品的味道是否可口等，只能通过感观判断是否合格。还有一类质量特性，如零件的尺寸，虽然可以用数值表示，也可以进行测量，但在大批量生产中，为了提高检验效率，节约人力和费用，常常只用“过端”与“不过端”的卡规检查其是否在公差允许范围内，即只区分合格品与不合格品，而不测量其实际尺寸的大小。

（2）计量检验。计量检验是要测量和记录质量特性的数值，并根据数值与标准之间的对比，判断其是否合格。这种检验在工业生产中是最常见的。

3）按检验性质划分

（1）理化检验。理化检验是借助物理、化学的方法，使用某种测量工具或仪器设备，如千分尺、千分表、验规、显微镜等所进行的检验。理化检验的特点，通常是能测得到具体的数值，人为的误差小，因而有条件时，要尽可能采用理化检验。

（2）官能检验。官能检验是根据人的感觉器官对产品的质量进行评价和判断。例如，对产品的形状、颜色、气味、伤痕、老化程度等，通常是依靠人的视觉、听觉、触觉和嗅觉等感觉器官进行检查，并判断质量的好坏或是否合格。官能检验又可以分为两类。第一类，嗜好型官能检验，如美不美、香不香等，这一类由人的感觉本身作为判断依据的检验。这种检验往往因人而异，因为每个人的嗜好可能不同，如每个人都有不同的审美观，对同一事物其判断的结果可能有所不同。也就是说，这类检验往往具有较强的主观意愿。第二类，分析型感官检验，即通过人的感觉器官分析判断被检测对象的质量特性。例如，要检查某一设备运转后主轴颈发热的程度，如果没有适用的温度计，就要通过检验人员用手抚摸的触觉来判断大致的温度。在一定程度上是凭人的经验来作出判断。图7－6和图7－7分别表示官能检验与理化检验的过程。

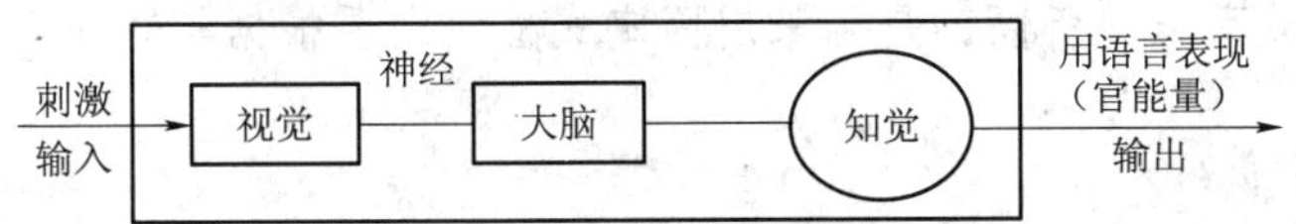

图7-6 官能检验过程示意图

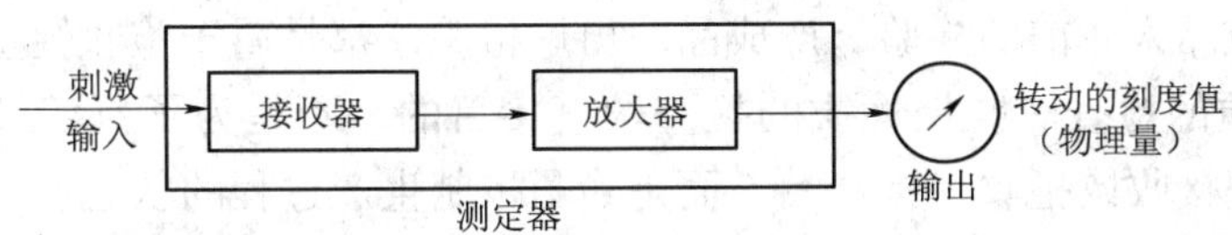

图7-7 理化检验过程示意图

4）按检验后检验对象的完整性划分

（1）破坏性检验。有时，某些产品的检验是破坏性的，产品被检查以后本身就不复存在或不能再使用了。例如，炮弹等军工产品、某些产品的寿命试验、布匹或材料的强度试验等，都属于破坏性检验。破坏性检验只能采用抽检方式。实现可靠性和经济性的统一，就是要寻求既保证一定的可靠性又使检验数量最少的抽检方案，是优化抽样方案的目的。

（2）非破坏性检验。非破坏性检验是检验对象被检查以后仍然完整无缺，不影响其使用性能。随着现代科学技术的发展，无损检查的研究和应用，使非破坏性检验的范围在不断扩大。

5）按检验的地点划分

（1）固定检验。所谓固定检验，是指在生产现场设立固定的检验站。这种检验站可以是公共的检验站，各工段、小组或工作现场的产品加工以后，都依次送到检验站去检验，也可以设置在流水线或自动线的工序之间或终端。这种检验站则属于专门的，并构成生产线的有机组成部分，通常是负责某种固定专门的检验。

（2）流动检查。流动检查也称临床检查，是由检验人员到工作现场去检查。流动检查有以下优点。① 有利于加强检验人员与生产工人之间的沟通。检查人员到工作地去检查，通过友善地指出工人操作中的问题，减少了不合格品的产生，使生产工人体会到检查人员不只是检查工作，而是在为现场服务，体现了积极的互助合作关系，减少了由于出现废品而造成的经济损失。② 主动的预防作用。检查人员按加工时间顺序到工作地进行检查，容易及时发现生产过程的变化，预防成批废品的产生。③ 节省了被检零件的搬运和取送的费用，避免了不必要的磕碰、划伤等损坏现象的发生。④ 提高了生产效率，节省了操作者在检验站排队等待检验的时间花费。⑤ 检验人员和生产工人的面对面检验，使操作者更容易了解所出现的质量问题，并容易相信和接受检验人员的检查结果，减少了不必要的纠纷，增强了信任感。

小资料

在现场设立固定公用的检验站，有优点也有缺点。固定的检验站适于使用某些不便搬动的或精密的计量仪器，有利于建立较好的工作环境，有利于检验工具或设备的使用和管理。但是固定的检验站，从心理学的观点看，容易引起检验人员与生产工人之间的对立情绪。同时，在检验站内，容易造成待检与待检、待检与完检、完检与完检几类零件之间的存放混乱，占用较大的存放面积。所以，是否采用固定式检验，要根据具体情况决定。

6）按检验的目的划分

（1）验收性质的检查。验收性质的检查的目的是为了判断被检验的产品是否合格，从而决定是否接收该件或该批产品。验收检查是广泛存在的方式，如原材料、外购件、外协件的进厂检验，半成品入库前的检验，产成品的出厂检验，都是属于验收性检查。

（2）监控性质的检查。监控性质的检查的直接目的，不是为了判定被检验的产品是否合格，从而决定是接收或拒收一批产品。而是为了控制生产过程的状态，即要检定生产过程是否处于稳定的状态。所以，这种检查也称为过程检查，其目的是预防大批不合格品的产生。例如，生产过程中的巡回抽检、使用控制图时的定时抽检，都属于这类检验。其抽查的结果只是作为一个监控和反映生产过程状态的信号，以便决定是继续生产还是要对生产过程采取纠正调节的措施。

5. 基本检验类型

1）进货检验

进货检验主要是指外购原材料、外购配套件和外协件入厂时的检验。这是保证生产正常进行和确保产品质量的重要环节。为了确保外购物料的质量，入厂时的验收检查应配备专门的质检人员，按照规定的检查内容、检查方法和检验数量进行严格的检验。原则上，供应厂商所供应的物料应该是100%合格。在进货检验时，如果不适宜全检，而使用抽样检验时，必须通过双方协商等方式预先规定科学可靠的抽检方案和验收制度。必须指出，凡是原材料、外购件、外协件进厂时必须有合格证或其他合法证明书，否则应不予验收。通常，进货检验包括首件（批）样品检验和成批进货检验。

（1）首件（批）样品检验。首件（批）样品检验的目的，主要是对供应商所提供的产品质量水平进行评价，并建立具体的衡量标准。所以，首件（批）检验的样品必须能代表供应商所提供的产品质量的平均水平和相对的稳定性，以便作为以后进货的比较基准。通常，在供应商发生以下4种情况时，应对供应商进行首件（批）检验。① 首次交货；② 产品设计或产品结构有重大变化；③ 工艺方法有重大变化，如采用了新工艺或特殊工艺方法；④ 停产较长时间后重新恢复生产。

（2）成批进货检验。成批进货检验是为了防止不合格的原材料、外购件、外协件进入企业的生产过程。对成批进货检验的对象，可按不同情况进行A、B、C分类。A类是关键的，必须全检；B类是重要的，可以全检或抽检；C类是一般的，可以实行抽检或免检。这样，既保证了质量，又可以减少检验工作量和花费。原材料、辅助材料的入厂检验，往往要进行理化检验，如分析化学成分、机械性能试验、组织鉴定等工作，验收时要着重检查材质、规格、批号等是否符合规定要求。

小资料

成批进货检验可以在供应商一方所在地进行，也可以在需方所在地进行，但为了保证检验工作的质量，防止漏检和错检，一般应制定“入库检验指导书”或“入库检验细则”，其形式和内容可根据具体情况设计或规定。必要时，可以作为内控企业标准或ISO 9000程序文件。进货物料经检验合格后，检验人员应做好检验记录并在入库单上签字或盖章，及时通知库房收货，做好保管工作。如检验后不合格，应按不合格品管理制度办好全部退货或处理工作。

2）工序检验

工序检验的目的是为了防止连续出现大批不合格品，避免不合格品流入下道工序继续进行加工。因此，工序检验不仅要检验产品，还要检定影响产品质量的主要工序要素（如4M1E）。工序检验主要有以下两种作用：① 根据检测结果对产品作出判定，即产品质量是否合格；② 根据检测结果对工序作出判定，即工序是否处于受控（In Control）状态，从而决定工序是否继续进行生产。为了达到这一目的，在工序检验中常常与控制图的应用相结合。工序检验通常有以下 3 种形式。

（1）首件检验。首件检验也称为“首检制”。实践经验证明，首检制是一项尽早发现问题、避免产品成批报废的有效措施。通过首件检验，可以发现诸如工夹具严重磨损或安装定位错误、测量仪器精度变差、看错图纸、投料或配方错误等系统性原因的影响，从而及时采取纠正或改进措施，有效防止批次性不合格品发生。首件检验的主要项目有：① 图号与工作单是否符合；② 材料、毛坯或半成品和工作任务单是否相符；③ 材料、毛坯的表面处理和安装定位是否相符；④ 配方配料是否符合规定要求；⑤ 首件产品加工出来以后，其实际质量特征是否符合图纸或技术文件所规定的要求。通常，在下列情况下应该进行首件检验：一批产品开始投产时；设备重新调整或工艺有重大变化时；轮班或操作工人变化时；毛坯种类或材料发生变化时。

小资料

首件检验一般采用“三检制”，即操作工人实行自检，班组长或质量员进行复检，检验员进行专检。首件检验后是否合格，最后应得到专职检验人员的认可，检验员对检验合格的首件产品，应打上规定的标记，并保持到本班或一批产品加工完了为止。对大批大量生产的产品而言，“首件”并不限于一件，而是要检验一定数量的样品。特别是以工装为主导影响因素（如冲压）的工序，首件检验更为重要。

（2）巡回检验。巡回检验是检验工人按一定的时间间隔和路线，依次到生产现场，用抽查的方式，检查刚加工出来的产品是否符合图纸、工艺或检验指导书中所规定的要求。在大批量生产时，巡回检验一般与使用工序控制图相结合，也是对生产过程发生异常状态实行报警，预防成批出现废品的重要措施。当巡回检验发现工序异常时，首先要查明工序不正常的原因，并采取有效的纠正措施，以恢复其正常状态；其次是对上次到本次巡检之间所生产的产品，全部进行重检和筛选，以防不合格品流入下道工序。

小资料

巡回检验是按生产过程的时间顺序进行的，因此有利于判断工序生产状态随时间过程而发生的变化，这对保证整批加工产品的质量是极为有利的。为此，工序加工出来的产品应按加工的时间顺序存放，这一点很重要，但常常被忽视。

(3) 末件检验。主要靠模具或装置来保证质量的轮番生产的加工工序，建立“末件检验制度”是很重要的。即一批产品加工完毕后，全面检查最后一个加工产品，如果发现有缺陷，可在下批投产前把模具或装置修理或调整好，以免下批投产后才被发现，从而影响生产。

总之，工序检验是保证产品质量的重要环节，但如前所述，工序检验的作用不是单纯的把关，而是要同工序控制密切地结合起来，判定生产过程是否正常。例如，通常要把首检、巡检同控制图的使用有效地结合起来。首检、巡检与控制图的结合使用，如图 7 - 8 所示。

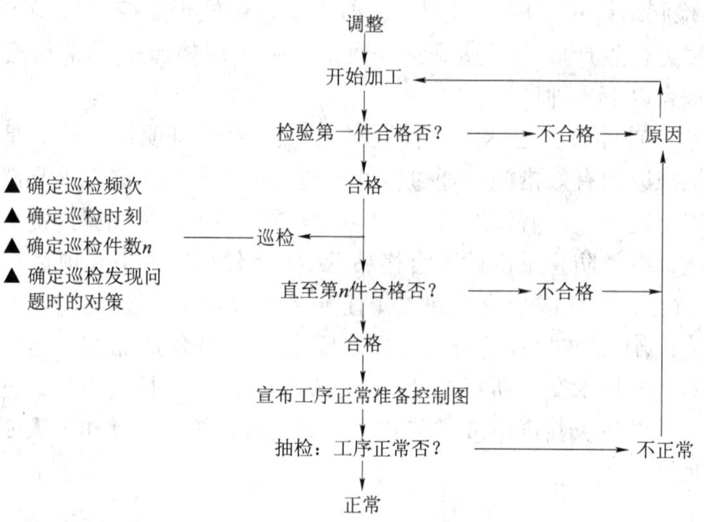

图 7 - 8　首检、巡检与控制图的结合使用

工序检验不是单纯的把关，而是要不断地进行质量改进，把检验结果变成质量改进的重要信息资源，从而采取质量改进的行动。必须指出，在任何情况下，工序检验都不是单纯地剔出不合格品，而是要同质量控制和质量改进紧密结合起来。

小资料

在工序检验中要充分注意两个问题：一个是要熟悉“工序质量特性分析表”中所列出的影响加工质量的主导性因素；另一个是要熟悉工序质量管理对工序检验的要求。“工序质量特性分析表”是工序管理的核心，也是编制“检验指导书”的重要依据之一。“工序质量特性分析表”一般并不直接发到生产现场去指导生产，但应根据“工序质量特性分析表”来制定指导生产现场的各种管理图表，其中包括检验计划。对于确定为工序管理点的工序，应作为工序检验的重点，检验人员除了应检查监督操作工人严格执行工艺操作规程及工序管理点的规定外，还应通过巡回检查，检定质量管理点的质量特性的变化及其影响的主导性因素，核对操作工人的检查和记录，以及是否正确使用控制图表，协助操作工人进行分析和采取改正的措施。

3) 完工检验

完工检验又称最后检验，是指在某一加工或装配车间全部工序结束后的半成品或成品的检验。对于半成品来说，往往是指零部件入库前的检验。半成品入库前，必须由专职的检验人员，根据情况实行全检或抽检，如果在工序加工时生产工人实行100%的自检，一般在入库前可实行抽样检验，否则应由专职检验人员实行全检后才能接收入库，但在实行抽样检验时，如发现不合格，也要进行全检，重新筛选。完工检验是对完工后的产品进行全面的检查与试验。其目的是预防不合格品进入流通领域，对顾客和社会造成危害。对于制成成品后立即出厂的产品，成品检验也就是出厂检验；对于制成成品后不立即出厂，而需要入库储存的产品，在出库发货以前，尚需再进行“出厂检查”。成品检验的内容包括产品性能、精度、安全性和外观。只有成品检验合格后，才允许对产品进行包装。

6. 检验站的设置

检验站的合理设置直接影响质量检验工作的有效和效率，根据企业的具体情况，对质量检验站的设置有不同的要求和考虑。

1）设置检验站的原则

设置检验站通常应遵循以下原则。

（1）检验站应设置在质量把关的关键环节。为了加强质量把关，保证下道工序或顾客的利益，必须在一些关键部位设置检验站。例如，在企业外购物料进货处、产成品的出厂处、车间之间、工段之间、半成品进入半成品库之前、成品进入成品库之前，一般都应设立检验站。其次，在关键零件、关键工序之后或生产线的最后工序处，也必须设立检验站。

（2）满足生产过程的需要。在流水生产线和自动生产线中，检验通常是工艺链中的有机组成部分，因此在某些重要工序之后，在生产线某些分段的交接处，应设置必要的检验站。这种检验站可按其工艺顺序设置在生产线中。

（3）检验站要有合适的环境。检验站要有便于进行检验活动的空间，要有合适的存放和使用检验工具、检验设备的场所，要有等待检验的产品进行存放的场地，检验人员和操作人员的联系要方便，使生产工人送取检验产品时行走的路线最短，检验人员要有较广的视域，能够很清楚地观察到大部分操作工人的生产活动情况等。

（4）要考虑降低检验成本。检验站和检验人员要有适当的工作量负荷，检验站的数量和检验人员过多，容易导致工作效率和设备、场地利用率低；检验站的数量和检验人员过少，也会造成等待检验时间过长，影响生产运作效率，甚至增加错检与漏查的损失。因此，合理地设置检验站，不仅是一项科学细致的组织工作，也是一个经济性的问题。

2）检验站划分的方式

根据企业的具体情况，检验站的划分方式大致有以下几种情况。

（1）按产品类别划分检验站。这种方式是按同类产品划分检验站。其优点是检验人员对产品的结构和性能要求容易熟悉与掌握，有利于提高检验效率和检验质量，站内检验人员便于业务交流和工作安排。

（2）按车间或工艺特点划分检验站。通常，每个车间设立一个检验站，检验站内可分别按工段或工艺分设检验小组。这种方式比较灵活方便。目前，大多数企业采用这种方式。

（3）按班次划分检验站。对于像纺织、化工等属于连续生产性质的企业，设备需要不停地运转，因此宜于按班次设立跟班运转的检验站或检验小组。

（4）按检验工作性质和特点划分检验站。有些检验工作要有特殊的技术要求或专门的测试设备，甚至要有专门的检验室，因此应该建立单独的检验站，如有些企业建立液压检验站、电器设备检验站等。

3）检验站设置的特点和要求

（1）进货检验站。进货检验站通常有两种形式。一种是设在需方验收厂，这是比较普遍的形式。物料进厂后由进货检验站根据规定进行验收检验，合格品接收入库，不合格品退回供货单位或另作处理。另一种是设在供应商所在地进行检验，这对某些产品是非常合适的，如重型产品运输比较困难，一旦检查不合格，可以就地返修，就地处理，如果运输到使用单位，检验后发现不合格，将造成许多困难。

（2）工序检验站。工序检验站基本上也有两种不同形式。一种是分散的，即按工艺顺序分散在生产线流程中，如图7－9（a）就是检验站分散在生产线中的例子。另一种是集中式的检验站，如图7－9（b）所示。零件A、B、C 3条生产线的末端有一个公共的检验站。这说明3个零件在工序中实行自检有时还可能有巡检，全部完工后，都送同一检验站进行最后的完工检验。图7－10是另一种形式的集中检验站，该检验站负责车、铣、刨、磨、钻等各工段加工后的检验工作。分散式的检验站多用在大批、大量生产的车间，而集中式的检验站多用在单件小批生产的车间。

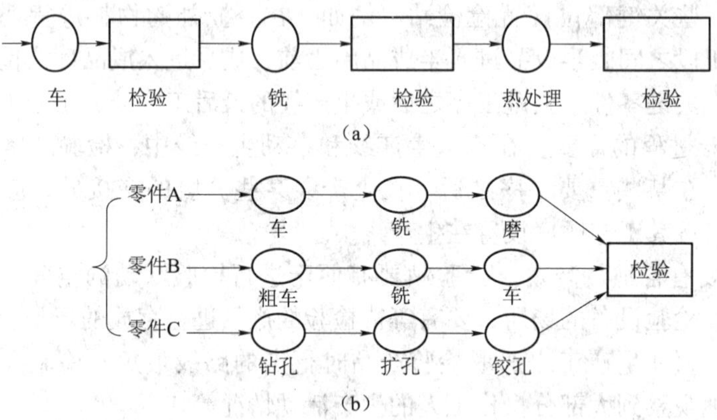

图7－9　生产中检验站的设置形式

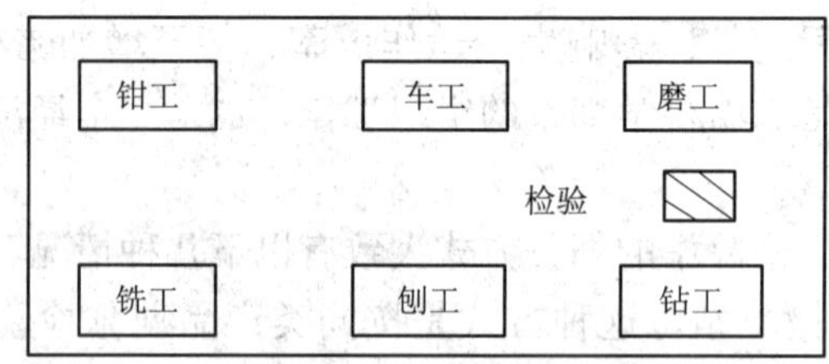

图7－10　单件小批生产的检验站

（3）完工检验站。完工检验站是指对半成品或成品的完工检验而言，也是指产品在某一生产环节，如生产线、工段或加工车间全部工序完成以后的检验。对于半成品来说，完工检验可能是入半成品库前的检验，也可能是直接进入装配前的检验；对于成品来说，可能是出厂检验，也可能是进入成品库以前的检验。无论半成品或成品其完工检验，都可按照以下3种形式组织检验站。① 开环分类式检验站。其作用是将合格品和不合格品分开，以防止不合格品流入下一生产环节或进入流通领域。② 开环处理式检验站。这是对于一次检查后被拒收的不良品，还应进行重新审查，审查后决定代用或返修，返修后再重新检验，并作出是拒收还是接收的决策。③ 闭环处理式检验站。这种检验站的特点是对一次检测后的拒收品，要进行仔细的分析，查出不合格的原因，这种分析不仅要决定是否可以进行返修处理，而且还要分析标准的合理性，分析加工中存在的问题，并采取改进加工的措施，反馈到加工中去，防止重复出现此类缺陷。显然，最后一种形式的检验站，对生产来说具有明显的优越性。

7. 检验站设计的排队模型

小资料

为了合理设计检验站，一般都要研究检验站的排队模型问题。检验工作的排队过程是以检验站为中心而产生的，生产工人将生产后的产品，一个一个或一批一批送到检验站，大部分情况都要排队等待检验。显然，为了减少等待时间，可以增加检验站和检验人员的数量，即增加服务能力。但这样做，某些时候又可能导致检验站和检验人员大量闲置，以及增加费用支出的逆效益。要合理解决这个问题，就要通过排队的规律和理论，用数理统计的方法，把等待和闲置两方面的损失，以最小的费用损失加以解决。

1）检验站的主要指标

从本质上，检验站是一个随机的服务系统，这个系统的主要指标有以下3个。

（1）等待时间。等待时间即从顾客到达时间起，直到顾客开始接受服务的时间间隔。即从送检产品到达检验站时起，直到产品开始接受检验的时间间隔。当然，这段等待时间越短越好。

（2）忙期。忙期是指检验站连续工作的繁忙时间，这段时间关系到检验工人的工作强度和承受能力。

（3）排队长度。排队长度是指等待检验的产品数量。这是检验工人和生产工人都非常关心的问题，因为它不仅影响生产工人的作业，而且关系到检验站存放产品的空间，存放面积太小，可能存放不下；存放面积太大，又可能造成浪费。

对随机服务系统的研究，一般都集中在上述3个指标中，即研究等待时间、忙期与排队长度的平均数及其相应的分布函数。

2）排队模型

图7－11是检验服务系统的排队示意图。一般来说，检验站的设计原则应满足平均检验或平均服务率（μ）大于送检工件的单位时间平均到达率（λ）。

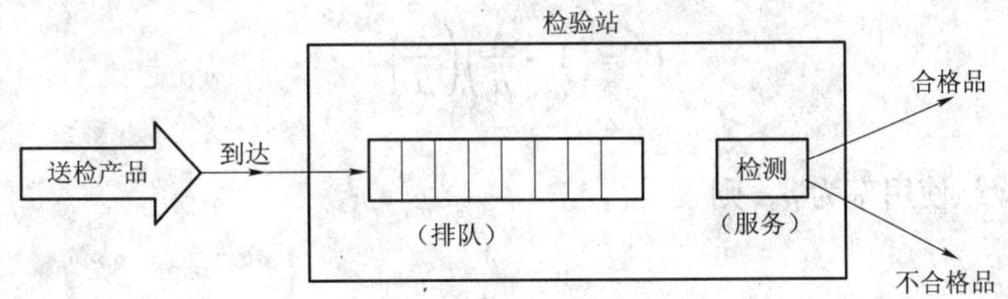

图7－11　检验服务系统的排队模型

为了研究送检工件的平均到达率，必须研究送检工件到达的规律。研究表明，送检工件的到达规律服从负指数分布。在这种情况下，送检工件到达的数量是一个随机事件，服从泊松分布。假定一种工件的到达与其他工件的到达是完全相互独立的，而且在任何情况下的实际排队过程都是如此。单位时间内的平均到达率为 λ，则平均到达时间为 $1/\lambda$。同样，可以认为服务率也是服从泊松分布，平均服务率（即平均检验率）为 μ，服务时间则服从负指数分布，平均服务时间则为 $1/\mu$。在研究检验服务系统中，还要确定服务规则。最简单的服务规则是“先到先服务”。即第一个到达的产品首先得到服务，依次类推；有时也要按照“服务时间最短”的原则，即检验时间最短的最先检验，依次类推。采用哪一种服务原则，要视具体情况而定。在上述与实际基本相近的假定情况下，通过计算可以得出如下结果。

（1）平均等待检验的工件数为 L_q，则

$$L_q = \frac{\lambda^2}{\mu(\mu - \lambda)}$$

（2）在系统中（即检验站内）的平均工件数（包括正在检验的）为 L，则

$$L = \frac{\lambda}{\mu - \lambda}$$

（3）平均等待检验时间为 W_t，则

$$W_t = \frac{\lambda}{\mu(\mu - \lambda)}$$

（4）在系统中（检验站内）平均停留时间（包括检验时间在内）为 W，则

$$W = \frac{1}{\mu - \lambda}$$

（5）在系统中（检验站）排队数量为 n 件的概率为 P_n，则

$$p_n = \left(1 - \frac{\lambda}{\mu}\right)\left(\frac{\lambda}{\mu}\right)^n$$

故无工件排队的概率为：

$$P_0 = \left(1 - \frac{\lambda}{\mu}\right)\left(\frac{\lambda}{\mu}\right)^0 = \left(1 - \frac{\lambda}{\mu}\right)$$

有一件排队等待检验的概率为：

$$P_1 = \left(1 - \frac{\lambda}{\mu}\right)\left(\frac{\lambda}{\mu}\right)^1 = \left(1 - \frac{\lambda}{\mu}\right)\left(\frac{\lambda}{\mu}\right)$$

有两件排队等待检验的概率为：

$$P_2 = \left(1 - \frac{\lambda}{\mu}\right)\left(\frac{\lambda}{\mu}\right)^2$$

依次类推。

（6）设检验站使用率为 p，则

$$p = \frac{\lambda}{\mu}$$

故检验站闲置率为：

$$p_0 = 1 - p = 1 - \frac{\lambda}{\mu}$$

7.3.2 质量检验制度

小资料

在长期的生产经营活动中，企业从产品和服务形成的客观规律出发，积累总结了一些有效的质量检验管理原则和制度。使各项质量检验活动标准化、规范化、程序化和科学化，同时也提高了质量检验的工作质量和工作效率。应该指出，企业的质量检验制度，应由企业最高管理者负责制定，并监督实施和改进。

1. 三检制

三检制是实行操作者的自检、操作者之间的互检和专职检验人员的专检相结合的一种检验制度。这种三结合的检验制度是企业长期质量检验工作的经验总结，是行之有效的。因此，被企业广泛采用。

(1) 自检。自检是生产者对自己所生产的产品，按照图纸、工艺或合同中规定的技术标准自行进行检验，并作出是否合格的判断。这种检验充分体现了生产者必须对自己生产的产品质量负责。通过自我检验，使生产者充分了解自己生产的产品在质量上存在的问题，并能主动地寻找出现问题的原因，进而采取改进的措施，这也是企业员工参与质量管理的重要形式。

(2) 互检。互检是操作者相互之间进行检验。互检主要有下道工序对上道工序流转过来的产品进行抽检；同一机床、同一工序轮班交接时进行的相互检验；小组质量员或班组长对本小组成员加工出来的产品进行抽检等。这种检验不仅有利于保证加工质量，防止疏忽大意而造成批量废品，而且有利于班组团结协作，创造员工之间良好的群体关系。

(3) 专检。专检是由专业检验人员进行的检验。专业检验是现代化大生产劳动分工的客观要求，是互检和自检不能取代的。并且，三检制必须以专业检验为主导，这是由于现代生产中，检验已成为专门的工种和技术，专职检验人员无论对产品的技术要求，工艺知识和检验技能，都比操作者精通，所用检测量仪也比较精密，检验结果通常更可靠，检验效率也相对较高。同时，由于操作者有严格的生产定额，所以容易产生错检和漏检。实践证明，完全依靠自检，取消专检，是既不科学，也不符合实际情况的。

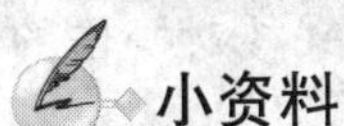
小资料

应当指出，ISO 9000 族国际标准把质量管理体系、过程和产品的测量作为企业中一种重要的质量保证基本要求，对质量检验提出了严格的要求和规定。

2. 重点工序双岗制

重点工序是关键零部件或关键部位的工序，也可能是服务顾客的关键环节。以机械制造业为例，可以是作为下道或后续工序加工基准的工序，也可以是工序过程的参数或结果无记录，不能保留客观证据，事后无法检验查证的工序。对这些工序实行双岗制，是指操作者在进行重点工序加工时，还同时应有检验人员在场，必要时应有技术负责人或用户的验收代表在场，监视工序必须按规定的程序和要求进行。例如，使用正确的工夹量具、正确的安装定位、正确的操作顺序和加工用量。工序完成后，操作者、检验员或技术负责人和用户验收代表，应立即在工艺文件上签名，并尽可能将情况记录存档，以示负责和以后查询。

3. 留名制

留名制是一种重要的技术责任制，是指在生产过程中，从原材料进厂到成品入库和出厂，每完成一道工序，改变产品的一种状态，包括进行检验和交接、存放和运输，责任者都应该在工艺文件上签名，以示负责。特别是在成品出厂检验单上，检验员必须签名或加盖印章。操作者签名表示按规定要求完成了这套工序；检验者签名表示该工序达到了规定的质量标准。签名后的记录文件应妥为保存，以便以后参考。

4. 质量复查制

一些生产重要产品（如军工产品）的企业，为了保证交付产品的质量或参加试验的产品的高可靠性，在产品检验入库后的出厂前，要求与产品有关的设计、生产、试验及技术部门的人员进行质量复查。查图纸、技术文件是否有错，查检查结果是否正确，查有关技术或质量问题的处理是否合适。这种做法，对质量管理体系还不够健全的企业是十分有效的。

5. 追溯制

目前，很多企业都很重视产品的追溯性管理，甚至实行跟踪管理制度。在生产过程中，每完成一个工序或一项工作，都要记录其检验结果及存在的问题，记录操作者及检验者的姓名、时间、地点和情况分析，在适当的产品部位作出相应的质量状态标志。这些记录与带标志的产品同步流转。产品标志和留名制都是可追溯性的依据，在必要时，都能查清责任者的姓名、时间和地点。职责分明，查处有据，可以大大加强员工的责任感。产品出厂时还同时附有跟踪卡，随产品一起流通，以便用户把产品在使用时所出现的问题，及时反馈给生产厂商，这是企业进行质量改进的重要依据。

6. 管理点检验制

(1) 检验员应把建立管理点的工序作为检验重点。在管理点上，首先应检查监督操作者严格执行工艺及工序管理点的规定。

(2) 检验员在巡回检验时，应检查管理点的质量特性及影响质量特性的主导性要素。在检验中发现问题时，应协助操作者及时找出影响质量的原因，并协助采取措施加以解决。

(3) 检验员要清楚了解管理点的质量要求及检测、试验方法，按“检验指导书”进行检验。

(4) 检验员应熟悉管理点所用的图表及其使用和分析方法，并通过抽检来核对操作的记录和打点是否正确。

(5) 检验员应指导操作者做好操作者的自检记录，并计算其自检率和自检准确率，按时公布或上报。

(6) 检验员应按规定做好管理点的抽检和验证工作。在管理点上，必须准备管理点检验明细表，这个明细表要详细标明管理点的工序号、技术要求、检测方式、检测工具、检测频次和质量特性分级等内容，以此作为自检与专检的依据。

7. 检验站检验制

检验站是进行检验活动的主要场所，检验站必须做好以下检验工作。

(1) 明确检验站负责检验的工序或环节，以及需要检验的产品和零部件或项目。

(2) 备齐检验文件，如检验工作所必需的产品图纸、检验规范、工艺规程、技术标准，以及所有必需的技术文件等。

(3) 供应成套的进行检验活动所必须的检验工具、装置和设备，并制定相应的使用、保管和维护制度，重要量具由专人负责管理。

(4) 实施企业抽样标准，并参与改进和制订合理的抽样方案，明确质量特性的严重性分级，了解测试方法。

(5) 对于检验的不合格范围，规定明确的标准。

(6) 备齐检验所用的图章、检印、检验报告单、检验数据记录、统计分析表，明确信息反馈路线。检验所用的印章有规定的使用保管制度。

(7) 制定详细的检验程序和操作步骤，建立完善的日常检验工作制度。

(8) 做好检验站人员的组合和班次的安排。

8. 抽样检验制

抽样检验制度和方法是企业质量管理体系的重要组成部分，对企业的经营管理活动产生直接的影响。因此，企业应该从以下几个方面做好基础管理工作。

(1) 在生产流程（或服务流程）的关键环节，建立和完善抽样检验制度。

(2) 从企业生产经营的实际出发，设计合理的抽样方案，形成企业标准，并不断改进，追求先进的企业标准。

(3) 企业应作为重要工作制度，定期补充正在实施中的各类抽样方案的合理性。这些抽样方案主要包括以下几类：① 统计过程控制（SPC）抽样方案；② 内部常规管理验收抽样方案；③ 自我评价抽样方案；④ 第二方评审抽样方案；⑤ 第三方评审抽样方案。

9. 不合格品管理

不合格品管理是质量检验以至整个质量管理过程中的重要环节。为了区别不合格品和废品这两个不同的概念，通常把不合格品管理称为不良品管理。不合格品（或称不良品）包括废品、返修品和回用品3类。在不合格品管理的实践中，企业总结积累了以下主要经验。

(1) “三不放过”原则。一旦出现不合格品，则应做到“三不放过”。① 不查清不合格的原因不放过。因为不查清原因，就无法进行预防和纠正，也不能防止重复发生。② 不查清责任不放过。这主要是为了帮助责任者吸取教训，以利及时纠正和不断改进。③ 不落实改进的措施不放过。查清不合格的原因和责任者，其目的都是为了落实改进的措施。

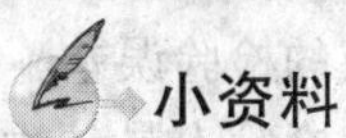

小资料

“三不放过”原则是质量检验工作中的重要指导思想，坚持这种指导思想，才能真正发挥检验工作的把关和预防的职能。

(2) 两种“判别”职能。检验管理工作中有两种“判别”职能。① 符合性判别。符合性判别是指判别生产出来的产品是否符合技术标准，即是否合格。这种判别的职能是由检验员或检验部门来承担的。② 适用性判别。适用性和符合性有密切联系，但不能等同。符合性是相对于质量技术标准来说的，具有比较的性质；而适用性是指适合顾客要求。不合格品不等同于废品，它可以判为返修后再用，或者直接回用。这类判别称为适用性判别。

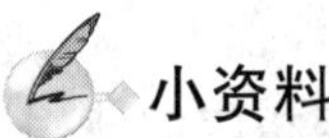
小资料

由于适用性判别是一件技术性较强的工作，因此检验部门难以胜任，通常是由不合格品审理委员会审理决定。这类审理委员会称为 MRB（Material Review Board），一般是由设计、工艺、质量、检验、计划、销售和顾客代表共同组成，重要产品应有严格的审查程序和制度。

（3）分类处理。对于不合格品通常有以下处理方法。① 报废。对于不能使用，如影响人身财产安全或经济上产生严重损失的不合格品，应予报废处理。② 返工。返工是一个程序，它可以完全消除不合格，并使质量特性完全符合要求。通常，检验人员就有权作出返工的决定，而不必提交“不合格品审理委员会”审查。③ 返修。返修与返工的区别是返修不能完全消除不合格品，而只能减轻不合格的程度，使部分不合格品能达到基本满足使用要求。④ 原样使用。原样使用也称为直接回用，就是不加返工和返修，直接交给顾客。这种情况必须有严格的申请和审批制度，特别是要将实际情况如实告诉顾客，得到顾客的认可。

（4）不合格品的现场管理。不合格品的现场管理主要包括以下几个方面。① 不合格品的标记。凡经检验为不合格品的产品、半成品或零部件，应当根据不合格品的类别，分别涂以不同的颜色或作出特殊的标志。例如，在废品的致废部位涂上红漆，在返修品上涂上黄漆，在回用品上打上“回用”的印章等办法，以示区别。② 不合格品的隔离。对各种不合格品在涂上（或打上）标记后应立即分区进行隔离存放，避免在生产中发生混乱。在填写废品单后，应及时放于废品箱或废品库中，严加保管和监视。隔离区的废品应由专人负责保管，定期处理销毁。

10. 质量检验的考核

1）检验误差及其分类

在质量检验中，由于主客观因素的影响，很难避免产生检验误差。据有关资料统计，对缺陷的漏检率可以高达 15% ～ 20% 。企业对检验人员的检验误差应该有科学的正确认识，认为只要通过检验合格的产品，就一定是合格品，这是不符合实际的，因为还存在检验误差。检验误差可以分为以下几类。

（1）技术性误差。技术性误差是指检验人员缺乏检验技能造成的误差。例如，未经培训的新上岗检验员，由于缺乏必要的工艺知识，检验技术不熟练等原因所造成的检验误差。

（2）情绪性误差。这是由于检验员工作不细心造成的检验误差。例如，检验人员精力不集中或生产任务紧、时间急等原因，引起情绪波动所造成的检验误差。

（3）程序性误差。这是由于生产不均衡、管理混乱所造成的误差。例如，生产不均衡待检产品过于集中，存放混乱，标志不清，或者工艺、图纸有临时改变等原因造成的检验误差。

（4）有意误差。这是由于检验人员动机不良造成的检验误差。

2）检验误差的指标及考核方法

（1）检验误差的两个主要指标是漏检和错检。① 漏检。漏检是因为不合格品没有被检查出来，而当成了合格品，使顾客遭受损失。这里所指的顾客是广义的，如下道工序是上道工序的顾客。② 错检。错检是把合格品当成不合格品，这是在检验员检查出来的不合格品中还有合格品。

（2）测定和评价检验误差的方法。① 重复检查，由检验人员对自己检查过的产品再检查1～2次。查明合格品中有多少不合格品，及不合格品中有多少合格品。② 复核检查，由技术水平较高的检验人员或技术人员，复核检验已检查过的一批合格品和不合格品。③ 改变检验条件，为了解检验是否正确，当检验员检查一批产品后，可以用精度更高的检测手段进行重检，以发现检测工具造成检验误差的大小。④ 建立标准品，用标准品进行比较，以便发现被检查过的产品所存在的缺陷或误差。

（3）考核。根据企业的实际情况，企业对检验人员工作质量的考核办法也各不相同，不可能采用统一的计算公式和统一的考核制度。但在考核中有些问题是共同性的，必须加以明确。① 产品质量是设计和制造出来的，不是检验出来的。质量检验部门和人员不能承包企业或部门的产品质量指标。尽管检验工作对提高质量有促进作用，但产品质量主要决定于设计部门和生产部门的工作质量与控制能力。检验人员的主要职能是把关，是把已经发生的不合格品从合格品中挑出来，并予以剔除。剔除得越干净越好，漏检越少，检查人员的工作质量就越高。如果把产品质量由检验人员承包下来，就无益于检验人员自己考核自己，这是对质量检验职能的误解。② 分清检验人员和操作人员的责任界限。责任界限是容易引起争议的焦点。例如，某工序的检验人员由于工作失职，或者由于抽样检查中不可避免的误判风险，造成一批半成品需要返工或报废。在这种情况下，如何区分检验人员和操作人员的责任，如果工艺明确，又无其他不正常客观原因时，操作者应负直接的主要责任，检验人员应承担失职责任；如工序操作要求不够明确，而检验人员又发生漏检，从而造成了损失，检验人员应承担直接的主要责任。当工序采用抽样检验方案，由于不可避免的误判风险，造成返工或报废，其主要责任应由操作者承担，而不应追究检验人员的责任。

小资料

据调查，我国企业考核检验人员的办法大多采用百分计奖制。例如，规定工作质量30分；工作量20分；出勤20分；文明安全工作15分；爱护量具、工具15分。对其中每一项又规定了具体的扣分办法。

11. 质量统计和分析

1）质量统计

质量统计和分析是质量报告与信息反馈的基础，也是最高管理层决策和进行综合性质量考核的依据。根据市场环境和企业的质量目标，质量检验部门可以提出质量考核指标体系建议，由最高管理者和有关部门审核批准实施。例如，车间生产计划部门应按月提供完成工时、产品数量、品种规格、零部件与成品完成数量等统计资料；质量检验部门负责质量检验结果及数据的统计、汇总，并按期向厂部和主管部门上报质量月报、季报和年报。质量检验部门还要提供其他各种质量情况的统计资料，质量统计资料一定要数据准确，分类整理，按规定项目和格式填写。

2）质量指标

质量指标可以分为两类：一类是上级管理部门对企业考核的质量指标；另一类是企业自行考核的质量指标。质量指标由于企业的产品和生产类型的不同而有所不同，本书主要以具有典型代表意义的机电工业企业为例，说明通常应予考核的质量指标体系。

(1) 上级规定的考核指标。

① 品种抽查合格率 q_1。品种抽查合格率是从已经抽查合格入库的产品中随机抽出若干件，按品种为单位进行合格率的计算。其公式为：

$$q_1 = \frac{k_1}{K} \times 100\%$$

式中：q_1——品种抽查合格率；

k_1——合格品种数；

K——考核品种数。

合格品种数 k_1 是指抽查合格率达到规定指标的品种数量，当产品成品抽查合格率 q_2 达到100%时，才成为合格品种。按年度考核时，某一品种 4 个季度抽查全部合格，或者 3 个季度抽查合格（其中必须包括第四季度），才能称为合格品。

② 成品抽查合格率 q_2。成品抽查合格率的其计算公式为：

$$q_2 = \frac{g_1}{N_1} \times 100\%$$

式中：q_2——成品抽查合格率；

g_1——合格品数（台、套、件）；

N_1——产品抽查总数（台、套、件）。

抽查时，应从经检查合格并入库的成品中随机抽取。

③ 品种一等率 q_3。品种一等率的计算公式为：

$$q_3 = \frac{K_2}{K} \times 100\%$$

式中：q_3——品种一等品率；

K_2——一等品品种数。

④ 成品一等率 q_4。成品一等率的计算公式为：

$$q_4 = \frac{g_2}{N_2} \times 100\%$$

式中：q_4——成品一等品率；

g_2——一等品数（台、套、件）；

N_2——成品总数（台、套、件）。

成品一等品率一般作为上级主管部门对企业考核的重要指标，通常是按日常检查统计的累计数字计算的。因此，每一产品检验后都应将合格品与一等品分别记录统计。

⑤ 成品检查一等品率 q_5。成品检查一等品率的计算公式为：

$$q_5 = \frac{g_2}{N_3} \times 100\%$$

式中：q_5——成品检查一等品率；

N_3——成品抽查总数（台、套、件）。

成品检查一等品率指标一般用于对企业季度产品质量等级进行核对。这里的一等品数是指全年 4 个季度或 3 个季度（必须包括第三、四季度）都达到一等品的产品。轮番生产的产品，是指两个季度以上（必须包括最后两个季度）抽查达到一等品的产品。

⑥ 主要零件主要项目合格率 q_6。主要零件主要项目合格率的计算公式为：

$$q_6 = \frac{K_3}{K_1} \times 100\%$$

式中：q_6——主要零件主要项目合格率；

K_3——主要项目合格数（项）；

K_1——主要检验项目总数（项）。

（2）企业自行考核的质量指标。根据企业的实际情况，除考核上级规定的质量指标外，通常企业还增加一些质量考核指标，来考核企业正在运作中的质量情况。常用的指标如下。

① 成品装配的一次合格率 q_7。成品装配的一次合格率的计算公式为：

$$q_7 = \frac{g_3}{N_4} \times 100\%$$

式中：q_7——成品装配的一次合格率；

g_3——第一次检查产品合格数（台、件）；

N_4——第一次送检产品总数（台、件）。

第一次检查产品合格数是指从全部合格品数中减去返修后达到合格的产品数。

② 机械加工废品率 p_1。机械加工废品率的计算公式为：

$$p_1 = \frac{t_1}{t_0 + t_1} \times 100\%$$

式中：p_1——机械加工废品率；

t_1——机械加工废品工时；

t_0——机械加工合格品工时。

③ 返修率 p_2。返修率的计算公式为：

$$p_2 = \frac{d_1}{N_5} \times 100\%$$

式中：p_2——返修率；

d_1——计划期内返修产品数（台、套、件）；

N_5——计划期内生产产品总数（台、套、件）。

7.3.3 质量检验计划

1. 制订质量检验计划的必要性

（1）质量检验活动的特点。现代企业的质量检验是一项复杂的系统工程。通常，一个企业的检验活动形成一个庞大的系统和网络。质量检验工作的一个显著特点，就是要将检验活动分散在各个生产环节中进行，检验人员必须能够独立地进行工作。并且，要求这些工作和活动要同企业的生产组织与生产计划密切配合，以便保证生产全过程的顺利完成。因此，检验人员对检验的内容、要求，检验的具体方法和手段，检验的地点及检验者职责等，都必须预先明确。因此，为了保证检验及时而准确地完成，避免发生错检、漏检和重复检查等质量检验事故，必须制订质量检验计划。

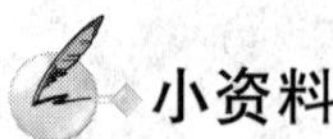

小资料

从企业的实际出发编制检验计划，可以使检验活动更加条理化、科学化和标准化；有利于明确所承担的责任，充分发挥检验人员的作用，提高质量检验活动的有效性和效率。

(2) 质量检验计划是签订合同的重要条件。在企业的生产经营活动中，顾客（这里是指广义的顾客）对供应商提出要求提供质量检验计划已经是一种普遍的做法。在实际中，一些顾客要求按照检验计划亲自在某些生产的关键环节或检验点上随机检验，以审核检验计划的有效性。由此可见，质量检验计划已经成为供需双方签订合同的重要条件。应当指出，对于一些产品或生产系统比较简单的小型企业，也同样需要制订科学的检验计划。即在任何情况下，即使对最简单的产品或服务，在没有质量检验的条件下，面对顾客的要求，要达到质量保证的目的是很困难的。因此，企业必须制订与自身运作特点相适应的质量检验计划，其详细和周密程度可以有所不同。

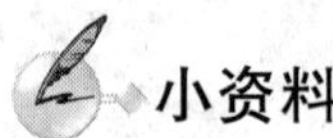

小资料

进入 20 世纪 90 年代以来，越来越多的顾客不仅要求供应商对所提供的产品或服务质量本身作出承诺，更重要的是关注他们的“过程”质量。例如，要求供应商通过 ISO 9000 族质量管理体系国际标准认证，以保证供应商达到顾客所要求的质量能力。其中，质量检验计划是 ISO 9000 质量管理体系程序文件中的重要文件之一。

2. 质量检验计划的制订原则

小资料

质量检验计划是产品或服务形成前必须做好的重要准备工作，它是指导检验人员或检验站进行质量检验的规定依据。

(1) 实现质量检验的目的。质量检验的目的主要包括两个方面：一个是尽量防止出现不合格的产品或服务；另一个是保证检验结果的可靠性。有效的质量检验计划应充分体现这两个方面的作用。

(2) 质量检验计划对质量检验活动的指导作用。质量检验计划必须对检验项目、检验方式和手段等具体内容有明确的规定，并保持在各项管理文件和技术文件中的相容性和一致性。这样，才能保证所制订的质量检验计划对质量检验活动有真正的指导作用。

(3) 关键的质量检验环节的优先级。在质量检验计划中，对关键的零部件、关键的质量特性和关键的质量指标或关键的服务节点，必须优先考虑和保证，在内容上应当保证准确无误。并且，在发现问题时应及时修订和改进。

(4) 对质量检验计划定期评审。当企业的过程或活动发生变动时，如产品结构或工艺有重大变化，在这种情况下，质量检验计划也应作相应的变化，并需要重新进行审核。另外，在合同环境下，供需双方应定期对质量检验计划进行评审。这样，才能保护双方的共同利益。

(5) 质量检验计划的经济性。在质量检验计划中，应当设计和选择不仅科学、合理，而且简便易行的、经济的检验方案，对企业的质量检验活动来说，这是一个永恒的研究课题。

综上所述，质量检验计划的制订是一项复杂的工作。原则上，质量检验计划的制订是质量检验部门的主要职责。但是，由于质量检验活动涉及生产组织和管理、生产技术、工艺流程，以及产品设计等多个领域，所以，质量检验计划的制订应当明确职责和“全员参与”才能达到预期的目的。

小资料

生产计划和质量控制计划是制订检验计划的重要依据。通常，质量控制计划指出在生产过程中进行检验的环节或位置，以及控制的目标，但并不包括检验活动的详细指导。这些细节的工作指导都在检验计划的有关文件中加以规定。

3. 质量检验计划的主要内容

质量检验计划的主要内容包括正式检验前的技术准备和组织准备等方面。其具体内容包括：① 设计质量检验流程图；② 选择检验方式，设立检验站；③ 确定质量特性缺陷严重程度的分级；④ 编制检验站使用的质量特性分析表；⑤ 编制质量检验指导书；⑥ 编制增加检测仪器、设备计划；⑦ 设计抽检方案；⑧ 编制检验手册等。

7.3.4 质量检验的主要文件

1. 过程流程图

过程流程图是质量检验的重要文件。在制造业中，过程流程图描述了产品形成的全过程，包括从原材料、零部件的投入，到各个加工和检验环节，以及运输、包装和存储等一系列过程。图 7－12 所示的是一个衬衫生产简化过程流程图。服务业的过程流程图也包含一系列的服务节点。在关键节点上的质量检验同样是不可缺少的，只是根据生产或服务的特点，以及产品结构的不同，质量检验的方式和方法不同而已。

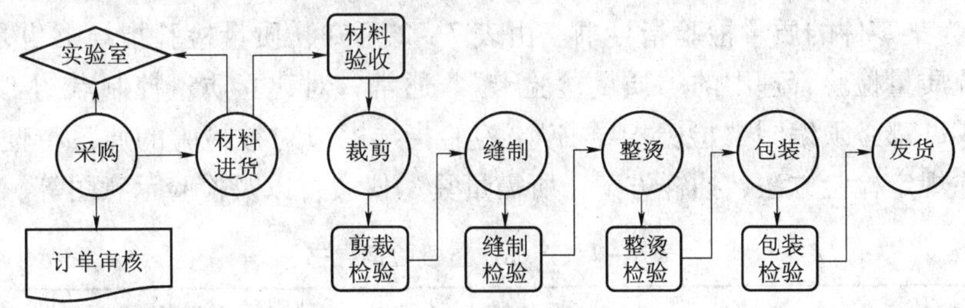

图 7－12 一个衬衫生产简化过程流程图

过程流程图是质量检验的系统性管理的基础，任何一个组织，无论大小或存在复杂程度的差异，都同样可以依据其业务过程流程图制订和执行检验计划，以及整个检验工作流程。

2. 质量特性分析表

以制造业为例，为了使检验人员充分了解和掌握产品的各项质量特性要求及其与最终产品的关系，了解产生缺陷的主要因素，应该在过程流程图的基础上，由检验部门根据产品图纸、工艺等文件和资料编制“质量特性分析表”，以指导质量检验活动。通常，质量特性分析表是按产品（包括零件或部件）编制的。表中应详细列出各道工序所需检验的质量特性，并指出这些特性的主要影响因素，以此作为检验人员进行检验的依据。制定质量特性分析表的主要参考文件有：① 产品图纸或技术规格；② 工序质量要求及工艺规范；③ 工序管理点要求；④ 与顾客或下道工序要求变更有关的质量指标文件。

3. 质量检验指导书

（1）质量检验指导书的主要作用。质量检验指导书的主要作用是使检验人员按检验指导书规定的检验项目、检验要求和检验方法进行检验，保证质量检验工作的有效性，以防止错检、漏检等情况发生。

（2）质量检验指导书的格式。通常根据企业的不同生产类型、不同检验流程等具体情况设计质量检验指导书。表 7－1 为某汽车制造分厂在质量检验计划管理标准中提供的一份实用的产品质量检验指导书格式样本。

表 7－1　产品质量检验指导书格式样本

<table>
<tr><td>产品名称</td><td colspan="2"></td><td colspan="2">零件号</td><td></td></tr>
<tr><td>零件名称</td><td colspan="2"></td><td colspan="2">使用单位</td><td></td></tr>
<tr><td>项目号</td><td colspan="2">质量特性要求</td><td colspan="2">检查方法</td><td>检查频次</td></tr>
<tr><td>编制</td><td></td><td>校对</td><td></td><td>批准</td><td></td></tr>
</table>

表 7－2 为某零件的质量检验指导书。由表 7－2 可知，质量检验指导书也是检验规程，它相当于传统质量检验管理中的“质量检验卡”。通常，对建立质量控制点的工序，以及关键和重要的零件都必须编制“检验指导书”。检验指导书应对被检验的质量特性提出明确具体的要求，并规定检验方法、抽样方案，所需量具、仪表，以及检验示意图等。

表 7－2　产品质量检验指导书

<table>
<tr><td colspan="2">零件名称</td><td>零件件号</td><td>检验频次</td><td>发出日期</td></tr>
<tr><td colspan="2">TTA1</td><td>BB×30－02－100</td><td>全检</td><td></td></tr>
<tr><td>注意事项</td><td colspan="4">1. 测量前清除刺和硬点。
2. 在使用杠杆卡规检验时，活动脚需松开进出，防止零件表面划伤。
3. 需用量块校准尺寸，并清除量块误差。
4. 在检验接触精度时，需保持塞规清洁，防止拉毛、起线。
5. 在使用各种量仪时，应具备有效期内的合格证。</td></tr>
</table>

续表

序号	检验项目	检验要求	测量器具	检验方法、方案	重要度
1	尺寸公差	<0.01	内径千分尺、量块、杠杆卡规	与100件研配，莫氏锥孔处允许略小	2级
2	粗糙度：□60外圆	0.1	样板比较	目测	
3	粗糙度：$\phi^{-0.05}_{-0.10}$处	0.4	样板比较	目测	
4	粗糙度：莫氏#4锥孔	0.4/8	样板比较	目测	
5*	圆度：□60外圆	0.002	杠杆卡规	H3-4	2级△
6*	平行度	0.002	杠杆卡规	1-2	2级△
(以下略)					

注：*为关键项目，不得申请回用；△为工序质量控制点。

(3) 编制质量检验指导书的主要要求。① 列出所有质量特性，并对质量特性的要求要明确、具体，使操作者和检验人员容易掌握与理解；包括缺陷的严重性分级、尺寸公差、检测秩序、检测频率、抽样方案等有关内容。② 针对质量特性不同的要求，合理选择适用的测量工具或仪表，并在检验指导书中标明其型号、规格和编号，说明其使用方法。③ 采用抽样检验时，应正确选择并说明抽样方案。根据具体情况及缺陷严重性分级确定AQL值，正确选择检查水平，抽样方案应尽量采用先进的国际标准和国家标准。

(4) 质量检验指导书的类型。质量检验指导书主要有以下几种类型：① 原材料、外购件、外协件及配套产品的入厂检验；② 生产工序或服务业务流程的过程检验；③ 装配检验；④ 最终产品检验等。

4. 质量缺陷的严重性分级

小资料

质量缺陷的严重性分级最早是由美国贝尔电话公司首先提出的。最初的质量缺陷严重性分级是在设计人员对质量特性严重性分级的基础上并在一个跨部门组织指导下进行的，这些分级除考虑功能性质量特性外，还必须包括外观、包装等因素。

1) 缺陷严重性分级的依据

以典型的制造业为例，产品质量缺陷的分级是在产品设计人员对质量特性重要性分级的基础上进行的。但在具体划分等级时，必须特别着重考虑对顾客使用的影响。同时，还要根据企业的实际情况和不同的产品工艺。通常，采用的分级不宜过多过繁，一般3～5级就足够了。目前，较为普遍的是把缺陷严重性分为4级，也有些企业把缺陷严重性分为3级。每一级都规定了相应的缺陷值，其中最常用的缺陷值是100→50→10→1。缺陷值的大致划分如表7-3所示。

表7-3 缺陷严重性分级的缺陷值

序号	分级	缺陷的严重性	缺陷值
1	A级	致命缺陷	100
2	B级	严重缺陷	50
3	C级	一般缺陷	10
4	D级	轻微缺陷	1

表7－4显示的是贝尔系统的有关缺陷严重性分级规则。

表7－4　贝尔系统的缺陷严重性分级规则

A级——非常严重（缺陷值100）
① 必然会造成部件在使用中运转失灵，并在现场难以纠正，如继电器线圈的断开。 ② 必然会造成间歇的运转故障，在现场难以确定其位置，如连接不紧。 ③ 会使部件完全不合用，如拨号指盘在运转后不回复到正常状态。 ④ 在正常使用情况下，易于造成人员伤害或财产损失，如露出部分有锐利边缘。
B级——严重（缺陷值50）
① 可能会造成部件在使用中运转失灵，并在现场难以纠正，如同轴插塞的保护涂层缺损。 ② 必然会造成部件在使用中运转失灵，但在现场易于纠正，如继电器接触不良。 ③ 必然会造成那种尚未严重到运转失灵程度的故障，像次于标准运转之类的故障，如保安器组不能在特定电压下运转。 ④ 必然会导致增加保养次数或减短寿命，如单接点圆盘缺漏。 ⑤ 造成大大增加顾客安装上的困难，如安装孔错位。 ⑥ 极严重的外形或涂层上缺陷，如涂层颜色与其他部件不能匹配——需要重涂。
C级——中等严重（缺陷值10）
① 可能会造成部件在使用中运转失灵，如接触低于最低限度。 ② 可能造成那种尚未严重到运转失灵程度的故障，像次于标准运行之类的故障，如振铃不在特定范围内运转。 ③ 可能导致增加保养次数或减短寿命，如接触肮脏。 ④ 造成顾客安装上的小困难，如安装托座歪曲。 ⑤ 较大的外形、涂层或工艺缺陷，如涂层有明显的划痕，标志漏缺或模糊。
D级——不严重（缺陷值1）
① 不影响部件在使用时的运转、保养或寿命（包括对工艺要求上的小偏差），如套管太短。 ② 外形、涂层或工艺上的小毛病，如涂层轻微划痕。

2）缺陷严重性分级的原则

质量缺陷一般分为4级，如表7－3所示分别为A、B、C、D。如果分为3级，则往往把C级与D级统称为轻微缺陷。其分级原则如表7－5所示。

表7－5　质量缺陷分级的一般原则

缺陷等级代码	缺陷等级	对产品和服务本身的影响	对顾客和社会的危害	责任表现
A	致命缺陷（临界缺陷）	影响产品的功能	危害很大，包括环境、生命安全和重要的技术性能	承担法律责任，并造成信誉和经济损失
B	严重缺陷（主要缺陷）	影响产品的效用	比较大	造成信誉和经济损失
C	轻微缺陷（次要缺陷）	基本不影响产品的功能	比较小	不会造成信誉和经济损失

质量缺陷等级的划分，根据不同行业、不同企业、不同的产品和服务有所不同。表7－6是某厂根据本身的特点将质量缺陷划分为3级，即

A级：致命缺陷，是指质量缺陷将危害生命安全或影响产品重要技术性能。

B级：严重缺陷，是指不符合主要测试项目要求，但不影响生命安全的缺陷。

C级：轻微缺陷，是指不符合次要测试项目要求，但基本不影响产品性能的缺陷。

表7-6 某厂的机械产品缺陷分级表

缺陷内容	缺陷分级		
	A	B	C
（一）包装质量			
1. 包装箱外部尺寸不符合规定			△
2. 包装箱箱面不正确、不清晰			△
3. 包装箱底架不牢固	△		
4. 包装箱底座或框架缺少元件		△	
（略）			
（二）外观质量			
1. 机床上各种标牌歪斜、不平整、不牢固			△
2. 机床结合面边沿、缝隙超过规定			△
3. 外露加工面有明显磕碰、生锈			△
4. 错装、漏装标牌		△	
（略）			
（三）结构性能质量			
1. 液压系统漏油、影响液压性能	△		
2. 进给手轮、工作台手轮、液压操作手柄超过规定力		△	
3. 各连锁动作失灵、砂轮架快速进退动作错乱；会造成安全事故	△		
4. 机床噪声超过规定值		△	
（略）			

小资料

在实际中，凡是不符合明确的质量要求中的任何一项，如不符合技术标准、工艺文件、图纸或服务标准所规定的任何要求，都构成产品的一个缺陷。如前所述，缺陷按其影响大小或严重程度分成不同的等级。

3）质量缺陷分级的作用

（1）明确质量检验的重点。通过质量分级明确各类缺陷对产品适用性影响的严重程度，使质量检验把握重点，提高质量检验的有效性和效率，更好地保证产品质量和服务质量。

（2）有利于对产品验收选择更好的抽样方案。在采用国际和国外先进标准，或者采用国家标准时，对于合格质量水平（AQL）值的确定，以及不合格批的判断和处理，都必须根据缺陷严重性的级别作出相应的规定。表7-7是CH汽车制造厂CH_6分厂产品缺陷的分级原则。

表7-7 CH_6分厂产品缺陷的分级

缺陷分级	缺陷表现特征
致命缺陷	对性能有严重影响的缺陷，对整车有致命影响的缺陷
重要缺陷	不构成致命影响，但构成故障或严重降低产品实用性能的缺陷
轻微缺陷	不构成重要缺陷，只对产品实用性能有轻微影响或几乎无影响的缺陷

在汽车零部件的使用中，合格质量水平（AQL）按照安全性分为保安件、重要件和一般件；按照缺陷分为致命缺陷、严重缺陷、重要缺陷、轻微缺陷，以及质量特性重要性分级，根据上述3种分级确定抽样检查中的合格质量水平（AQL）。通常，对于零件的致命缺陷，如质量特性重要性为一级的项目不规定AQL值，进行100%的检查。合格质量水平（AQL）参照表，如表7-8所示。

表7-8 合格质量水平（AQL）参照表

缺陷 / 质量特点 / AQL/% / 零件分级	致命	严重缺陷A	重要缺陷B	轻微缺陷C
	△	[2]	[3]	[4]
保安件	全检	0.65	1.0～1.5	2.5
重要件	全检	1.0	1.5～2.5	4.0
一般件			2.5～4.0	6.5

（3）便于对产品质量进行综合评价。通过产品缺陷分级，可以对产品质量特性的缺陷进行综合评价。例如，将产品的检查结果进行记录统计，以最低一级轻微缺陷为基数，其余各级按严重程度加权计算。这种方法可以把某个操作者或某一产品的实际缺陷，以同一基数为准进行综合比较分析。由此可见，对质量缺陷进行严重性分级有利于企业的全面质量管理。

5. 质量检验手册

企业编制质量检验手册是为了使质量检验工作标准化和规范化，并不断改进。实践证明，质量检验手册提高了质量检验计划执行的有效性和效率。质量检验手册对产品和工序检验都具有共同性指导作用。以机械制造业为例，质量检验手册主要包括以下内容。

（1）检验程序。① 进货检验；② 工序过程中的检验；③ 成品检验；④ 计量控制；⑤ 产品审核或鉴别；⑥ 检验标志的发行和控制；⑦ 质量信息的反馈和纠正行动；⑧ 处理不符的材料和不良品等的程序。

（2）检验规范。① 缺陷严重性分级计划；② 抽样的标准计划，适用的抽样方案和方法的标准；③ 控制图设计、使用、分析的方法和标准；④ 各种材料的规格和标准；⑤ 工序规范、巡视检验的路线及有关标准；⑥ 产品规格和有关技术资料；⑦ 样品标准；⑧ 试验规格，如工业标准和内控标准等；⑨ 组织计划，如检验组织结构图、检验职责说明等；⑩ 索引和术语。

应当指出，任何一个组织，无论是制造业还是服务业，质量检验都是必不可少的。上述质量检验手册中所规定的内容会有所不同，但质量检验手册都是检验人员进行质量检验活动应该遵守的准则和重要依据。

本章习题

一、判断题

1. 检验的科学性与检验的公正性是密切相关的，没有检验的公正性也就无法保证检验

的科学性。 ( )

2. 抽样检验是从交验的每批产品中随机抽取预定的样本容量，对照标准逐个检验产品的性能，如果样本中的不合格品数目不大于抽样方案中预先规定的最低数目，则判定该批产品合格，予以接收；否则判定该批产品为不合格，拒绝接收。 ( )

3. 计数抽验方案的优点是计算检验提供的信息多、判定明确，一般更适用于对关键质量特性的检验。 ( )

4. 第一类错误是指当一批产品的真实不合格品率高于拒绝下界 LTPD 时，由于抽样检验的误差，导致把不合格品误判为合格品。 ( )

二、选择题

1. 质量检验的依据包括（ ）。

A. ISO 9002　　B. 检验指导书

C. 质量手册和检验人员工作守则　　D. 技术标准

2. 要保证检验的科学性需要做到（ ）。

A. 检测手段科学　　B. 合理定岗定编

C. 培训实验人员　　D. 保证检验的公正性

3. 质量检验活动主要包括（ ）。

A. 补充说明技术规定　　B. 正式检验

C. 记录和统计分析报告　　D. 质量改进

4. 下列适合进行抽样检验的产品有（ ）。

A. 汽车　　B. 书　　C. 鞭炮　　D. 灌装矿泉水

5. 抽样检验依据的原理是（ ）。

A. 数理统计　　B. 用样本估计整体

C. 大样本估计　　D. 统计学规律

6. 按抽样方案的制订原理来分类的抽样方案有（ ）。

A. 调整型抽样方案　　B. 多次抽样方案

C. 标准型抽样方案　　D. 挑选型抽样方案

三、思考题

1. 简述质量检验的主要功能及依据。

2. 试述企业质量检验的主要方式。

3. 举例说明质量检验的基本类型。

4. 举例说明质量检验制度的重要作用。

5. 为什么要制订质量检验计划？

6. 举例说明企业常用的质量检验文件。

本章案例分析

德克萨斯州乔治镇垃圾处理项目的质量管理

德克萨斯（Texas）州乔治镇（Georgetown）将垃圾处理计划由原来的 4 年改为 10 年，

因此政府正在寻找一家私人承运商，以收集镇中10 506处居民建筑和433家商业企业的垃圾。乔治镇官方公布了需求建议书的各项指标，鼓励私人承运商提出有创造性的改革方案来获取合同。实际上，在计划书评价过程中，对服务质量的要求已经大大超过了对价格的要求。

许多家私人承运商都为这份有利可图的合同提交了申请书。德克萨斯处理系统公司（Texas Disposal System，TDS）向乔治镇承诺，如果其获得了垃圾处理合同，将通过在卡车上安装摄像机来提高服务，并且承担监督垃圾处理过程的责任。在运送垃圾的车上安装摄像机，可以确保乔治镇监控垃圾收集和处理的每一个环节。尽管TDS不是价格最低的投标者，但它赢得了合同。

“尽管这个合同有很多公司竞争，但是我想TDS是其中唯一对实验这项技术感兴趣的公司。”TDS在乔治镇的主管加里·赫特（Gary Hertel）说：“在每辆卡车上安装摄像机的成本大约是2 500美元，一共有8辆卡车。这对任何一个托运公司都是一个不小的投资。”

许多人怀疑，安装摄像机所能带来的利润会超过原始安装成本。然而，赫特说，安装了这些摄像机的卡车几乎和安装了摄像机的警车一样，能够看清楚现场发生的情况。

一旦TDS获得该合同，它将与休斯敦（Houston）的一家摄像机供应商Safety Vision公司合作，保证摄像机在开始服务的第一天就能充分发挥作用。在卡车上方安装了摄像机，就能看到工人倾倒垃圾的情况，可以清楚地看到手推车中的垃圾被倒进卡车里，以及手推车出来的全过程。这样就可以看到工人工作的全部情况。

每天，垃圾收集过程的录像带要送往乔治镇政府。尽管该录像带只是被定期察看，但已经确保了一定层次责任的落实。对于TDS来说，它并不经常使用摄像机去监控其雇员，但是安装该设备已经改善了该公司的服务质量。

资料来源：百度文库.

问题

1. 为什么说安装了摄像机设备已经改善了TDS公司的服务质量？

2. 除了安装摄像机并通过监控可以了解工人工作的全部情况外，你认为还有其他更好的方法吗？为什么？

第8章

质量改进

学习目标

1. 了解质量改进的概念及意义。
2. 掌握质量改进的方法和步骤。
3. 了解质量改进的支持性工具。
4. 了解质量改进的六西格玛方法。

导入案例

上海三菱电梯有限公司基于田口方法的 LEHY－MRL 无机房电梯制动器噪声改进

无机房电梯是20世纪末出现的新技术。经过多年的不断发展，无机房电梯的市场占有率逐渐提高，得到广大用户的喜爱和认可，成为中低速电梯领域的发展趋势。近年来，无机房电梯产品在别墅电梯项目中的应用越来越多，需求量也在不断增加。于是对无机房电梯产品的噪声有了更严格的要求，尤其是电梯轿厢内制动器噪声的要求。LEHY－MRL 无机房电梯产品是上海三菱电梯有限公司为了适应无机房电梯的市场需求，并完全掌握无机房电梯技术，同时具有完全自主知识产权的电梯产品项目。本项目为了降低制动器噪声，减小制动器噪声对轿厢内噪声的影响，使电梯轿厢内的噪声达到比较理想的水平，首先成立了 LEHY－MRL 无机房电梯制动器噪声改进小组，小组成员是分别来自开发、可靠性测试、工程等部门的相关人员。然后，小组对试销的 LEHY－MRL 无机房电梯产品进行现场跟踪。根据现场反馈的情况，分析影响制动器噪声的因素有制动器气隙、制动器释放电阻、编码器罩壳、制动力矩、井道内环境温度、井道内回声、制动器电源回路等，确定了影响 LEHY－MRL 无机房电梯产品制动器噪声的主要因素。根据确定的主要因素，应用田口方法进行研究、分析及试验，确定影响制动器噪声质量的要因，同时获得最佳因子的水平组合；在最佳因子的水平设定条件下，进行小批量制动器噪声质量效果的确认，同时也对实际的 LEHY－MRL 无机房电梯小批量产品的轿厢内制动器噪声进行检验及确认，并最终找到解决 LEHY－MRL 无机房电梯产品制动器噪声大的问题。

最后，将获取试验验证的结果进行成果巩固及措施标准化，优化了制动器的技术参数。在不影响制动器制动性能的前提下，减小制动器噪声，使电梯轿厢内的噪声达到比较理想的水平。提高了 LEHY - MRL 无机房电梯产品的品质和市场竞争力，促进了 LEHY - MRL 无机房电梯产品的市场销售。该项目荣获了中国质量协会质量技术奖。

资料来源：中国质量网.

8.1 质量改进概述

8.1.1 质量改进的概念

质量改进是建立在一些基本过程之上的，要弄清质量改进的概念，必须了解质量改进与质量控制、质量突破之间的关系。

1. 质量改进与质量控制

质量控制与质量改进是不同的，主要有以下区别和联系。

（1）定义的区别。GB/T 19000—2008 标准对质量改进与质量控制的定义分别为：① 质量改进是质量管理的一部分，致力于增强满足质量要求的能力；② 质量控制是消除偶发性问题，是产品质量保持规定的水平，即质量维持；而质量改进是消除系统性的问题，对现有的质量水平在控制的基础上使质量水平得到提高，使质量达到一个新的水平、新的高度。

（2）实现手段的区别。质量改进是通过不断采取纠正和预防措施来增强组织的质量管理水平，使产品的质量不断提高；而质量控制主要是通过日常的检验、试验调整和装备必要的资源，使产品质量维持一定的水平。

（3）两者之间的联系。质量控制与质量改进是相互联系的。质量控制的重点是防止差错或问题的发生，充分发挥现有的能力，而质量改进的重点是提高质量保证能力。首先，要搞好质量控制，充分发挥现有控制系统能力，使全过程处于受控状态。然后，在控制的基础上进行质量改进，使产品从设计、制造、服务到最终满足顾客要求，达到一个新水平。没有稳定的质量控制，质量改进的效果也无法保持。

2. 质量改进与质量突破

质量改进与质量突破是密不可分的，同时两者之间又有区别。

（1）质量改进与质量突破的目的相同。质量突破是通过消灭工作水平低劣的长期性原因（包括思想上的和管理上的原因），使现有的工作达到一个较高的水平，从而使产品质量也达到较高的水平；质量改进也是为了实现质量水平的提高。

（2）质量突破是质量改进的结果。质量突破的实现表明产品的质量水平得到了提高，它是通过日常许多大大小小的质量改进来实现的。只有不断实施持续的质量改进，才能使产品质量水平提高，才能实现质量突破。

（3）质量改进侧重过程，质量突破侧重结果。质量改进是一个过程，按 PDCA 循环进行，由于种种原因，每次改进质量的活动不一定都能取得良好的效果，产品质量的水平不一定都能得到提高；质量突破则表明产品质量水平得到了较大的提高，并取得了良好的效果。

8.1.2 质量改进的意义与作用

1. 质量改进的意义

质量改进是质量管理的重要内容，其重要的意义包括以下几方面：① 质量改进具有很高的投资收益率；② 可以促进新产品开发，改进产品性能，延长产品的寿命周期；③ 通过对产品设计和生产工艺的改进，更加合理、有效地使用资金和技术力量，充分挖掘组织的潜力；④ 提高产品的制造质量，减少不合格品的出现，实现增产增效的目的；⑤ 通过提高产品的适用性，从而提高组织产品的市场竞争力；⑥ 有利于发挥组织各部门的质量职能，提高工作质量，为产品质量提供强有力的保证。

2. 质量改进的作用

质量改进有两方面的作用：一方面，出现了问题，就应立即采取纠正措施；另一方面，通过寻找改进的机会，也可以预防问题的出现。

8.2 质量改进的工作方法与步骤

8.2.1 质量改进的基本工作方法——PDCA 循环

质量改进的基本工作方法是 PDCA 循环。PDCA 循环在第 5 章作为全面质量管理的基本程序已经进行了探讨，本节将重点讨论 PDCA 循环在质量改进中的应用。

1. PDCA 循环在质量改进中应用的过程

通常 PDCA 循环具有“4 个阶段、8 个步骤”。应当注意，PDCA 循环的工作程序应用不是僵死的，4 个阶段必不可少，但具体的工作步骤应根据工作项目的规模、特点、难度及实现的方法而确定，所谓 8 个步骤，是对一般情况的概括总结而已。PDCA 循环在质量改进中应用的 4 个阶段的主要内容如下。

1）第一阶段：策划

策划阶段要完成制定方针、目标、计划书和各项管理项目等。通常经过以下 4 个步骤完成任务。

（1）现状调查（认识问题的特征）。要求从不同的角度、以不同的观点去广泛而深入地进行调查研究，以全面认识问题的特征。只有深刻认识问题的实质，才有可能制定正确的决策和策划切实可行的解决问题的措施计划。其调查要求是：① 调查应具有时间、地点、类型、症状 4 个要点，以便发现问题的特征；② 应从不同的着眼点进行调查，以发现问题变化的状况；③ 要到问题的现场去收集数据，以及各种必要的信息。其调查的内容是：① 问题的背景及经历的过程，通过对问题历史状况及现状的调查、研究，分析、明确问题主要表现在哪些方面，当调查涉及很多方面的类型时，为有效地解决问题，应该把问题分解为几个方面分别进行策划；② 对调查的结果（主要问题）要用具体的词语把不良的结果表达出来，要展示出不良结果所导致的损失，以及应改进到什么程度，使大家了解改进的意义，取得共识，并努力实施改进措施；③ 要确定调查的目标，但必须说明确定目标的依据，不合理的目标是不可能达到或毫无意义的。

（2）原因分析。解决问题的线索就在问题之中，当人们从不同角度对问题进行调查时，其不良结果被发现，就是问题的特点、特征或特性，这就是解决问题的线索。理由很简单，这些结果是受到某些因素的影响才发生变化的，当人们把这种因果关系确定以后，就会得到解决问题的途径。只有努力做到"对症下药"，才能得到"药到病除"的结果。原因分析可以应用因果图、因素展开型系统图、关联图等工具，但无论应用哪一种工具都应努力做到尽可能找到影响问题的全部潜在原因。当然，这里说的全部是"尽可能"，是希望尽可能多的找出影响问题的全部潜在原因，要求越多越好。确切地说，原因分析应当包括"分析和验证"两个方面的内容。在很多情况下，原因分析在解决问题的几个主管人员中讨论或由某一个人独断决定，这种分析方法是错误的。由于一个人所掌握的理论及实践经验往往具有片面性和局限性，所以原因分析必须做到集思广益和科学验证。

（3）要因确认。朱兰博士在移植帕累托原理时，提出一个著名的论断，实际上就是解决质量问题的技巧。任何质量问题，就其影响因素而言是很多的，但在诸多原因中总会有少数原因对质量问题起决定性作用，被称为"关键的少数"。抓住关键的少数原因去采取措施，质量问题会在很短的时间内得到很大程度的解决，可以做到以最少的投入取得最佳的改进效果。在诸多影响因素中主要原因总是少数，所以最终确认的主要原因的数量越少越好，但关键的是要准确确认。

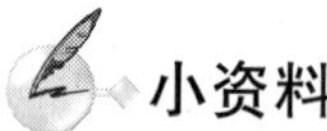小资料

任何组织（单位或部门）的人力、物力、财力都是有限的，如果针对所有的原因去采取措施，造成力量分散，其结果是"欲速则不达"。在确定主要原因时，应避免采用"举手表决"的方式，这种方法不能保证科学上的正确性。统计技术为人们提供了很多有效的工具，如排列图、矩阵图、散布图，方差分析、回归分析、实验设计和析因分析等。即使采用经验论证方法，也有一整套科学的论证方法。在没有任何数据分析的情况下，所确定的主要原因和以此而采用的措施，往往会与预期的效果相反，达不到解决问题的目的。

（4）制定对策。针对确定的主要原因，制定有效的解决措施，应形成一个改进计划书，供质量改进过程中去实施。必要时，应从经济的角度对质量改进提出一份概算，以便评价质量改进过程的增值效果。计划书的内容应包括"5W1H"，即提出质量改进的必要性、目的、措施、执行部门或人员、执行地点及完成日期等。制订措施计划的目的是消除影响质量问题的主要原因。制订措施计划时应考虑以下几个方面的问题。① 解决问题的措施与以后为巩固成果所采取的措施有不同点，应加以区分。② 所采取的措施应充分考虑是否会产生其他问题，有无副作用。若预料可能会产生其他的问题，制定消除副作用的措施。③ 对所制订的措施，要检查其有利及不利之处，应选择团队全体成员一致同意的措施。通常制订措施计划大多采用对策表的方式，但在具备条件的情况下亦可采用失线图法（网络计划）或 PDPC 法（过程决策程序图法）等工具。

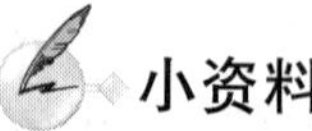小资料

有时人们会把"零缺陷"或"100% 合格的质量水平"作为质量改进的目标。但在大多数情况下，这只是一种理想的目标，实际上是不可能实现的。制定这样的目标毫无意义。同时，在制定目标值时还应考虑经济效果和技术上的可能性。应确定一个合理的目标值，要做到既具有先进性又有可能实现。

2）第二阶段：实施

措施计划的实施并不是简单的执行，而是工作量极大的一个工作过程。措施计划的实施应包括执行、控制和调整3部分内容。

(1) 执行。措施计划是经过充分调查研究和精心策划而制订的，原则上应当是切实可行的。所以，主观上应努力做到严格按措施计划去执行。

(2) 控制。在措施计划执行的过程中，应采取必要的控制措施，如人力、物力、财力的保证和各部门协调一致的工作等，以控制实施过程按预定程序正常进行。

(3) 调整。在实施过程中当原定措施计划由于受到因素、条件的变化而无法执行时，必须及时对原定措施计划进行调整。

小资料

应注意，调整是指对原定措施计划的工作内容进行调整，调整后的措施计划依然应确保预定目标的实现。因此，当措施计划调整后必须验证新制订的措施计划能否保证预定目标的实现。

3）第三阶段：检查

检查阶段的工作内容是检查措施计划的实施效果，如希望的结果（问题）减少到什么程度，目标值实现的状况等。检查必须是明确的，往往要采取对比的手法，如排列图、柱状图、波动图，以及其他描述性统计方法对措施计划实施前后状况的对比。之所以强调要应用这些方法，就是为实现用数据说话的原则。另外，对检查阶段也提出以下基本要求。

(1) 要用同一种方法（图、表）对比措施计划实施前后的状况变化，会具有很强的说服力。

(2) 采用经济价值表达改进的效果，对管理层尤为重要。

(3) 所有的相关效果无论其大小如何，均应一一列出。

(4) 若检查的效果不如预料的令人满意，或者未能实现目标值，则应重新回到现状调查的步骤，再从头开始。

4）第四阶段：总结

总结阶段包括采取巩固措施和寻求遗留问题两个步骤，这两个步骤起到承上启下的作用，所以在PDCA循环中是最关键的步骤。采取巩固措施的目的是防止已解决的质量问题发生。其理由如下。

(1) 没有巩固措施的标准化，已解决的质量问题会重新回到解决前的状况，导致同一质量问题反复发生。

(2) 没有巩固措施的标准化，新的人员（新雇员或新转岗人员）在工作中会重新发生过去已发生的质量问题。

采取巩固措施的基本要求是：① 措施计划是按5W1H设计的，如果是成功的措施，就将其纳入标准（技术标准、管理标准、工作标准和各种规程）；② 标准的修订一定要按企业文件管理的程序进行，要有标准化的通报工作；③ 对新标准要建立主要责任制，以便检查新标准能否得到贯彻；④ 对新标准要组织相关人员的培训教育。

寻求遗留问题的目的是促使PDCA循环继续下去，实现持续质量改进。寻找遗留问题的主要方法包括：① 根据已取得的效果，估量还存在什么问题需要继续解决；② 计划还应当继续做些什么工作去解决问题（制订新的措施计划）；③ 总结前面的工作，什么事情干得好、什么事情干得不好，对解决质量问题的本身进行反思性思考，有助于提高以后工作的质量。

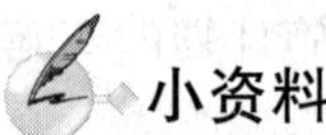

小资料

问题从来就不会完全彻底得到解决，理想状态是不存在的。何况在 PDCA 循环过程中有确定主要问题和确定主要原因两次抓主要矛盾的环节，所以实现措施计划的预定目标后，对总体而言总会存在遗留问题。

2. PDCA 循环在质量改进中应用的特点

（1）4 个阶段是非常重要的主程序，一个阶段都不能少，而对 8 个步骤不要刻意去追求，应按实际情况确定。

（2）大环套小环，小环保证大环。在 PDCA 循环的某一阶段也会存在现状调查、制定措施、落实计划、检查实施进度及效果和阶段性小结等小 PDCA 循环。

（3）每经历一个阶段，产品质量或工作质量就会提到一个新的水平，所以 PDCA 循环的连续不断上升就是持续的质量改进过程。

（4）4 个阶段中的总结阶段起到承上启下的作用，促进 PDCA 循环的连续运转，所以是最关键的阶段。

（5）PDCA 循环强调抓主要矛盾。

（6）PDCA 循环的全过程具有很强的逻辑性，如表 8－1 所示。

表 8－1　PDCA 循环的逻辑性

阶段	步骤	工作内容
P	现状调查	确定存在的主要问题 ← 针对
	原因分析	找出全部潜在的原因 ← 从
	要因确认	确定主要原因 ← 针对
	制定对策	制订措施计划
D	实施对策	实施 ← 检查
C	效果检查	效果 ← 有效
A	巩固措施	标准化
	遗留问题	找出还存在的问题 →（返回工作内容）

8.2.2　质量改进的具体步骤、内容及注意事项

应该说，PDCA 循环已经给出了质量改进的基本步骤，但在具体的质量改进应用中，其

具体步骤还要针对质量改进项目的具体情况确定。

1. 选择课题

任何组织需要进行质量改进的项目会有很多，所涉及的方面可能会包含质量、成本、交货期、安全、环境和顾客满意度等。选择课题时，应同时围绕降低不合格品率、降低成本、保证交货期、提高产品可靠性（降低失效率）、减少环境污染、改进工艺规程、减轻工人劳动强度、提高劳动生产率和提高顾客满意度等几个方面来选择。

1）活动内容

（1）应明确需要解决的问题的重要程度。

（2）要收集有关问题的背景资料，包括历史状况、目前状况、影响程度（危害性）等。

（3）将不尽如人意的地方用具体的语言表达出来，有什么损失，并说明希望问题具体解决到什么程度。

（4）确定课题目标值。如果课题过大，可以将其细化分解为若干小课题，逐一去解决。

（5）正式选定任务负责人。若成立改进团队应确定课题组长及成员。

（6）如果有必要，应对质量改进活动的经费作出概算。

（7）拟定质量改进活动的时间表，初步制订改进计划。

2）注意事项

（1）一般在组织内存在着大大小小数目众多的质量问题，为了确定主要质量问题，应最大限度地灵活运用现有的数据，应用排列图等统计方法进行排序，从诸多质量问题中选择最主要的问题作为质量改进的课题，并说明理由。

（2）为什么选择这个课题，解决问题的必要性必须向有关人员说清楚，否则会影响解决问题的有效性，甚至半途而废，劳而无功。

（3）设定目标值必须有充分的依据，目标值应当具有经济上合理、技术上可行的特点。设定目标值既要具有先进性，又要保证经过努力可以实现，以激励团队成员的积极性。

（4）要制订质量改进计划，明确解决问题的期限。预计的效果再好，如果没有具体的实现时间，往往会被拖延，被一些所谓“更重要、更紧急”的问题挤掉。

2. 掌握现状

当质量改进的课题明确之后，应进一步掌握有关课题的历史状况和目前状况等背景资料，并应尽可能详尽。

1）活动内容

（1）掌握解决问题的突破口，必须抓住问题的特征，需要详细调查时间、地点、问题的类型等一系列特征。

（2）针对要改进的质量问题，从影响质量的人、料、机、法、环等诸因素入手进行广泛深入的调查。

（3）最重要的是，要到发生质量问题的现场去收集数据和相关信息。

2）注意事项

（1）首先应从质量问题本身入手调查，如质量特性值的波动幅度及影响因素的状态等。质量特性值的波动幅度与影响因素之间存在着相关关系，这就需要应用统计技术（如回归分析、实验设计、析因分析等），定性或定量地掌握这种关系，这是把握问题主要影响因素的最有效的办法。而观察问题的最佳角度将随问题的不同而不同，无论什么问题，必须从时间、地点、类型、特征者 4 个方面去调查。① 时间，如早晨、中午、晚间的不合格品率有什么差异；周一至周五，以及双休日或休假前后的情况下，每天的不合格品率有什么变化。当然，还可以从周、月、季或年度等不同角度观察结果。② 部位，从发生不合格品的部位出发去了解质量问题是非常必要的。从零部件的上部、下部、侧面和零部件的结构等方面分析不合格情况，并采取位置调查表描述。例如，烧制品在窑中的不同位置（窑口、视窗旁、炉壁附近、炉壁中央等）。还可以依照方位（东、南、西、北、中）、高度（顶部、底部）等不同角度，也可以从产品的几何形状和尺寸大小，以及复杂程度等方面分析不合格品率的状况。③ 类型，是指对产品不同类型的调查情况。同一企业所生产的不同类型的产品，其不合格率有没有明显的差异、过去生产的同类型产品的不合格品率有没有显著差异等。④ 特征，从产品的不合格特征入手进行调查。以针孔（细小的气孔）为例，发现针孔的形状是圆形、椭圆形，带角的还是其他形状的，大多数针孔的排列有没有特征（是壁纸排列、水平排列，还是弯曲排列；是连续的，还是间断的等），再加上针孔的大小、深浅，以及是在何种情况下发生，是全部还是在特定位置上，以及针孔附件的颜色，有无异物等。

（2）虽然强调要从时间、地点、类型、特征 4 个方面进行调查，但并不是说只要在这 4 个方面调查清楚，问题就可以解决了，还必须考虑是否应从其他方面进行调查。

（3）取得量化的数字数据，通过统计方法的应用，掌握质量变异的规律，对解决质量问题是非常重要的。但是，在某些情况下，难以取得量化的数字数据，而获得的大量定性语言、问题资料（非数字数据）也不可忽略。此时，应用非数字数据统计方法，进行综合分析，往往也会取得良好的效果。

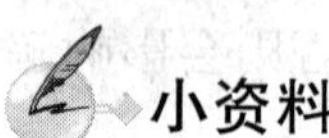

小资料

调查者应深入到生产现场、服务现场去实地调查，切忌“纸上谈兵”。在现场可以获得许多数据中尚未包含的信息，这些信息往往很像化学反应中的触媒（催化剂）一样，为解决质量问题找到思路，从而找到突破口。

3. 分析影响质量问题的因素

1）活动内容

分析产生质量问题的原因，一般是首先设立假说，然后去验证假说是否正确。

（1）设立假说。尽可能多地设想可能会影响质量问题的原因。① 尽可能全地收集关于生产质量问题的全部潜在原因，越多越好。② 运用“掌握现状”阶段所掌握的信息，清楚已被认为无关的因素，重新整理余下的所有因素。

（2）验证假说。从已设定的诸因素中确定主要原因。① 收集新的数据或证据，制订计划来确认各原因对质量问题的影响程度。② 综合分析所获得的全部数据和信息，确定影响质量的主要原因。③ 在条件允许的情况下，应对以上过程反复进行。

2）注意事项

无论是假说还是验证，均应采用一系列科学方法，不能凭空论证。在质量改进过程中，若是只有改进的操作者甚至少数人讨论，拟定对质量问题的影响因素，往往会得到错误的结论。查明产生质量问题的原因，需要有充分的理由，并应用统计技术对数据和信息进行综合分析或到现场来验证假说的正确性。有时很容易将“设立假说”与“验证假说”混为一谈。

验证假说是不能用设立假说的材料，需要用新的数据或信息来验证。要有计划、有依据地运用统计技术中的相关统计方法进行验证。

（1）因果图、排列图、关联图等工具是建立假说的有效方法，图中所能列出的因素都被假设为产生质量问题的原因。① 图中列出的所有影响因素均应尽可能用通俗、简明的语言（文字）具体表达。对所有认为可能的原因都应进行调查，当然这样做可能会降低工作效率，必要时可以根据收集的数据削减影响因素的数目。重要的是充分利用“掌握现状”阶段得到的数据和信息进一步分析，根据各因素对质量问题的影响程度进行排列。② 正确、有效地应用统计方法是非常必要的，然而更重要的不是方法本身，而是分析过程是否正确。

（2）验证假说必须根据重新实验和调查所获得的数据有计划地进行。① 验证假说是核实原因与结果之间的关系是否密切。通常使用排列图、散布图及相关分析和回归分析、假设检验和方差分析等统计方法。切忌采用“举手表决”、“少数服从多数”的主观意识决定的方法。事实证明，即使是全员通过的意见可能也是错误的。② 影响质量问题的原因往往是很多的，但其中起决定性作用的总是少数（关键的少数）。所以，对全部原因都去采取措施既不现实也没有必要。通过论证找出关键的少数原因采取措施，会取得以最少的投入，得到最佳改进效果的良好效果。③ 利用质量问题的再现性来验证影响因素的方法要慎重采用。某产品采用非标准件组装而产生了不合格品，并不能证明采用非标准件就是产生不合格品的原因。再现的质量问题必须与“掌握现状”时查明的问题相一致，“具有同样的特征”。有意识地再现质量问题是假说的验证手段，但必须要考虑到人力、时间经济性等多方面的制约条件。

4. 制订对策计划并实施

通过充分调查研究和分析，产生质量问题的主要原因明确了，就要针对主要原因制订对策计划并加以实施。

1）活动内容

（1）将现象的排除（应急对策）与原因的排除（永久对策）严格加以区分。

（2）尽可能防止某一项对策产生副作用（并发其他质量问题），若产生副作用，应同时考虑采取必要的措施消除副作用。

（3）对策方案应准备若干个，根据各自的利弊，通过方案论证选择最有利于解决质量问题并且能被大家接受的方案。

2）注意事项

（1）采取的对策会有排除现象的应急对策和排除原因的永久对策。通过返工返修使不合格品转变为合格品，只能是应急对策，不能防止不合格品的再次发生，要解决不合格品不再发生，必须采取消除产生质量问题的根本原因的永久对策。

（2）采取对策后，由于产品质量特性之间的相互关联性，常会引起其他质量问题的发生（称之为副作用）。为此，应在采取措施前，从多方面考虑，对措施进行彻底而广泛的评价。

（3）采取对策过程中应保证各相关方面协调一致地工作。采取的对策有可能带来许多工序的调整和变化，此时应尽可能多方面地听取有关人员的意见和想法。

（4）采取的对策应当从经济上合理、技术上可行的几个方案中，经过论证择优选取。

5. 确认效果

对质量改进的效果应正确对待，往往会由于失误，误认为质量问题已经解决，从而导致同一质量问题的反复发生。当然，若不能确认有效的质量改进效果，也会挫伤持续质量改进的积极性。

1）活动内容

（1）确认质量改进的效果应采用与现状分析相同的方法，将采取对策前后的质量特性值、成本、交货期、顾客满意度等指标作成对比性图表加以观察和分析。

（2）若质量改进的目标是降低质量损失或降低成本，应将特性换算为货币形式表达，并与目标值相比较。

（3）对质量改进后取得的各种效果应一一列举。

2）注意事项

（1）质量改进效果的确认应当是在何种程度上防止了质量问题的再次发生。用于显示改进前后的对比性图表应前后一致，这样会更加直观，具有很强的可比性。

（2）对于组织的经营管理者而言，将质量改进的效果用货币的方式表达是非常必要的。通过质量改进前后的对比，能让经营管理者认识到该项工作的重要性。

（3）当采取对策后没有达到预期的效果时，应首先确认是否严格按照对策计划去实施；若确实是，则意味着对策失败，应重新回到“掌握现状”阶段。当没有达到预期效果时，应从以下两方面考虑。① 是否严格按对策实施了。实施过程往往会发生的问题是：对质量改进的必要性认识不足；对采取的对策未能正确传达到执行者；没有经过必要的培训教育，对应采取的对策理解有误；实施过程中的领导、组织各方面的协调不够充分；提供资源不充分等。② 制订的对策计划本身存在问题，往往有以下几个方面：现状调查不充分，没有把握准；获得的信息有误或制订者的知识不足，导致对策计划失误；对实施后的效果预测有误，目标值制定不准确；对自己具有的能力认识不足等。

6. 对验证有效的巩固措施标准化

经过验证，确实有效的措施要进行标准化，纳入质量文件，防止同类质量问题再次发生。

1）活动内容

（1）经确认的人、机、料、法、环等方面的有效措施将其标准化，制定成工作标准。

（2）进行有关新标准的文件准备和宣贯。

（3）组织培训教育，要求所有相关人员对新标准要正确理解和坚决执行。

（4）建立保证严格执行新标准的质量经济责任制。

2）注意事项

为防止同类质量问题的再次发生，对确认有效的纠正和预防措施必须进行标准化，其原因如下。

（1）没有标准的制约，质量问题依然会再次发生。

（2）没有明确的标准，新来的员工在作业中很容易出现同样的质量问题。

（3）标准化工作并不是制定几个标准就可以完成，必须使标准成为制约员工行为的文件。为了贯彻实施标准，必须对员工进行相关知识和技术的培训教育。

7. 总结

对改进效果不显著的措施及改进过程中发现的新问题，应进行全面的总结，为推动PDCA 循环的持续运转（即持续质量改进）提供依据。

1）活动内容

（1）应用对比性排列图等工具，找出本次循环的遗留问题，作为下一轮 PDCA 循环要解决的问题。

（2）考虑为解决这些问题，下一步应当怎样做。

（3）总结本次循环中出现的问题，下一步应当怎样做。

2）注意事项

（1）在质量、成本、交货期、安全、顾客满意度、激励和环境等方面的质量改进活动中，实现不合格品率为零或经一个循环的改进即能达到甚至超过国际先进水平往往是不可能的。因此，质量改进活动应长期持久地开展下去。开始时就应定下一个期限，到期限就应当总结，哪些完成了，哪些未完成，完成到什么程度，都要及时总结，然后进入下一轮 PDCA 循环。

（2）应制订解决遗留问题的下一步行动方案和初步计划。

8.3 质量改进的支持性工具

8.3.1 常用的质量改进工具和技术

实施有效的质量改进，从项目确定到诊断、评价直至结果评审的全过程，正确地运用有关的支持工具和技术能提高质量改进的成效。在质量改进中，应根据不同的数据资料类型，运用数字资料的工具和非数字资料的工具分析处理数据资料，为质量改进决策提供依据。常用于质量改进的工具和技术，如表 8－2 所示。

表 8－2 常用于质量改进的工具和技术

序号	工具和技术	应　用
1	调查表	系统地收集数据资料，以得到事实的清晰实况
		适用于非数据资料的工具和技术
2	分层图	将有关某一特定论题的大量观点、意见或想法进行组织归类
3	水准比较	将一个过程与公认的领先过程进行比较，以识别质量改进的机会
4	头脑风暴法	识别可能解决问题的办法和潜在的质量改进机会
5	因果图	分析和表达因果图解关系；通过从症状—分析原因—寻找答案的过程，促进问题的解决
6	流程图	描述现存的过程；设计新的过程
7	树图	表示某个论题与其组成要素之间的关系
		适用于数据资料的工具和技术
8	直方图	显示数据波动的形态；直观地传达过程行为的信息；决定在何处集中力量进行改进
9	排列图	按重要性顺序表示每一项目对整体作用的贡献；排列改进的机会
10	散布图	发现和确认两组相关数据之间的关系；确认两组相关数据之间预期的关系
11	控制图	诊断：评估过程的稳定性 控制：决定何时某一过程需要调整，何时该过程需要继续保持下去 确认：确认某一过程的改进

注：表中主要方法的介绍参见本书 5.5 节内容和相关的书籍。

8.3.2 现场质量改进中两图一表的联合应用

将质量分析和质量改进活动中常用的调查表、原因分析工具（包括因果图、因素展开型系统图、关联图）和排列图联合使用，统称为两图一表。在现场质量改进活动中，大约有80%的改进项目会用到两图一表。

1. 调查表

调查表是信息的来源，只有全面、系统地获得可信和有效的质量信息，才能对质量分析、质量改进活动的策划和实施提供可靠的依据，才能真正取得实际效果。因此，在质量分析、质量改进活动中，在开展广泛、深入的调查过程中，正确、有效地应用调查表是非常重要的。调查表的具体介绍参见本书5.5.2节。

2. 原因分析工具

通常将质量分析称为三分析活动（分析产生质量问题的危害性、分析产生质量问题的原因和分析解决质量问题应采取的措施）。其中，最关键的是分析产生质量问题的原因。所谓解决质量问题，实质是采取措施消除产生质量问题的原因。因此，原因分析不确切，得不到产生质量问题的真正原因，质量问题就得不到解决。在许多质量改进活动中最终效果不显著，其根源就是原因分析工作没有做好。因果图、因素展开型系统图和关联图是常用的原因分析工具。当然，在应用原因分析工具时应当注意：① 注意不同工具的适用条件；② 注意原因分析不在于应用哪一种工具，关键是分析的过程是否正确。原因分析工具的具体介绍参见本书5.5.7节和相关书籍。

3. 排列图

在任何工作中要想取得显著效果，必须抓住主要矛盾解决重点问题，排列图就是用来寻求主要矛盾的工具。在质量分析活动中，针对现场存在的诸多质量问题，可以应用排列图确定哪些是关键的项目；针对影响质量问题的诸多原因，可以应用排列图确定哪些是主要原因。排列图的具体介绍参见本书5.5.4节。排列图在质量分析和质量改进活动中的应用程序举例如下。

例8－1 某塑料制品厂对成品进行检验，对检出的200件不合格品的分类统计列于表8－3中，其中弯曲、擦伤、砂眼、断裂、污染、裂纹，以及若干小项目的合并项“其他”均为排列项目。请确定其中哪些类别为主要质量问题并进行排列图分析。其分析过程如下。

（1）确定排列项目。存在的诸多质量问题或影响质量问题的诸多原因都可以成为排列项目，以便从中确定哪些项目为“关键的少数”。当排列项目较多时，应将含有最小项目的若干项目合并为“其他”项，以便简化分析过程。这一“其他”项的频数无论多大都应当排在最后。本例中的排列项目如表8－3所示。

表8－3 月度质量检验分类统计表

不合格类别	统计记录	统计记录
断裂	正正正下	18
擦伤	正正正正正正正正正一	46
污染	卌	4
弯曲	正正正正正正正正正正正正正正正正正正正正	100

续表

不合格类别	统计记录	统计记录
裂纹	丅	2
砂眼	正正正正丅	22
其他	正下	8
合计		200

（2）选择度量单位。在排列图中，排列项目的度量单位可以是频数、件数、成本等。但是，在同一张排列图中所有的排列项目的度量单位必须是相同的、等价的，否则将不具有可比性。本例中的度量单位为不合格品的件数。

（3）确定取样周期和确定样本量。排列项目应从分析周期内的质量数据中取样，取样数量应能保证反应过程的基本状况。取得的数据应制成缺陷数据统计表。本例中的取样周期和样本量为 2012 年 11 月全月检查的不合格品件数。缺陷数统计如表 8－4 所示。

表 8－4　缺陷数统计表

不合格类别	不合格数	累积不合格数	百分比/%	累积分比
弯曲	100	100	50	50
擦伤	46	146	23	73
砂眼	22	168	11	84
断裂	18	186	9	93
污染	4	190	2	95
裂纹	2	192	1	96
其他	8	200	4	100
合计	200		100	

（4）画排列图。通常排列图有 3 种画法：帕累托画法、朱兰画法、ISO 9000 标准的画法。其中，ISO 9000 标准的画法具有简洁和便于分析等特点，应作为首选画法。本例中选用的是 ISO 9000 标准的画法，其结果如图 8－1 所示。首先应做一个大的矩形，高略大于底。矩形的底为排列项目，按排列项目的适量均等分。本例中包括“其他”项共 7 个项目，将底

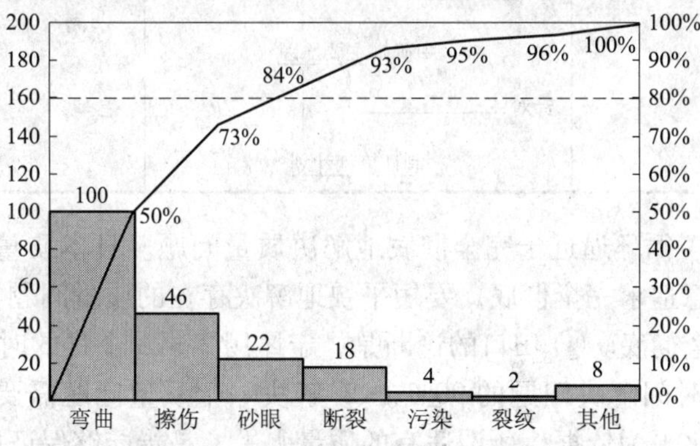

图 8－1　ISO 9000 标准的画法排列图

边均分为七等份后标注项目的名称。矩形的左边为频数纵坐标，坐标上定点必须是总频数，本例中为 200 件；右边为累积百分数纵坐标，右上顶点为 100%，与总频数保持同一水平线。以排列项目为宽，以该项目的频数为高作出一系列长方形，并画出累积百分数曲线，即完成排列图的作图。

（5）排列图的分析。按累积百分数 80% 作水平线，其下所覆盖的百分点代表的项目为关键的少数（A 类项目）。在本例中，"弯曲"和"擦伤"为主要质量问题，应作为质量改进的主攻方向。

小资料

在质量改进活动中，通过对活动前后所做的排列图进行对比，可以明显看出改进的效果及下一步质量改进的项目（遗留问题）。通常称这样的排列图为对比性排列图。

4. 两图一表在 PDCA 循环中的作用

在质量分析活动中常将原因分析工具（因果图、因素展开型系统图和关联图）、排列图和对策表联合使用。质量分析活动是质量改进活动的前奏，是在策划阶段。其目的是制订切实可行的质量改进计划（对策表是措施计划的表格形式，充分体现了 PDCA 循环的逻辑性和抓主要矛盾的特点）。

（1）两图一表在 PDCA 循环策划阶段的任务。PDCA 循环策划的每一步骤都是一环扣一环的，体现了 PDCA 循环的强烈逻辑性。同时，在策划阶段应用排列图筛选主要原因和主要问题，符合帕累托原理。正是由于这个特点，才保证了 PDCA 循环策划阶段的任务得以完成，制订出切实可行的措施计划。两图一表在 PDCA 循环策划阶段的具体任务内容，如表 8－5 所示。

表 8－5　两图一表在 PDCA 循环策划阶段的任务

步骤	内容	应用工具
现状调查	找出存在的质量问题	排列图
原因分析	找出影响 → 的全部潜在原因	原因分析工具
确定要因	从 → 中确定主要原因	排列图
制定对策	针对 → 制订措施计划	对策表

（2）连续的 PDCA 循环逼近于完全彻底地解决质量问题。日本质量管理专家田口强调，解决质量问题不要刻意追求完全彻底，要短平快地解决存在的质量问题，通过持续不断地开展 PDCA 循环逼近完全彻底。① 田口的论断是，宁愿用 2 ～ 3 个月的时间解决问题的 80%，也不愿意用 2 ～ 3 年时间解决问题的 90%。② 解决一个质量问题需要多少个 PDCA 循环，应以实现适宜的质量水平为依据。所谓适宜的质量水平，是指能够保证质量改进过程增值的质量水平。企业适宜质量水平的高低反映了企业的技术能力和管理水平，企业必须刻意谋求

高水平的适宜质量水平，以提高企业的市场竞争能力。

8.3.3 直方图与正态概率纸的应用

1. 直方图的应用

直方图在支持质量改进的应用范围为：① 直方图显示数据的波动形态，即样本和数据的分布；② 直方图直观地传达有关过程的情况和信息，根据直方图所提供的信息，可以推算出数据分布特征值、过程能力指数和过程的不合格品率等，这种推算一般要比控制图的推算更加准确；③ 通过直方图可以决定在何处集中力量进行改进，即为质量改进提供机会。

2. 正态概率纸的应用

正态概率纸是一种特殊构造的坐标纸。横坐标为随机变量（质量特性值）的均匀刻度；纵坐标为标准正态分布概率的一部分范围（0.01%～99.99%）的非均匀刻度。正态概率纸在研究、描述数据分布状况时，与直方图具有相同的功能。在现场质量管理中进行质量分析时，若应用正态概率纸则比直方图更加优越。

8.4 六西格玛方法

8.4.1 六西格玛的概念及意义

1. 六西格玛的由来

六西格玛（Six Sigma）是在20世纪90年代中期开始被GE从一种全面质量管理方法演变成为一个高度有效的企业流程设计、改善和优化的技术，并提供了一系列同等地适用于设计、生产和服务的新产品开发工具。继而与GE的全球化、服务化、电子商务等战略齐头并进，成为全世界追求管理卓越性的企业最为重要的战略举措。六西格玛逐步发展成为以顾客为主体来确定企业战略目标和产品开发设计的标尺，追求持续进步的一种管理哲学。

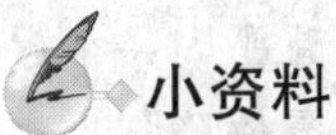
小资料

20世纪90年代发展起来的6σ（西格玛）管理是在总结了全面质量管理的成功经验的基础上，提炼了其中流程管理技巧的精华，之后成为最行之有效的管理方法。目前，已经成为一种提高企业业绩与竞争力的管理模式。该管理法在摩托罗拉、通用、戴尔、惠普、西门子、索尼、东芝等众多跨国企业的实践中证明是卓有成效的。

2. 六西格玛（6σ）的含义

六西格玛（6σ）概念是于1986年由摩托罗拉公司的比尔·史密斯提出的，此概念属于品质管理范畴。“σ”是希腊文的一个字母，在统计学上用来表示标准偏差值，用以描述总体中的个体离均值的偏离程度，测量出的σ表征着诸如单位缺陷、百万缺陷或错误的概率，σ值越大，缺陷或错误就越少，其实质是反应过程质量波动的幅度。6σ是一个目标，这个质量水平意味的是所有的过程和结果中，99.999 66% 是无缺陷的。也就是说，做100万件事情，其中只有3.4件是有缺陷的，这几乎趋近到人类能够达到的最为完美的境界。

8.4.2 六西格玛管理法的含义

1. 六西格玛（6σ）管理法的概念

6σ 管理法是一种统计评估法，核心是追求零缺陷生产，防范产品责任风险，降低成本，提高生产率和市场占有率，提高顾客满意度和忠诚度。6σ 管理既着眼于产品、服务质量，又关注过程的改进。6σ 管理关注过程，特别是企业为市场和顾客提供价值的核心过程。因为过程能力用 σ 来度量后，σ 越大，过程的波动越小，过程以最低的成本损失、最短的时间周期、满足顾客要求的能力就越强。6σ 理论认为，大多数企业在 3σ ～ 4σ 间运转，即每百万次的操作失误在 6 210 ～ 66 800，这些缺陷要求经营者以销售额 15% ～ 30% 的资金进行事后的弥补或修正，而如果做到 6σ，事后弥补的资金将降低到约为销售额的 5% 。

2. 六西格玛（6σ）管理的基础

Sigma（σ）就是应用数理统计来协助衡量价值流的每一过程、每一工序，协助衡量每一个改善过程与结果。因此，六西格玛管理是以数据为基础的管理方法。六西格玛管理的基础是具备完整的数据，包括对数据的收集、分析和利用。六西格玛管理是用数字说话的管理，任何凭主观臆断的管理决策都不为六西格玛所利用。数字为生产企业、服务行业，甚至政府管理部门提供了明确而清晰的目标。因此，人们可以看到，由于六西格玛管理的客观性，统计分析方法在六西格玛管理的各个阶段有相当重要的作用。事实上，六西格玛管理法几乎利用了所有的统计方法。

3. 六西格玛管理的目标

六西格玛管理的目标从最初的追求百万分之三点四的差错率，已发展到追求全球同行业的 NO. 1。并被企业作为取得核心竞争力的一项关键战略，成为全世界追求管理卓越性的企业核心竞争力的一项关键战略。

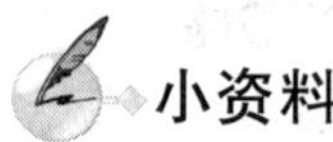

小资料

六西格码是帮助企业集中于开发和提供近乎完美产品与服务的一个高度规范化的过程。测量一个指定的过程偏离完美有多远。六西格码的中心思想是，如果你能“测量”一个过程有多少个缺陷，你便能有系统地分析出管理怎样消除它们和尽可能地接近“零缺陷”。

4. 六西格玛管理涉及的几个概念

（1）流程。在六西格玛管理里，“流程”是一个很重要的概念。举一个例子来说明。一个人去银行开账户，从他进银行开始，到结束办理开户叫一个“流程”。而在这个流程里面还套着一个“流程”，即银行职员会协助你填写开户账单，然后把这个单据拿给主管去审核，这是银行的一个标准程序。去银行开户的人是一线员工的“顾客”，这是当然的顾客，叫“外在的顾客”，而同时一线员工要把资料给主管审核，所以主管也是一定意义上的“顾客”，这叫“内在的顾客”。工厂与这个案例也很像，即下一道工序是上一道工序的“顾客”。

（2）规格。另一个重要的概念是“规格”。客户去银行办账户，时间是很宝贵的。办账户需要多长时间就是客户的“规格”。客户要求在 15 分钟内办完，15 分钟就是这个客户的规格。而如果银行一线职员要用十七八分钟才能做完，那么，这就叫做“缺陷”。假如职员要在一张单上5个地方打字，有一个地方打错了，这就叫做一个“缺陷”，而整张纸叫一个单元。

(3) 机会。这里“机会”是指缺陷的机会，如果一张单据上有5个地方要打，那么这个单元的缺陷机会为5。

西格玛值与对应的正品率，如表8-6所示。以印刷错误和钟表误差为例，直观地展现出误差的比例。

表8-6 西格玛值与正品率

σ	正品率/%	以印刷错误为例	以钟表误差为例
1	30.9	一本书平均每页170个错字	每世纪31.75年
2	69.2	一本书平均每页25个错字	每世纪4.5年
3	93.3	一本书平均每页1.5个错字	每世纪3.5个月
4	99.4	一本书平均每30页1个错字	每世纪2.5天
5	99.98	一套百科全书只有1个错字	每世纪30分钟
6	99.999 7	一个小型图书馆的藏书中只有1个错字	每世纪6秒钟

5. 六西格玛 (6σ) 管理法的意义

(1) 管理的定量化。引入了西格玛这个概念以后，不同的企业、工厂、流程、服务之间都可以进行量化的比较。

(2) 对经营业绩的改善。六西格玛管理是获得和保持企业在经营上的成功，并将其经营业绩最大化的综合管理体系和发展战略，是使企业获得快速增长的经营方式。经营业绩的改善包括：① 市场占有率的增加；② 顾客回头率的提高；③ 成本降低；④ 周期降低；⑤ 缺陷率降低；⑥ 产品/服务开发加快；⑦ 企业文化改变。

小资料

在企业内部，规范的六西格码模式项目一般是由称为“六西格码模式精英小组”(Six Sigma Champion) 的执行委员会选择的，这个小组的职责之一是选择合适的项目并分配资源。一个公司典型的六西格码模式项目可以是矫正关键客户的票据问题，也可以是改变某种工作程序提高生产率。领导小组将任务分派给黑带管理人员，黑带管理人员再依照六西格码模式组织一个小组来执行这个项目。小组成员对六西格码模式项目进行定期的严密监测。

(3) 对促进企业文化建设的作用。六西格玛管理将对企业文化建设或改进产生很大的作用。在分析一些成功企业，特别是处于顶层位置的企业文化建设方面的经验教训时发现，成功的企业在实施质量战略时，比别的企业多走了一步，那就是他们在致力于产品与服务质量改进的同时，肯花大力气去改造与六西格码质量不相适应的企业文化，以使全体员工的信念、态度、价值观和期望与六西格码质量保持同步，从而创造出良好的企业质量文化，保证了六西格码质量战略的成功。

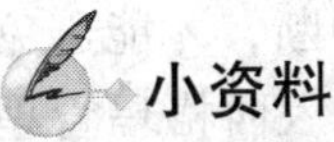

小资料

六西格玛管理战略是企业获得竞争优势和经营成功的金钥匙，在已经实施六西格玛管理并获得成功的企业名单上，人们可以发现摩托罗拉、联信、美国快递、杜邦、福特这样的“世界巨人”。今天，越来越多的企业加入到了“六西格玛实践者”的行列。

6. 六西格码质量管理方法的改进流程

小资料

推行六西格玛模式要求企业从上至下都必须改变“我一直都这样做，而且做得很好”的惯性思维。也许确实已经做得很好，但是距六西格码模式的目标却差得很远。六西格码模式不仅专注于不断提高，更注重目标，即企业的底线收益。假设某一大企业有1 000个基层单元，每一基层单元用六西格码模式每天节约100美元，一年以300天计，企业一年将节约3千万美元。通过实施模式，企业还可清晰地知道自身的水平、改进提高的额度与目标的距离等。

六西格码模式是一种自上而下的革新方法，它由企业最高管理者领导并驱动，由最高管理层提出改进或革新目标（这个目标与企业发展战略和远景密切相关）、资源和时间框架。推行六西格码模式可以采用由定义、测量、分析、改善、控制（DMAIC）构成的改进流程。

（1）定义（Define）。定义是界定核心流程和关键顾客。站在顾客的立场，找出对顾客来说最重要的事项。关键是要理清团队章程，以及核心事业流程，确定需要改进的目标及其进度。企业高层领导就是确定企业的策略目标，中层营运目标可能是提高制造部门的生产量，项目层的目标可能是减少次品和提高效率。

（2）测量（Measure）。测量是要为流程中的瑕疵建立衡量的基本步骤。人员必须接受基础概率与统计学的训练，以及统计分析软件与测量分析等课程。为了不造成员工的沉重负担，不妨让具备实际推行六西格码经验的人，带着新手一同接受训练，帮助新手克服困难。对于复杂的演算问题，可提供自动计算工具，减少复杂计算所需的时间。

小资料

一般将定义和衡量看做第一阶段，此阶段要求能定义客户要求，并将客户要求转化为六西格玛项目的技术和工具，量化和识别客户要求，并将其与公司战略相结合，从而制订六西格玛项目计划并预测收益。另外，各类测量系统的分析技术及过程底线的分析技术也将结合运用。

（3）分析（Analyze）。分析是探究误差发生的根本原因。运用统计分析，检测影响结果的潜在变量，找出瑕疵发生的最重要根源。所运用的工具包括许多统计分析工具，有相关回归分析、方差分析、假设检验、各种图形分析工具等。

（4）改进（Improve）。改进是找出最佳解决方案，然后拟订行动计划，确实执行。这个步骤需不断测试，看看改进方案是否真正发挥效果，减少错误。

（5）控制（Control）。控制是确保所做的改善能够持续下去。衡量不能中断，才能避免错误再次发生。在过去许多流程改善方案里，往往忽略了控制的观念；而在六西格玛管理中，控制是其能长期改善品质与成本的关键。因此，控制阶段的主要任务是对前几个阶段所取得的改善成果进行保持，确保过程不再回复至改善前的状态。

表8－7和表8－8分别给出了六西格玛改进流程各阶段的活动要点、常用统计分析方法和六西格玛改进流程（DMAIC）各阶段的内容。

表8－7 DMAIC过程改进流程活动重点及其工具

阶段	活动要点	常用工具和技术
D定义	项目启动 寻找 $y=f(x)$ 将改进项目界定于合理范围	头脑风暴法、亲和图、树图、因果图、流程图、项目管理、SIPOC图、劣质成本分析、顾客之声等
M测量	确定基准及目标 测量 y、x 评价测量系统有效性	排列图、因果图、散布图、流程图、直方图、趋势图、调查表、水平对比法、抽样、过程能力分析、失效模式分析、测量分析等
A分析	确定要因 确定 $y=f(x)$ 确定关键影响因素	头脑风暴法、因果图、水平对比法、抽样、回归分析、方差分析、假设检验、试验设计、多变量分析图、钱箱图等
I改进	消除要因 优化 $y=f(x)$ 降低过程缺陷或变异	实验设计、田口方法、响应曲面法、测量系统分析、过程改进等
C控制	保持成果 更新 $y=f(x)$ 过程程序化和有效检测	控制图、过程能力分析、过程文件控制、标准化操作程序（SOP）、防差错方法等

表8－8 六西格玛改进程序（DMAIC）各阶段的内容

阶段	内　容
D定义阶段	认识问题并确定目标
M测量阶段	确定问题并测量现状
A分析阶段	识别"关键的少数"
I改进阶段	寻找 $y=f(x)$ 规律，找出解决方案
C控制阶段	控制"关键的少数"并纠正错误

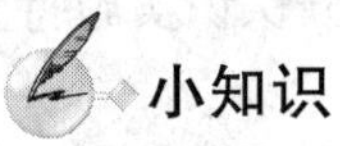
小知识

六西格玛管理与全面质量管理（TQM）的比较

由于六西格玛管理在摩托罗拉、通用电气和ABB等具有广泛影响的世界级公司中取得了巨大的成功，并创造了令世人瞩目的经营绩效和文化变革，许多学者认为，六西格玛管理正在取代全面质量管理成为在企业界中占主流地位的管理模式与经营哲学。也有一些学者对此持有不同的看法。本特·克莱夫斯杰奥等人认为，六西格玛管理并没有脱离TQM理论的基本框架，它仍然是一个在范畴更广的TQM框架内的方法论，为一些传统的质量改进工具创造了更具战略性的用途。尽管与20世纪90年代相比，TQM正在许多公司消亡，但并不能因此认为 TQM 已经落伍或是完全不行了。事实上，许多公司仍然在运用 TQM 的基本原则和技术工具进行质量改进与管理活动，但这些公司确实面临着 TQM 思想所隐含的内在缺陷进行变革的压力。从这个意义上，六西格玛管理的兴起，是企业界对 TQM 乃至其他的质量管理思想进行反思和创新的自然结果。六西格玛管理的基本内核正是 TQM 及其他质量管理思想和观念的蓬勃再生，因而表现出了比过去更多的激情、承诺和务实性。六西格玛管理是典型的定量决策系统，和传统方法相比，它更强调数据的作用，强调运用统计手段和各种技术去发现过程问题的本质规律，从而从根本上消除问题。一旦过程的所有变量得到提示和量化，比较和改善就成为顺理成章的事情。

8.5 质量改进的策划与实施

8.5.1 持续质量改进的策划

小资料

持续质量改进是组织（质量管理体系）长期的工作任务，必须经过精心策划、认真实施和持之以恒的工作才能取得实效。

1. 总体策划

1）持续质量改进的战略管理

组织对持续质量改进战略管理的研究就是对持续质量改进工作的前景及战略决策的制定。必须认识到只有持续质量改进的不间断实施，实现高质量、低消耗的战略管理目标，才可能具备与竞争对手相搏的实力，使组织不断创造出一系列的优质产品和服务，实现“以顾客为关注焦点”的基本原则。持续质量改进的战略管理的目的是对组织存在的质量问题理清头绪，通过系统周密的工作对持续质量改进的总体策划、组织落实、实施方法和质量改进效果评价制定应遵循的原则。

2）管理层的作用

管理层的所有成员应明确在持续质量改进的全过程中应发挥的作用，必须致力于做到以下几点。

（1）学习和理解全面质量管理的基础理论和 ISO 9000 族标准的要求，充分认识实施持续质量改进的重要作用。

（2）在持续质量改进活动中要表现出很大的决心和热情，负责组织和领导质量改进工作，成为员工的楷模。

（3）通过广泛深入的调查研究，制定切合实际的方针、政策，并亲自贯彻到经营管理活动之中。

（4）对质量改进活动要进行组织、协调和定期检查与诊断，保证质量改进活动的正常进行。

（5）要重视质量改进的组织落实、人员的配备和培训教育工作。

小资料

组织的管理层在持续质量改进工作中起着关键的作用。首先应当认识到解决随机因素所产生的质量问题，需要由组织管理层作出决策，而应采取的系统技术改造，往往占组织中质量改进项目的85%以上。同时应注意到，管理层是持续质量改进方针和政策的制定者，而其所制定的方针与政策的水平将对质量改进工作的效果、实现高质量低消耗的目标，以至企业的生存和发展都会起决定性作用。并且，管理层还应在持续质量改进活动的全过程中担负组织、协调、指导和保证完成质量改进任务的责任。因此，管理层所有成员的质量意识、积极性将对全企业推行质量管理和持续质量改进的热情与积极性起着极其重要的主导作用。

3）持续质量改进的总体策划

（1）要分清随机因素和系统因素的作用。① 随机因素作用造成的质量波动幅度过大，不能满足顾客和标准的要求，同时对产品质量相关特性造成不良影响，是持续质量改进的主要解决对象。减小随机因素作用的幅度，应采取系统技术改造的措施，应通过可行性研究和方案论证，经管理层决策后采取措施实施。在企业内，这类问题要占85%以上的比例，应成为持续质量改进的重点。这类问题的解决，大多采取企业质量改进的形式及过程质量改进的形式完成。② 系统因素的作用造成异常质量波动，属于突发性故障。解决这类问题往往只需由部门、岗位甚至个人采取局部措施完成。这类问题的解决，大多采取职工质量改进的形式。

（2）要确立质量改进目标。企业应在一定时期内确立明确的质量改进目标。质量改进目标应与经营管理目标相结合，要注重提高顾客满意度、过程能力和质量管理体系运行的有效性及效率。应注意到质量改进目标的可实现性和先进性。

（3）要对存在的质量问题排序。若组织存在的质量问题很多，应根据各个质量问题的严重程度并结合经济、技术的具体情况，应用排列图、散布图、矩阵图等统计工具进行排序，以确定在一个时期内先后应针对哪些质量问题进行质量改进。在排序时应考虑以下几个方面的情况：① 需要改进的缓急程度；② 质量问题的危害程度；③ 技术上的难易程度；④ 质量改进项目的资金投入及改进后的效益对比程度；⑤ 可能取得的质量改进幅度；⑥ 可能会遇到的阻力等。经过持续质量改进的总体策划，应完成质量改进计划，以文件的方式呈现，并以此积极推进持续质量改进的正常实施。

小资料

当企业确立质量改进目标后，应通过宣传、教育，使职工特别是参与质量改进的人理解实现目标的重要意义并取得共识。当然，确立的质量改进目标也不是一成不变的，应通过定期评审及顾客提出的新要求，对质量改进目标进行修订、调整。在质量改进目标的基础上还应确立质量改进策略，以保证质量改进目标的实现。

2. 项目策划

经持续质量改进的总体策划后，在一个时期内将有若干项目需要实施具体的质量改进，

这些项目已在总体策划中按轻重缓急排列出了改进的顺序。每一个具体项目的策划过程如下。

1）质量分析

质量分析是质量改进的前奏，质量改进是质量分析的后续，二者是质量改进项目完成中密不可分的两项质量管理活动。通常将质量分析称为三分析活动，因为质量分析包含以下有3个分析内容。

（1）分析产生质量问题的危害性。任何组织存在的质量问题，必然会对组织、顾客、社会及各相关方带来不同程度的危害。分析危害的性质和程度，以便从主观上提高对解决质量问题的重视程度。

（2）分析产生质量问题的原因。解决质量问题（实现质量改进）的实质是清楚产生质量问题的原因。因此，在质量分析活动中应采用科学的分析方法确定影响质量问题的确切原因，以有利于有针对性地采取纠正和预防措施消除质量问题，以及预防类似问题的再次发生。原因分析是质量分析活动中的关键内容，在很多情况下经质量改进后效果甚微，究其原因大多是由于未能分析出影响质量问题的确切原因，解决措施并未涉及质量问题的实质所致。

（3）分析解决质量问题应采取的措施。质量分析和质量改进的最终目的是消除存在的质量问题和预防同类质量问题的发生。因此，需要针对分析所得到的主要原因采取纠正和预防措施，实现最终的目的。纠正和预防措施构成项目质量改进的方案。

2）确定质量改进项目

质量改进项目涉及技术、管理和人员3个方面，以及生产经营管理、产品的开发研制、过程的策划、物资的采购、生产和服务的提供等全过程，包括已经发生的质量问题和可能会发生的质量问题，通过广泛深入地调研确定对能取得实效的项目进行质量改进。质量改进项目一经确定，应进行立项，使项目质量改进成为企业法定的工作内容。

3）分析影响质量问题的原因

当质量改进项目立项工作完成后，应立即针对该质量问题，分析其形成过程中各方面的影响因素并验证其中的主要原因。应注意的是，原因分析是集思广益的过程，需要应用调查表、头脑风暴法等工具进行广泛深入的调查研究，并应用因果图、因素展开型系统图、关联图等工具进行深入细致的分析。原因分析应着重从产品设计、生产制造和企业管理等各方面进行。

4）确定项目改进方案

（1）项目改进方案的产生。质量改进工作是全企业系统性工作，当质量改进项目及影响因素被确定之后，应发动与质量改进项目有关的各方面人员参与改进方案的制订，包括企业员工、管理层、供应方和用户，以及有关专家的咨询。

（2）项目改进方案的优化。为了使质量改进活动过程产生最大限度的增值，即以最少的投入产生最佳的质量改进效果，应在多个方案中选择最优的方案实施。在选择方案的过程中应注重可行性分析，应充分考虑企业员工的素质和技术能力（包括企业的硬件设施条件）。

（3）项目改进的实施准备。为保证质量改进活动的顺利进行，在项目改进实施之前应针对项目改进的需要，在人力、物力、财力等方面对资源、任务和职责进行落实。

3. 质量改进的组织落实

1）质量改进的组织形式

（1）质量工作委员会。质量改进组织落实的第一步是组建全企业的质量工作委员会（或类似组织）。质量工作委员会的基本职责是对全企业的质量工作（包括质量改进工作）进行组织、策划、指导、推动和协调，并使质量工作形成制度化。质量工作委员会的领导者应由最高领导层的成员担任，各相关部门的领导参加，这对质量工作委员会的工作取得成效是非常有利的。质量工作委员会是企业的常设机构，在质量改进工作中应承担以下职责。① 制定质量改进方针、政策和阶段目标；② 对全企业的质量改进工作进行总体策划和协调质量改进工作中各相关部门的活动；③ 指导并亲自参与质量改进活动；④ 为质量改进团队配备资源；⑤ 对主要的质量改进成效进行评估、认可和奖励。

（2）质量改进团队。质量改进团队是针对具体的质量改进项目而组建的临时性组织。当质量改进项目的改进工作完成后质量改进团队也随之解散，所以并不纳入企业的组织机构图之中。质量改进团队的成员包括课题组长和组织成员，其应承担的职责包括课题组长的职责和组织成员的职责。其中，课题组长的职责为：① 组织领导团队的全体成员共同完成质量改进任务；② 保证按预订的活动计划开展质量改进活动；③ 做好质量改进活动过程的日程进度、备忘录、各项活动和试验记录及分析报告等准备工作，并定期总结和公布质量改进状况；④ 保持与质量改进相关机构和质量工作委员会的联系与沟通；⑤ 编制质量改进成员总结报告。组织成员的职责为：① 在质量改进活动过程中承担具体的操作，分析质量问题产生的原因，并提出纠正和预防措施；② 对其他成员提出的各方面意见，认真分析并提出建设性建议；③ 当质量改进取得成效时，认真分析和提出防止再次发生的巩固措施；④ 将行之有效的巩固措施标准化；⑤ 在质量改进活动过程中认真参加各项活动，发挥主观能动作用。

小资料

在大型企业中除总厂（总公司）一级设立质量工作委员会外，各分厂（分公司）也应设立自己的质量工作委员会。当设立多级质量工作委员会时，为保证各级质量工作委员会的相互关联有效性，通常上一级委员会的成员担任下一级委员会的领导。质量改进团队在全世界各个国家的名称不尽相同，如QC小组、品质圈、质量改进小组、提案活动小组等，但其基本组织结构和活动方式大致相同。而课题组长在质量改进活动中承担着非常重要的职责，因此对其素质（工作能力、组织能力和技术能力）要求很高，在六西格玛质量改进中应由具有注册资格的“黑带”担任课题组长。

2）质量改进活动过程中的组织协调

企业的质量改进是通过集体活动来实现质量改进的目标，因此在质量改进全过程中应当做好企业上下级之间、各工作部门之间、员工之间，以及合作单位之间的组织协调工作，保证质量改进活动的顺利进行和取得最佳成效。

3）质量改进障碍

尽管人们都认识到，质量改进是一种更有利可图的突破性变革，而且还有一整套严密的组织措施和实施程序，在很多先进企业都有卓越的成效案例，但从很多企业的实际情况可以看到，质量改进的状况并不能全尽人意。有些企业不知道应当如何进行质量改进，也有些企业是由于内在的某些因素阻碍了质量改进的持续进行。因此，在质量改进之前了解一下企业开展质量改进活动的障碍并采取措施克服是非常必要的。

（1）对质量水平的错误认识（自满情绪）。有些企业，特别是质量管理工作开展较好的企业，往往会认为产品质量已经不错，达不到国际先进水平在国内也算是先进水平了，没有什么可以改进的。

（2）对职工能力的错误认识（畏难情绪）。一些企业，特别是曾经在质量改进活动中遭到挫折或失败的企业，认为职工素质低，企业的技术、管理、设备等方面不具备质量改进需要的条件，因此在质量改进活动中停步不前。应当认识到，质量改进过程正是不断提高员工素质、不断完善企业生产条件，以及提高技术水平、管理水平的过程。

（3）对质量水平与生产成本的错误认识。在企业的管理层，特别是高层领导往往会认为“提高质量水平是以增加成本为代价的”。当然，实施质量改进需要投入人力、物力和财力，但是应用现代科学方法、管理技术，特别是统计分析技术，可以实现质量改进过程的大幅度增值，即使质量改进所取得的成效在价值上大大超过质量改进活动中的投入，何况很多质量改进项目本身就是以降低成本为目的的。

（4）对“权力下放”的错误认识。任何一个领导者都会认识到，“一个好的领导者应该懂得如何放权”这个简单的道理。然而，某些企业领导却以权力下放为由，对质量改进工作不闻不问，使质量改进活动失去了领导层的支持和资源保证，使各相关部门不能协调一致的工作，使质量改进活动缺少应有的力度而导致失败。概括而言，企业质量改进活动的障碍往往来源于“文化、技术、管理”3个方面，欲使质量改进活动和项目取得成功，必须对其加以克服。

小资料

应当认识到，21世纪是质量的世纪，高科技提出超高质量要求。目前，我国及第三世界国家的产品质量和管理水平与发达国家相比较，尚有很大的差距，不认识到这一点就不能坚持持续质量改进，就很难在国际市场上具有很强的竞争能力。企业的自满情绪必然会成为质量改进的极大障碍。

8.5.2 质量改进的实施

1. 实施过程的执行、控制和调整

（1）执行。质量改进方案（计划）是经过广泛深入的调查研究和精心策划而成的，基本上能切实可行。因此，在实施过程中，原则上应严格按预订的质量改进方案（计划）执行。

（2）控制。在质量改进方案（计划）的实施过程中，通过质量工作委员会的组织、协调，保证各相关部门协调一致的工作，以及有关统计方法的应用，对质量改进工作内容及时间进度实施控制，确保质量改进目标的实现。

（3）调整。在质量改进方案（计划）的实施过程中，难免会发生由于环境因素、资源条件和未能料及的变化，造成原确定的措施无法执行，因此应及时对质量改进方案（计划）的有关内容进行调整。调整后的质量改进方案（计划）应确保原定目标的实现。

2. 质量改进活动的评审和成果的评价

（1）质量改进活动的评审。质量改进活动的评审是指对质量改进全过程中的各工作环节的有效性及效率进行评审，以确保质量改进组织能有效地发挥作用。通过对质量改进某一阶段的评审，及时发现存在的问题并将质量信息传递到下一阶段或相关部门，以保证质量改进活动正常进行。质量改进活动的评审贯穿于质量改进的全过程，包括质量改进前、质量改进中和质量改进后的评审。

（2）质量改进成果的评价。质量改进是一种追求卓越目标的持续活动，最终目标是不断提高产品质量水平、企业技术水平和管理水平，即提高企业的整体素质。因此，对每个质量改进项目或某一 PDCA 循环结束时，应对取得的成果进行技术、管理、经济等方面的评审。质量改进成果的评审结果应经过质量工作委员会确认。

3. 质量改进成果的确认、奖励及保持

（1）质量改进成果的确认。通过对质量改进成果的评审，企业质量工作委员会应进行确认并将确认结果在企业公布和纳入质量档案。

（2）质量改进成果的奖励。对取得成效的质量改进团队及相关部门应根据取得的效益按国家政策予以奖励，以激励企业员工坚持持续质量改进。

（3）质量改进成果的保持。质量改进成果经确认后应采取措施保持。通常是将确认有效的措施标准化，对相关标准、规程、工艺文件和管理程序等文件进行修订。修订后的文件应在职工中进行宣传贯彻和培训教育，让全体员工执行新的文件，对改进后的过程在新的水平上实施质量控制。

4. 实现持续质量改进

质量目标没有极限，要实现近乎完美的质量水平，保证长期、稳定地向顾客提供优质的产品和服务，必须实现持续质量改进。

（1）为实现持续质量改进，企业管理层必须克服短期行为，应以企业的战略发展为出发点，对企业总体质量改进进行策划。

（2）为实现持续质量改进，必须坚持对员工实行系统的、有计划的分层培训教育，不断学习应用新技术、新工艺、新材料、新设备和各种现代科学方法（包括数理统计方法），不断提高质量改进水平。

（3）为实现持续质量改进，应坚持进行市场调研，掌握顾客的愿望、需求，收集市场对产品和服务的要求。

质量改进没有终点，将是一个永远的、持续的进取过程。

本章习题

一、判断题

1. 质量改进侧重过程，质量突破侧重结果；质量改进是通过一次次的质量突破实现的。（　）

2. 日本质量管理专家田口强调，解决质量问题应一次性完全彻底，可以节省投资，节约时间。（　）

3. 六西格码模式是一种自上而下的革新方法，它由企业最高管理者领导并驱动，由最高管理层提出改进或革新目标（这个目标与企业发展战略和远景密切相关）、资源和时间框架。（　）

二、选择题

1. 以下属于质量改进作用的是（　）。

A. 预防问题　B. 提出问题　C. 解决问题　D. 实现质量控制

2. （　）是质量改进的意义。

A. 具有很高的投资回报率　B. 促进新产品开发，改进产品性能

C. 充分挖掘组织的潜力　D. 提高组织产品的市场竞争力

3. 在质量改进的“两图一表的联合应用”中的两图一表是指（　）。

A. 调查表　B. 原因分析工具　C. 趋势图　D. 排列图

三、思考题

1. 简述六西格玛质量管理的内涵。
2. 简述六西格玛质量改进过程的5个阶段。
3. 简述质量改进如何策划与实施。
4. 简述质量改进的具体步骤、内容及注意事项。

本章案例分析

×××改进项目概述

项目名称：稳定提高×××摩擦力矩限制器的打滑力

单位：×××飞行控制有限责任公司

项目描述：原×××力矩限制器的摩擦片×××-1零件为外国进口件，今年外方进行了设计更改，将其由130齿的齿轮更改为把原×××-1零件和130齿轮合为一体，去掉了36个滚针，用同种材料制成一体零件。自零件更改后，力矩限制器组件在装配中发现其打滑力矩不稳定，有跳动现象，造成舵机工作一段时间后其打滑电流不稳定。经分析，进行了增加摩擦面的摩擦系数（即表面喷砂加大粗糙度）的处理，取得良好效果。但经一段时间生产后，在力矩限制器组件装调中又出现了打滑力矩不稳定现象，按目前装配要求难以调整，影响生产交付。本项目的目的是要稳定提高×××摩擦力矩限制器的打滑力矩。

预期目标：明年年底以前采取一定的技术措施稳定提高力矩限制器的打滑力矩，使其满足技术条件，达到正常生产交付要求。

顾客和公司的利益：提高顾客满意度，改善公司产品的及时交付能力。

财务收益：本项目实现直接成本节约约30 000元。

潜在效益：明显减少返工、返修工时损耗，节约原材料。

项目发起人：×××

黑带或大黑带：×××

资料来源：刘宇，韩福荣．现代质量管理学．北京：社会科学文献出版社，2009.

问题

1. 请给出该项目质量改进策划方案。
2. 你认为该项目应该如何组织实施？

第9章

服务质量管理

学习目标

1. 掌握服务质量的概念和纬度。
2. 使用质量差距模型诊断企业服务质量存在的问题。
3. 运用服务质量测量方法测量企业的服务质量。
4. 了解服务质量的设计方法。
5. 了解如何运用各种方法来改善服务质量。

导入案例

Bandbox 制服公司的成功之路

位于斋浦儿的 Bandbox 制服公司租赁制服给印度的一些领先企业。这家处于快速发展中的拉贾斯坦的小企业，其的成功建立在员工招聘、高收入等方面。该公司还能有效地管理其客户需求，并在员工与客户之间建立了稳固的关系。该公司在过去的 15 年中，以每年 25% 的速度发展，毛利达到了两位数，比同行业的其他企业要高很多。

1996 年，Bandbox 制服公司获得了中小企业“拉吉夫·甘地国家质量奖”。2000 年，该公司又荣获含金量很高的“金孔雀质量奖”。Bandbox 制服公司向客户交流的所有信息都是“品质服务”，从招聘的员工、员工的着装，到员工的个性、员工驾驶的面包车，以及他们供应的制服质量等。

Bandbox 制服公司通过送货司机把公司的服务质量承诺传达给客户。送货司机（称客户服务执行员）每人拥有一个终身个人账户。客户市场与同一位司机接触，通过司机也就了解了公司。一旦有客户由于某种可控因素而离开公司，那么相关司机将面临减少收入的风险。司机每天 8 小时的工作时间大部分都在递送、收集制服，和客户交流，以及建立新的业务联系。司机们通过无线电话处理客户要求与投诉。一位送货司机说：“我之所以热爱这份工作，是因为与客户建立起来的友好关系。你会变成他们的焦点，可以展示你的风度。”公司送货司机的 50%～60% 的收入与客户满意度、客户保留率挂钩。

为了确保其司机能与客户进行有效沟通并维持公司业务，Bandbox 制服公司特别关心新招聘来的员工，然后把他们训练成出色的客户维持专家。Bandbox 制服公司的送货司机要接受5次面试。公司专门招聘那些外表干净利落、身体健康、热爱工作、性格特别友善的人员。公司人事部的一位职员说：“我要的是那些有积极工作态度、想工作又有工作准备的人。”一旦被公司聘用，Bandbox 制服公司的员工将接受为期3个月的全方位训练，然后才能参与送货工作。培训后，他们还需要花9～12个月的时间陪同有送货经验的司机一起工作，以观察他们如何与客户接触。直到那时，新员工才有资格单独从事送货工作。Bandbox 制服公司送货司机的报酬也相当不错，年薪约75 000卢比，相当于同行业平均薪水的1.5倍。

资料来源：Nimit Chowdhary. Management of Services，2007.

9.1 服务质量概述

9.1.1 服务质量的重要性

服务质量关系企业的生存和发展，高质量的服务会为企业带来以下收益。

（1）较高的顾客忠诚度。质量是顾客满意的关键，优质服务产生高满意度，而高满意度又导致忠诚顾客，顾客的忠诚是收益提高和增长的源泉。

（2）较高的市场份额。忠诚顾客为企业带来稳固的顾客群，他们的口口相传能为企业带来新顾客，由此创造更大的市场份额。

（3）为投资者带来较高的投资回报。高质量的服务厂商具有较高的盈利性，投资回报稳定。

（4）有利于培育忠实的员工。优质服务会让员工从工作中获得较高的满意度。满意的员工会更为忠诚，导致更高的生产率和人员流失率的下降。

（5）降低成本。优质服务可以降低服务失误带来的返工和不正常成本，对错误的防范可以在提高生产率的同时降低成本。

（6）对价格竞争具有较强的抗御能力。优质服务的企业具有独特优势，能获得较高定价而不必参与价格竞争。

9.1.2 服务质量研究概况

20世纪80年代，国外对服务质量开始了广泛的研究。北欧学者 Gronroos（1982）根据认知心理学的基本理论，提出了“顾客所感知的服务质量”的概念，并明确了其构成要素，此研究是服务质量理论及结构模型的开创性与基础性研究。同年 Lehtinen&Lehtinen 提出了结果质量和过程质量的概念，与产品质量（只关注结果质量）区分开来。他又于次年把服务质量划分为与实体质量相互作用质量和公司质量。而 Lewis 和 Booms 把服务质量定义为“一种衡量企业服务水平能否满足顾客期望程度的工具”。在北欧学派开创之后，北美学派也开始了对服务质量细致的探索研究。其中，美国营销科学院资助的服务质量研究项目，由 PBZ（A. Parasuraman，Leonard L. Berry，Valarie A. Zeithaml）3人组合完成的系列成果很有代表意义。他们于1985年提出了差距模型（5种），发展和完善了 Gronroos 的顾客感知服务质量，认为“服务质量就是顾客期望和顾客体验的差距”，并指出这一差距是由于服务管理过程不完善造成的。除了上述这些有关服务质量概念或内涵的主流思想之外，还有其他一些关于服务质量的认识。Gummesson（1988）提出了包括设计质量、生产质量、传递质量和关系质量的服务质量模型，后来在1991年进行了修正，将服务质量划分为设计质量、生产质量、过程质量和产出质量四大要素。Teas（1993）认为，服务质量不仅仅是对于企业总服务的概括，还应特别关照服务交付的细节，指出"服务质量是顾客感知与理想标准之间的某种程度差距"。随着服务质量概念和内涵研究的开展，对于如何评价服务质量的研究也在同步进行。Parasuraman等（1988）提供服务质量构成五要素，并据此构成的定量评价服务质量的著名方法SERVQUAL，在学术界和企业界得到了肯定和广泛运用。CSI（Customer Satisfaction Index）即顾客满意度，也是完全从用户（顾客或消费者）角度评价服务质量的测量方法，1986年由一位美国消费心理学家发明，将客户满意状况量化，反映顾客满意水平，以此建立了评价方法。学者Augustyn&Ho比较了几种测量服务质量的工具，认为SERVQUAL是最有效的一种方法。

国内对服务质量的关注是从20世纪90年代开始的，服务质量的理论研究和企业实践成为当时的一股热潮。而对服务质量测量的研究大多是借鉴了国外研究成果SERVQUAL的方法，创新点较少。

9.1.3　服务质量的定义

服务质量是一个复杂的概念，是指服务满足一定需求的全部特征和性质，是企业为使目标顾客满意而提供的最低服务水平，也是企业保持这一预定服务水平的连贯性程度。服务质量应被消费者所识别，消费者认可才是质量。服务质量的构成要素、形成过程、考核依据、评价标准均有别于有形产品的内涵。

在服务业中，服务质量是由顾客感知的质量（见图9-1）。对服务企业而言，质量评估是在服务传递过程中进行的。每一次的顾客接触都是一个使顾客满意或不满意的机会。即服务质量是顾客对特定产品和服务所感知的质量。

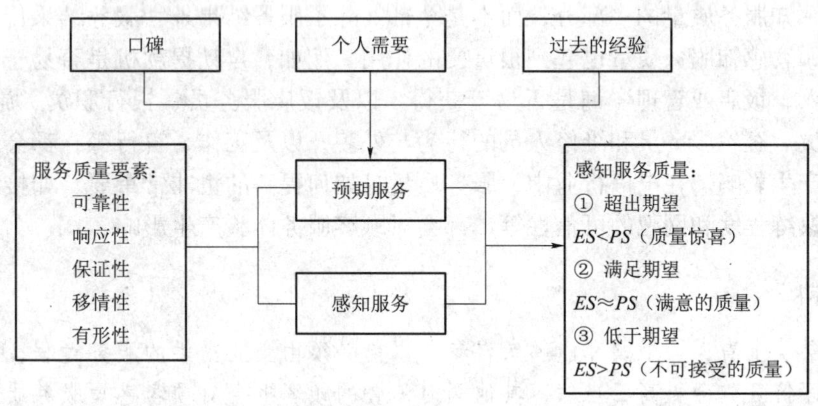

图9-1　感知服务质量

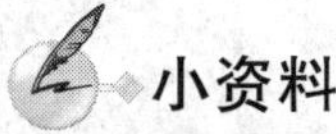小资料

对服务企业而言，质量是在服务传递过程中形成的，顾客对服务质量满意的定义是：将

对服务的实际感知与对期望的比较，当感知与期望一致时，服务质量是令人满意的。需要指出，这里的顾客既包括外部顾客（即通常所指的消费者），也包括内部顾客（即企业内部职员）。内部顾客需要企业内部人员提供的相关服务才能有效开展工作。若没有内部优质的服务，企业也很难向外部顾客提供优质的服务。

9.1.4 服务质量构成

顾客感知服务质量包括两部分：技术质量（结果要素）和功能质量（过程要素）。

1. 技术质量

技术质量是顾客在服务过程结束后的"所得"。顾客从他们与企业的互动关系中所得到的东西对于评价服务质量具有重要意义。企业常常认为这就是服务，但事实不是这样，这些只是服务质量的一部分，即服务生产过程的结果所形成的技术质量（Technical Quality）。在服务管理中，也称其为结果质量（Outcome Quality）。通常，顾客对结果质量的衡量是比较客观的，因为结果质量涉及的主要是技术方面的有形内容。例如，在酒店中住宿者将得到一间屋子和用以睡眠的一张床，在饭店中顾客得到他所要的饭菜，飞机乘客被航空公司的飞机从一个地方运到另外一个地方，企业咨询公司的客户会得到一份公司发展规划，工厂中的产品从仓库被运到顾客那里，银行客户可以得到一笔贷款，设备制造商会对其所生产的设备进行维修，商店会努力去解决顾客的抱怨等，所有这些都是服务的结果，它们无疑是顾客服务体验的一个重要组成部分。

2. 功能质量

顾客接受服务的方式及其在服务生产和服务消费过程中的体验，都会对顾客所感知的服务质量产生影响，这就是服务质量的另外一个组成部分。这个部分与服务接触中的关键时刻紧密相关，它所说明的是服务提供者是如何工作的。因此，人们将其称为服务过程的功能质量（Functional Quality）。在服务营销著作中，也将其称为过程质量（Process Quality）。

在顾客与服务提供者之间存在着一系列的互动关系，包括不同的关键时刻，所以技术质量只是顾客感知服务质量的一部分，而不是全部。除了服务结果外，服务结果传递给顾客的方式，对于顾客感知服务质量也起到很重要的作用。例如，自动提款机是否易于使用，网站是否易于进入，饭店或管理咨询是否易于获得，以及饭店服务员、银行职员、旅行社职员、公交车驾驶员、客轮服务员和维修人员的行为与外貌，以及工作、言行等，都会对顾客服务印象的形成产生影响。在电信行业中，服务质量是如何提高的也非常重要，如接线生态度的好坏、技术熟练程度和网吧的可信性等，都会对顾客服务体验产生影响。

小资料

从更深层次上看，如果顾客能够亲自参与以前必须由企业提供的服务过程，那么，他对服务质量的评价可能会更高。当然，其他同时消费的顾客也会对顾客感知服务质量的形成产生影响，如顾客排长队等候服务或顾客之间的相互干扰。但在另一些情况下，他们也许会在服务接触中对顾客与企业的互动关系产生正面的影响。

3. 服务质量构成要素之间的关系

服务质量由技术质量和功能质量两个部分组成，如图 9－2 所示。这两个部分表明的是

“顾客得到了什么服务”（What）和“顾客是如何得到服务的”（How）这样两个问题。人们很容易理解，与技术质量不同，功能质量一般是不能用客观标准来衡量的，顾客通常会采用主观的方式来感知功能服务质量。

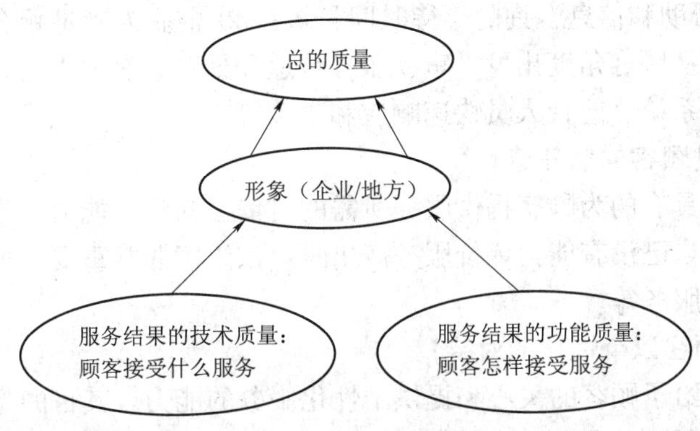

图9－2　服务质量的两个构成要素

在制造业中，多数情况下消费者是看不到企业生产的，但在服务业中，服务提供者无法躲到品牌或分销商的背后。在多数情况下，顾客能够看到企业、企业的资源，以及企业运营方式。企业形象（而不是品牌形象）对于服务企业来说是最重要的，它可以从许多方面影响顾客感知服务质量的形成。如果在顾客的心目中企业是优秀的，也就是说企业形象良好，那么即使企业的服务出现了一些微小的失误，顾客也会予以原谅。但如果失误频频发生，企业的形象将遭到损害。进一步说，如果企业形象很糟，那么服务失误对顾客感知服务质量的影响就会很大。在服务质量形成过程中，可以将企业形象视为服务质量的“过滤器”。

小资料

许多服务，如运输、物流与物资管理、技术服务、顾客抱怨处理、顾客培训等，都可以增加产品的附加价值，因为它们可以同时起到提高技术质量和功能质量的作用。例如，如果通过顾客抱怨处理达到了顾客满意，那么顾客所接受的服务结果就是良好的，即技术质量良好；相反，如果花费很大努力和很多时间才能解决顾客抱怨问题，那么顾客所感知的功能质量就是低下的，而功能质量低下会降低总的感知服务质量，由此也会影响对技术质量的感知。

9.1.5　服务质量的5个维度

顾客可以从以下5个维度将预期的服务与接受、感知的服务质量相比较，最终形成自己对服务质量的判断。这5个维度是可靠性、响应性、保证性、移情性和有形性。

1. 可靠性（按照承诺行事）

可靠性是指员工可靠、准确地执行所承诺的服务能力。可靠性意味着公司按其承诺行事，它体现在服务提供的各个环节中，如按时到达、定价与宣传一致、解决问题等。丽华快餐向订餐者作出的“30分钟内送餐上门”，蔚蓝向订书者作出的“24小时之内送书上门”的承诺，是公司最具核心价值的承诺。顾客喜欢与信守承诺的服务企业打交道，企业要保持言行一致。

2. 响应性（主动帮助顾客）

响应性是指员工根据顾客需要主动帮助顾客，并提供快捷服务的能力。该维度强调在处理顾客的要求、询问、投诉时，员工的专注程度和快捷程度。响应性主要表现为两点：① 顾客为获取员工帮助和信息咨询的等待时间长短；② 企业为满足顾客需求所提供服务的柔性和能力。企业要从顾客角度出发，审视服务传递和处理顾客要求的过程，建立有效的影响机制，如电话应答系统、前台人员快速响应和决策等。

3. 保证性（激发顾客的信任感）

保证性是指员工具有的为顾客提供服务所需的自信、知识与能力。当服务对顾客而言包含高风险，或者顾客自己没有能力评价服务产出时，该维度非常重要，如金融服务、证券交易服务、医疗和法律服务等。

4. 移情性（给顾客以个性化的对待）

移情性是指员工给予顾客的关心和提供个性化服务的能力。其目的是提供个性化或顾客化服务使每个用户感到自己是唯一和特殊的。例如，企业员工清楚地记得顾客名字和职位，在服务提供过程中称呼顾客的头衔，针对不同顾客的偏好调整服务提供内容，都是移情性的体现。

5. 有形性（以有形物来代表服务）

有形性是指服务组织中有形的设备、设施、人员外表等。有形性是顾客评价服务质量的重要依据。顾客到企业所在地接受服务的是服务行业，如餐饮业、零售业、银行业、保健业等，非常强调有形性在顾客评价服务质量中的作用。

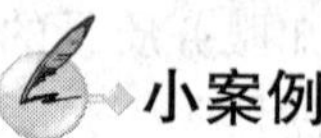

小案例

表 9－1 是顾客从 5 个维度评价服务质量的实例。

表 9－1　顾客评价服务质量 5 个维度的实例

服务行业	可靠性	响应性	保证性	移情性	有形性
汽车修理业	第一时间确定维修问题并按承诺时间完成	顾客可接近，不用等待，及时对顾客要求作出反应	具有丰富的知识和技能	能以名字识别顾客，记住顾客的问题及顾客偏好	维修设施、等候区、制服和设备
航空运输业	航班按时刻表起飞和抵达目的地	迅速快捷的售票系统，空运行李的处理	员工的真实姓名，安全记录良好，员工合格	理解顾客的特殊个人要求，能预测顾客需要	飞机，订票柜台，行李区，制服
医疗服务业	诊断准确，用药得当	不用等待，医生愿意倾听	有良好的知识、技能、资质、证书与声誉	人性化对待病人，记得以前的问题，有耐心和良好的倾听能力	挂号室、候诊室、检验室、医疗器械和书面材料
建筑业	按承诺提出建筑方案并在预算范围之内	能适应外部变化	资格、声誉、业内名气、知识和技能	了解客户行业，承认并适应客户需求	办公区，报告和计划文本，费用报告，员工着装

续表

服务行业	可靠性	响应性	保证性	移情性	有形性
信息处理服务	按要求提供所需服务	对要求能及时反应和处理问题	具有经验与知识丰富的员工，良好的培训与资质	将内部顾客看作不同个体，了解个人及部门要求	内部报告、办公区域及员工着装

9.2 服务质量差距模型

9.2.1 服务质量与顾客满意的关系

很多学者和管理者将顾客满意（关于顾客满意含义的详细介绍见本书 10.2 节）和服务质量互相替换，其实，它们从根本上是不同的。但是，它们也有一些共同点。总体来说，满意是一个更广义的概念，而服务质量评估则专门研究服务的几个方面。因此，服务质量就是顾客满意的一部分。

如图 9－3 所示，服务质量作为评估的焦点，反映顾客对几种服务的特殊方面的感知。例如，判定一家健康俱乐部的服务质量标准包括设备是否齐全，以及需要时是否能正常工作；工作人员对顾客的需求如何应答；训练员技术的娴熟程度，以及设备是否保养得当。健康俱乐部的顾客满意是一个比较广义的概念，其当然受到对服务质量感知的影响，同时也包含着对产品质量的感知（举例来说，在店面出售产品的质量），对会员价格的感知，对消费者情绪状态等个人因素的感知，甚至还有对天气条件、驾车前往或离开健康俱乐部的过程等不可控因素的感知。

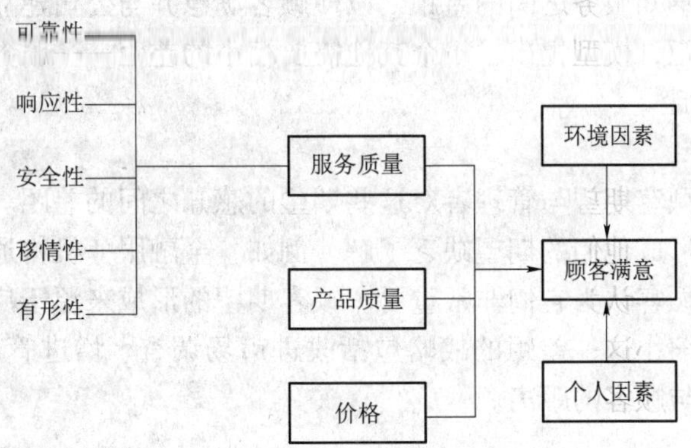

图 9－3 服务质量的感知和顾客满意

9.2.2 服务质量差距模型

1988 年 Berry 和其同事 Parasuraman、Zeiththaml 提出了一种用于服务质量管理的服务质量差距分析模型，如图 9－4 所示。其目的是分析服务质量问题产生的原因并帮助服务企业的管理者改进服务质量。

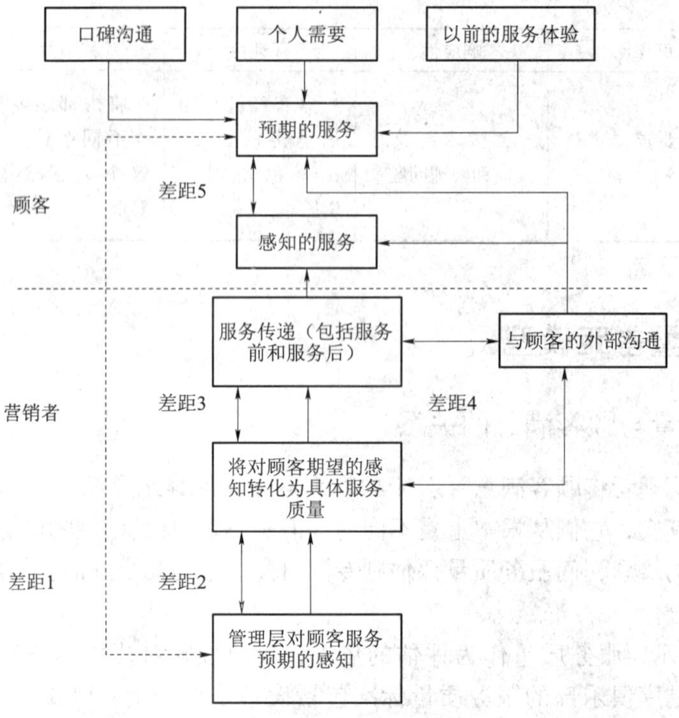

图 9－4　服务质量差距模型

1. 顾客差距

差距模型的核心是顾客差距，即顾客期望与顾客感知的服务之间的差距。期望的服务是顾客在一次服务体验中的参考点；感知的服务是对受到服务的实际反映。中心思想是公司想弥合所期望服务与所感知服务之间的差距，以使顾客满意并与公司建立长期的关系。为了缩小这个重要的顾客差距，模型提出了 4 个其他需要缩小的差距——服务供应商差距。

2. 服务供应商差距

1）*质量感知差距*

质量感知差距是顾客期望与管理者对这些期望的感知之间的差距。导致这一差距的原因是管理者对顾客如何形成他们的期望缺乏了解。例如，金融服务机构通常认为，隐私和保密性相对不太重要，而顾客认为它们非常重要。顾客期望的形成来源于广告、过去的经历、个人需要和朋友介绍。缩小这一差距的战略包括改进市场调查、增进管理者和员工间的交流、减少管理层次、缩短与顾客的距离。

2）*质量标准差距*

质量标准差距是指服务提供者所制定的服务标准与管理层认知的顾客服务预期不一致而产生的差距。即管理层没有构造一个能满足顾客期望的服务质量指标并将这些目标转化到工作计划书中。例如，许多服务企业把重点更多地放在技术质量上，而事实上顾客感觉到有关交付服务的质量问题更加重要。导致这种差距有以下 3 个方面的原因。

（1）市场信息研究不到位。这源于 3 个方面，首先是服务管理人员没有以市场为导向；其次是研究目标不明确，研究数据不充分；最后是没有将研究信息充分反馈和应用到实践中去。

（2）信息沟通失真。这是指企业管理层在员工和其他非企业人员的信息沟通中存在失真现象。信息沟通可以是正式的或非正式的。其中，高层管理人员和前台员工之间互动的质量与效率是沟通的重要方面，这又取决于所使用的媒介。面对面交流是最好的沟通形式。

（3）管理层次复杂。由于前台服务员工与高层管理人员之间存在过多层次，导致信息的扭曲与传递速度变慢，进而使企业对消费者需求作出反应的时间延迟。管理层次越多，针对消费者需求的决策花费的时间越长。弥合该差距的方法是了解顾客期望，具体包括：① 通过市场调研、顾客抱怨分析、顾客清单等了解顾客期望；② 增加顾客与企业之间的直接互动；③ 提高从一线员工到管理层的沟通水平；④ 将信息与创意转化为实际行动。

3）服务传递差距

服务传递差距又称一致性差距，是指服务生产与传递过程没有按照企业所设定的标准来进行，没有达到管理制定的要求。当服务交付体系严重依赖于人员时，这对服务就是最重要的。这一差距是否存在取决于直接与顾客接触的一线服务人员是否愿意按照服务标准来提供服务，以及是否有能力做到这一点。一个服务如果在顾客在场时立刻执行和交付，就特别难以保证质量规格得到满足，这是许多服务行业的常见情况。例如，医学实践依赖于全体行政人员、办事人员和医务人员根据某种标准进行他们的工作。这一活动可能设置一个病人等候最长时间为15分钟的目标。但是，一个具有糟糕日程安排的医生可能会把整个员工系统搞乱。造成该差距的原因有以下几个方面。

（1）团队作业。服务经常通过团队而不是单个的前台员工来传递，因此团队工作的效率与质量可能导致传递差距。员工之间应该进行良好的合作而非竞争。

（2）员工与岗位的匹配。若传递服务的员工不适合该服务要求，就会产生传递差距，尤其是前台服务员工。

（3）技术与岗位的匹配性。由于企业为员工所配备的工具和技术不匹配而导致传递差距。

（4）考核体系。这是由于服务员工绩效评估的片面性所导致的传递差距。例如，消费者希望铁路订票系统的票务员快速、准确、有礼貌，而铁路局管理者对这些订票员的业绩评估仅通过其服务的顾客数量加以衡量，这样会忽略对服务质量的评价。

（5）角色冲突。这是指管理人员、监督人员、消费者等不期望发生矛盾或要求过高时，服务员工会感觉到角色冲突，无法满足所有人的要求。例如，饭店经理想让服务员招待尽可能多的顾客，而顾客可能要求专职服务员。

（6）职责的明晰。员工充分理解自己的职责，首先取决于企业内部由上而下的信息沟通效率；其次取决于企业怎样传递期望、为员工提供怎样的培训、对期望的准确理解，以及怎样进行评估等。弥合该服务差距的方法是确保服务绩效达到标准，具体包括：① 明确员工角色，确保所有员工理解其工作如何使顾客满意；② 为员工提供技术培训和人际沟通培训，将有能力和具备服务技能的员工安排在合适的工作岗位上；③ 选择合适、可靠的技术和设备，提高服务水平；④ 让员工参与标准的制定，减少员工的角色冲突；⑤ 开发公平、有效、简单的奖励体系；⑥ 向管理者和员工授权，确保组织内部支持员工；⑦ 建立工作团队，使员工融洽地合作工作，使用团队奖励进行激励。

4）市场沟通差距

市场沟通差距是指服务企业在市场宣传中所作出的承诺与企业自身实际提供的服务不一

致。由于服务期望来自于媒体广告和与组织的各种交互过程，对外沟通中可能提出过度的承诺，而又没有与一线的服务人员很好地沟通。为弥合这种差距，企业必须事先检查所有的广告、宣传册、电话内容、网站内容等，然后再公之于众。广告代理商广泛采用预审方法，在内容公布前向一个顾客样本传递宣传内容，若通过询问顾客对宣传材料的意见，发现他们对这些信息的理解与企业初衷不符，就换成下一个版本或画面。

小案例

不同国家的服务质量差距

当日本人遇到俄国人时，在顾客期望和服务传递上将会存在很大的差距。在日本，顾客是至高无上的，当顾客走进东京最大的百货公司时，销售职员都站成一排欢迎顾客，并在顾客进入商店时鞠躬。日本百货公司的销售职员不会因为顾客买的东西小、利润薄而对顾客的态度不好。笔者的朋友曾经在东京购物，她不会日语，商店有8名销售员主动提供帮助。服务员从一个柜台到另一个柜台去寻找翻译，帮助她挑选商品。因为，日本顾客在国内受到的极佳礼遇，使他们在国外购物时的经历往往达不到他们的期望，即使在英国这样的“文明”国度也是如此。“真岛秀夫，57岁，一位日本游客，看上去他有些迷惑和烦恼。他站在伦敦的一家百货公司里，其中的两名雇员正在交谈而不是为他服务。他离开时没有购买任何东西。”当人们了解他在国内的购物经历时，对他的烦恼就很容易理解了。

在俄罗斯的购物体会更是跟日本没法比。在俄罗斯旧的计划经济体制下，产品非常稀缺，供应者处于市场主导地位，也就是说是卖方市场，销售者决定卖什么，以及卖给谁。顾客服务的概念其实毫无意义。有一件真实的经历，当一位顾客走进Izmailova宾馆时，假如Izmailova宾馆的服务员忙得顾不上为你服务，请原谅他们，但他们是在玩国际象棋。“你没有看到我不能离开下棋的伙伴吗?”服务员奥列山姆嚷道，他在餐厅后面的房子里被其他6名服务员围着。他们让顾客等了40分钟。但是，自由贸易已经明显在前苏联产生了很大的冲击。莫斯科国际商务研究院的教授彼得·西科伍（Peter Shikkirev）向人们保证，一些俄罗斯餐厅正在仿照美国最好的餐厅提供相应服务。但是，人们怀疑这样的顾客服务水平是否会使日本客人“高兴”。

9.3 服务质量测量

小资料

人们常常说：“如果你不衡量，你就无法管理。”人们总在改进服务质量，但实际上对服务质量的内涵并不了解。如果只片面地强调提高服务质量，而对服务质量是如何被顾客感知的，顾客对服务质量的优劣是如何衡量的不加以界定，这种强调是没有意义的。

对于管理者来说，服务质量体现在哪些方面；测量服务质量的指标体系是如何构成的；如何能够准确、有效地获得顾客对服务质量的真实评价；如何利用评价所得到的结果改进服务工作，进而提高服务质量，这些都是非常现实而又亟待解决的问题。

9.3.1　服务质量测量的困难性

由于服务具有有形产品所不具有的特性，如无形性、异质性、易逝性等，其生产和消费相伴发生，因此其质量的测量比有形产品复杂得多。

另外，顾客满意是由许多无形因素决定的。与具有物理特性的、客观可测的物质产品不同（如装配和完成一辆汽车），服务质量包括许多心理因素（如饭店的气氛）。另外，服务质量的影响不仅限于直接的接触，如医疗服务对人的未来生活质量会产生影响。

9.3.2　SERVQUAL 评价法

SERVQUAL 是用来衡量顾客感知服务质量的一种工具。它建立在服务质量 5 个维度的基础上，通过对顾客服务预期（应当怎样）与顾客服务体验（实际怎样）之间差距的比较分析（即前面所说的期望差距分析）来衡量。具体的评估步骤分为以下两步。

1. 进行调查问卷，由顾客打分

通常选择 22 个指标，被调查者根据其服务体验来回答问题（每个指标的分值在 1 ～ 7 分之间，分别代表“完全同意”和“完全不同意”），说明他们期望的服务质量和感知的服务质量，由此来确定总的感知服务质量的分值。分值越高，表明顾客服务体验与服务预期距离越远，即顾客感知的服务质量越低。事实上，计算每个服务质量决定的分数比总的顾客感知服务质量分数更为重要。表 9－2 列出了利用这种方法评价服务质量时使用的标准问卷。其中，第一部分评价顾客对某类服务（如经济型旅馆）的服务期望；第二部分反映顾客对某个服务企业的感知。调查表中的 22 条陈述分别描述了服务质量的 5 个方面。

表 9－2　评估服务质量的调查问卷

说明：这项调查旨在了解你对服务的看法。你认为提供这种服务的企业在多大程度上符合下列陈述所描述的特征。从每个陈述后面的 7 个数字中选出你认为最合适的。完全同意选 7，完全不同意选 1。如果感觉适中，请选择中间的数字。回答没有对错，此问卷关心的是你对服务的看法。

1……2……3……4……5……6……7

完全不同意　　　　完全同意

E1　这些机构应该有最新的设备和技术。

E2　这些机构的有形设备应具有视觉上的吸引力。

E3　这些机构的员工应穿着得体、整洁。

E4　这些机构有形设备的外观应与所提供的服务类型相匹配。

E5　这些机构承诺了在一定的时间内做到某事，就应该信守承诺。

E6　当顾客遇到困难时，这些机构应给予帮助并尽力使顾客消除顾虑。

E7　这些机构应是顾客可信赖的。

E8　这些机构应遵照承诺的时间为顾客提供服务。

E9　这些机构应准确地进行情况记录。

E10　这些机构不应该被期望准确地通报顾客什么时候开始提供服务。

E11　对于顾客来说，期望从这些机构的员工那里得到迅速及时的服务是不现实的。

E12　员工并不总是必须乐意地帮助顾客。

E13　如果服务人员太忙，以至于不能及时回应顾客的要求，这是可以接受的。

E14　顾客应该能够相信这些机构的员工。

续表

E15	顾客与这些机构的员工交往时，应该能够产生安全感。
E16	服务人员应该有礼貌。
E17	服务人员应该从这些机构中得到足够的支持，以做好服务工作。
E18	这些机构不应该被期望对顾客给予特别的关照。
E19	这些机构的员工不应该被期望对顾客给予针对个人的关怀。
E20	期望服务人员知道顾客需求是不现实的。
E21	期望这些机构了解顾客最感兴趣的东西是不现实的。
E22	这些机构不应该被期望能根据不同的顾客需要调整服务的时间。

说明：下列陈述与你对××公司的看法有关。请根据你对××公司的了解，指出你对每个陈述同意的程度。完全同意选7，完全不同意选1。你也可以选任何中间的数字，表示你对该公司的感觉。回答没有对错。此问卷想了解的是你对××公司的看法。

1……2……3……4……5……6……7

完全不同意　　　　　　　　完全同意

P1	××公司有最新的设备和技术。
P2	××公司的设备有视觉上的吸引力。
P3	××公司的员工穿着得体、整洁。
P4	××公司有形设备的外观与所提供的服务相适合。
P5	××公司承诺了在一定的时间内做某事就会做到。
P6	当遇到问题对，××公司给予您帮助，并尽力使您消除顾虑。
P7	××公司是可信赖的。
P8	××公司遵守承诺的时间提供服务。
P9	××公司准确地进行情况记录。
P10	××公司没有向顾客通报什么时候开始提供服务。
P11	您没有从××公司的员工那里得到迅速及时的服务。
P12	××公司的员工并不总是乐于帮助顾客。
P13	××公司的员工很忙，以至于不能及时回应顾客的要求。
P14	您信任××公司的员工。
P15	在与××公司的员工交往时您有安全感。
P16	××公司的员工态度礼貌。
P17	服务人员从××公司得到足够的支持，以做好服务工作。
P18	××公司没有给予您特别的关怀。
P19	××公司的员工没有给予针对您个人情况的关怀。
P20	××公司的员工不知道您的需求。
P21	××公司不了解什么是您最感兴趣的。
P22	××公司不根据不同的顾客需要调整服务的时间。

2. 计算服务质量的分数

评估服务质量实际上就是对所得到的分数进行计算。顾客的实际感受与期望往往不同，因此对同一个问题的打分存在差异，这一差异就是在这个问题上服务质量的分数。用公式表示为：

$$SQ = \sum_{i=1}^{22} (P_i - E_i) \tag{1}$$

式中：SQ——SERVQUAL 模式中的总的感知质量；

P_i——第 i 个问题在顾客感受方面的分数；

E_i——第 i 个问题在顾客期望方面的分数。

公式（1）表示的是单个顾客的总的感知质量。所得的总分数再除以 22（问题的数目）就得到了单个顾客的 SERVQUAL 分数。然后，把调查中所有顾客的 SERVQUAL 分数加总再除以顾客的数目就得到企业的平均 SERVQUAL 分数。

公式（1）存在一个假定条件，即对于企业提供服务的五大属性来说，其在顾客心目中的重要性是相同的，不存在哪个属性更重要的情况。但在实际生活中，不同的服务其 5 个属性的重要性是不同的。例如，计算机公司的顾客认为，可靠性是最重要的属性。而服装店的顾客就不一定会认为可靠性是最重要的属性。考虑到这一情况，在评估企业服务质量时可进行加权平均。SERVQUAL 分数的计算，在公式（1）的基础上，得到加权计算公式：

$$SQ = \sum_{j=1}^{5} W_j \sum_{i=1}^{R} (P_i - E_i) \tag{2}$$

式中：SQ——SERVQUAL 模式中总的感知服务质量；

W_j——每个属性的权重；

R——每个属性的问题数目；

P_j——第 i 个问题在顾客感受方面的分数；

E_j——第 i 个问题在顾客期望方面的分数。

派拉索拉曼等 3 人同时指出，“期望－感受”差异理论不同于传统意义上的顾客满意/不满意模型中的“期望不一致观点”。“期望－感受”差异理论体现的是一种与特定标准的比较关系，而不是描述预想的服务与获得的服务之间的具体差别。该理论及上述的公式（1）、公式（2）不是用来预测的模型，是一套用来评估与“感受减期望”相关的感知服务质量的评估方法。

随着研究的深入，派拉索拉曼等 3 人也在不断发现自己研究中存在的问题，如与期望相关的概念上的不明确等。1990 年，他们提出了“修正的期望评估”，把顾客期望较为明确地定义为卓越质量水平。在问卷调查中，要求回答者更集中于“提供卓越服务的公司”和某一特征是否对于卓越服务是“重要的”等。

SERVQUAL 模型提供了较为科学、实用的服务质量评估方法，但也存在一些不足，在今后的研究发展中仍需不断完善、发展。例如，很多研究表明，决定服务质量的 5 个因素对于服务企业可能是有意义的，但对于另外一些服务企业可能意义并不大。SERVQUAL 方法所选择的 22 个指标也存在着同样的问题。因此，应用 SERVQUAL 方法必须十分慎重，究竟选择哪些指标要根据具体情况来加以确定，因为服务内容、市场和文化环境存在着差异。在有些情况下，可能要增加或减少一些指标以满足不同的要求。

9.3.3　SERVQUAL 方法对服务质量测量范围的界定

由于测量对象的复杂性，不可能对测量对象的所有方面进行全面测量，因此可以利用 SERVQUAL 方法对服务质量范围的 4 个方面进行测量，因为这 4 个方面质量的好与坏基本上能反映整体服务质量的优劣。

1. 服务质量范围

（1）过程。过程是指服务传递给顾客的方式，它是由一系列的关键事件构成的。在服务过程中，基本的原理是要保持活动的逻辑顺序和对服务资源的协调利用。过程对顾客感知服务质量起到很重要的作用。自动取款机是否易于使用，网站是否易于进入，饭店或管理咨询是否易于获得，以及饭店服务员、银行职员、旅行社职员、公交车驾驶员和维修人员的行为与外貌，以及工作、言行方式，都会对顾客的服务印象形成产生影响。

（2）结构。对服务企业而言，结构是指有形设施和组织设计是否完备，有形设备的外观是否与所提供的服务类型相匹配。不过，有形设施和辅助设备只是结构的一部分，人员资格和组织设计也是重要的质量因素。例如，以小组为单位的活动过程，现场化验室和 X 光设备可以提高药物治疗的质量。更重要的是，组织可以促进相关医生之间的相互磋商。以小组为单位的医疗过程使医生间产生压力，因而便于控制由全体人员提供的医疗质量。通过与设定的质量标准相比较，可以决定有形设施是否完备。例如，人员雇佣、晋升资格等都要达到标准。在大学中，评估教授的资格，只有在指定的刊物上发表论文的能力被认为是反映研究质量的证据。

（3）结果。结果是指顾客在服务过程结束后的所得。例如，乘客被航空公司从一个地方运到另外一个地方，客户从银行得到一笔贷款。服务质量的最终测量要反映最终结果。顾客是否满意，顾客抱怨是否上升，通过跟踪一些指标（如抱怨数量），就可以监视服务结果质量的变化。例如，通过与行业平均水平的对比来监控医院的工作；使用每千名外科手术感染率来评定医院，医院又可用不同级指标来评定病房。

（4）影响。影响是指服务过程结束后对客户短期或长期的影响。社区居民夜间在街道散步是否有安全感，对这些问题的民意测验的结果可以衡量警察工作的影响。医疗工作总的影响应当用人口寿命和婴儿死亡率来衡量；教育的影响常用识字率和国家标准测试结果来衡量。另外，银行对少数民族的借贷率是衡量银行机构对社区经济影响的指标。

2. 利用服务质量 5 个维度对服务质量范围进行测量

服务质量范围包括过程、结构、结果和影响。对范围测量的含义是对每一个范围根据可靠性、保证性、响应性、移情性、有形性的标准制定调查问卷，依据 SERVQUAL 方法，找出到底是范围中的哪一个方面存在问题，从而有针对性地提出改进措施，提高服务质量。这种依据 SERVQUAL 方法的逐一测量，能够发现服务质量中的具体问题。缺点是具体的实践检验工作比较复杂。由于前面已经详细介绍了 SERVQUAL 方法的整体运用，在这里不再逐一赘述。

小案例

美国联邦速递公司的服务质量管理

美国联邦速递公司（Federal Express）从 20 世纪 80 年代起记录客户的投诉，并根据这一信息，改进内部管理。记录客户投诉，有助于管理人员采取补救性措施，解决客户不满意的问题，但管理人员却无法根据这类信息，预见并防止服务差错。为了实现“100% 客户满意”的目标，该公司开始采用统计分析方法，并编制 12 个项目组成的服务质量指数，全面地衡量服务质量和顾客满意程度。该公司还指定 12 位高层管理人员分别负责这 12 个服务属性的质量管理工作，并根据服务质量指数，确定每一位员工的奖金。此外，该公司每周向所有员工分发一次服务质量指数报告，要求员工分析服务差错产生的原因，改进服务质量管理工作。如此的质量管理，使该公司赢得美国波多里奇国家质量奖。

9.4 服务质量的设计与改进

9.4.1 服务质量的设计

恰当的服务设计是控制或提高服务质量的重要方法。本节将介绍6种通过设计提高或控制服务质量的方法。

1. 服务包的整体质量设计法

服务包的整体质量设计法是指在明确服务包定位的基础上，对服务包的4个要素（支持性设施、辅助物品、显性服务、隐性服务）所进行的质量标准设计的方法。这一方法的关键是设计符合服务包定位的质量标准，若质量标准与定位不一致，就需要进行调整。例如，高档酒店和经济型酒店的定位不同，其服务包要素的质量标准也会有所差异。

小案例

大众型餐馆的服务质量设计

大众型餐馆的基本定位是“廉价”和“家常菜”，落实到服务包中4个要素的定位要求如下。

(1) 支持性设施。租用面积不大的商用房，配备有简单的折叠式餐桌椅。

(2) 辅助物品。简单餐具（一次性木筷、普通用餐巾纸），简单纸质的菜单，普通啤酒，小凉菜。

(3) 显性服务。廉价且可口的家常菜。

(4) 隐性服务。老板热情地招呼，服务员简单的上菜与结账服务，门口有一小块可供停放自行车的场地。

若偏离了以上定位，如提供湿纸巾、增加高档海鲜菜等，就会破坏“廉价家常菜”的定位。围绕该定位，可以进一步设计出服务包中4个要素的质量标准。表9－3列出了“廉价家常菜”的大众型餐馆的质量标准及调整措施。

表9－3 大众型餐馆的质量标准

服务包要素	定位项目	质量标准	不一致时的调整
支持性设施	餐馆的周边环境 餐馆的装修、门面 桌椅	周边无垃圾 无污迹和大的破损 干净，无油渍，摆放整齐	清除垃圾，打扫卫生 重新涂漆，清除污迹 擦洗，更换，重新摆放
辅助物品	餐具 菜单 啤酒、凉菜	干净卫生，物品齐备 菜品和价格信息准确 不过期，储存方式合适	更换，高温消毒 及时更新和补充信息 更换，正确储藏

续表

服务包要素	定位项目	质量标准	不一致时的调整
显性服务	味道 食物安全性	适合顾客口味，咸淡适中 无腐烂、过期或飞虫入菜	重新烹饪，换菜或送菜 退换不安全食物，经济或实物补偿
隐性服务	上菜 氛围 结账	上菜及时，上菜员着装整洁 氛围轻松，无争吵 账单准确，找零及时	优化流程，培训服务员礼貌、微笑待客，有效制止和化解争吵 严明纪律，准确核对

2. 强势设计法

强势设计（Robust Design）法也称田口方法，它是以日本管理学会名誉会长田口教授（Genichi Taguchi）的名字命名的。强势设计法的基本思路是，证明某个产品的质量是否过硬，要看其在各种低端情况下（甚至被滥用时）的表现，制造出的高质量产品要不受恶劣环境的影响。例如，一个计算机在充满蒸汽的湿热环境中或摔到地上后仍能使用；手机摔到地上后还能正常通话，就可以称为强势产品。任何一种服务设计都不能保证不出现服务差错，但在设计服务时，可预先做最坏的打算，采取措施防止不利情况的出现。

服务提供者和顾客都是人，不同的个性和特征差异会造成特定的操作环境。服务传递或支持系统中的故障，如计算机失灵、电压降低、供货商交货出错等，都可能造成不利的环境。虽然任何一种设计都不可能使服务或产品在任何情况下都不出现故障，但可以预先做最坏的打算，还可以采取措施防止不利情形的出现，或者在系统中加入后备服务和紧急程序。

小资料

饭店在服务设计时必须考虑各种极端情况出现的可能性，如天气恶劣（大雪天或高温酷暑天）、设备出现故障（如空调失灵、计算机系统崩溃、煤气管道堵塞）、员工在高峰期的短缺、顾客在高峰期流量过大、意外事故（如忽然断电、发生火灾、交通堵塞导致原材料无法按时运到）。针对以上情况，管理者要采取各种提前应对措施。例如，配备足够的临时发电机，储存一定的原材料存货，安全通道的空间设计符合最大值标准，配备符合标准要求的安全消防设施，提前准备若干小煤气罐，在其他计算机上备份数据和操作系统，培训多功能型员工（如收银员在就餐高峰期充当上菜员和服务员），预备适量的桌椅（以备在就餐高峰期通过加桌来满足顾客要求）。

3. 差错预防法

差错预防法也称 Poka-Yoka 法（Poka-Yoka 源于日文的“Yokeru”，意思是“避免”，“Poka”的意思是“被忽视的错误”），是一种通过硬件、软件、程序和其他一些诀窍和控制服务差错或缺陷，保证服务质量的方法。差错预防法采用程序化的嵌入式步骤，程序中的每个步骤都必须按照顺序进行，其实质是形成一个可标识差错的流程。这与密码锁原理类似，密码锁只有在输入一连串正确的号码后才能够被开启。当出现差错时，差错预防法会发出警告并终止生产过程，迫使操作者纠正差错，之后才可以继续。

差错预防法是一种更强调预防的低成本方法，在服务业中较为广泛使用。差错预防法分别为针对服务提供者和针对顾客的两类差错提供预防手段。

1）以服务提供者为基础的缺陷预防手段

（1）快餐店使用的装炸薯条的勺子，既可以加快薯条装入纸袋的速度，又起到量器的作用。

（2）用各种彩色标志标明数据或仪器放置的不同位置。

（3）在处理顾客的钱财问题时，规定并遵循严格的步骤与程序以免出现问题。

（4）按照方便顾客有序行动、方便清洁和维护的原则布置服务设施。

（5）缝合员工的裤兜，避免养成将手放入口袋的习惯，让员工保持正式的礼貌举止。

2）与顾客有关、能够影响顾客行为的缺陷预防手段

（1）准备留言板，用来沟通必要的信息。

（2）预先给顾客一些说明和向导文件。

（3）让员工穿着专用服装，使顾客一眼看去就知道什么问题应该找谁。

（4）合理设置电话内线，以便顾客能够迅速找到适当的服务人员。

小资料

医院在医疗过程中采用的差错预防法是：外科手术的装置中有一种托盘，上面有很多缺口。对于一个特定的手术（如心脏外科手术），所需的全部工具都要放在该托盘的缺口处。在为病人的刀口缝合前，若某个工具不见了就能及时发现，而且很清楚地知道哪个工具不见了。此外，医生在开处方，作X射线透视和进行实验室测试时，可以将相关指令输入计算机系统，计算机会立即检查可能的问题，如药物冲突或过敏等。

航空业中广泛应用的差错预防法是：为旅客进行机场登记，测量旅客随身所带行李的允许尺寸，锁上飞机洗手间时指示灯亮（同时显示“关闭”字样），这样就能预防可能出现的服务差错。

4. 质量功能展开

质量功能展开（Quality Function Deployment，QFD）是另一种提高服务质量的方法，它能将顾客的需求和偏好与服务设计结合起来。将顾客对产品的需求进行多层次分析，将顾客需求转化为产品的设计需求、零部件特性、工艺要求、生产要求的质量策划、分析、评估的设计工具。服务质量功能展开是为了保证顾客满意而提高设计质量的一种方法，它源于制造业，但思路同样适用于服务业。质量功能展开通过“质量屋”得以实施。质量屋（House Of Quality，HOQ）是实现QFD结构化的工具，它提供了一种将用户需求转换成商品和零部件特征，并展开到制造过程的直观结构。通过建立质量屋的基本框架，输入信息、进行分析评价和输出信息，就可以实现从需求到质量的转换。

QFD的核心是将顾客需求与服务设计特点结合在一起。服务质量屋是服务质量特征、顾客需求和企业能力三者之间关系的图解形式。服务质量屋主要由如图9－5所示的几部分构成。左端代表顾客需求，天花板代表质量（技术）要求（质量要素）；屋顶代表相关矩阵（各质量要素之间的关系）；房间代表关系矩阵（质量要素与顾客需求之间的关系）；地板代表设计质量（质量要素的具体指标、目标）；地下室代表设计能力评估；右墙代表竞争能力评估。

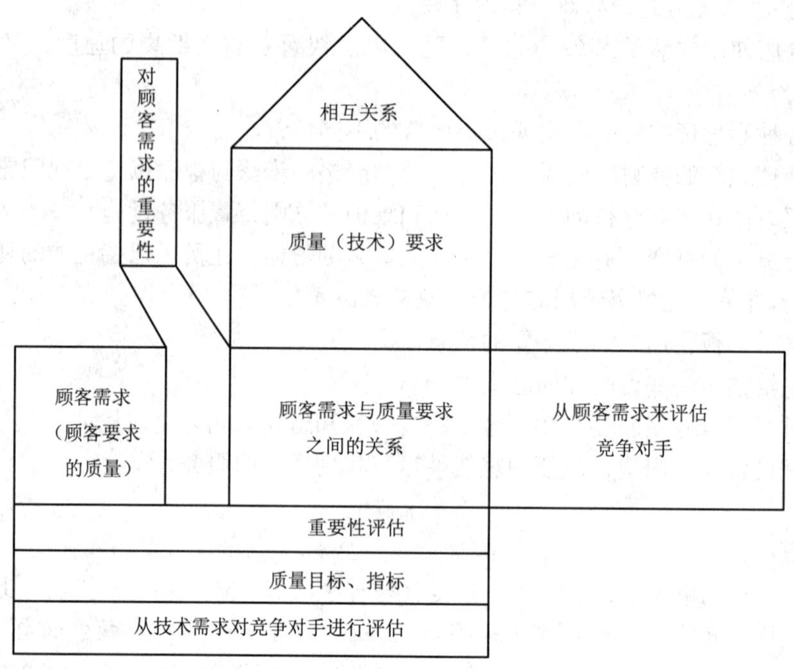

图 9-5　服务质量屋

5. 标杆管理

1）标杆管理的含义

标杆管理法是由施乐公司（Xerox）于 20 世纪 70 年代提出的一种系统调查方法。它是企业在考核服务质量时，通过与业内最好企业的服务质量绩效进行比较并加以改善的方法。例如，新加坡航空公司一流的舱内服务、联邦快递的包裹隔夜到达、沃尔玛的天天平价等被当做各自所在的行业的标杆。标杆学习法对于服务的设计和开发十分有效，特别是在实施一种新服务项目或新的服务流程时，它有助于减轻学习压力和制定全部或部分服务程序的标准。服务企业往往运用标杆学习来衡量其现有的服务，如万豪酒店为快餐业树立了雇佣、培训和薪酬等方面的工作标杆。

小资料

需要指出是，标杆管理不仅局限于本行业，它经常是跨行业的。例如，航空公司通过观察 F1 赛车跑道上高效、顺畅的团队工作来降低机场的周转时间，电气公司到福特公司学习如何优化采购流程、增强采购能力。

2）标杆评比流程

标杆评比流程包括 6 个步骤，如图 9-6 所示。其中，最关键的是第二步“标杆评比准备”：确认标杆评比关键流程，确定标杆评比小组成员，熟悉本企业流程并在企业内部对这一流程进行标杆评比。

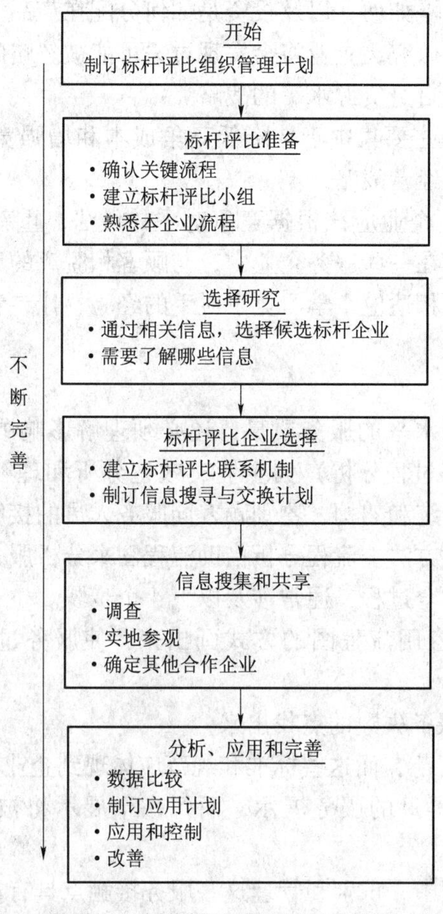

图9-6　标杆评比流程的基本步骤

小资料

施乐公司在20世纪70年代提出标杆管理法，当时称为竞争标杆评比，仅限于探寻同行业中其他竞争企业的成功之处，以作为本企业的经营借鉴。施乐公司当时向其他影印机制造商提出一个建议，允许双方相互参观对方的生产基地，交流生产经营中的经验和其他信息，并将这些共享信息应用到本企业的生产经营中。这种做法可以使双方都获益，击败市场上未进行竞争标杆评比活动的竞争对手。后来，施乐公司认为，不应仅将标杆评比对象局限在同行业竞争者的范围内，还可以从其他行业的企业引进标杆活动，这被施乐公司称为“标杆评比”。例如，施乐公司通过标杆评比活动，从零售商 L. L. Bean 身上学到了为顾客提供优质服务的经验。

3）标杆管理在服务业质量改进中的作用

尽管标杆管理最初主要应用于生产性企业，但它在服务行业中的作用也是显而易见的。服务企业在运用这一方法时可以从战略、经营和业务管理等方面着手。

（1）在战略方面，企业应该将自身的市场战略同竞争者成功的战略进行比较，寻找它们的相互关系。例如，竞争者主要集中在哪些子市场，竞争者追求的是低成本战略还是价值附加战略，竞争者的投资水平如何，以及投资是如何分配在产品、设备和市场开发等方面的等。通过这一系列的比较和研究，企业将会发现过去可能被忽略的成功的战略因素，从而制定出新的、符合市场条件和自身资源水平的战略。

（2）在经营方面，企业主要集中于从降低竞争成本和增强竞争差异化的角度了解竞争对手的做法，并制定自己的经营战略。

（3）在业务管理方面，企业应该根据竞争对手的做法，重新评估那些支持性职能部门对整个企业的作用。例如，在一些服务企业中，与顾客相脱离的后勤部门，缺乏应有的灵活性而无法同前台的质量管理相适应。学习竞争对手的经验，让二者步调一致无疑是企业提高服务质量的重要保证。

6. 流程分析

服务企业要想提供较高水平的服务质量，还必须理解影响顾客认知服务产品的各种因素。而流程分析（又称服务过程分析）为企业有效地分析和理解这些因素提供了便利。流程分析是指通过分解组织系统和架构，鉴别顾客同服务人员的接触点，并从这些接触点出发来改进企业服务质量的一种方法。流程分析借助流程图来分析服务传递过程的各个方面，包括从前台服务到后勤服务的全过程，通常涉及以下4个步骤。

（1）把服务的各项内容用流程图的方式画出来，使服务过程能够清楚、客观地展现出来。

（2）把那些容易导致服务失败的点找出来。

（3）确立执行标准和规范，而这些标准和规范应体现到企业的服务质量标准中。

（4）找出顾客能够看得见的服务展示，而每一个展示将被视为企业与顾客的服务接触点。

在运用流程分析的过程中，识别和管理这些服务接触点具有重要意义。因为，在每一个接触点，服务人员都要向顾客提供不同的功能质量和技术质量。而在这一点上，顾客对服务质量的感知情况将影响他们对企业服务质量的整体印象。

9.4.2 服务质量的改进

1. 服务质量的改进过程——服务质量环

1）服务质量改进的戴明环——PDCA 循环

质量管理是一个动态、循环的过程，需要在对现状进行监控的基础上不断加以改进，这就构成了质量环。制造企业的质量环可以在每道工序通过相应的生产质量标准对产品的质量进行检测，但服务的无形性导致该方法不适用。服务质量环分为4个大步骤，即计划（Plan）、试行（Do）、检查（Check）、实施（Act），因此也称 PDCA 循环或戴明环，如图9－7所示。

（1）计划。确定需要改进的服务质量问题，找出问题的主要原因，设计解决问题的对策。

（2）试行。质量改进的实施过程，先进行小范围试验，随后大面积推广。

（3）检查。收集有关计划执行效果的数据，进行前后对照，找出存在的问题，对计划方案或实施行为加以修正。

（4）实施。对已得到处理的问题的服务流程、处理方法等进行标准化和制度化，对遗

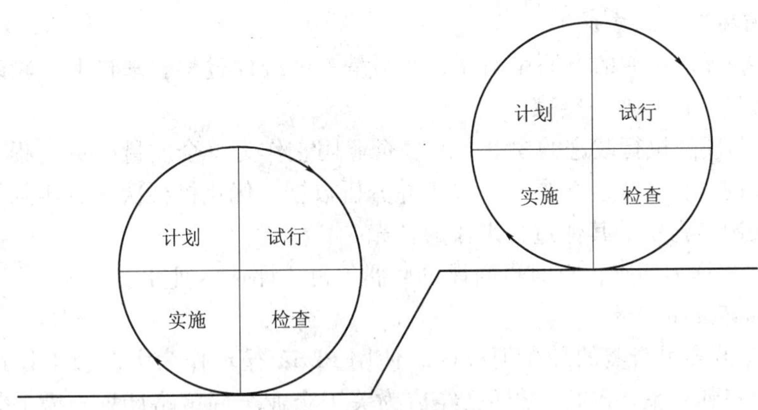

图9－7 服务业的PDCA循环

留问题进一步观察，评价改进后的整个流程和效果。

使用服务质量的PDCA循环要注意3点：① 必须细致了解各服务环节之间的相互关系和作用；② 顾客最有评价服务质量的权利，因此必须收集顾客的评价；③ 服务生产和消费具有不可分离性，因此在服务产生的同时就要对有问题的服务加以纠正。

2）服务质量改进的休哈特环——PDSA循环

PDSA循环（Plan-Do-Study-Act Cycle），又称休哈特环（Shewhart Cycle），它是PDCA循环进一步改进的结果。PDSA循环包括持续改进的4个步骤，如图9－8所示。就像一个环没有终止一样，PDSA循环应该是一个不断重复的持续改进的过程。

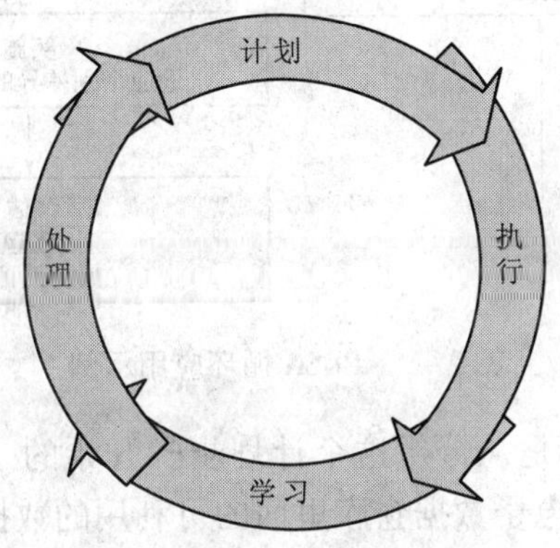

图9－8 服务业的PDSA循环

（1）PDSA循环适用的场合。① 当开始一个新的改进方案时。② 当设计过程、产品或服务的新的改进方案时。③ 当定义一个可重复的工作过程时。④ 为了对存在的问题或根本原因进行核实和区分优先次序，需要进行数据收集和分析时。⑤ 当执行任何改进时。

（2）PDSA循环的实施步骤。① 计划。发现机会，需求评估，制订计划。② 执行。试验——进行小规模的试验。③ 学习。评价试验，分析结果和确认所学到的东西。④ 处理。基于在学习那一步学到的知识采取行动。如果改变无效，更改计划进入另一个循环；如果成功了，则将从试验中学到的东西总结并推广。用所学到的东西进行新的改进计划，开始新的循环。

3）PDSA 循环应用注意事项

（1）PDSA 循环最重要的方面是循环，而不是一个线性过程。来自上一轮改进的反馈循环进入下一轮改进，循环永不结束。

（2）PDSA 循环是执行改进的模型，许多企业用它作为一个质量改进过程。但是，它并不能详述一些关键步骤，如理解顾客、收集并分析数据、优化机会次序、辨别根本原因。可以通过用其他关键步骤中的其他过程来作为补充。

（3）学习常常称为检查，有时也叫评价，偶尔也叫评估、研究或复习。

4）PDSA 循环应用示例

获得 2001 年波多里奇奖的珀尔河校区，使用 PDSA 循环作为大多数工作过程定义的模型，包括从会议室到教室。PDSA 循环已经成为关于企业全局策略计划、需求分析、课程设计和演讲、员工目标的确立和评价、学生服务和支持服务的提供，以及教室指南的基础结构。图 9－9 展示的是课程设计和教室指南描述的 PDSA 持续循环。他们认为，改进不是一项独立活动，而是工作过程的一部分。

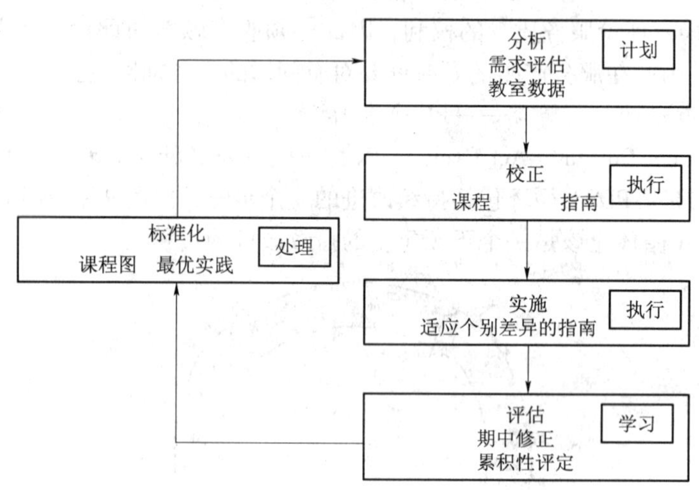

图 9－9　PDSA 循环应用示例

图 9－9 所示的 PDSA 循环是从分析这个计划步骤开始的。在这个步骤中，学生需要的分析是通过研究珀尔河校区的电子数据仓库里面的可利用的数据范围来实现的，这个数据仓库包括了从年级到全国的标准化考试。这些数据可以用来对学生个体进行分析，也可以对年级、性别和其他任何子组进行分层分析。

图 9－9 所示的 PDSA 循环中有两步“执行”步骤。其中，第一个“执行”步骤为“校正”，要进行的工作是整理出国家和州的标准，并了解这些标准是如何进行评估的。此外，教员也要考虑高、低年级教学内容的不同特点及其他应遵循的原则来制订课程计划，以确保对学生的学习有一个清晰连贯的指导。同时，教师也要根据“分析”步骤中得出的差距设定出其个人目标并致力于达到该目标，从而提高教师指导学生的水平。第二个“执行”步骤为“处理”，此时授课真正开始执行，以实现课程和教学目标。适应个别差异的授课是基于每个学生的学习效率和风格，以及教学方法来改变的。

“学习”步骤也称“评估”。持续进行正式或不正式的评估，从日常的教师测量评价，到每六周一次的进展报告，再到每年的标准测试。教师也可以通过访问电子数据库中的比较数据来判别趋势。高需求的学生由特殊儿童学习小组监督。通过一个学年的学习，如果评估显示学生没有达到预期的学习效果，就要进行诸如强制指导、改变教学方法、教师辅导和咨询等的期中修正。评估数据变成下一次循环的分析步骤的输入。

"处理"步骤也称"标准化"。当目标达到时，课程设计和教学方法就要进行标准化。教师在正式或不正式场合分享最佳实践。这个循环的结果变成下一次循环分析阶段的输入。

2. 服务过程控制

(1) 服务质量成本。服务质量成本包括4类：预防成本、检查成本、内部失败成本和外部失败成本。表9-4列出了以银行为例的服务质量成本的构成及含义。为使服务质量总成本最小，企业要更多关注预防与控制。

表9-4 服务质量成本

成本项目	定 义	以银行为例
预防成本	与避免失败发生或预防检查有关活动和工作的费用	质量计划，招聘和培训服务员工，实施质量改进计划
检查成本	检查服务状况，确定是否符合质量标准所发生的费用	定期检查，过程控制检查，收集质量数据
内部失败成本	在交付前更正不符合标准的工作所发生的费用	废弃的表格或报告，返工，机器停机时间
外部失败成本	在交付后更正不符合标准的工作所发生的费用，或者为满足顾客特殊需求而发生的费用	利息惩罚的赔付，调查时间，道德评判，反面口碑，未来业务损失

(2) 服务质量的过程控制。对服务质量的过程控制是一种反馈控制系统，即将输出结果与标准相比较，把标准的偏差反馈给输入，随后进行调整以使输出保持在一个可接受的范围内。服务标准是设定目标和确定测量方法的基础。为与标准保持一致，需要测量和监控输出。当输出与标准对比出现偏差时，要分析原因并确定需要采取的纠偏行动。

3. 服务质量改进工具

(1) 基本的服务质量改进工具。用于服务质量改进的分析工具较多，基本的质量改进工具有工艺流程图、直方图、鱼骨图、帕累托图、控制图、散点图、趋势图、检查表、数据统计与分析。每种工具的用途各有侧重，并已在前面的有关章节做了介绍，在此不再赘述。

(2) 基本的服务质量改进工具的综合运用。服务企业经常会同时采用多种质量改进工具来收集数据，找出问题的根源，并加以改进。在服务质量PDCA改进循环中，不同的质量改进工具有不同的用途，应用于不同的阶段，因此形成了八步质量改进法，如表9-5所示。

表9－5 服务质量的八步质量改进法

PDCA	步骤	说明	工具
计划	1	发现问题	
	2	收集数据	检查法
	3	分析问题	散点图 帕累托图 直方图与条形图 流程图 趋势图（因果图）
	4	找出根本原因	鱼骨图（因果图）
	5	提出解决方案与行动计划	流程图
试行	6	方案的试行	
检查	7	检查与评估	散点图 帕累托图 直方图 流程图 趋势图（运行图） 控制图
实施	8	流程标准化	流程图 控制图

例如，若管理者发现顾客对服务质量不满意，首先要运用检查表收集顾客抱怨数据，接着运用直方图描述数据，显示不同类型抱怨出现的频率。对直方图的有关项目赋予一定权重，将其变成帕累托图，以确定行动的优先顺序。管理者可以召集员工与中层管理者进行座谈，共同讨论导致抱怨的根本原因，这样会形成鱼骨图。随后，根据鱼骨图分析，可以开发出一个效率更高的流程图。当新方案实施后，为保证问题得到真正的解决，企业还要进一步收集相关数据进行分析研究，在此基础上改进方案并将业务流程标准化。当流程改进完成之后，新的运行周期又从头开始。

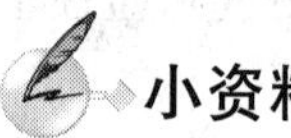

小资料

收集数据的方法有多种，主要有顾客调查、访谈、电子数据收集和直接观察法。服务企业管理者采用哪种工具描述数据取决于数据性质与要达到的目标。例如，要掌握呼叫中心有关顾客等待时间的数据，可以采用直方图来显示全部等待时间的变化情况，或者通过在趋势图（运行图）中加以标注的方式描绘不同时间段内等候时间的长短。

（3）基本的服务质量改进工具应用示例。飞机晚点是航空公司在服务质量上面临的最大问题之一，顾客抱怨和投诉频繁。某航空公司管理者在分析导致飞机晚点的原因时，采用了鱼骨图、帕累托分析法和控制图进行分析与改进。

首先，利用鱼骨图对飞机晚点起飞的原因进行全面分析。图9－10识别了可能导致飞机晚点起飞的主要原因。

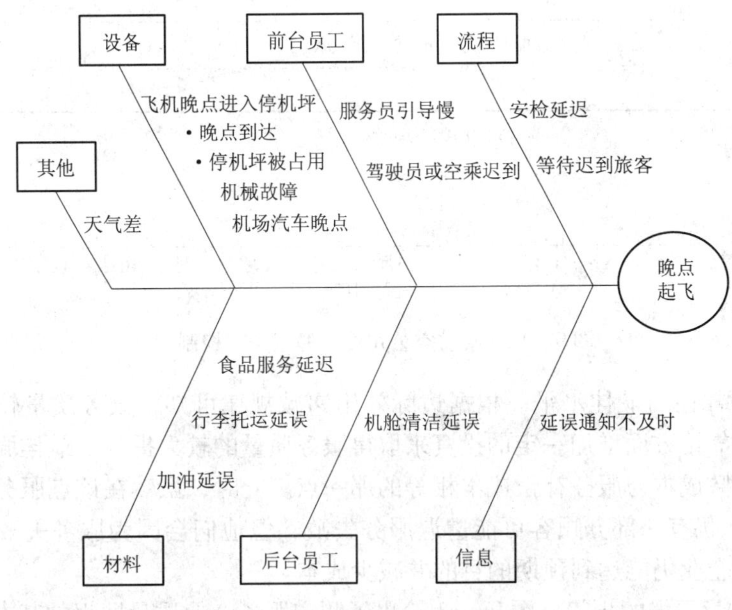

图 9－10　飞机晚点起飞的原因

其次，识别出导致飞机延误的主要原因后，再测量每个原因对实际延误的影响程度。该航空公司通过对离港延误原因的分析，利用帕累托分析法，找出影响准时离港的关键原因，如图 9－11 所示。最终发现，90% 的飞机晚点起飞是由所有可能原因中的 4 个原因造成的，其中超半数的晚点是由一个原因造成的，即天气不好。

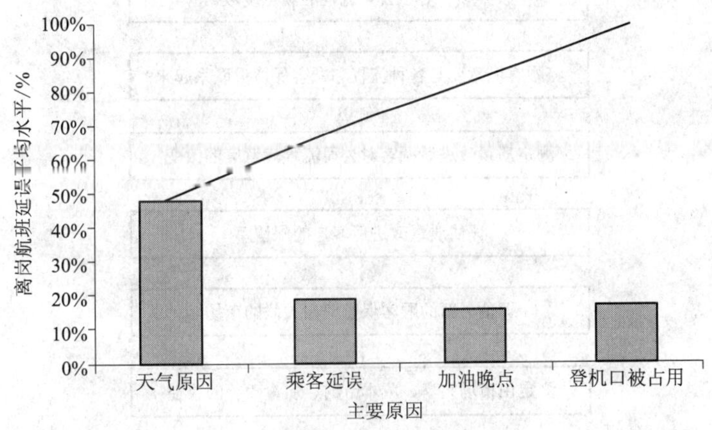

图 9－11　某航空公司航班延误主要原因分析

最后，该航空公司针对存在的 4 个主要晚点原因采取了一系列措施，并设定了质量目标：达到 95% 的平均正点离港率，如图 9－12 所示。在图 9－12 的正点率控制图中，下线设定为 90%。经过一段时间的实践，该航空公司有效提升了航班起飞正点率。

4. 服务质量改进效果测量

服务质量改进的效果可以通过计量质量回报（Return On Quality，ROQ）得到。质量回报法是考察质量投资与效益之间关系的一种方法。该方法的基本思想是：质量是一种投资，质量投资效果可以从财务上进行测量。

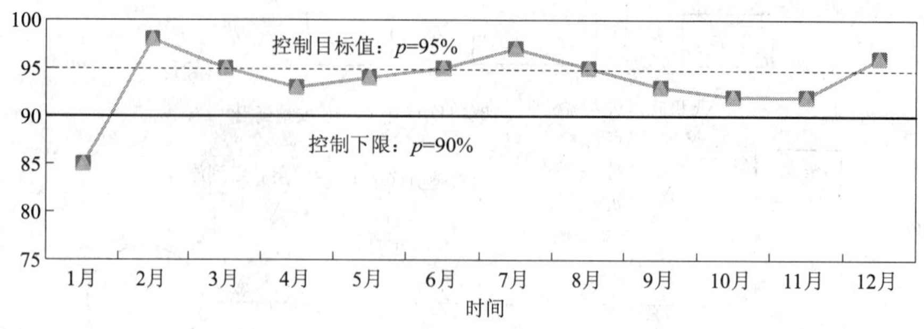

图 9－12　某航空公司设定的正点率控制图

（1）确定可靠性的最佳水平。根据边际效用递减规律可知，服务质量较差的企业，往往可以通过在可靠性方面增加一定的投资来取得服务质量的较大提升。最佳服务可靠性的点应取在使服务失败成本与服务补偿成本相等的那一点。此时，虽然在该点服务质量不能达到 100% 的零缺陷，仍有一部分顾客可能遭遇服务失败，但他们会因为服务失败而得到满意的服务补偿，因此企业仍能达到预期的目的并减少成本。

（2）测量质量回报的步骤。图 9－13 给出了测定服务企业质量回报的基本步骤。

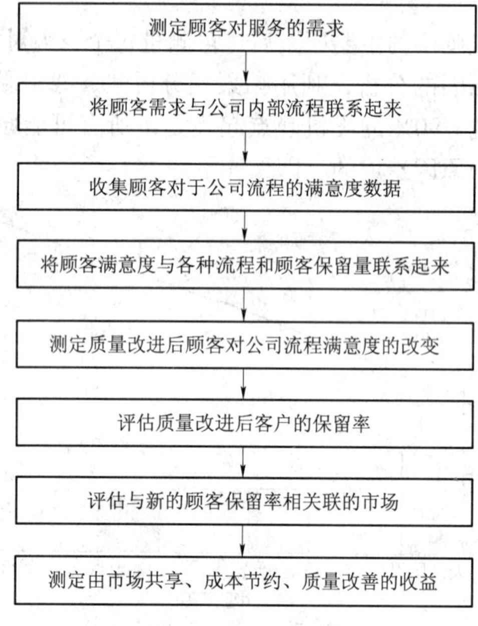

图 9－13　测定服务企业质量回报的基本步骤

本章习题

一、判断题

1. 许多服务，如运输、物流与物资管理、技术服务、顾客抱怨处理、顾客培训等，都可以增加产品的附加价值，因为他们可以起到同时提高技术质量和功能质量的作用。

（　　）

2. 服务质量成本包括预防成本、内部失败成本和外部失败成本。 （ ）

3. 对服务业而言，只要通过持续的服务质量改进，服务失误可以从根本上避免。 （ ）

二、选择题

1. 顾客感知服务质量包括的两部分是（ ）。

A. 内部质量与外部质量　　B. 技术质量与形象质量

C. 结果要素与过程要素　　D. 意识质量与下意识质量

2. 服务质量差距模型中有5个差距，其中属于服务供应商差距的是（ ）。

A. 质量感知差距　　B. 质量标准差距

C. 服务传递差距　　D. 市场沟通差距

3. 导致质量感知差距的原因有（ ）。

A. 市场信息研究不到位　　B. 管理层次复杂

C. 公司服务能力有限　　D. 信息沟通失真

4. SERVQUAL方法对服务质量测量的范围是（ ）。

A. 过程　　B. 结构　　C. 结果　　D. 影响

三、思考题

1. 高质量的服务会为企业带来哪些收益？

2. 服务质量的定义是什么？有哪些特性？

3. 简述服务质量差距模型的含义。

4. 顾客感知服务质量包括哪几部分？简述它们的内涵。

5. 服务质量有几个维度？分别概述它们的含义。

6. 用SERVQUAL方法对你所熟悉的服务进行一下质量测量。

本章案例分析

4个投诉的客户

家住城市郊区的以中产阶级生活人群为主的为罗街（Willo）的4个人均是众多加拿大贝尔（Bell Canada）公司客户的一部分，而加拿大贝尔公司是安大略（Ontario）省、多伦多（Toronto）市的一家电话服务商。他们每个人都遇到了与电话服务相关的问题，并且决定找加拿大贝尔公司进行解决。

1. 文思顿·陈（Winston Chen）先生

文思顿一直抱怨他本人的电话账单数字（事实上，他的电话账单处于Ontario省家用电话账单排名的前2%）。他每周末晚上都要给东南亚的一些国家去电话，几乎每天中午都要给Kingston（离多伦多不远的一个小城市）打电话，并且几乎每个周末都要往不列颠哥伦比亚（British Columbia）省的温哥华（Vancouver）打电话。一天，文思顿先生收到了一张比平常任何时候数字都要高的电话账单。在仔细检查了账单之后，他确信账单数目有误。他被加拿大贝尔公司索取了高于他打电话的账单数额，因此他决定给加拿大贝尔公司的顾客服务部打电话进行申诉，并要求其进行调整。

2. 玛利亚·彼蒂乐（Marie Portillo）小姐

玛利亚·彼蒂乐最近没能接到几个十分重要的电话，原因是拨叫者总是听到忙音。她打电话给电话公司以寻求一个比较可能的解决办法。玛利亚·彼蒂乐小姐的账单在家用电话范围属于中等水平。她打的电话大部分都是本地业务，但偶尔她也会给墨西哥或南美的一些国家打国际长途。她没有申请任何电话业务增值服务。

3. 艾黎那·范德比尔特（Eleanor Vanderbilt）夫人

在过去的几个星期中，艾黎那·范德比尔特因为接到一系列言语猥亵的骚扰电话而烦恼。这些电话听起来像同一个人打的。于是，她给电话公司打电话希望能让这种令她烦恼的事情停下来。她的电话账单数额处于所有家用者的前10%，而且几乎全是本地电话。

4. 理查德·罗宾斯（Richard Robbins）先生

已经有超过一个星期的时间，理查德·罗宾斯家的电话总是发出一种奇怪的嗡嗡声和喀哒喀哒的爆裂噪音，使得理查德·罗宾斯很难听清电话那边的人在讲什么。在他的两个朋友对这样一些分散人心的噪音进行评价后，理查德·罗宾斯先生给加拿大贝尔公司打了电话并反映了这个问题。他们猜测问题的来源是话机本身，这台机器因为使用过久已经老化，并且有时会丢失一些信息。理查德·罗宾斯先生的电话账单排在所有家用者的第75名。他的绝大部分电话都在加拿大本国范围以内，并且通常都是在晚间及周末拨叫的，尽管他偶尔也会给美国打几个长途电话。

资料来源：李晓．服务营销．武汉：武汉大学出版社，2004.

问题

1. 请基于案例内容所给予的信息，试分析该电信通信市场由哪些部分构成。

2. 作为一名电话公司顾客服务部职员，你将如何解决每一宗电话服务问题，以及投诉报告？

3. 从这些抱怨之中，你能够看到对于贝尔公司有利的市场营销机遇吗？为什么？

第10章

顾客满意

学习目标

1. 了解顾客满意与顾客满意度的含义及特点。
2. 了解关注顾客的重要性。
3. 掌握顾客满意的影响因素。
4. 掌握顾客满意度测量的方法。
5. 了解提高顾客满意度的策略。
6. 了解服务补救的策略与方法。

导入案例

一顿满意的家乡菜

一天，一个由32位台湾老人组成的旅游团来到某高级饭店，要求尝一尝地道的家乡菜。可是，饭店管理人员并不知道他们到底要吃哪儿的菜，喜欢什么口味，有什么特殊要求等。于是，饭店经理一连打了十几个电话，终于了解到这批台湾老人当时入住的酒店，通过与那家酒店联系，传真要到这些客人在这个城市所有用过餐的菜单，掌握了许多非常有价值的信息，并了解到这些客人都是从浙江宁波去台湾的。当服务员为客人们送上一桌地道的宁波菜时，老人们仿佛孩童一般地欢呼起来。不一会儿，这些菜就被一扫而光，老人们非常满意。他们说，这是他们到大陆后吃到的最香、最满意、最开心的一顿饭，并向饭店表示诚挚的感谢。

资料来源：http://wenku. baidu. com/view/24b61ebefd0a79563c1e727e. html.

10.1　顾客满意与顾客满意度

10.1.1　顾客满意的意义

小资料

随着经济全球化的趋势越来越显著，企业间的竞争比以往任何时候都更加激烈。市场经历了从生产导向到顾客导向，从卖方市场到买方市场的转变。那些购买商品或接受服务的顾客都在努力寻找具有明显竞争优势的企业，并通过对不同企业之间所感受到的差异来指导选择过程和决定所付出的价格。为了生存和发展，企业开始认识到顾客对产品或服务满意与否，对企业有着至关重要的作用。所以，顾客是评判质量优劣的主角，是组织生存和发展的基础。

1. 顾客满意与不满意对组织的影响

GB/T 19000—2008/ISO 9000：2005《质量管理体系基础和术语》中明确提出“以顾客为关注焦点”，而且把它作为质量管理 8 项原则的第一条，强调组织应充分理解顾客当前和未来的需求，满足顾客要求并争取超越顾客期望。同时，在标准总则中明确提出：“用于组织证实其具有提供满足顾客要求和适用的法规要求的产品的能力，目的是增进顾客满意。”这就说明 ISO 9000 标准更加关注顾客的需求，注意外在力量对组织的反映。在对质量术语的定义中，将质量定义为“一组固有特性满足要求的程度”。这也表明，ISO 9000 标准在倡导一种以适应性来定义的质量、以顾客满意为目标的竞争战略。或者说，建立组织质量管理体系的目的，就是要推动组织顾客满意度的提高。组织中几乎所有影响顾客满意的工作都属于质量管理工作的范畴。因此，有些发达国家的专家认为，21 世纪的经济发展是以顾客的质量观为主导的，主张把“顾客满意度”列为衡量“企业国际竞争力”中核心能力的主要标准之首。

顾客满意与否，对于组织的直接影响是巨大的。统计资料表明，赢得一个新顾客的成本大约是维持一个老顾客成本的 5 ～ 6 倍。减价或其他刺激措施固然可以快速吸引新的顾客，但这些顾客也会以同样的速度在竞争者的诱惑面前离你而去。而且，将已经离开的顾客再次吸引回来的成本比使他们一开始就满意所用的成本要多。

小资料

顾客满意能够为组织带来巨大的经济利益。企业销售利润的 10% 由一般顾客带来，30% 由满意顾客带来，60% 由忠诚顾客带来。但是，顾客满意又是顾客忠诚的前提条件，可见顾客满意关系到组织收益的重要指标。施乐公司的高层领导相信，高度满意顾客的价值是一般满意顾客价值的 10 倍。一个高度满意的顾客比一个一般满意的顾客留在施乐公司的时间更长和购买其更多产品。百事可乐公司的总裁 Roger A. Enrico 认为，如果你完全是以顾客为中心的，并且你提供顾客想要的服务，所有事情都会成功。美国朱兰学院于 1994 年所做的一项调查表明，美国最大的 200 家公司中有 90% 的最高管理者同意以下观点：最大程度地提高顾客满意可以赢得最大的利润和市场份额。其中，90% 的公司通过进行系统的跟踪和改进顾客满意度等有组织的活动证实了他们的想法。

2. 顾客满意与不满意的行为

1）顾客满意时的行为

通常，一个满意的顾客会有以下行为。

（1）保持较长时间作为企业的顾客。

（2）购买更多的企业新产品和提高购买产品的等级。

（3）向其他人或潜在顾客传播企业的正面信息。

（4）忽视竞争品牌和广告，并对价格不敏感。

（5）向企业提出产品或服务的建议。

（6）由于交易惯例化而比用于新顾客的服务成本低。

顾客从购买到满意，再从满意到忠实，最后向自己的亲朋好友传播口碑，其中的每个过程都会给企业带来利润。所以，满意顾客的价值，不仅是其一次购买的金额，而是其一生所能带来的总额，包括顾客自己及对亲朋好友的影响。况且，维系老顾客远比争夺新顾客的竞争更具有隐蔽性，更不易激起竞争者的反应。此外，满意的顾客还将有助于减少或消除不满意的顾客带来的负面宣传。

2）顾客不满意时的行为

一个不满意的顾客会有以下行为。

（1）大多数（约79%）不满意的顾客将会转向其他品牌。

（2）使其他更多人对商品或服务质量产生不良印象，从而这些顾客对该产品或服务产生不良印象。

（3）24%的人会告诉其他人不要到提供劣质商品或服务的商店购物。

小资料

一些研究表明，顾客每4次购买中就会有一次不满意，而只有5%的不满意顾客会抱怨。大多数顾客会少买或转向其他供应商。而54%～70%的投诉顾客，如果投诉得到解决，他们还会再次同组织做生意；如果顾客感到投诉得到很快接受，数字会上升到惊人的95%。顾客的投诉得到妥善解决之后，他们就会把处理的情况告诉他们遇到的每个人。

3. 用科学方法分析顾客满意程度的意义

可以看出，顾客在购买或消费组织提出的产品或辅助的过程及其之后，会产生一种自己的要求是否已被满足的心理感受或认知。顾客的这种感受或认知直接反映了对产品或服务是否满意，而顾客满意与否对组织的生存和发展会产生巨大的影响。因此，组织需要重新认识顾客；需要站在顾客的立场而不是组织的立场上去了解顾客的需求和期望；需要用科学的方法去分析产品或服务满足顾客要求程度的感受。

安永公司和美国质量基金会提交的国际质量研究报告指出，企业在战略计划流程中，认为顾客满意的重要性是第一位的百分比（见表10－1）越高，对企业的发展越有促进作用。

表10－1 认为顾客满意的重要性是第一位的百分比

加拿大	德国	日本	美国
81%	73%	98%	78%

从表10－1中可以看出，日本企业认为在战略计划流程中，顾客满意的重要性是第一位的百分比要远远高于其他几个国家，反映出对顾客满意的高度重视是第二次世界大战后日本经济迅速复苏，并打开国外市场，从而迅速成长为世界第二经济强国的重要因素。

同时，有资料表明，对顾客的重视程度和潜在的投资回报率（ROI）成一定的正相关关系，如图10－1所示。

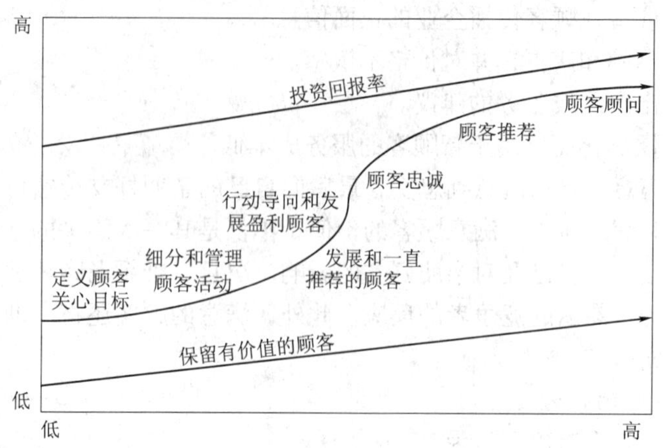

图 10－1　顾客重视水平与潜在 ROI

4. 顾客满意是企业效益的源泉

顾客可以是个人、群体或是一个单位，其需求构成市场。企业对顾客需求的满足程度决定着企业的获利能力。因此，顾客满意可以被认为是企业效益的源泉，这一点可以从以下一些由调查研究得出的数据结论中得到证明。

（1）开发 1 个新顾客的成本是留住老顾客的 5 倍，而流失 1 个老顾客的损失，只有争取 10 个新顾客才能弥补。

（2）一位不满意的顾客会向 8 ～ 10 个人进行抱怨。

（3）企业只要将顾客保留率提升 5%，就可能将其利润提高 25% ～ 85%。

（4）将产品或服务推销给一位新顾客和一位老顾客的成交机会分别为 15% 和 50%。

（5）如果事后补救得当，70% 的不满意顾客仍然将继续购买企业的产品或服务。

（6）一个满意的顾客会引发 8 笔生意，其中至少有 1 笔成交；1 个不满意的顾客会影响 25 个人的购买意愿。

除此之外，在营销界还有一个著名的等式 100－1＝0。意思是，即使有 100 个顾客对企业满意，但只要有 1 个顾客对其持否定态度，企业的美誉就会立即归零。这种形象化的比喻虽然有些夸大，但实际的调查数据表明，每位非常满意的顾客会将其满意的产品或服务告诉至少 12 个人，其中大约 10 个人在产生相同需求时会光顾该企业；相反，认为非常不满意的顾客会向至少 8 ～ 10 个人抱怨他的不满，这些人在产生相同需求时不会光顾被抱怨的企业，而且还会继续扩大这一负面影响。

从以上这些数据可以看出，顾客满意问题将直接影响现代企业的利润获得能力。企业向社会所提供产品的最终使用者是顾客，他们在购买和使用以后，会产生一种可以模糊测定的心里体验，即满意程度。现代企业可以以提升这一满意度为核心，展开其整个经营管理工作。

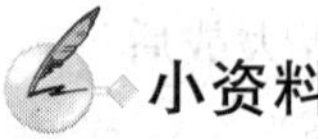

小资料

20 世纪 80 年代末和 90 年代中期，IBM 公司出现的异常史无前例的危机，也向“利润中心论”敲响了警钟。当时，IBM 公司的市场占有率下跌了 12 个百分点，股票价值由 178 美元跌至50美元，年亏损额达80多亿美元，公司裁员10万人。这一危机把IBM公司推向了崩溃的边缘。管理专家在对其危机进行诊断时作出的结论是“过分强调外在形象和企业利润，而忽视了顾客的需求。”IBM公司这一典型事例使得众多企业重新审视自己的管理思想，并将顾客需求的地位提升到了前所未有的高度。相似地，曾经的全球手机市场龙头老大诺基亚公司在2012年第一季度结束了其14年来的对手机市场的绝对统治。究其原因，也是因为其忽视了顾客的需求，只埋头于产品，脱离了市场。虽然，诺基亚公司最先创造出了一款可以连接互联网、大触摸屏的手机原型机，他们意识到了该款手机或将帮助诺基亚公司在快速发展的智能手机市场获得巨大的优势，但高层却没能意识到这正是顾客的需求，只因担心风险过高而未能快速完成触摸屏、应用软件，以及3-D界面等的设计，从而失去了在多个重要领域的领先位置。单一的机型、不够人性化的操作系统也降低了顾客的满意度。

10.1.2 顾客满意

1. 顾客满意的产生与发展

“顾客满意”的产生是在20世纪80年代初。当时的美国市场竞争环境日趋恶劣，美国电话电报公司（AT&T）为了使自己处于有利的竞争优势，开始尝试性地了解顾客对目前企业所提供服务的满意情况，并以此作为服务质量改进的依据，取得了一定的效果。与此同时，日本本田汽车公司也开始应用顾客满意作为自己了解情况的一种手段，并且更加完善了这种经营战略。

在20世纪80年代中期，美国政府建立了“马可姆·波多里奇全国质量奖”（Malcolm Baldrige National Quality Award），以鼓励企业应用“顾客满意”。这一奖项的设立大大推动了“顾客满意”的发展。当然，它不只是单纯考核企业顾客满意度最终得分，而是测评企业通过以“顾客满意”为中心所引发的一系列进行全面质量管理的衡量体系。IBM、MOTOROLA、FEDEX、先施等公司都是这一奖项的获得者，但至今为止，全球每年获得这一奖项的企业没有超过5名。

20世纪90年代中期，顾客满意度调查在中国内地的跨国公司中得到迅速而广泛的应用。原因之一是跨国公司总部要求按照本部的模式定期获得大中国区市场的顾客信息，以应对全球化进程中的计划与挑战。并且，在日趋激烈的竞争中，优秀的服务成为企业获得并保持竞争优势的重要诉求。同时，企业主管需要对员工的工作绩效进行量化评估，这需要来自顾客的评价。

小资料

顾客满意是经济发展的必然，是以人为本观念普及的必然结果，更是企业永恒追求的目标。

2. 顾客满意的内涵与特征

1）顾客满意的概念

顾客满意（Customer Satisfaction，CS）是指顾客对其要求已被满足的程度的感受，是指顾客对一件产品满足其需要的绩效（Perceived Performance）与期望（Expectations）进行比较所形成的感觉状态。顾客满意即顾客对其要求已被满足的程度的感受。在理解顾客满意的概念时，有以下两点要注意。

（1）顾客抱怨是一种满意程度低的最常见的表达方式，但没有抱怨并不一定表明顾客很满意。

（2）即使规定的顾客要求符合顾客的愿望并得到满足，也不一定确保顾客很满意。

从上面的定义可以看出，满意水平是可感知效果或测量分析后效果和期望值之间的差异函数。如果效果低于期望，顾客就会不满意；如果效果与期望相匹配，顾客就会满意；如果效果超过期望，顾客就会高度满意、高兴或欣喜，从而达到提高满意度。顾客购买行为后的3种感觉状态，如图10－2所示。

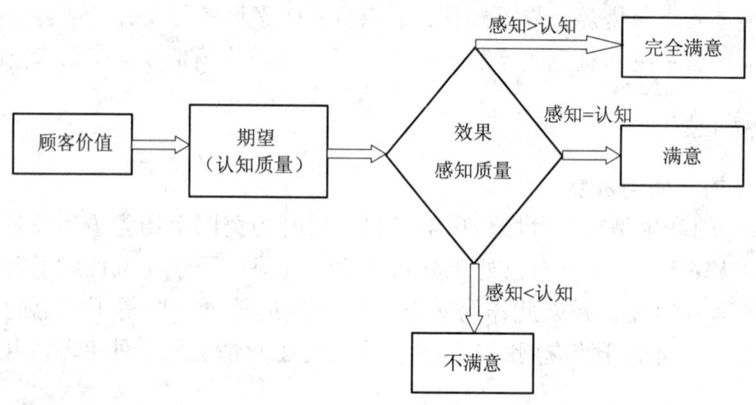

图10－2　顾客购买行为后的3种感觉状态

一般而言，顾客满意是顾客对企业和员工提供的产品与服务的直接性综合评价，是顾客对企业、产品、服务和员工的认可，在企业内部也可以认为是下个过程对上个过程的评价认可。“顾客”根据他们的价值判断来评价产品和服务，因此，PhilipKotler认为，“满意是一种人的感觉状态的水平，它来源于对一件产品所设想的绩效或产出与人们的期望所进行的比较。”如果对企业的产品和服务感到满意，顾客也会将他们的消费感受通过口碑传播给其他的顾客，扩大产品的知名度，提高企业的形象，为企业的长远发展不断地注入新的动力。

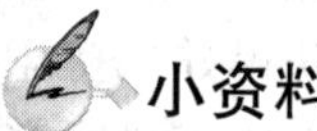

小资料

从企业的角度来说，顾客服务的目标并不仅仅止于使顾客满意，使顾客感到满意只是营销管理的第一步。美国维持化学品公司总裁威廉姆·泰勒认为，“我们的兴趣不仅仅在于让顾客获得满意感，我们要挖掘那些被顾客认为能增进我们之间关系的有价值的东西。”在企业与顾客建立长期的伙伴关系的过程中，企业向顾客提供超过其期望的“顾客价值”，使顾客在每一次的购买过程和购后体验中都能获得满意。每一次的满意都会增强顾客对企业的信任，从而使企业能够获得长期的盈利与发展。

2）顾客满意的层次

顾客满意包括产品满意、服务满意和社会满意3个层次。

（1）产品满意是指企业产品带给顾客的满足状态，包括产品的内在质量、价格、设计、包装、时效等方面的满意。产品的质量满意是构成顾客满意的基础因素。

(2) 服务满意是指产品售前、售中、售后，以及产品生命周期的不同阶段采取的服务措施令顾客满意。这主要是在服务过程的每一个环节上都能设身处地地为顾客着想，做到有利于顾客、方便顾客。

(3) 社会满意是指顾客在对企业产品和服务的消费过程中所体验到的对社会利益的维护，主要是指顾客整体社会满意，它要求企业的经营活动要有利于社会文明进步。

3）顾客满意的特性

顾客满意具有5个方面的特性。

(1) 顾客满意的主观性。顾客满意与否是建立在其对产品或服务的体验上的，感受的对象是客观的，而体验则是主观的。

(2) 顾客满意的层次性。处于不同需求层次的顾客对同一产品或服务的满意有不同的要求与感觉。

(3) 顾客满意的相对性。顾客愿意把享受的服务和以前的消费经验相比较，从而得出满意或不满意的结论，这个结论具有相对性。

(4) 顾客满意的阶段性。顾客今天满意不代表明天满意，更不代表永远满意。

(5) 顾客满意的社会性。企业必须要协调好企业利益、顾客利益和社会利益三者之间的关系，把顾客利益放在首位，并要具有强烈的使命感和社会责任感。

4）顾客满意与顾客信任之间的关系

在现实中，企业往往将顾客满意等同于信任，甚至是“顾客忠诚”。事实上，顾客满意只是顾客信任的前提，顾客信任才是结果；顾客满意是对某一产品、某项服务的肯定评价，即使顾客对某企业满意也只是基于所接受的产品和服务令其满意。如果某一次的产品和服务不完善，顾客对该企业也就不满意了，即它是一个感性评价指标。顾客信任是顾客对该品牌产品，以及拥有该品牌企业的信任感，他们可以理性地面对品牌企业的成功与不利。美国贝恩公司的调查显示，在声称对产品和企业满意甚至十分满意的顾客中，有65%～85%的顾客会转向其他产品，只有30%～40%的顾客会再次购买相同的产品或相同产品的同一型号。在令顾客满意时，需要遵循一个道理：顾客就是上帝。

10.1.3 顾客满意度

1. 顾客满意度的概念

顾客满意度是顾客满足情况的反馈，它是对产品或服务性能，以及产品或服务本身的评价；给出了（或者正在给出）一个与消费的满足感有关的快乐水平，包括低于或超过满足感的水平，是一种心理体验。

因此，从本质上，顾客满意度反映的是顾客的一种心理状态，它来源于顾客对企业的某种产品服务消费所产生的感受与自己的期望所进行的对比。也就是说“满意”并不是一个绝对概念，而是一个相对概念。企业不能闭门造车，留恋于自己对服务、服务态度、产品质量、价格等指标是否优化的主观判断上，而应考察所提供的产品和服务与顾客期望、要求等吻合的程度如何。

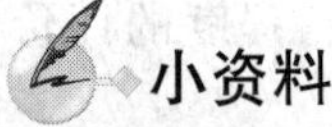

小资料

顾客满意度是一个变动的目标，能够使一个顾客满意的东西，未必会使另外一个顾客满意，能使顾客在一种情况下满意的东西，在另一种情况下未必能使其满意。只有对不同的顾客群体的满意度因素非常了解，才有可能实现100%的顾客满意。

2. 顾客满意级度的概念

顾客满意级度是指顾客在消费相应的产品或服务之后，所产生的满足状态等次。正如前面所述，顾客满意度是一种心理状态，是一种自我体验。对这种心理状态也要进行界定，否则就无法对顾客满意度进行评价。心理学家认为，情感体验可以按梯级理论划分为若干层次，相应地可以把顾客满意程度分成7个级度或5个级度。7个级度为：很不满意、不满意、不太满意、一般、较满意、满意和很满意。5个级度为：很不满意、不满意、一般、满意和很满意。管理专家根据心理学的梯级理论对7个级度给出了以下参考指标。

（1）很不满意。① 指征：愤慨、恼怒、投诉、反宣传。② 分述：很不满意状态是指顾客在消费了某种商品或服务之后感到愤慨、恼羞成怒难以容忍，不仅企图找机会投诉，而且还会利用一切机会进行反宣传以发泄心中的不快。

（2）不满意。① 指征：气愤、烦恼。② 分述：不满意状态是指顾客在购买或消费某种商品或服务后所产生的气愤、烦恼状态。在这种状态下，顾客尚可勉强忍受，希望通过一定方式进行弥补，在适当的时候，也会进行反宣传，提醒自己的亲朋好友不要去购买同样的商品或服务。

（3）不太满意。① 指征：抱怨、遗憾。② 分述：不太满意状态是指顾客在购买或消费某种商品或服务后所产生的抱怨、遗憾状态。在这种状态下，顾客虽然心存不满，但想到现实就这个样子，别要求过高吧，于是算了。

（4）一般。① 指征：无明显正、负情绪。② 分述：一般状态是指顾客在消费某种商品或服务过程中所形成的没有明显情绪的状态。即对此既说不上好，也说不上差，还算过得去。

（5）较满意。① 指征：好感、肯定、赞许。② 分述：较满意状态是指顾客在消费某种商品或服务时所形成的好感、肯定和赞许状态。在这种状态下，顾客内心还算满意，但按更高要求还差之甚远，而与一些更差的情况相比，又令人安慰。

（6）满意。① 指征：称心、赞扬、愉快。② 分述：满意状态是指顾客在消费了某种商品或服务时产生的称心、赞扬和愉快状态。在这种状态下，顾客不仅对自己的选择予以肯定，还会乐于向亲朋好友推荐，自己的期望与现实基本相符，找不出大的遗憾所在。

（7）很满意。① 指征：激动、满足、感谢。② 分述：很满意状态是指顾客在消费某种商品或服务之后形成的激动、满足、感谢状态。在这种状态下，顾客的期望不仅完全达到，没有任何遗憾，而且可能还大大超出了自己的期望。这时，顾客不仅为自己的选择而自豪，还会利用一切机会向亲朋好友宣传、介绍推荐，希望他人都来消费。

5个级度的参考指标类同于顾客满意7个级度的指标含义。事实上，各级度的界定是相对的，因为满意虽有层次之分，但毕竟界限模糊，从一个层次到另一个层次并没有明显的界限。之所以进行顾客满意级度的划分，目的是供企业进行顾客满意程度的评价之用。

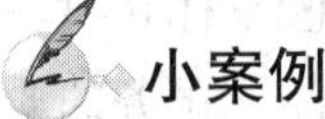小案例

出乎意料的订单

一天中午，某高级餐厅来了一位老先生，这位老先生自己找了一个不显眼的角落坐下来，对服务员说："不用点菜了，给我一份面条就行。"服务员仍然微笑着为他服务，同时给他送来了免费茶水。当天晚上，又是这位老先生再次来到这个餐厅，还在老位置上坐下，又点了一份面条，服务员同样为他提供了满意的服务。吃完了饭，老人满意地对餐厅经理说："我要给我侄子订18桌婚宴，标准要高一些，这些天我到几家高档餐厅看了看，就数这里服务好，决定就在这儿订了!"服务员一听，真是喜出望外。

10.2 顾客满意度测量

10.2.1 顾客满意度测评对企业的意义

小资料

据美国《财富》杂志对"全球500强企业"的跟踪调查，企业的顾客满意度指数同"经济增值"和"市场增值"呈明显的正比关系。企业的顾客满意度指数若每年提升一个点，则5年后该企业的平均资产收益率将提高11.33%。对企业而言，"满足顾客的要求和期望"将取代追求质量合格或服务达标而成为企业所追求的最高目标。

顾客满意度指数测评对企业的意义表现在以下几个方面。

(1) 调整企业经营战略，提高经营绩效。通过顾客满意度指数测评，可以使企业尽快适应从"卖方"市场向"买方"市场的转变，意识到顾客处于主导地位，确立"以顾客为关注焦点"的经营战略。在提高顾客满意度、追求顾客忠诚的过程中显著提高经营绩效。

(2) 塑造新型企业文化，提升员工整体素质。外部顾客满意度测评使员工了解顾客对产品的需求和期望，了解竞争对手与本企业所处的地位，感受到顾客对产品或服务的不满和抱怨，这使员工更能融入企业文化氛围，增强责任感。内部顾客满意度测评使员工的需求和期望被企业管理层了解，可以建立更科学完善的激励机制和管理机制，最大限度地发挥员工的积极性和创造性。

(3) 促进产品创新，利于产品或服务的持续改进。顾客满意度测评使企业明确产品或服务存在的急需解决的问题，并识别顾客隐含的、潜在的需求，有利于产品创新和持续改进。

(4) 增强企业竞争力。经营战略、企业文化和员工队伍的改善，创新机制的推进，显著增强企业的适应能力和应变能力，提高市场经济体制下的竞争能力。

10.2.2 顾客满意度的影响因素

顾客满意度纯粹是一个顾客的主观感觉问题，顾客的需要满足与否只能由顾客的主观感

觉——满意度来确定，组织无法进行精确的预测。但在 GB/Z 19024—2000/ISO/TR10014：1998《质量经济性管理指南》中，给出的一些概念将有助于人们获得顾客对产品或服务的质量评价，并设法提高顾客的满意度。ISO/TR 10014 告诉人们，顾客对特定事物的满意度受到 3 个基本因素的影响，即不满意因素、满意因素和非常满意因素。

（1）不满意因素。不满意因素是指某一与顾客希望相反的消极条件或事件。存在不满意因素，则顾客的满意程度下降；不存在不满意因素，则顾客的满意程度不会提高，也不会下降。不满意因素的事例有不合格的产品、交付和获得服务中的问题、职员的不协作，或者是对顾客意见的抱怨漠不关心。顾客对这些问题的关注程度远远比组织所意识到的要高得多，不触犯顾客仅仅是最低要求。

（2）满意因素。满意因素是指某一与顾客满意程度存在线性关系的期望的条件或事件。例如，物品降价，对顾客来说就更值得购买且能觉得更大的满意。一系列不同款式、性能、型号的产品供顾客选择也是一种满意因素。满意因素越多，顾客的满意度也越高。但是，值得注意的是，满意因素并不能弥补不满意因素。例如，人们会很快忘记价格低的产品，但对所购买到的不合格品却记忆犹新。

（3）非常满意因素。非常满意因素是指能够给顾客带来超出期望的惊喜事件。例如，附赠礼品、某些免费服务、定期回访等。这样的惊喜会促使顾客设法回报企业，进而成为企业的忠诚顾客。

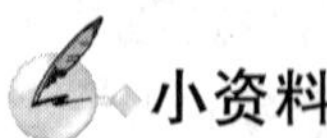
小资料

语言学家 Charles Cleveland 博士根据他的实验，认为好的顾客满意度有一个五等分原则。具有高顾客满意度的组织，花四分用来讨论“我们能为他们做什么”，一分用来讨论“他们能为我们做什么”。而具有较差顾客满意度的组织将两分侧重于“我们能为他们做什么”，三分用来侧重于“他们能为我们做什么”。

10.2.3 顾客满意度测评的分类及原则

1. 顾客满意度测评的分类

在进行顾客满意度测评之前，必须明确测评的目的。根据目的的不同，以及调查时间的不同，顾客满意度测评可以分为四大类，如表 10－2 所示。

表 10－2 顾客满意度测评的分类

调查的目的	概况调查	事务性调查	可靠性调查	后续或诊断调查
何时进行	固定周期	尽可能接近业务活动时间	在一个使用周期后或达到某个使用（拥有）的重要阶段	收到特别好或特别坏的反馈时
覆盖范围	尽可能多的顾客，或者是普查	只有经历了特定事务的那些顾客	抽取样本或普查	那些提供了回答并需要探究的顾客
评价的问题	普遍性的问题，总体业绩，对关键的、基本的问题的满意情况，非常宏观	与事务运作相关的特定问题，非常具体	涉及总体的可靠度，耐久性，易于服务，接受服务的能力，售后支持等	以深入研究为目的，帮助理解一个或多个特定领域中好或差的业绩

2. 顾客满意度测评的原则

进行顾客满意度测评，必须首先建立顾客满意度测评的指标，然后根据这些测评指标进行测评。顾客满意度测评指标建立的原则如下。

（1）全面性原则。顾客满意度评价体系应该力求能准确地反映顾客的满意状况，因此其指标因素必须全面且具有代表性。

（2）独立性原则。顾客满意度评价体系中的指标因素必须具有较高的区分度，便于调查对象辨别。体系中的每个指标都能独立地反映系统的某一方面或不同层次的服务。

（3）层次循序渐进原则。影响顾客满意的因素很多，因此可以分成几个层次，采用层次渐进、循环交替的方法，将顾客满意度调查推向深入。

（4）可测性原则。顾客满意度测评的结果是一个量化的值，因此设定的测评指标必须是可以进行统计、计算和分析的。

（5）可行性原则。顾客满意度调查的最终目的是发现问题，改进产品或服务，因此各指标因素的内容和意义必须能被员工及顾客所理解。

10.2.4 顾客满意度测评的步骤

企业为了使其产品的质量特性满足顾客需求，甚至超过顾客的期望，同时尽量减少不合理的缺陷，以减低成本，就要通过对顾客满意度的调研、分析来达到这两方面的要求。图10－3是完整的顾客满意度测评的程序。

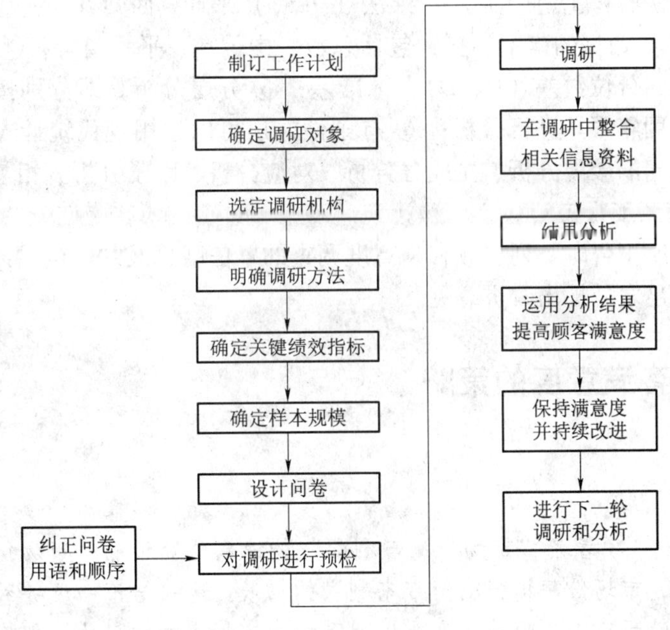

图10－3 顾客满意度测评程序

1. 收集顾客满意信息的方式

收集顾客满意信息的方式是多种多样的，包括口头的和书面的。企业应根据信息收集的目的、信息的性质和资金等来确定收集信息的最佳方法。收集顾客满意信息的主要渠道有7种：① 顾客投诉；② 与顾客的直接沟通；③ 问卷和调查；④ 密切关注的团体；⑤ 消费者组织的报告；⑥ 各种媒体的报告；⑦ 行业研究的结果。企业应对顾客满意信息的收集进行策划，确定责任部门，对收集方式、频次、分析、对策及跟踪验证等作出规定。

2. 确定关键绩效指标

关键绩效指标是指：① 有关产品的有产品主要性能、外观和工业造型、产品质量、产品特色、全寿命周期费用（LCC）、产品设计、新产品、产品可靠性、价格、支付方式等；② 与服务有关的有保修期、维修性、处理顾客投诉、投诉响应时间、备品备件服务、保修质量、服务质量等；③ 与购买有关的有沟通、竞争力、信誉、礼貌、承诺等；④ 与社会责任有关的有安全性、环境影响等。

对绩效指标要逐一准确定义，并在选择时要考虑到所有顾客都能按此加以判定。例如，生产大型产品的组织，由于产品有一定的平均无故障时间，不少顾客对售后服务这一栏就无法填写。又如，生产小型、简单产品的组织，对组织形象这一栏许多顾客就会因不了解而空白。

3. 提高有效问卷回收率的措施

提高回收率和有效问卷率的措施有：① 选择能全面了解产品购买、使用、维修的部门和责任人；② 问卷设计要简明扼要，措辞准确，防止歧义；③ 问卷发出后要跟踪催促；④ 在问卷中承诺小礼品并在收到回复的问卷后，立即发出小礼品以资鼓励；⑤ 对空白栏目要再次征求顾客意见。

4. 数据处理的方法

数据处理的方法有：① 采用最小二乘法（OLSE）来计算回归方程；② 计算点估计值和区间估计值；③ 研究数据的集中趋势，包括总数、中位数、平均值等；④ 研究数据的分散趋势，包括极差、四分位数差（Q、D）、标准差；⑤ 分层分析，即分别按销售地区、按用户行业、按产品使用年限等进行分析；⑥ 有条件的还可以运用现代统计方法进行多重构线性分析、绩效指标间的聚类分析、主成分分析、对应分析、因子分析、相关分析等。

5. 撰写顾客满意度报告

撰写顾客满意度报告时要列出顾客满意度调查的置信度、误差、点估计值等，还要进行各种分析，针对不足之处提出改进意见。

10.3 提高顾客满意度的策略

小资料

20 世纪 70 年代一项著名“市场份额与利润”的课题研究证明，市场份额与利润有着直接的和密切的联系，市场份额扩张必然带来利润的增长。这一结论一度导致许多企业将营销战略放在广告等促销手段上来吸引顾客，以达到扩大市场份额的目的。但实际上，许多企业辛苦地扩大市场份额数量后才发现，企业的盈利非但没有增加，反而在不断地减少。原因是虽然市场份额数量扩大、销售增长可能导致固定成本下降，但用于扩大市场份额的费用增长却远远快于生产成本的下降。再加上竞争使价格下降，单位产品盈利率急速下降，最终导致企业盈利能力降低。这种只追求市场份额的数量、不重视质量的做法难使企业保持较高的盈利。因此，人们开始将目光转向提高市场份额的质量，即提高顾客的满意度与培养忠诚顾客。因而，美国 IBM 公司转变观念，表示“IBM 并不卖计算机，而是卖服务”。在服务中也不是单纯地取悦用户，而是把企业的价值最大限度地释放出来，让顾客认同。海尔集团总裁张瑞敏在与世界营销大师米尔顿·科特勒对话时说：“营销不是卖出东西而是买，买进用户意见，然后根据用户意见改进，达到用户满意，最后就买到了用户的忠诚度。”

10.3.1 顾客群体和竞争者的特点

当前，企业面临的顾客群体和竞争者的形势有以下特点。

（1）顾客更加关注所获得的价值。顾客感知利得与感知利失之间的权衡，即顾客价值。美国学者特雷西（Treacy）和威尔斯玛（Wiersema）进一步将顾客价值描述为：顾客所得到的收益之和（包括产品价值、服务价值、人员价值和形象价值）减去其在获取产品和服务时所付出的成本（包括货币成本、时间成本、体力成本、精神成本）之和。如果其差额部分越多，顾客价值就越大。

（2）顾客期望持续增加。随着市场环境的变化，顾客满意的内容也在不断变化。市场经济初期，消费者要求商品“物美价廉”，考虑的是产品质量、功能及价格。进入买方市场的今天，消费者要求使用的商品能显示自己的社会地位，其评价商品的尺度是品牌及厂家声誉，质量、包装、服务、广告、咨询、送货、保管、售后服务等都成为消费者购买商品考虑的因素，而且其偏好和需求越来越不可预知。而是持续地期望商品能够带来更多的价值，若顾客感觉不到某种商品所带来的额外价值，则不愿为该商品付出更多。因此，只有给顾客带来更多价值的商品，才能占领市场，赢得竞争优势。

（3）竞争者新增价值的增加。顾客满意是在与竞争对手的比较中显示出来的，所谓“没有最好，只有更好”，表达的就是这个观念。新的市场进入者深知顾客价值取向和顾客期望会创造出新的价值定位，当这一新的定位得到顾客认可时，就意味着原有的模式或规则被打破。例如，某公司很高兴地发现，其顾客中有 80% 表示对产品满意，然而当某一天发现领先的竞争者的顾客满意程度达到了 90%，而且该竞争对手的目标是实现 95% 的顾客满意程度时，该公司将面临多么尴尬的境地。企业要想在竞争中取胜，除了不断追踪顾客的期望外，还要监测竞争对手的有关情况。通过与竞争对手的绩效相比较，依据企业在竞争态势中所处的位置，制定高于竞争对手的绩效水平和顾客满意水平。因此，这就需要企业以前瞻的意识，对形势的发展作出理性的预测和判断，不断地改进竞争手段和经营模式，以满足新的顾客价值定位要求。

10.3.2 如何提高顾客的满意度

提升顾客价值和培养顾客忠诚，必须针对上述的顾客群体和竞争者的特点，从以下几方面入手，在赢得顾客满意的基础上，进一步维系顾客，培养忠诚顾客。

（1）树立质量和品牌优势，提升企业形象。质量是一个产品或服务的特色和品质的总和，是产品满足明显的或隐含的各种需要的能力，是产品的生命，是品牌成功的基础。强势品牌可以帮助顾客解释、加工、整理和储存有关产品或服务的识别信息，简化购买决策。良好的品牌形象有助于降低顾客的购买风险，增强购买信心。个性鲜明的品牌可以使顾客获得超过产品功能之外的社会和心理需求，从而影响其选择和偏好，建立起对品牌的忠诚。这种企业与顾客之间有效的“协议”，将使企业获得高的边际收益。美国的一项调查表明，领导品牌平均获利率是位居第二位品牌的 4 倍，顾客在许多情况下乐意为购买品牌而支付更高的金额。根据联合国工业计划署的调查表明，著名品牌在整个产品品种中所占比例不足 3%，但其拥有的市场份额高达 40% 以上，销售额超过 50%。

（2）建立顾客价值让渡系统，全方位营造企业与顾客的关系。顾客一般从提供最高让渡价值的公司购买产品，营销就是提高客户价值，建立一个卓越的顾客价值让渡系统，如赠送奖品、送货、安装、咨询、服务、定期回访、产品使用培训和各种形式的价格优惠等。

（3）构筑创新价值的平台。企业在为顾客创造价值的过程中，需要构筑创新价值的 4 个平台：产品平台——在新产品设计之前进行广泛的顾客调查，力求产品的功能简单实用，避免增加顾客不需要承担的超前功能而增加的成本；交货平台——选择适当的物流、资金流及交货渠道；服务平台——做好顾客服务、维护、质量保证，以及对分销商和零售商培训等工作；信息平台——充分利用现代信息技术，为顾客提供产品信息、交易信息、市场信息、消费信息等，开发创新价值的切入点。

（4）奉行服务至上的原则。"一诺千金"对于企业来说是责任，对于顾客来说是价值。多次的"一诺千金"有助于形成顾客信任，一次的失约会导致顾客的背离。市场竞争不仅要靠名牌服务，如能提供超出顾客愿望，高于竞争对手或竞争对手做不到、不愿做、没想到的超值承诺，并及时兑现承诺，并根据顾客要求的变化不断推出新的承诺，让顾客只有享乐没有烦恼，追求"人无我有，人有我优"的顾客价值，将会为企业带来无限的商机。如国际商用机器公司把服务视为压倒一切的经营策略，总是尽最大可能为顾客提供最优质的服务，答复"上帝"的每一条意见。为了了解顾客意见，公司各部门负责人坚持按时走访用户，共同商定解决丢失市场、失去顾客等问题。公司规定每个销售员对失去的每一位顾客，要写出一份详细的报告，并采取一切办法使顾客恢复满意。

（5）注重声誉塑造。企业竞争经历了价格、质量、服务、形象竞争，现在已发展到声誉竞争阶段。声誉不仅是企业信誉中最基本的产品质量和售后服务，还包括企业对诺言的履行、重大社会问题的关注、对生态环境保护与建设，以及对社会公益事业的参与、对企业员工的关心等。注重声誉的塑造，可以巩固老顾客，吸引新顾客。例如，某些企业支持希望工程、送温暖工程等义举都收到了极好的效果。

（6）建立客户数据，及时沟通信息，进行动态管理。企业与顾客的和谐关系，也可以提高顾客价值。通过如联谊会、顾客俱乐部、会员制等方式双向沟通，利于顾客向企业传达自己关于产品和服务的主张，甚至参加到企业的成长过程中来。企业也能快速获得有关顾客需求的准确信息，快速作出反应，真正赢得顾客的满意。在产品和服务的供给上，企业可以获得真实完整的顾客个性需求信息，以便量身定做，如 3M 公司声称它的产品改进主意有 2/3 是来自顾客的意见；在产品定价上，可以完全采用需求导向定价，实现价格的弹性化，同顾客互动协商，根据顾客需求调整价格，直到根据每位顾客的不同需求制定出不同的价格；在分销渠道上，通过网络技术和高效率的物流系统，既降低分销成本，又能促进货物上门方便快捷；在促销方式上，通过双向、及时互动式沟通，向可能购买产品的顾客提供详尽的信息。这样，企业就像了解自己的商品一样了解顾客，像了解库存变化一样了解顾客的变化。

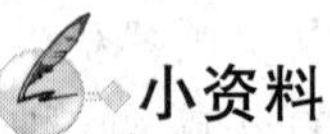

小资料

对客户进行动态管理，具体可通过商品销售、促销活动、客户联谊会、产品售后服务、维修等方面获取客户信息资料；可通过营销专业服务机构，如广告公司、市场咨询公司等获取相关信息，并制定一对一的沟通方式，按需求设计产品和提供服务。数据库的内容应包括客户的年龄、职业、婚姻状况、收入，客户的期望、偏好和行为方式，客户的投诉、服务咨询，客户所处的地理位置，客户所在的细分市场，客户购物的频率、种类和数量，最近一次购物的时间，购买金额，商品等级，所需要的服务，付款记录，公司与客户联系情况等。

（7）创造顾客惊喜。顾客满意与顾客惊喜都是顾客情感的范畴，但是惊喜比满意具有更强烈的情感。顾客之所以达到满意是因为产品与服务能够达到或超过顾客的期望，而要达到顾客惊喜，则需要产品与服务本身就在顾客的期望之外，如附赠礼品、某些免费服务、定期回访、假日赠送贺卡等，都会给顾客带来惊喜，进而设法回报企业，成为忠诚顾客。顾客惊喜来源于顾客的需求，企业应通过广泛收集信息，了解顾客的需求，才能创造顾客惊喜。

（8）及时妥善地处理顾客的抱怨，挽回不满意顾客。顾客与企业的矛盾与纠纷是不可避免的，如何挽回不满意的顾客，对企业来说是相当重要的。据国外调查，如果企业能妥善地处理顾客的投诉，可能有70%的顾客会成为回头客；如果能当场听取顾客投诉，并给他们一个满意的回复，回头客会上升到95%；而且每一个满意而归的顾客又会把企业的做法告诉其他5个人，这样企业就可以坐享免费广告的收益。因此，营销界有句名言“满意的消费者是最好的广告”。此外，满意顾客的将来购买力是不满意商品或服务价值的10倍以上。只有视批评与抱怨为企业宝贵的财富，才能更好地改进企业的工作，让顾客满意。

（9）创造以“顾客满意”为中心的企业新经营理念。企业要在经营方针和目标中体现出“吸引更多的顾客”和“不断提高顾客满意度”的思想，使员工明确顾客是商品的购买者，不是麻烦制造者；顾客最了解自己的需求、爱好，这恰恰是企业需要搜集的信息；顾客有“天然一致性”，同一位顾客争吵就是同所有顾客争吵，从而使员工在职业道德、行为规范、价值观念方面渗透“一切让顾客满意”的理念。在企业内部营造“内部服务”的营销理念，虽然不直接服务顾客，但是工作应当是为服务顾客的人服务，从而在企业内部导入“下道工序是上道工序的客户”的顾客满意理念。

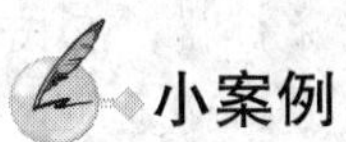

小案例

顾客满意的夜班服务员

晚上10：30左右，餐厅走进来一位客人，说：“还能在这儿吃点夜宵吗？累了不想再往外跑了。”“可以，您想吃点什么？我去给您准备。”服务员对客人说。客人一听开心地说：“太好了，谢谢你小姑娘，我们一起3个人，随意上点吃的就行。”

已经这么晚了，复杂点的饭菜餐厅也没法做了，晚上吃多了也不利于消化。想到这儿服务员对客人说：“10点多了，过会儿就该休息了，给您上点易消化的可以吗，每人喝上一碗面，外加几个可口的小菜你看可以吗？”，“可以，太好了，热乎乎的面，想想是又馋又饿。”客人满意地说。接着客人说：“还以为这么晚了会不让我们吃了，想是来试了不成再出去呢。”“怎么可能不让您吃，您来了我们就得尽力做到满意。”服务员回应着客人。

10分钟过后，饭菜上齐。服务员从客人的交谈中得知，这3位客人是来济南看病人的，不知道去医院怎么走，他们是开车过来的。于是，服务员详细地给客人讲了去医院的路线，还简单地画了张小图给客人。并且画上了回酒店的路线。

服务员耐心细致的服务得到了客人的好评，客人临走时直夸宾馆服务热情、周到，服务员的素质高，还说："下次再来，我住你们酒店。"

10.4 服务企业提高顾客满意度的策略——服务补救

10.4.1 服务补救的归因和结果

对所有的服务业而言，无论是客户服务、消费者服务或B2B服务，服务失误都是不可避免的。企业所要做的主要是找出服务失误的原因，并对服务失误进行补救。服务补救能产生企业意想不到的结果。

1. 服务补救的归因

众所周知，没有毫无缺陷的服务系统，服务过程中出现失误是在所难免的。意识到服务的失败并不意味着自动放弃顾客。一旦服务失败，公司需要采取适当的措施来留住顾客。据说，服务补救绝对是经济划算的。因为，一项成功的服务补救可能产生比第一次就正确服务还要好的效果。为了更好地挽留住顾客，公司员工必须认识到顾客接受服务补救的条件和方式。

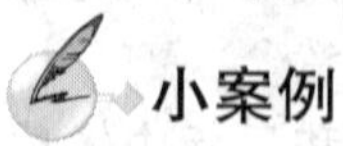

小案例

海尔集团的"大地瓜"洗衣机

海尔集团在1999年研制了一种名为"大地瓜"的洗衣机，产品上市后很受农村消费者的欢迎。这种洗衣机的开发，正是来源于顾客的"投诉"。海尔集团曾收到不少四川农村客户投诉，抱怨所买的海尔洗衣机"质量差"。海尔忙派出技术人员去查明情况，原来是当地老乡使用不当——用洗衣机洗地瓜，洗下的泥沙堵住了洗衣机的出水口，造成故障。事情到此似乎应该结束了，可集团总裁张瑞敏却敏锐地意识到，"洗衣机作为一种洗涤机器，农民用来洗地瓜，说明有这方面的需求，不能望文生义，认为洗衣机只能用来洗衣服，而置顾客的需求于不顾。"他要求技术部门专门设计一款能洗地瓜的"洗衣机"。"大地瓜"这种型号的洗衣机就是在这种情况下面世的，它为海尔集团开辟了一块新市场。

2. 服务补救的结果

服务补救会产生4种结果，顾客感知质量、顾客满意、口碑和重购意图。前两者为可估量的结果，后两者为行为结果。

1）4个结果的含义

（1）顾客感知质量。通常，把质量分为两种类型。第一类质量是技术质量，是指服务完成后顾客的评价质量。技术质量是服务被满足后的结果。第二类质量即感知质量，涉及服务在完成过程中顾客需要被满足时的经历。在此关注的是，服务补救过程的感知质量。

（2）顾客满意。满意的顾客有一场与消费有关的快乐经历。顾客将心中的期望与服务实际完成情况相比较从而得出对服务的评价。在服务补救过程中也是如此。

(3) 口碑意图。口碑交流被认为是服务营销者与顾客交流的重要一环。大多数不满的顾客会把不满隐瞒不说，但优质的服务会带来好的口碑效应。

(4) 重购意图。顾客的长期价值已受到营销者的关注。评估顾客的忠诚和保持的可能性是用他们的重购意图来衡量的。

2）服务补救的相关研究结论

(1) 服务补救质量在补救过程中是很重要的，但必须要有与顾客稳定的相互交流。

(2) 口碑意图在服务补救中也很重要。要确保雇员和顾客相信服务补救过程是以一种持续的方式完成的。当完成服务补救时，要向顾客保证服务补救是由公司组织的代表始终如一地完成的。要让他们相信公司的服务失败是极少发生的。在服务补救同样稳定地进行时，补救服务感知质量是不同的，正如各种服务失败是由不同的原因造成的一样。当一个服务企业错误地占用了顾客的资源后（如丢失行李、丢失干洗的衣物、装潢错误的房间），顾客关注的是服务补救完成的时间，即所有物何时归还。当涉及有形物体时，顾客更加关心问题解决的连贯性。

(3) 另一个值得探讨的问题是由谁来完成服务补救。根据实证研究，看起来无论何时由第一线的员工来完成补救都比较合适。在补救感知质量中服务人员的关键作用是稳定。合适的培训和适当的分权对成功地完成服务补救程序是非常重要的。

(4) 以员工为基础的补救服务对感知质量、顾客满意、口碑意图是很重要的，但对重购意图并非如此。首先，让实施服务的员工参加服务补救必须十分谨慎。因为，补救会对感知质量、顾客满意和口碑意图产生重要影响。但当一线员工不能成功补救时，经理们也不必沮丧。无论是应该由企业、雇员或顾客对补救未来负责，未来的重购意图并不受很大影响。对经理来说，感兴趣的是如何获得一个经历了失败服务的顾客的未来重购，至于谁应该对补救服务负责并不重要，重要的是如何提供合适的补救服务。

(5) 服务补救时间和复杂性对4个补救结果会产生重大影响。航空公司的补救时间最长、复杂性最高，所以补救效果不好；有线电视公司的补救时间和复杂性中等，产生了中等满意的补救效果；而信用卡公司的补救最简单，因此产生了非常好的补救结果。这也验证了前面所说的简单有效的补救才会为公司带来积极的顾客评价。因此，服务经理们需要考虑其所在具体行业的服务补救过程的复杂性和时间长短。如果服务补救过程简单且花费很短的时间，顾客对补救的积极评价将会超过对失败服务的消极评价。所以，对由服务的复杂性和时间过长造成的失败，就需要在补救过程中给予特别精心的补救措施。另外，简单迅速的服务补救能为公司提供一种相对于竞争者的优势定位策略。

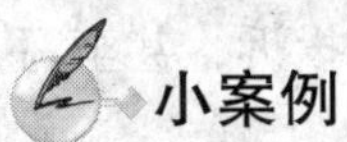

小案例

丽人美发厅的服务补救措施

张小姐一直是丽人美发厅的老主顾。近几年来，张小姐住宅附近建起了许多发廊、发屋、美浴沙龙，名字一个比一个叫得响，装潢和设备也比“丽人”略胜一筹，但张小姐仍然对这家美发厅情有独钟，并且常常向她的朋友们推荐。

张小姐对“丽人”的好感归功于发屋经理的诚恳和耐心。那时，她第一次去“丽人”理发，想把一头长发剪为轻巧的运动头。为她理发的显然是个新手，技法不太熟练，又有些紧张，结果好端端的头发剪得一团糟。张小姐怒气冲冲地直接去找经理，经理镇静而又诚恳地向她道歉，让一名熟练的理发师为她重新修整头发，并把钱退给了她。修整的结果是相当不错的，但张小姐仍是怒气未消。这时，经理递给她一张特惠券，对她说："我们非常希望您能够满意，同时我保证我们也有能力让您满意。不信您可以凭这张特惠券再来我们这儿理发，我们随时欢迎您。"

第二次张小姐还是去了。给她理发的仍然是上回那个"新手"，但令人惊讶的是，他的技术提高很快，张小姐十分满意。接连几次的理发，"丽人"都没有收她的钱。然而，他们这一点点损失却赢回一个顾客，并且是他们的长期主顾。

10.4.2 顾客对服务失误后的反应与行为

1. 顾客对服务失误后的反应

当服务失误时，顾客会产生如图10-4所描述的各种反应。这些反应会对客户如何评价服务补救的作用产生影响。许多顾客对其不满采取消极态度，只是说说而已，是否采取行动，在某种程度上取决于顾客是想保持其原有服务提供商还是转向新的服务提供商。

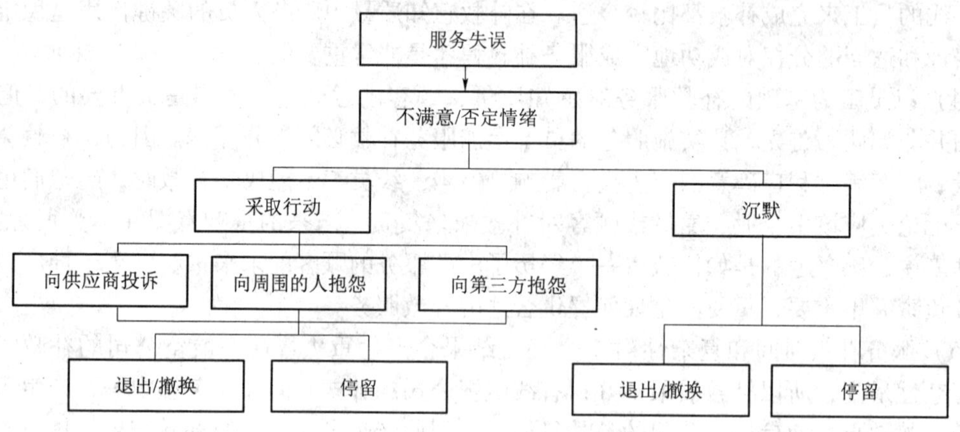

图10-4 服务失误之后的顾客反应

2. 顾客行为的种类

在服务失误后，若顾客采取行动，则行动会是各种各样的。一位不满的顾客可能选择当场对服务人员进行投诉，给公司一个立即反应的机会。对公司来说，这往往是最好的情况，因为公司有第二次机会当场满足顾客需要，保留其未来的生意，并潜在地避免了任何负面口头宣传。如果没有马上投诉，顾客可能选择以后通过电话或信件向服务提供商投诉，甚至写信或打电话给公司的办公室，这样公司也有机会进行补救。

还有一些顾客不直接向服务人员抱怨，而是宁愿向朋友、亲戚及同事传播关于公司的负面消息。这种负面宣传非常有害，因为它会加强顾客的消极情绪，并将这种负面影响传给他人。另外，如果负面宣传没有与投诉一起传递给公司，公司就没有机会进行补救。

最后，顾客可以向第三方抱怨，如消费者协会、许可证发放部门、行业协会或可能是私人律师等。

不管顾客采取哪种行动（或者没有任何行动），最终客户都会决定是否再次惠顾服务供应商或转向其他供应商。

3. 抱怨者的种类

根据人们对服务失误作出的反应，可将其抱怨者进行分类。根据一项对零售业、汽车修理业、医护业、银行及金融服务业的研究显示，可以将顾客划分出4种反应类型：消极者、发言者、发怒者和积极分子。尽管这4种类型在不同的行业背景中可能有不同的比例，但其划分是相对一致的，并且每种都能在所有公司或行业中找到。

（1）消极者。这类顾客极少会采取行动。与那些进行负面宣传的人相比，他们不大可能对服务人员说任何事，也不大可能向第三方进行抱怨。他们经常怀疑抱怨的有效性，认为结果与花费的时间和努力相比不值得，有时其个人价值观或标准会抵制抱怨。这些人与发怒者和积极分子相比，不会感到与市场疏远。

（2）发言者。这类顾客乐意向服务人员抱怨。但他们不大可能传播负面消息，改变供应商或向第三方讲述不满。这些顾客应该算是服务提供者的最好朋友，他们主动抱怨，这样一来就给公司以改正的机会。与消极者相似，这类顾客与另外两类顾客相比不会感到与市场的疏远。他们倾向于认为抱怨对社会有益，所以从不犹豫地说出自己的感觉。他们认为，向服务人员抱怨的结果非常积极，并且不太相信另外两种抱怨形式，如传播负面消息或向第三方诉说。他们的个人标准支持抱怨。

（3）发怒者。这类顾客与其他类型相比更有可能极力向朋友、亲戚传播负面消息，并更换服务供应商。他们的普遍嗜好是向供应商抱怨，且不太可能向第三方抱怨。这些人会逐渐感到同市场有些疏远。就像其绰号表示的那样，他们对供应商更加愤怒，虽然他们确实相信向供应商抱怨会带来社会利益。他们不可能给服务提供者第二次机会，取而代之的是转向原供应商的竞争对手，并且一直向朋友、亲戚传播负面消息。

（4）积极分子。这类顾客的特点是在各方面更加具有抱怨的习性。他们向供应商抱怨，还会告诉其他人，并且比其他类型更可能向第三方抱怨。抱怨符合他们的个人标准，就像发怒者那样，这类顾客会比其他群体更疏远市场。他们对所有类型抱怨的潜在正面结果都感到非常乐观。

小案例

星巴克咖啡店公司的困境

星巴克咖啡店公司已经在其行业处于领先地位——从20世纪70年代早期的华盛顿州西雅图不起眼的小公司现在已发展成在全美拥有超过4 000家商店的咖啡零售巨人。该公司及其传奇的执行官霍华德·舒尔茨（Howard Schulz）因具有世界级的服务水平和杰出的员工关系及利益享有极高声誉。但是，即使像星巴克这样的巨人也会跌倒，在服务行业没有谁能在长期服务中逃脱犯错误。并且，有时候一个看似无害的错误可能会升级，就像星巴克咖啡店公司在接下来的故事中一样。

故事是从一个星巴克的顾客购买了一台有毛病的卡普奇诺咖啡制造机开始的。他把机器退回去想换个新的，当换机器时，他又买了一台作为礼物送给朋友。可是，他没有得到应随机赠送的半磅咖啡，并且该顾客抱怨员工的态度很粗鲁。不幸的是，那台作为礼物的机器也出现了毛病。于是，该顾客要求星巴克咖啡店公司给他换一台当时顶尖的卡普奇诺咖啡制造机，这比他原来准备送礼的机器价值高出近2 000美元。该顾客威胁如果其要求被拒绝，他

会在《华尔街日报》上刊登整版的广告来揭发公司。公司当然拒绝了他的要求，于是一整版攻击星巴克咖啡店公司的广告出现在《华尔街日报》上，同时该顾客通过其800免费电话征求其他人的抱怨。当星巴克咖啡店公司向他道歉并试图更换其两台机器时，顾客表示这还不够，并提出了更多的要求。他要求星巴克咖啡店公司在《华尔街日报》上刊登整版广告向他道歉，并感谢他的仁慈和慷慨。不用说，整个事件引起了全国媒体的关注。

虽然，顾客中这种恐怖分子确实很少，但例子表明什么事情都可能发生，以及这些顾客中的恐怖分子会做出什么事情来。

在事件发生期间，专家们被请来为星巴克咖啡店公司的处境提些建议，所有专家都提到顾客与星巴克咖啡店公司员工的第一次接触，对以后事情的发展进程是多么重要。一名专家认为，星巴克咖啡店公司应该当顾客来退换第一台有毛病的机器时就给他2磅咖啡，并且在一周后打一个追踪电话以确认是否所有机器都工作正常。另一名专家建议把遇到问题的顾客列入VIP名单，以便将来同这些顾客有生意往来时可以引发所有警示，提醒员工和管理层要绝对小心及优先处理随后的交易。另外，还有人认为，星巴克咖啡店公司应该立即毫无疑问地用2 000美元的机器来更换那台有毛病的机器。这些专家相信，提出这类要求的顾客百分比非常小，所以值得用任何必要的做法来避免类似该例子中顾客恐怖分子的潜在行为。另一位专家认为，《华尔街日报》上的广告刚一出现时，公司就应该派人同顾客进行面对面的交流，道歉并倾听顾客的投诉，看看顾客想要什么。部分专家承认，越过某个限度后，控制损失是唯一的选择，但由此不断升级却可以避免。这个故事说明，即使是世界级的服务提供者也可能陷入困境。

10.4.3 顾客抱怨的原因及期望

1. 顾客抱怨（或不抱怨）的原因

顾客抱怨（或不抱怨）是由多方面原因造成的。

（1）有一些顾客比其他人更可能抱怨。作为个体，这些消费者相信投诉总会有积极的结果且对社会有益，而且其个人标准支持其抱怨行为。他们相信自己将会并且应该由于服务失误而获得某种形式的赔偿。他们相信得到公正的对待和良好的服务是应该的，并且在服务失误时，某些人本应该把它做好。在有些情况下，他们认为有一种社会责任在促使其抱怨，帮助其他人避免遇到相似的情况，或者惩罚这家服务供应商。只有极少数消费者拥有“抱怨”的个性，他们仅仅是喜欢抱怨或是制造麻烦。

（2）有一些顾客不相信通过抱怨能有积极的效果。那些不大可能采取任何行动的消费者怀有相反的信念，他们通常将抱怨看做对其时间和精力的浪费。他们不相信经过其行动，对自己或对别人会有任何积极的事情发生。有时候，他们甚至不知道怎样抱怨，他们不理解或可能没意识到还有倾听其抱怨的开放渠道。在有些例子中，未抱怨者可能会使用“感情对抗”来处理其消极活动，这种对抗类型包括自责、否定和可能寻求社会帮助。他们可能感到那些错误在某种程度上是由其自身的原因造成并且得不到赔偿。

（3）失误的重要程度同样会影响人们是否抱怨。如果服务失误不是真的重要，没有给顾客带来致命的后果，或者顾客与服务没有什么牵涉，那么他或她就不大可能抱怨。举例来说，消费者对那些昂贵、高风险和涉及自我的服务（如度假服务、航空旅行和医药服务）的投诉多于那些廉价的频繁购买的服务（如汽车快餐服务、出租车服务和电话服务）的投诉。后面这些服务显然不很重要，不足以花费时间抱怨。不过，虽然这种经历对顾客可能一时不很重要，但当再次需要这些服务时，一次不满意的经历可能驱使他或她转向竞争者。

小案例

在抱怨中发展

美国宾州有一家公司叫“新猪公司”（New Pig Crop），名字虽然很土，但成长速度却惊人。创办人毕佛说他喜欢听顾客抱怨，“你应该喜欢抱怨，抱怨比赞美好。抱怨是别人要你知道，你还没有满足他们。”新猪公司的产品是能吸取大量油污的长筒型尼龙袋，几乎所有修车厂、化学公司，以及环境清洁人员都用这些“猪”来吸油。毕佛认为，每一个顾客的抱怨都使他有机会与其他企业拉开差距，即使有时只是细小的差距，帮助他做一些他的对手还没有做的事。例如，曾有一些客户抱怨新猪公司的“猪”一旦碰上酸性物质或其他溶剂就会变成一摊烂泥。其实，毕佛大可对这些抱怨者说：“谁叫你不看标签说明？这个产品的设计本来就不是用来处理酸性物质的。”但是，他没有这么说，反而跟一个顾客共同开发出高价位的“有害物质专业猪”（Hazardous Materials Pig）。毕佛还根据另外一个顾客的抱怨，开发出可浮在水面并且能吸油的“脱脂猪”（Pig Skimmer）。

2. 顾客抱怨时的期望

当顾客确实花费时间和精力来抱怨时，他们一般抱有很高期望。他们期望能迅速得到帮助，期望对其不幸遭遇及引起的不便进行补偿，期望在服务过程中得到亲切的对待，尤其想要正义和公平，服务补救专家史蒂夫·布朗（Steve Brown）和史蒂夫·塔克斯（Steve Tax）总结出3种顾客在投诉后所寻求的特别公平类型：结果公平、过程公平和相互对待公平。

（1）结果公平。顾客希望结果或赔偿能与其不满意水平相匹配。这种赔偿可采用实际货币赔偿、一次正式道歉、未来免费服务、折价、修理或更换等形式。顾客希望的公平交换，具体表现在以下方面。① 他们想感觉到，公司为其错误而采取某种行动的付出至少等于他们已经遭受的损失，对公司必须是“罪有应得”。② 他们希望得到的赔偿与其他顾客经历同样类型服务失误时得到的一样，他们同时赞赏公司给其一些赔偿选择。例如，一名酒店客人到达酒店时发现预订的房间已经没有了，作为补偿，这时他可以选择是退款还是更换到更好的房间。③ 如果顾客得到过度赔偿，他们也会不舒服。在达美乐公司早先有这样的服务承诺：如果送货司机比承诺的30分钟晚到，公司将不收取比萨的价款。许多顾客对要求这种水平的补偿感到不舒服，尤其是在送货司机仅仅晚到几分钟的情况下。这个案例中，“惩罚大于罪行”。一段时间后，达美乐公司曾将其补偿变得更加合理，即送货迟到降价3美元。再后来，时间保证也降低了，因为他们发现有些员工为及时送货而开快车，结果引发了许多问题。

（2）过程公平。过程公平是指顾客希望抱怨过程的政策、规定和时限公平。他们希望很容易进入投诉过程，并且希望事情被快速处理，最好是通过他们第一个接触的人，他们欣赏那些适应能力强，努力迎合其个人状况的公司。过程公平的特点包括清晰、快速和无争吵。不公平过程使顾客感觉到缓慢、拖延和不方便。下列情况也会使顾客感到不公平，如要求客户必须提供证明，否则他们就是错的或是在撒谎。

(3) 相互对待公平。除对公平赔偿、无须争吵和快速程序的期望之外，顾客同时希望被礼貌地、细心地和诚实地对待。如果顾客感到公司及其员工态度漠不关心和几乎没做什么以试图解决问题，顾客就会愤怒或暴躁。为了使每名一线员工都能在第一时间给顾客提供恰当礼貌的服务补救，服务公司应该给员工培训及相应的授权。

10.4.4 服务补救方式

一般来说，失败的服务补救和不采取任何补救措施是同样糟糕的，有时甚至会产生更坏的影响。因此，对服务质量和顾客期望的双倍背离，企业就要尽一切努力避免。企业若想挽回在服务提供方面已经失望的顾客，可以采用以下几种方式：道歉；紧急复原；移情；象征性赎罪和动态追踪访问。每一个方式都是建立在上一个方式的基础上的。

1. 道歉

向顾客道歉是服务补救的开始，当企业意识到顾客的不满时，就应该有人向其道歉。道歉在一定程度上意味着承认错误。例如，对于在快餐店长时间排队等候的顾客，在顾客刚要开口发火时，服务人员可以先道歉，并表示理解他此时的心情。另外，将顾客点的小包薯条换成大包以表示对顾客的补偿。

**小资料**

道歉对于一些企业来说是很陌生的。它们常常不这么做。但是，企业必须承认的是，它们有时确实是无能为力的，如因计算机故障，银行不能对顾客进行服务等。失败的危险在企业经营中是存在的，因为服务是易变的。只有企业接受了失败有时是会发生的这一客观存在的事实，才能向员工阐明向失望的顾客道歉的必要性。道歉的举动虽然很小，但是顾客会深切地感受到他们对于组织的重要性，这也为重新赢得顾客的好感做好了铺垫。

2. 紧急复原

紧急复原是道歉的自然延伸，也是那些不满意的顾客所期望的。顾客在对服务不满意后，会希望企业可以做一些事情以取缔引起不满的根源。紧急说明企业采取行动应迅速，也表明企业对顾客的重视和对自身错误的深刻认识，以及企业自身的纠错能力很强。复原意味着企业为纠正错误而做的努力。当一个企业采取紧急复原措施时，就向顾客表明企业是很重视顾客抱怨的。与得体的道歉一样，紧急复原行动令顾客知道顾客满意对企业很重要。如果一个企业对顾客的不满或抱怨视而不见或反应迟钝，或者无法向顾客表明它在对此采取一些行动，那么顾客就会感到企业并不重视他们的感受，顾客也就会和其他不满顾客一起成为企业的流失顾客。

3. 移情

当完成紧急复原的工作以后，这时就需要对顾客表示一点移情，这也是成功的服务补救所不可缺少的。企业要对愤怒的顾客表示理解。理解因企业的服务未能满足顾客的要求而给他们带来的损失。但要注意的是，移情不仅仅是简单地承认失败（这项工作可以由道歉来完成），移情要做的更重要的是努力地去理解为什么顾客会对企业失望，找出失望的具体原因。如果服务人员能够站在顾客的角度，他们就能很好地理解顾客的失望，并对顾客表示理解。移情的回报是令顾客意识到企业实际上是很关心他们的困境的，而且也在积极地采取措施来减小损失。一般顾客只要能意识到这一点，许多愤怒就会烟消云散，这也可以为企业和顾客的相互理解与尊重打下良好的基础。倘若移情努力不是真诚的，它就会使顾客重燃怒火。伪装的移情就好似恩惠或施舍，它只会使顾客更加愤怒。因此，企业也要注意提高员工的倾听和移情技巧。

4. 象征性赎罪

对顾客表示理解和同情是很重要的，但是这时顾客仍未得到补偿。所以，在移情之后还要以一种有形化的方式来对顾客进行一定程度的补偿。或许可以把送个礼物当做象征性赎罪的形式。礼物可以以赠券或其他的形式来赠与，如一张免费的电影票或音乐会的入场券、一次免费旅行等。之所以叫做象征性赎罪，是因为企业提供给顾客的不是服务的替代品，而只是告诉顾客企业愿意为他们的失望负责，愿意为因为服务的不周对顾客造成的损失作出一定的补偿。但是，如果企业赎罪的成本相对过高，就会对组织的底线有负面影响，而如果赎罪的支出过小，则又无法发挥其象征性的价值。所以，对于企业来说，确定顾客的接受临界也是一项重要的工作。

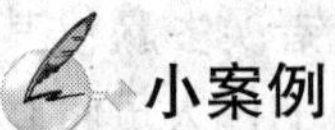

小案例

玩具店的“小题大做”

报纸上曾经刊登了一家玩具店的介绍，插图中各式各样的娃娃、小动物、电动车着实招人喜爱。于是，一位顾客决定从这家玩具店邮购一款漂亮的洋娃娃送给表妹做生日礼物。结果生日已经过去了两天，礼物还没有收到。顾客立即打电话去催，对方服务员一个劲地道歉。令人吃惊的是，第二天娃娃就到了顾客手中，是航空寄来的，而且精致的包装盒里，还多了几件样式各异的娃娃服。而就是这种“小题大做”赢得了顾客的心。显然，如果企业只道歉不能平息顾客心中的怒火，需要作一些象征性补偿。

5. 动态追踪访问

在进行了一定的补救后，企业还要看其挽回顾客好感的努力是否有效。通过对象征性赎罪进行动态追逐访问，企业可以测量出所采取的措施是否得到了顾客的认可，是否在一定程度上缓解了顾客的不满。如果表明企业的努力并没有达到预期的目标，那么在服务补救程序中就要加入新的手段。动态追逐访问有多种形式，因服务的类型和服务补救的情景而定。例如，可以是象征性赎罪以后的电话回访，或者是一封信或电子邮件，还可以是服务结束后对顾客的口头询问等。这样做的目的就是确定企业的赎罪努力是否得到了认可，顾客的不满或抱怨是不是得到了扭转。而且，动态追踪访问使企业获得了一次对补救计划的自我评估的机会，并可以找出哪些环节需要进一步的改进。

小资料

一般而言，采取上述方式的企业是能够弥补顾客失望的。当然这5种方式不是每一次顾客不满时都要全部用到。有时，顾客的不满只是对一点点问题感到失望，如餐厅的洗手间过于拥挤等，这就只要成功地运用服务补救的前两个方式，就能做好服务补救了。如果服务失败的结果对顾客造成了伤害，那么就可能要用到这5种方式。这要视具体情况而定。但是，不管是哪种情况，都要让顾客意识到企业对他们关心的问题是很重视的。

10.4.5 服务补救的方法

服务补救有4种基本的方法：逐件处理、系统响应、早期干预和替代品服务补救法。

（1）逐件处理法。逐件处理法强调顾客投诉各不相同。这种方法容易执行且成本较低，但是也具有随意性。例如，最固执或最好斗的投诉者经常会得到比通情达理的投诉者更令人满意的答复。这种方法的随意性会产生不公平。

（2）系统响应法。系统响应法是按照公司的相关规定来处理顾客的投诉。由于采用了识别关键失败点和优先补救标准这一计划性方法，它比逐件处理法更加可靠。只要响应规定不断更新，这种方法就非常有益，因为它提供了一致和及时的响应。

（3）早期干预法。此方法是系统响应法的另一项内容，它试图在对顾客产生影响以前干预和解决服务流程问题。例如，一名发货人发现由于卡车故障影响了出货，他可以马上通知顾客，在必要时顾客可以采取其他方案。

（4）替代品服务补救法。通过提供替代品服务补救，从而利用竞争者的错误去赢得其顾客。有时，处于竞争中的企业支持这种做法。例如，在一家超额预订旅馆的工作人员将顾客送到与其竞争的旅馆。如果对手可以提供及时和优质的服务，它就可以利用这个机会。由于竞争者的服务失败通常是保密的，因此这种方法实行起来比较困难。

小资料

避免服务失误，即争取一次把事情做对。“第一次就做对”的核心是确保服务的可靠性，这是服务质量管理的基本原则，也是全面服务补救策略的基础。提升服务可靠性的方法有加强员工培训和制定防故障程序。加强员工培训就是要形成“零缺陷文化”，保证第一次把事情做对。在零缺陷的文化观念下，每个员工都会理解可靠性的重要性，并通过各种措施让每个顾客都满意。防故障程序最初是应用于组装生产线的质量控制手段，在服务业中它既可以应用在服务设施、设备等有形物中，也可以防止服务出现差错，确保企业遵循必要的程序并按恰当的方式提供服务。防故障程序还可以用来确保与服务相关的有形物的干净、整洁、维护顾客资料，确保员工行为（如检查表、提醒标志等）和顾客行为的有效性。其他一些策略，如服务设计和标准、交货和执行服务等，也都是为了确保服务的可靠性，它们可以视作防故障程序概念的应用。另外，服务补救策略的关键还有欢迎并鼓励顾客抱怨，企业应预期、追踪和鼓励抱怨。鼓励和追踪抱怨的方法有多种，如满意调查、重大事件研究和丢失顾客研究等。一线员工是发现顾客不满意的服务失误的主要人员，企业要鼓励员工发现服务失误，并寻求补救方法。

本章习题

一、判断题

1. 开发1个新顾客的成本是留住老顾客的5倍，而流失1个老顾客的损失，只有争取10个新顾客才能弥补。（ ）

2. 顾客满意包括产品满意与服务满意两个方面。（ ）

3. 不满意因素是指某一与顾客希望相反的消极条件或事件。存在不满意因素，则顾客的满意程度下降；不存在不满意因素，则顾客的满意程度会提高。 （ ）

4. 如果服务失误的结果对顾客造成了伤害，只要成功地运用道歉、紧急复原方式就能做好服务补救了。 （ ）

5. 一般来说，公司服务失败之后给顾客的补偿越及时、越大，顾客就越满意。 （ ）

二、选择题

1. 满意的顾客可能给企业带来的益处有（ ）。

A. 对价格不敏感
B. 成为“老主顾”
C. 购买更多的企业新产品和提高购买产品的等级
D. 做企业的“广告代言人”
E. 成为企业的“军师”、“顾问”
F. 服务成本低

2. 不满意的顾客可能给企业带来的影响有（ ）。

A. 转向其他品牌
B. 对企业进行负面宣传
C. 大多数的不满意顾客会向企业“抱怨”
D. 依然会继续购买企业的产品或服务，但是购买额度减小

3. 顾客满意度测评指标建立的原则有（ ）。

A. 全面性原则　　B. 独立性原则
C. 层次循序渐进原则　　D. 可测性原则
E. 可行性原则

三、思考题

1. 简述顾客满意的概念。
2. 简述顾客满意的层次及内涵。
3. 简述顾客满意的特性。
4. 顾客满意如何转化为企业收益？
5. 你所在的学校或企业在增加顾客满意方面有何具体措施？
6. 如何将服务失误转变为一件有利的事情？
7. 阐述应对一项服务失误时顾客可能采取的行动。你是什么类型的抱怨者？为什么？
8. 列举文中提到的服务补救方法。除了这些方法，是否还有其他的补救方法？

本章案例分析

杨教授在某家商业银行办理网上银行的经历

杨教授是一所著名大学的教授。一天中午，他到一家上市的新的商业银行办理网上银行的业务。杨教授中午12点左右进入银行大厅，取了排队的号码，前面只有3个人还在等待中。杨教授心中窃喜，心想这个新的商业银行的人果然少，不用等太长时间就可以办完业务

了。但是10分钟过去了，杨教授发现居然一个窗口也没有动过。

12：15左右，终于轮到杨教授了。他到了对私业务窗口，告诉业务人员自己要将已有的银行卡开通网上银行服务。窗口的服务人员告诉他这个窗口办不了，要到另一个对公业务窗口办理，但另一个对公业务窗口没有业务员。杨教授问道："那边的业务员不在，我怎么办理?"服务人员说营业员在吃饭，要杨教授等一下，但是不知道要等多久。

杨教授感到好奇，这个银行的业务流程似乎与其他银行不一样。既然服务不怎么样，便想多问几个问题看看银行服务人员的态度和素质到底如何。于是，杨教授问了营业员3个问题。

(1)"办理个人网上银行是不是对私业务?"她说："是的。"

(2)"目前对私业务是否正常营业?"她说："是的。"

(3)"我刚才已经等了15分钟了，轮到我办理网上银行这个私人业务为什么不能办?"营业员不耐烦地说："你急什么？你总要让营业员吃午饭吧。"

杨教授突然感到自己很不人道，总要让别人吃午饭吧，还是先等等吧。12：40左右，吃完午饭的营业员终于来了。杨教授把银行卡、身份证给营业员，营业员给了他3份要签字的文件。杨教授又跑到刚才的对私业务窗口交了50元钱，是购买网上银行安全工具USB Key的钱。当杨教授把能做的全部做好后，就一边等候、一边观察这个营业员的操作程序。

营业员先帮杨教授复印身份证。她刚在计算机上准备操作的时候，一个银行的实习生来向她请教复印机如何用，她离开座位帮实习生复印资料去了。刚操作了1分钟，银行大厅的保安员问营业员是否要订奶茶，她跟保安说要订，还说要订珍珠奶茶。看着她那说起珍珠奶茶幸福的样子，杨教授实在不忍心催促，怕被银行的人员说不人道，总不能不让别人饭后喝杯珍珠奶茶吧。又操作了1分钟，她用手机和一个朋友在聊天，聊天的内容与业务没有关系。看着她一边聊天、一边设置网上银行，杨教授还真有点不放心。又过了3分钟，她告诉杨教授操作不顺利，网上银行设置不成功。于是，她打电话给办公室的工作人员，并让杨教授等一等。12：55左右，一个男性银行工作人员出来了。他的态度相对好一些，可能是个主管。他重新操作了一遍系统，操作失败；然后与分行技术人员联系，仍然是失败；他告诉杨教授等一等，分行的技术人员中午休息没接电话；他又在一旁打了5个电话，杨教授坐在那里没人理；过了一会儿，他过来解释说银行以前开网上银行没有任何问题，前天系统升级了，现在可能有点不好用；然后，他说可能是身份证新旧位数不对造成的，建议杨教授去刚才的对私业务窗口改资料，里面的服务员给杨教授一张复杂的单子，杨教授填好姓名和新的身份证号码后，签完字递进去。里面的营业员将单子退出来，很气愤地说："资料不填全我怎么录入?"杨教授问道："改身份证号码为什么要填那么多资料?"好在这个主管模样的人帮杨教授填了单子，营业员生气地录入信息。杨教授问了一句："你刷我的银行卡看看原来记录的身份证号码是15位的还是18位的?"营业员说是18位的，主管说那不用改了。

杨教授有点晕，突然发现自己还没有吃午饭，看看表，已经13：25了，还要给学生上课，杨教授只好跟这个主管说没有时间等了。主管说要把杨教授的资料留下来，做好了打电话。杨教授对这个银行网点不放心，便请主管将50元退给他，不办网上银行了。

中午饭没吃成，用了一个半小时在银行，还是没有办成网上银行，杨教授似乎感觉有点对不起银行。总要留点时间给银行营业员吃饭，总要让银行的员工吃了午饭订杯珍珠奶茶吧，总要给银行系统上线一点调试时间吧，总要给银行技术人员休息时间吧，总要……在一阵对银行的愧疚中，杨教授饿着肚子去上班了。突然发现一个半小时很有收获，过段时间要讲一堂关于客户服务的课，正苦于没有好的案例，而今天的经历正是一个非常好的关于客户服务的反面案例。其中，银行服务的流程、服务人员的态度、银行服务人员的语言真是绝好的素材。杨教授一阵兴奋，肚子也不饿了。

资料来源：张淑君. 服务管理. 北京：中国市场出版社，2010.

问题

1. 在这个案例中你看到了关于服务失败的什么问题?
2. 如果你是这家银行客户服务部门的负责人，听到杨教授的故事后会采取什么措施?

附录 A

部分习题参考答案

第 1 章

一、判断题

1. √ 2. × 3. √ 4. √ 5. ×

二、选择题

1. ACD 2. ABC 3. B 4. B

第 2 章

一、判断题

1. × 2. × 3. √ 4. √ 5. ×

二、选择题

1. ABC 2. ABCD 3. BCD 4. ABCD

第 3 章

一、判断题

1. × 2. × 3. × 4. × 5. √ 6. × 7. √

二、选择题

1. B 2. ABCD 3. ABCD 4. C 5. B 6. C 7. C

第 4 章

一、判断题

1. √ 2. × 3. √ 4. × 5. × 6. √ 7. ×

二、选择题

1. D 2. ABD 3. C 4. ACD 5. D 6. A 7. C

第 5 章

一、判断题

1. √ 2. √ 3. √ 4. × 5. × 6. √ 7. √ 8. × 9. ×

二、选择题

1. C 2. B 3. D 4. ABCD 5. ABCD 6. ABCD 7. ABC 8. A 9. ACD 10. C

第6章

一、判断题

1. √　2. √　3. ×　4. √　5. ×

二、选择题

1. A　2. ABC　3. B　4. A　5. C

第7章

一、判断题

1. ×　2. √　3. ×　4. ×

二、选择题

1. BCD　2. BC　3. ABC　4. BD　5. A　6. ACD

第8章

一、判断题

1. ×　2. ×　3. √

二、选择题

1. AC　2. ABCD　3. ABD

第9章

一、判断题

1. √　2. ×　3. ×

二、选择题

1. C　2. ABCD　3. ABD　4. ABCD

第10章

一、判断题

1. √　2. ×　3. ×　4. ×　5. ×

二、选择题

1. ABCDEF　2. ABD　3. ABCDE

参考文献

[1] 岑咏霆．质量管理教程．上海：复旦大学出版社，2010.
[2] 宗蕴璋．质量管理：2 版．北京：高等教育出版社，2008.
[3] 梁工谦．质量管理学．北京：中国人民大学出版社，2010.
[4] 宋明顺．质量管理学：2 版．北京：科学出版社，2010.
[5] 温德成，李韶南．质量管理学．北京：中国计量出版社，2008.
[6] 拉塞尔，泰勒．运营管理：创造供应链价值. 6 版．北京：中国人民大学出版社，2010.
[7] 白宝光．质量管理：理论与案例．北京：高等教育出版社，2012.
[8] 焦叔斌，陈运涛．质量管理学．武汉：武汉大学出版社，2004.
[9] 靳志宏，关志民．运营管理．北京：机械工业出版社，2007.
[10] 中国认证协会．2009—2010 年度良好认证审核（咨询）案例材料选编．北京：中国认证协会，2010.
[11] 尤建新，杜学美，张建同．质量管理学．北京：科学出版社，2009.
[12] 王毓芳，肖诗唐．质量改进．北京：中国经济出版社，2005.
[13] 宋明顺，周玲玲，张月义，等．质量管理学．北京：科学出版社，2005.
[14] 蔺雷，吴贵生．服务管理．北京：清华大学出版社，2008.
[15] 苏秦．现代质量管理学．北京：清华大学出版社，2005.
[16] 胡明．质量管理学．武汉：武汉大学出版社，2004.
[17] 韩之俊，许前．质量管理．北京：科学出版社，2003.
[18] 刘书庆，杨水利．质量管理学．北京：机械工业出版社，2003.
[19] 刘宇，韩福荣．现代质量管理学．北京：社会科学文献出版社，2009.
[20] 盛伟忠，马可云．服务管理．上海：上海财经大学出版社，2007.
[21] 刘广第．质量管理学．北京：清华大学出版社，2003.
[22] 李晓春，曾瑶．质量管理学．北京：北京邮电大学出版社，2007.
[23] 罗国勋．质量工程与管理．北京：高等教育出版社，2009.
[24] 孙磊．质量管理实战全书．北京：人民邮电出版社，2011.
[25] 王海林．现代质量管理．北京：经济管理出版社，2005.
[26] 埃文斯，林赛．质量管理与控制．焦叔斌，译．北京：中国人民大学出版社，2010.
[27] 质量管理和质量保证技术委员会（TC176）．中国质量技术监督，2004（7）.
[28] 杨振先．ISO 9000：2000 标准的特点．水利技术监督，2003（6）.
[29] 胡燕，王坚．企业 ISO 质量管理体系文件及其管理方法．北京档案，2006（7）.
[30] 杨怀林．浅议企业质量管理体系的建立和运行．特钢技术，2005（1）.
[31] 曹桂华．浅谈内部质量体系审核．电子质量，2009（6）.

[32] 企业申请产品质量认证的程序如何进行．监督与选择，2006（2）．
[33] 安毅强．质量体系认证与产品质量认证的关系与区别．电子质量，2009（10）．
[34] 张公绪，孙静．统计过程控制与诊断第二讲控制图原理．质量与可靠性，2002（2）．
[35] 毛雅君．采用ISO 9000标准构建服务质量管理体系案例分析．国家图书馆学刊，2006（1）．
[36] 张赣霞．ISO 9000族标准在造纸行业应用的3个案例分析．造纸科学与技术，2005（6）．
[37] 聂智．英国高等教育质量审核及实践研究．教育教学论坛，2012（14）．
[38] 潘康明．美国远程高等教育质量认证制度研究．重庆：西南大学，2010.
[39] 杨晓．汽车零部件、总成奥迪特质量审核法．汽车工业研究，2010（5）．
[40] 唐晓芬．质量使人生更精彩：追思朱兰博士．上海质量，2008（4）．
[41] 彭承发，刘远．纸包装印刷产品的质量管理与控制方法．今日印刷，2011（5）．
[42] 胡思球．A公司ISO/TS16949质量管理体系策划与导入案例研究．兰州：兰州大学，2011.